『資本論』第Ⅰ部講読のナビゲーション

「第Ⅰ部講座」講義資料集成
Q＆A・補足説明資料等集成

神奈川県労働者学習協会
「資本論講座」講師

中川 弘 編著

学習の友社

『資本論』第Ⅰ部講読のナビゲーション

「第Ⅰ部講座」講義資料集成
Q＆A・補足説明資料等集成

中川 弘 編著

■マルクス　『資本論』　第１部〜第３部の構成

刊行にあたって

　本著「『資本論』第Ⅰ部講読のナビゲーション」は、次のような意図と目的のために編まれました。

　私は、福島大学経済学部を 2007 年（平成 19 年）3 月に定年で退職して以降、横浜の神奈川大学で非常勤講師として 8 年間学生に講義を続けながら、東京（東京学習会議主催）と横浜（神奈川県労働者学習協会主催）で、約 10 年間、毎年「資本論講座」（第Ⅰ部と第Ⅲ部、それぞれ毎月 1 回、1 年 12 回で終了）の講師活動に携わりました。

　「資本論講座」は、『資本論』を『資本論』の文章そのものに即して解読することを、なによりも大切にすることを基本方針にしたものでしたから、講義資料は、毎回『資本論』の各章から、重要と思われる文章をそのまま拾い上げ、その文意の解読をすることを講義の基本に据え、要所には文意の「解説」を挿入したり、「留意点」や「要点のまとめ」などを織り込んだりして、「講義資料集」を作成してきました。

　また「講義資料集」とは別に、「補足説明」や質問に対する「回答」を文書にして毎回配布してきました。それらが、私の手元に、「質問への回答」、「追録」、「補足説明資料集」（『前歯を折らないために』シリーズなど）等として──コーヒー・ブレイクや「余録」の断片を含め──残っています。

　受講者は高齢の方が多く、学生時代の勉学や諸活動、就労中に携わった労働組合の活動、地域での住民運動への取り組みなどを通して、マルクスの経済学、とりわけ『資本論』の講読を思い立っては見たものの、独習は思うに任せず頓挫した悔しさを残した方々でした。そうした方々が定年を迎え、「自由時間」を得たのを契機に一念発起し、講座の受講を通し、改めて『資本論』の購読に挑戦してみようと集められました。

　その中には、毎月 1 回（午後 13 時〜 17 時）、1 年 12 回で終了する第Ⅰ部（第Ⅱ・Ⅲ部）の講座を、毎年繰り返し受講される方もおられ、皆さん学習意欲が旺盛で、労働と生活体験に基づいた質問には、「なるほど」と教えられることも多く、また、研究者間でも「論争」が重ねられ、いまだ「定説」が固まっていないような問題への質問もあり、テキストを丁寧に読み込んでおられるな、と感心させられるものも多くありました。そのため、質問への文書による回答の執筆にも多くの時間を費やし、講義資料とは別に追加で配布する資料も、毎回相当な量の頁数になりました。しかし、これは大学での講義では味わえない、私にとっても楽しい作業でした。

　質問が寄せられた問題なども念頭に置き、毎年加筆修正を施してきた「講義資料集」と、「質問への回答」・「補足説明」等の資料を改めて見直してみたとき、それらを整理し、必要な「補足」を書き加えたら、『資本論』学習の補助教材（副読本）になるのではな

いかと考えるに至りました。

　以上のような趣旨に理解を示され、「『資本論』第Ⅰ部講読のナビゲーション（「第Ⅰ部講座」講義資料集成、Q＆A・補足説明資料等集成）」の刊行にご助力をいただいた、神奈川県労働者学習協会の「資本論講座運営委員会」の皆さんには、心からお礼を申し上げます。

　現在の講座の受講者の皆さんはもとより、これまでの受講経験者の皆さんに置かれては、本著を補助教材（副読本）として活用し、『資本論』の学習をさらに深めていかれるよう切に願います。またこれからの受講を迷っておられる、特に若い世代の皆さんも手に取ってご覧になり、これならやれそうだ、挑戦してみよう、と決意するバネにしていただければ、と願います。

　さらに、全国各地で開催されている「資本論講座」の受講生の皆さん、『資本論』の独習に取り組んでおられる方々にもご活用いただければ幸いです。

2020 年 2 月 26 日

編著者　中川　弘

〔追記〕　「刊行にあたって」を書き終えた私の手元に、旧い新聞の「対談記事」コピーがあります。

近藤　「森と湖のまつり」（1958 年）の内田吐夢監督からは、「活字を読め」と言われたそうですね。

高倉　「時間があったら活字（本）を読め。活字を読まないと顔が成長しない。顔を見れば、そいつが活字を読んでいるかどうか分かる」と。さらに、「おまえ、マルクスを読んでいるか」って。僕が「読んでない」って言ったら、「ばかっ。それじゃ、おまえはいい俳優にはなれないな」と吐き捨てるように言われました。

＊以上は、『毎日新聞』2012 年 7 月 19 日夕刊の「対談記事」です。
　高倉は、男優・高倉 健、近藤（勝重）は同紙の編集委員。
　──「いい俳優」になった高倉健は、きっとマルクスを読んだことでしょう。

■ 凡 例

1. 本書で使用するテキスト（日本語訳本）は、日本共産党中央委員会付属社会科学研究所監修・資本論翻訳委員会訳、新日本出版社、1982 ～ 83 年刊、新書版①～④分冊である。

   2019 年 9 月から、改訳新版の公刊が始まったが、全巻が揃うのは 2 年後であるため、現在広く普及している訳本をテキストにした。引用文には原書頁を併記してあるので、改訳新版との照合は原書頁で行っていただきたい。

2. 引用文は原典の頁を（訳書頁／原書頁）の順に、行頭に表記した。

   訳本は上記の新日本出版社・新書版。

   原本はドイツ語・ヴェルケ版『資本論』（ディーツ社）である。

3. 引用文中の〔　〕は原文にあるもの、（　）は引用者が補ったもの、｜　｜はエンゲルスが挿入したもの、であることを示す。

   引用文中における「　」は、《　》として表示した。

4. 引用のフランス語（ラシャトール）版は、江夏美千穂・上杉聡彦訳『フランス語版資本論』（上・下）、法政大学出版会刊である。

5. 使用されるローマ字は、以下のドイツ語（一部英語）の頭文字等である。

   W：商品（Ware）
   G：貨幣（Geld）
   K：資本（Kapital）
   C：不変資本（constant capital）
   V：可変資本（variable capital）
   M：剰余価値（Mehrwert）
   M'：剰余価値率（Rate des Mehrwerts）
   Pm：生産手段（Produktionsmittel）
   Ak：労働力（Arbeitskraft）
   P：生産過程（Produktionsprozess）

例えば、資本による剰余価値を含んだ商品の生産過程は次のように表記される。

$$1000\,G \begin{cases} 800\,G\ (C) \longrightarrow \\ \qquad\qquad\quad 1000\,W \\ 200\,G\ (V) \longrightarrow \end{cases} \begin{cases} 800\,W\ (Pm) \\ \cdots\cdots P \cdots\cdots 1600\,W' \\ 200\,W\ (Ak) \end{cases} \begin{cases} 800W_1 \longrightarrow \\ \qquad\qquad 1600\ G' \\ 800W_2 \longrightarrow \end{cases} \begin{cases} 800G_1 \\ \\ 800G_2 \end{cases}$$

$$800G_2 - 200\,G\ (V) = 600\,M \qquad M' = 600\,M\ /\ 200\,G\ (V) \times 100 = 300\%$$

6. 〔補足説明〕〔質問への回答〕には、各章ごとに通し番号を付してある。

■ 目次

＊目次について

　第1篇第1章は、〔補足説明〕〔質問への回答〕〔解説〕等が、他の章より多いことから、それらを節ごとに区分けする必要があったため、目次に他の章には表記のない節を起こしてある。

第Ⅰ部　本篇を読む前に

　第Ⅰ部第Ⅰ篇「商品と貨幣」を読む前に、まず以下の「序言」等を一通りお読みください。本篇を読み進めていくにあたっての指針と留意点を提示している内容です（以下の『資本論』からの引用文の頁表記は、訳書頁・原書頁の順です）。

　その前に、テキストについて一言触れておきます。本書では新日本出版社刊の新書版（全13分冊、第Ⅰ部は①～④分冊）をテキストに採用しています。第①分冊は1982年に発行されていますが、1997年には新書版に手を加えた上製版（全5冊＋資本論総索引）が発行されています。後者では訳文が一部修正されているほか、訳者注が一部書き改められていますが、これまで通り新書版で読み進めていって大過ありません。また違う訳本をお持ちの方は、（　）内の数字で示されている原書頁で照合してください。

---

❶ 序言〔初版への、1867年、マルクス〕から

（1）『資本論』の研究対象と目的

①『資本論』の研究対象
　「私がこの著作で研究しなければならないのは、<u>資本主義的生産様式と、これに照応する生産諸関係および交易諸関係である</u>。その典型的な場所はこんにちまでのところイギリスである。これこそ、イギリスが私の理論的展開の主要な例証として役立つ理由である。」（9／12）
②『資本論』の研究目的
　「<u>近代社会の経済的運動法則を暴露することがこの著作の最終目的である。</u>」（12／16）
　「<u>資本主義的生産の自然諸法則</u>から生ずる社会的な敵対の発展程度の高低が、それ自体

として問題になるのではない。**問題なのは、これら諸法則そのものであり、鉄の必然性を
もって作用し、自己を貫徹するこれらの傾向である。産業のより発展した国は、発展の遅れ
た国にたいして、ほかならぬその国自身の未来の姿を示している。**」（9〜10／12）

（2）「すべてははじめがむずかしい」

「すべてははじめがむずかしい〔ドイツの諺〕ということは、どの科学にもあてはま
る。だから、**第1章、ことに商品の分析を収める節〔本書の第1章にあたる〕の理解は、もっ
とも困難であろう。**さらに立ち入って、**価値実体と価値の大きさとの分析にかんして言う**
なら、私はその分析をできる限り平易にした。**価値形態**──その完成した姿態が貨幣形
態である──は、きわめて没内容的であり簡単である。とはいえ、人間精神は2000年
以上も前から、これを解明しようとして果たさなかったのであるが＊、他方、これより
はるかに内容豊富で複雑な諸形態の分析には、少なくともほぼ成功した。なぜか？　発
育した身体は身体細胞よりも研究しやすいからである。そのうえ、**経済的諸形態の分析
にさいしては、顕微鏡も化学的試薬も役に立ちえない。抽象力が両者に取って代わらなけ
ればならない**＊＊。

ところが、**ブルジョア社会にとっては、労働生産物の商品形態または商品の価値形態が
経済的な細胞形態である。**素養のない者にとっては、この形態の分析はただいたずらに
細かいせんさくをやっているように見える。この場合には実際細かいせんさくが肝要な
のであるが、それはまさに、顕微解剖学でそのようなせんさくが肝要であるのと同じこ
とである。

それゆえ、**価値形態にかんする部分を別とすれば、本書を難解だと言って非難すること
はできないであろう。もちろん私は、新たなものを学ぼうとし、したがってまた自分自身で
考えようとする読者を想定している。**」（7〜9／11〜12）

＊価値形態論（第1章第3節）の難しさについて、『資本論』（青木書店版）の翻訳者である長谷部
　文雄氏は、内容を嚙み砕いて理解するには「前歯を折る」ほどの「難所」である、と述べている（『資
　本論随筆』青木書店、1956年）。
＊＊　① **抽象と捨象**：「事物のさまざまな側面・性質のなかから、ある特定の側面・性質を抜き出し
　てとらえる思考の働きをいう。これはその反面で、抜き出されたもの以外の諸側面・諸性質を
　切り捨てることであって、この働きの方から言うと**捨象**といわれる。」（森宏一・古在由重『哲学
　辞典』青木書店、1971年、309頁）
　② **抽象と具体**──事物の全体を科学的に認識された全体として捉える方法：「多様な諸要素・諸側
　面の統一としての事物の**生きた全体を具体**といい、そこから、**特定の要素・側面を取り出すことを
　抽象という。**感覚や直感も事物の具体的全体を捉えるが、それは、**混沌とした表象、表面的な現
　象としての全体**にすぎない。それを**明確な概念**にかえるには、ａ）まず全体を個々の要素・側面
　に分解し、それらを特殊的・現象的なものと、一般的・本質的なものとに分け、ｂ）さらに後
　者のなかから**最も単純な諸要素・諸規定を抽象**しなければならない。これはすべての認識にとって
　必要な科学的抽象である。

　だがこれだけでは、**事物の具体的全体**、すなわちその**諸要素・諸側面の必然的な連関は分からない。**それを知るには、ｃ）こんどは単純な諸要素・諸規定から出発し、**抽象の過程で取り去った他の諸要素・諸規定を取り込み、それら相互の連関を明らかにしながら、もとの全体を再構成しなければならない。**

　こうして、単純で抽象的な諸規定から**多様で具体的な諸規定の全体、事物の生きた全体**がとらえなおされる。だがそれは、**もとの混沌とした表象としての全体ではなく、科学的に認識された全体である。**ｄ）このように、具体的なものから抽象的なものへ、抽象的なものから具体的なものへ、という**認識の運動によって、はじめて事物の全体は、不明確な表象から明確な概念にかわる。**」（『経済学辞典』大月書店、1979 年、654 頁）

　　例えば、**『資本論』の全体構成等は次のようになっている。**——

　① 『資本論』、商品の生産過程と流通過程が絡み合っている資本主義経済から、**資本の生産過程**のみを抽象＝流通過程を捨象して、まず第Ⅰ部で資本の生産過程を分析、その後に第Ⅱ部で、第Ⅰ部で捨象していた**流通過程**を分析する。その上で、それらを踏まえて、**資本のより具体的な運動姿態**を「**資本主義的生産の総過程**」として第Ⅲ部で分析している。

　② 資本の生産過程を分析する際も、まず**単純な姿態で捉えられる**労働過程を抽象して分析し、そののちに（捨象していた）**資本の価値形成・増殖過程**の分析に進んでいる。そして資本の生産過程は、労働過程と価値形成・増殖過程の「統一」と把握する。

　③ また商品についても、二要因のうち、第 1 節でまず使用価値を考察し、次いで交換価値→価値を考察、第 2 節での労働の二重性の分析を踏まえ、第 3 節で二要因の対立関係、第 4 節で**商品生産の全姿態を歴史的・批判的に総括して見せる。**

【余話】マルクスは、第 3 節の価値形態論を別とすれば、「本書を難解だと非難することはできないであろう」と述べ、読者を鼓舞している。読者は意を強くして果敢に挑戦してくれることを願うが、「すべてははじめがむずかしい」のも確かである。

　　劇作家であり演出家でもある宮沢章夫氏の『資本論も読む』（幻冬舎文庫、2009 年）の述懐を紹介しておきましょう。「『資本論』を読むにあたりさしあたって直面する困難とは、《商品》という概念の抽象的な分析の難しさだ。……ではなぜ、マルクスは、《商品》をあれほど綿密に分析し、そうしておかなければ論を前に進めることができないと考えたのか。いわば、なぜ《商品》の項から『資本論』は書き出されたのか。……**商品を綿密に分析することを土台としてはじめて《資本》の仕組みを解くことができる**にしても、私の度重なる《資本論を読むことの挫折》の歴史は、つまり《商品》に打ちのめされ続けた歴史だったとも言える。マルクスも人が悪い。」(231 ～ 232 頁)

（3）経済的諸関係と諸人格の捉え方

　「起こるかもしれない誤解を避けるために一言しておこう。①私は決して、資本家や土地所有者の姿態をバラ色には描いていない。そしてここで**諸人格が問題**となるのは、**ただ彼らが経済的諸カテゴリーの人格化であり、特定の階級諸関係や利害の担い手である限りにおいてである。**②経済的社会構成体の発展を一つの自然史的過程ととらえる私の立

場は、他のどの立場にもまして、個々人に諸関係の責任を負わせることはできない。<u>個人は</u>主観的には諸関係をどんなに超越しようとも、<u>社会的には依然として諸関係の被造物なのである。</u>」(12／16)

（４）<u>社会は絶えず変化の過程にある</u>

「経済学の領域では、自由な科学的研究は、他のすべての領域におけるのと同じ敵に出会うだけではない。経済学が取り扱う素材の固有の性質が、自由な科学的研究にたいして、人間の胸中のもっとも激しくもっとも狭小でもっとも厭うべき情念を、<u>私的利害というフリアイ〔復讐の女神〕を、戦場に呼び寄せる。</u>たとえば、イギリスの高教会は、その 39 の信仰個条のうち 38 までに対する攻撃は許しても、<u>その貨幣収入の 39 分の 1 にたいする攻撃</u>は許さないのである＊。こんにちでは、無神論でさえ、伝来の所有諸関係にたいする批判に比べれば、"軽過失"である。しかしここにも一つの進歩があることは見落とせない。たとえば、……イギリス帝国の在外代表たちが、ここで率直な言葉で語っているのは、ドイツ、フランス、要するにヨーロッパ大陸のすべての文明国において、<u>資本と労働との現存の諸関係の変化</u>がイギリスにおけると同じように感知され、同じように不可避である、ということである。同時に、大西洋のかなたでは、北アメリカ合衆国の副大統領ウェイド氏が公開の席上でこう言明した。奴隷制の廃止以後、<u>資本および土地所有諸関係の変化が日程にのぼっている！</u>　と。これこそ時代の兆候であって、紫衣〔王権〕でも黒衣〔宗教〕でもおおい隠せるものではない。この兆候は、あすにも奇蹟が起こるだろう、ということを意味しない。それが示しているのは、<u>現在の社会は決して固定した結晶ではなくて、変化の可能な、そして絶えず変化の過程にある有機体だという予感が、支配階級の間にさえ目覚め始めている、</u>ということである。」(12〜13／16)

＊英国聖教会（国教会）は、ローマ・カトリック教会から分かれて、ヘンリー 8 世在位中から、自己の教義的立場を明確化する必要に迫られ、一連の文書を作成してきたが、エリザベス即位後、ローマ・カトリック教会によるエリザベスの「破門」(1570 年)の翌年、39 個条の「聖公会大綱」を決定した（その第 38 条に「キリスト者の財産は共有でないこと」とある）。<u>当時教会は、「封建的土地所有者」であり、その私有財産に対する批判を、「貨幣収入の 39 分の 1 に対する攻撃」と表現したものと思われる。</u>

❷ <u>あと書き〔第二版への、1873 年、マルクス〕から</u>

（５）<u>研究の方法と叙述の方法</u>──<u>上述の（２）の＊＊②「抽象と具体」と密に関連する</u>

①「この筆者（Ⅰ・Ⅰ・カウフマン）は、私の現実的方法と彼が名づけるものを、このように的確に描き、その方法の私個人による適用にかんする限り、このように好意的に描いているのであるが、こうして彼の描いたものは、弁証的方法以外のなんであろうか？

　もちろん、叙述の仕方は、形式としては、研究の仕方と区別されなければならない。研究は、素材を詳細にわがものとし、素材のさまざまな発展諸形態を分析し、それらの発展諸形態の内的紐帯をさぐり出さなければならない。この仕事を仕上げてのちに、はじめて、現実の運動の運動をそれにふさわしく叙述することができる。これが成功して、素材の生命が観念的に反映されれば、まるである"先験的な"構成とかかわりあっているかのように、思われるかもしれない。

　私の弁証法的方法は、ヘーゲルのそれとは根本的に異なっているばかりでなく、それとは正反対のものである。①ヘーゲルにとっては、彼が理念という名のもとに一つの自立的な主体に転化しさえした思考過程が、現実的なものの創造者であって、現実的なものはただその外的現象をなすにすぎない。②私にあっては反対に、観念的なものは、人間の頭脳のなかで置き換えられ、翻訳された物質的なものにほかならない。」（27〜28／27）

② 弁証法的方法

　「弁証法がヘーゲルの手のなかでこうむっている神秘化は、彼が弁証法の一般的な運動諸形態をはじめて包括的で意識的な仕方で叙述したということを、決してさまたげるものではない。

　弁証法はヘーゲルにあってはさか立ちしている。神秘的な外皮のなかに合理的な核心を発見するためには、それをひっくり返さなければならない。

　……その合理的な姿態では、弁証法は、ブルジョアジーやその空論的代弁者たちにとっては、忌まわしいものであり、恐ろしいものである。なぜなら、この弁証法は、現存するものの肯定的理解のうちに、同時にまた、その否定、その必然的没落の理解を含み、どの生成した形態をも運動の流れのなかで、したがってまたその経過的な側面からとらえ、なにものによっても威圧されることなく、その本質上批判的であり革命的であるからである。

　資本主義社会の矛盾に満ちた運動は、実際的なブルジョアには、近代産業が通過する周期的循環の浮沈においてもっとも痛切に感じられるのであって、この浮沈の頂点が――全般的恐慌である。この全般的恐慌は、まだ前段階にあるとはいえ、ふたたび進行中であって、その舞台の全面性によっても、その作用の強さによっても、神聖プロイセン＝ドイツ新帝国の成り上がり者たちの頭にさえ弁証法をたたき込むことであろう。」（28〜29／27〜28）

　＊ この「あとがき（第二版への）」には、リカードゥを頂点としたイギリス古典派経済学の限界とその俗流化、フランス、ドイツの「経済学」の動向が、そのベースにある資本主義の動向との関係で述べられているが（18〜21／20〜22）、長文にわたるため割愛する。

❸ 編集者の序言〔英語版への、1886年、エンゲルス〕から

（6）用語の難しさについてのエンゲルスのコメント

　「われわれが読者にたいして取りのぞいておくことができなかった困難が一つある。

すなわち、<u>ある種の用語を</u>、それらが日常生活で用いられている意味と異なるばかりでなく、<u>普通の経済学で用いられている意味とも異なる意味に使用していること</u>がそれである。しかしこれは避けられないことであった。<u>科学上の新しい見地は、いずれも、その科学の術語における革命を含んでいる。</u>……（これまでの）経済学は、概して、商業生活や工業生活の諸用語をそっくりそのまま取ってきて、それを運用することで満足してきたのであって、そうすることによって経済学は、これらの用語で表現される諸観念の狭い範囲内に自分自身を閉じ込めたことにはまったく気づかないできた。こうして、<u>古典派経済学でさえ</u>、……（剰余生産物・剰余価値を——中川）……全体としてその総体性において研究したことがなく、したがって、その源泉と性質とについても、あるいはその価値のその後の分配を規制する諸法則についても、決して明白な理解に到達したことがない。……しかしながら、<u>近代的資本主義的生産を人類の経済史上の単なる経過的な一段階とみる理論が、この生産様式を不滅で究極的なものと見る著述家たちの慣用する用語とは、異なった用語を用いなければならない、ということは自明のことである</u>。」（41〜42／37〜38）

（7）『資本論』は、労働者階級の運動の基本的諸原理を示す

「『資本論』は大陸ではしばしば《<u>労働者階級の聖書</u>》と呼ばれている。この著作のなかで到達された諸結論が、ドイツやスイスだけでなく、フランスでも、オランダやベルギーでも、アメリカでも、またイタリアやスペインにおいてさえも、日ごとにますます、<u>労働者階級の大きな運動の基本的諸原理となりつつある</u>ということ、どこにおいても労働者階級はますますこれらの諸結論のうちに、自分の状態と大望とのもっとも適切な表現を認めるようになっていること、これらのことは、この運動に通じている人ならば、だれも否定しはしないであろう。そしてイギリスにおいてもまた、マルクスの諸理論は、まさにいまこそ、労働者階級の隊列に劣らず、《教養ある》人々の隊列においても普及しつつある社会主義運動に、力強い影響をおよぼしている。……（中略）……

生産力は幾何級数的に増大するのに、市場の拡大はせいぜい算術級数的にしか進まない。1825 年から 1867 年まで絶えず繰り返された、<u>停滞、繁栄、過剰生産、および恐慌という 10 ヵ年の循環は、確かにもう終わったように見える。だがそれは、ただわれわれを永続的で慢性的な不況という絶望の淵におとしいれるためでしかない</u>*。あこがれの繁栄期は来ないであろう。……その間に、冬が来るたびごとに、《失業者をどうするか？》という大問題があらためて起こってくる。だが、失業者の数は年々膨張しているのに、この問題に答えるものはだれもいない。そしてわれわれは、<u>失業者たちが辛抱できなくなり、彼ら自身の運命を彼ら自身の手に握るであろう瞬間を、ほぼ予測することができる</u>。そのような瞬間に、かの人〔マルクス〕の声が聴かれなければならないことは疑いない。その人の全理論は、イギリスの経済史と経済状態とにかんする終生の研究の結果であり、またその人はこの研究によって、少なくともヨーロッパでは、イギリスこそ、不可避な社会革命が平和的で合法的な手段によって完全に遂行されうる唯一の国である、という結論に達したのである。この平和的で合法的な革命にたいして、イギリスの支配階級が《"奴隷制擁護の反乱"》**なしに屈服するとはほとんど期待していない、と彼がつけ加える

ことを決して忘れなかったのは言うまでもない。」(43 ～ 45 ／ 39 ～ 40)

＊これを「19 世紀末大不況」と呼ぶ。この大不況からの脱出過程において、20 世紀の「資本主義
　の独占段階」への移行が始まった。

＊＊〔訳注〕アメリカ合衆国南部の奴隷所有者たちの反乱によって引き起こされた内乱、いわゆる南
　北戦争をさす。

♬コーヒー・ブレイク：『資本論』の生命力

　旧ソ連邦が崩壊し、ベルリンの壁が打ち壊された後の 2000 年の春に、イギリスの国営放送ＢＢＣの、インターネット版ニュース「ＢＢＣニュース・オンライン」が実施した、「この1000 年の間の最大の思想家は誰か」というアンケートで、第一位に挙げられたのは、他でもないカール・マルクスでした。──その代表的著作こそがいうまでもなく『資本論』です。

◇

　『資本論』は、（『共産党宣言』とともに）2013 年 6 月 21 日、ユネスコ（ＵＮＥＳＣＯ）の世界記憶遺産に登録されました。──アムステルダムの「社会史国際研究所」が所蔵する『資本論』第Ⅰ巻のマルクス自用本と、『共産党宣言』の原稿で唯一残された 1 ページ（1 葉）がそれです。

　『宣言』の原稿＝手稿は、「上部余白の 2 〔～ 3〕がマルクス夫人のイエニーの筆跡で、その下の本文がマルクスの筆跡で書かれており、最下行に後に整理のため、〈カール・マルクスの手稿：共産党宣言の最初の草案〉と書き込みがなされているものです」（橋本直樹「私の『共産党宣言』研究の経緯と課題」鹿児島大学法文学部紀要『経済学論集』2019 年 3 月、87 ～88 頁）。

序言〔初版への〕についての質問への回答

Q 質問1

初版への序言（10／15）10行目、「"死者が生者をとらえる！"」 これはフランスの諺とありますが、マルクスは具体的にどういうことを言っているのでしょうか？

回答1

3行目以下のパラグラフ全体を読んでみて下さい。ここで「わが国」と呼んでいるのは、マルクスの母国ドイツのことです。当時ドイツは多くの<u>領邦国家</u>に分裂していて、一部の地方を除き、全体としては資本主義化が遅れていました。そのことがこのパラグラフでは、3行目以下に書かれています。──「（資本主義化がもたらす）近代的な窮境」ばかりでなく、「一連の伝来的（前近代的）な窮境」がドイツ国民を苦しめていること。──「これらの窮境は、<u>古風で時代遅れの生産諸様式が、時勢に合わない社会的政治的諸関係</u>という付随物を<u>ともなって、存続していることから生じている</u>」と述べられています。したがって「死んだものにも悩まされている。"死者が生者をとらえる！"」というのは、イギリスのように近代化、資本主義化が進んでいる国と比べれば、ドイツは、<u>とっくに過去のものになってしまっても良いはず</u>の、「時代遅れの生産諸様式」、「時勢に合わない社会的政治的諸関係」が、<u>今現在のドイツの</u>「生者」を苦しめている、ということを述べたものです。（初版への序言は1867年、マルクスの、49歳の年でした。）

Q 質問2

初版への序言（11／15）6〜8行目、「① 18世紀のアメリカ独立戦争がヨーロッパの中間階級（ブルジョアジー）にたいして出動準備の鐘を打ち鳴らしたように、② 19世紀のアメリカの内乱（南北戦争）はヨーロッパの労働者階級に対して出動準備の鐘を打ち鳴らした。」 この文章の意味を教えて下さい。

回答2

① 移民たちが建設しつつあった<u>アメリカ（東部13州）</u>が、宗主国イギリスに独立戦争（<u>独立革命</u>）を挑んだのは、1775〜83年（パリ条約で独立確立→87年に合衆国成立）ですが、76年には独立宣言を発しました。そのことが、なお旧勢力の支配を払い除けられないでいた、ヨーロッパ近代化・資本主義化の推進勢力たる当時の「中間階級（ブルジョアジー）」の、旧勢力打倒の闘いを鼓舞した、というのが前半部分の含意です。

② <u>アメリカの南北戦争は、1862〜65年</u>。産業革命の成果が大陸から押し寄せ、「資本は自分の姿に似せて世界を作り変える」という力により、特に「北部」の工業化が急速に進んだのに比べ、「南部」はイギリス綿工業の原料を、奴隷労働に基づくプランテーション経営により供給するという、対照的経済構造を形作っていました。工業力を背景

17

にした「北部」が「南部」を制し、奴隷が工業労働力として「解放」される結果をもたらした。このことが、ヨーロッパの労働者階級の資本との闘いに大きな影響をもたらした、というのがその趣旨です。国際労働者協会（第１インタナショナル）の結成が1864年、パリ・コミューンが1871年です。マルクスは、「歴史の進歩」という視点から、北部の勝利とリンカーンに対し、熱いエールを送りました。

Q 質問3

　初版への「序言」（12／16）７行目、「経済的社会構成体の発展を一つの自然史的過程ととらえる私の立場は、他のどの立場にもまして、個々人に諸関係の責任を負わせることはできない。個人は主観的には諸関係をどんなに超越しようとも、社会的には依然として諸関係の被造物なのである。」とありますが、①経済的社会構成体という概念と、②その発展が一つの自然史的過程とされるのはどういう意味ですか？　また、③経済的社会構成体に「土台＝下部構造」と「上部構造」があるとすれば、それらが相互に連関・影響しあう関係があると言われることの具体例について説明してください。

回答3

　①と②は一括してお答えしましょう。
　（１）人間は生産活動において、彼らの意思から独立した生産諸関係を互いに取り結びますが、生産諸関係の基軸となるのは生産諸手段の所有関係です。「生産諸関係の総体」すなわち「経済的構造」が、社会の現実的「土台」をなし、その上に一定の「政治的上部構造」や「イディオロギー」が形成される。——このように「経済的構造」が社会の土台をなすという観点から捉えられた「社会」の概念を、「経済的社会構成体」と呼んでいます。ただし、この点については、「土台」と「政治的上部構造」をトータルに示すのが経済的社会構成体とみなすべき、という見解もあります。
　（２）「生産諸関係の総体」は、生産力の発展によって規定され、その水準に照応して発展すること、したがって経済的社会構成体の発展は、「自然」の発展が「合法則的」に行われるように、「合法則的」に進展すると捉えることができることから、「一つの自然史的過程」と性格づけられています。——『資本論』が、「資本主義的生産の自然諸法則そのもの」を「鉄の必然性をもって作用し、自己を貫徹する」ものと捉えていること（「序言〔初版への〕」（9～10／12）を想起してください。
　③について。
　「土台＝下部構造」の変革が先行し、「上部構造」の変革はそれに規定されて進行するというように、前者が後者を（もっぱら・一方的に）規定するのではなく、両者の間には「逆の関係」もあることを理解しておくことが重要です。①と②の内容を、単に「命題・教条」として唱えるにとどまらず、具体的に理解しておく必要があります。それには各国の具体的な歴史（社会発展史）の学習・裏付けが不可欠です。——Ⓐイギリスの資本主義の発展が、「下からの道」を歩んだと言われるのに対し、日本の場合「政治的変革」が先行し、それを槓桿として、経済の資本主義化（殖産興業・産業革命）が推進されて

いったこと（「上からの道」）や、Ⓑ「寄生地主制」が、戦前期に農村の疲弊（小作争議）により解体の危機にありながらも、その解体は、結局戦後の政治権力の交替（天皇制➡占領軍）による「農地改革」（農地解放➡自作農の創出）を待たざるを得なかったこと、などが「逆の関係」の一例です。➡この点は、第13章の〔補足説明❶❷❸〕で詳しく触れています。

あと書き〔第2版への〕についての質問への回答

Ⓠ 質問1

（28／27）10行目、「……それゆえ私は、自分があの偉大な思想家（ヘーゲル）の弟子であることを公然と認め、また価値理論にかんする章のあちこちで、彼（ヘーゲル）に固有な表現様式に媚を呈しさえした。」とありますが、具体的にはどの箇所を指しているのでしょうか？

回答1

「媚を呈しさえした」のは、「価値理論にかんする章のあちこちで」となっていますから、この「章」は、現行版ではなく、初版の第1章「商品」にほかなりません。また「媚を呈しさえした」のは、ヘーゲルに「固有な表現様式」に対して、となっています。しかし、本当にマルクスは、媚を呈するという不本意なことをやったのかどうか、眉唾ものと思われます。

マルクスは、「『資本論』で用いられた方法は、すでにいろいろと相互に矛盾した解釈がそれについてなされていることで証明されているように、あまり理解されていない。」（23／25）と指摘し、ヘーゲル的か、ヘーゲル的でないか、をめぐる、相反する評言を紹介しています。そして自らの方法を「弁証法的方法」と述べ、ヘーゲルの弁証法との相違を指摘しています（27〜29／27〜28）。その上で、「弁証法がヘーゲルの手のなかでこうむっている神秘化は、彼が弁証法の一般的な運動形態をはじめて包括的で意識的な仕方で叙述したことを、決してさまたげるものではない」（28／27）と評価し、自らを「あの偉大な思想家の弟子であることを公然と認め」る、と述べています（同上）。問題の文言は、そうした評価の直後に登場しているのですから、判断は慎重を要すると思われます。

なお、その上であえて付言すれば、おそらく問題となるのは、「価値形態論」の叙述でしょう。「価値形態論」は、初版（1867年）での扱いと叙述が、第2版（1873年）で大幅に改められ、第3版（1883年）、第4版（1890年）＝現行『全集』版（大月書店）でも改定されています。

第Ⅰ篇　商品と貨幣

■解説　近代社会の「三大階級」の「所得」の源泉について

『資本論』第Ⅲ部の最終第52章のタイトルは、「諸階級」です。その冒頭部分は、次のように始まっています。――

「労賃、利潤、および地代を各自の所得源泉とする、単なる労働力の所有者、資本の所有者、および土地の所有者、すなわち賃労働者、資本家、および土地所有者は、資本主義的生産様式にもとづく近代社会の三大階級を形成する。」（⑬分冊、1548 ／ 892）

マルクスは、三大階級から構成される「近代社会」が、「もっとも広範に、もっとも典型的に発展している」イギリス資本主義を考察の対象に据えつつ、三大階級の所得の「源泉」についての、先行する種々の「経済学説」の誤りを批判し、根本から覆しながら、『資本論』全三部に結実した独自の「経済学」の理論体系をつくりあげました。

そのためのマルクスの営為は、（1）目に見える次のような現象と、（2）それを捉える古典派経済学と俗流経済学の批判、からスタートしました。――

（1）「資本―利潤（企業者利得プラス利子）、土地―地代、労働―労賃。これは、社会的生産過程のいっさいの秘密を包括する三位一体的形態である。」（⑬分冊、1424 ／ 822）

この「三位一体的定式」においては、「剰余価値のさまざまな部分相互の疎外および骨化の形態が完成されており、内的な関連が最終的に引き裂かれており、そして、剰余価値の源泉が、まさに、生産過程のさまざまな素材的諸要素（生産手段、土地、労働―― 中川）に結びついている生産諸関係相互の自立化によって、完全に埋没されている。」（同上、1452 ／ 838）

➡「生産の三要素」そのものが「所得」の「源泉」に見えること――「地代、利潤、労賃は、大地、生産された生産諸手段、および労働が、単純な労働過程で演じる役割から生まれてくるように見える……」（同上、1445 ／ 834）

（2）これに対し、❶古典派経済学は、この「虚偽の仮象」を分解して本質的関係に「還元」せしめようとしたところに「偉大な功績」があるが、しかし資本主義を「自然的社会」としてみたところから「還元」は不徹底に終わり、とりわけいかにして本質的関係が顛倒的な現象諸形態を生み出していくかを批判的に説明できなかった。（同上、1453 ／ 838）

❷俗流経済学は、本質的関係のいっさいが消滅している（無概念的な）三位一体定式をこそ拠りどころとして、その主張を展開した。❸かくして、歴史的な資本主義的生産諸関係を物の属性に転化することにより、それを自然的・永久的なものとし、「支配階級の所得の諸源泉の自然必然生と永遠の正当性とを宣言し、一つのドグマに高め」た。この定式は、支配諸階級の利益にも一致する。」（同上、1453 ～ 1454 ／ 838 ～ 839）

　マルクスは、利潤、地代が剰余価値（M）の分岐形態であり、剰余価値はそれを含んだ商品の価値の一部であること、労賃は労働力商品の価値（V）の転化形態であり、生産された商品の価値の一部により補填されるという、「内的な関連」を掴み（下向）、それを説明するべく、富の要素形態である商品と、商品生産・商品流通の関係の考察から、「内的な関連」の叙述（上向）を始めていきます。➡「下向」の到達点＝「上向」の出発点。三大階級とその「所得」の源泉に視点を据えて、全三部の構成を図示しておきましょう。（第Ⅱ部資本の流通過程は、価値、剰余価値論において、第Ⅰ部の延長線上にあるため省略。）

第Ⅰ部「資本の生産過程」の世界

商品　使用価値と価値（二要因）

↓

貨幣　＝価値の自立的定在

↓

資本　＝自己増殖する価値の自立的定在：

$$G—W—G'（G + \Delta g）\quad *\Delta g＝剰余価値$$
$$G—W・W'—G'（G + \Delta g）$$

$$1000\,G \begin{cases} 800\,G\,(C)— \\ \rule{3em}{0.4pt}\quad 1000\,W \\ 200\,G\,(V)— \end{cases} \begin{cases} 800\,W\,(Pm) \\ \cdots\cdots p \cdots\cdots 1600\,W' \\ 200\,W\,(Ak) \end{cases} \begin{cases} 800W_1\,\rule{2em}{0.4pt} \\ \rule{3em}{0.4pt}\quad 1600\,G' \\ 800W_2\,\rule{2em}{0.4pt} \end{cases} \begin{cases} 800G_1 \\ \\ 800G_2 \end{cases}$$

$$* \; 800G_2 - 200\,G\,(V) ＝ 600\,M\,(剰余価値)$$

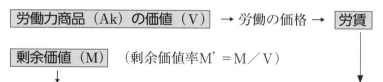

労働力商品（Ak）の価値（V）　→労働の価格→　労賃

剰余価値（M）　（剰余価値率$M'＝M／V$）

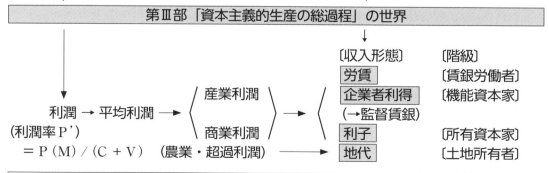

第Ⅲ部「資本主義的生産の総過程」の世界

〔収入形態〕　〔階級〕

労賃　〔賃銀労働者〕

企業者利得　〔機能資本家〕
（→監督賃銀）

利子　〔所有資本家〕

地代　〔土地所有者〕

利潤 → 平均利潤 → 〈産業利潤／商業利潤〉 →
（利潤率P'）
$＝P(M)／(C + V)$　（農業・超過利潤）

　＊以上の〔全体像〕を念頭に置いて、「第Ⅰ篇商品と貨幣」の第1章が「商品」から始まるのはなぜか？ から読み進めて下さい。

第Ⅰ篇が「商品と貨幣」から始まるのはなぜか？

『資本論』第Ⅰ部第Ⅰ篇第1章の冒頭で、マルクスは次のように述べている。──

> （59／49）「**資本主義的生産様式が支配している諸社会の富は、《商品の巨大な集まり》として現われ**、個々の商品はその富の要素形態として現われる。**それゆえ、われわれの研究は、商品の分析から始まる。**」

また、第4章「貨幣の資本への転化」において、次のように述べている。──

> （291／184）「**資本の歴史的な実存諸条件は、商品流通および貨幣流通とともに定在するものでは決してない。資本は、生産諸手段および生活諸手段の所有者が、みずからの労働力の売り手としての自由な労働者を市場で見いだす場合にのみ成立する**のであり、そしてこの歴史的条件は**一つの世界史を包括する**。それゆえ、資本は、最初から社会的生産過程の一時代を告示する。〔41〕」
> ──
> 〔原注41〕「したがって、**資本主義時代を特徴づけるものは、労働力が労働者自身にとっては彼に属する商品という形態を受け取り**、それゆえ彼の**労働が賃労働という形態を受け取る**、ということである。**他面では、この瞬間からはじめて、労働生産物の商品形態が普遍化される。**」

　以上において、**資本主義生産様式**は、①**生産物の商品化**（言い換えれば「商品生産・商品経済」）が**普遍化（一般化）されること**、②商品生産が普遍化するについては、その**担い手が資本家と賃労働者であること**（資本・賃労働関係の成立）を不可欠とするものであり、**そのための「歴史的条件」は、「一つの世界史を包括する」**と述べられている。
　その含意を、平明に、かつコンパクトに、余すところなく説明し敷衍している文献として、（西欧）経済史研究の泰斗、**大塚久雄さんの著作「欧州経済史」**がある。以下に補足説明資料として関連部分を紹介しておきます（以下の頁数は『大塚久雄著作集』岩波書店、第4巻のもの）。

二　資本主義

　さて、経済史学のうえで「資本主義の発達」などというばあい、**「資本主義」とは、いったいどのような事実を意味しているのであろうか。あるいは、意味せしめるべきなのであろうか。**
　この点に関しては研究史上いろいろの立場があり、したがってもちろんいろいろな用語法が見られる。しかし、ここでは、近代の西ヨーロッパの諸国やアメリカ合衆国などで世界史上もっとも純粋に近い姿をとって現れてきたような、**近代に独自な生産様式と**

いう意味に用いることにしようと思う。そのばあい、生産様式という語はさしあたって歴史の一定の段階に照応した、経済生活（生産⇔消費）の根本的組み立てというほどに解しておきたい。

　さて、人類はその生活を営んでいくために絶えず必要な物資を生産せねばならず、したがって、そうした生産活動は歴史の曙から現在にいたるまで少しも休まず続けられてきたわけである。少なくともそう想定するほかない。しかもその生産活動たるや、個々人がてんでばらばらにではなく、一定の社会をなしておこなわれてきた上に、その社会の根本的な組み立て、すなわち生産様式はまた時代によっていちじるしく異なっているのである。

　そうした世界史の上に見いだされる種々の生産諸様式のうち、とくに近代に特有なものが他ならぬ「資本主義」なのであって、なかでも西ヨーロッパの諸国やアメリカ合衆国などでそれがもっとも純粋に近い発達をとげたということは、さきにもふれておいた。それでは、そうした近代に独自な生産様式としての資本主義は、いったい、どのような根本的特徴を示しているのだろうか。それはだいたい次のように要約してさしつかえあるまい。

　（1）商品生産（あるいは、一定の留保のもとに、貨幣経済と言いかえてもよい）が社会的な規模にまで一般化しており、したがって経済生活の一般的な土台を形づくっているということ、（2）しかもそうした商品生産は、単純な独立の小生産者たちによるものではなく、資本家が賃金労働者たちを雇用して生産活動に従事させる（すなわち、労働者たちがその労働力を商品として資本家に売り、彼のために生産活動に従事する）という関係にもとづいて行われているということ、生産様式としての「資本主義」はこうした二つの根本的事実によって特徴づけられており、社会を構成する個々人の生活需要もこのような生産関係（すなわち、商品生産という基礎的関係とその土台のうえに築きあげられている資本家＝賃金労働者という階級的関係）の基礎の上にたって絶えず充たされていくのである

　もちろんこうした基本的関係のほかに、なお土地所有関係もまた度外視しえない重要さをもっており、地主が資本家、賃金労働者とならんで独立の一階級を構成するが、しかしそうした土地所有関係は、「資本主義」という組み立てのうちに完全に組みこまれているばあい、上述の基本的関係に対してむしろ派生的ないし従属的なものとなっているという事実を忘れてはならない*。（6〜8頁）

───

*「資本主義」のもとにおける土地所有関係（＝地主制）のこうした特質の歴史的意味については、後段で立ち入った説明をおこなうこととして、ここではとくに次の点を指摘しておきたい。すなわち、ここで一般的に説明しているのは、たとえばイギリスにおけるように、農業における資本主義の発達がいわば典型的であり、資本家──賃金労働者──地主という「三分割」がすでに完成されているばあいについてであって、たとえば農地改革前の日本にみるようないわゆる半封建的な「資本主義」について言っているのではない。後者のばあいには土地所有（＝地主制）の意義はまさに逆で、むしろ基礎的であったといわねばならない。この点は十分な注意を要する。（9頁）

三　資本主義以前の生産諸様式

　「資本主義」のこのような根本的特徴は、世界史上にみられる他の主要な生産諸様式と比較してみるとき一層よくわかる。ところで、経済史研究の現段階に即していえば、世界史のうえで──必ずしも、各民族の歴史において、とはいわない──継起的な発展段階としてアジア的、古代奴隷制的、封建制的、近代資本主義的、社会主義的などの生産諸様式が知られているが、そのうち「資本主義」の成立に先だつアジア的、古代奴隷制的および封建制的などの生産諸様式はいったいどのような根本的特徴を具えていたのだろうか。さしあたって、次のような点を指摘することもできよう。

　（1）「資本主義」に先だつ生産諸様式においては、そのいずれにあっても、経済生活の一般的な土台をなすものが商品生産ではなくて、「共同体」（Gemeinde・土地占取のための単位集団）である。諸個人は共同体の一員として土地を占取し、この土地によって生産活動を営み、生活需要をみたしていく。もちろんこうした基本的関係を補充して多かれ少なかれ商品生産もまた行われるが、このばあいには商品生産の方が派生的・従属的な地位にたっている。（2）このような共同体の基礎のうえにそれぞれ特有な階級的関係が築き上げられているのであるが、基礎をなす共同体の形態（＝発展段階）の異なるに応じてそうした階級的関係（したがって生産関係の総体）もまた異なった姿に構成されている＊。（9〜10頁）

＊　きわめて抽象的に定式化してみると、次のようになるであろう。
（1）アジア的生産様式のばあいには、血縁制的な「部族」共同体の基盤のうえにマルクスのいわゆる「普遍的隷従制」が展開される。そして古代オリエントにみるように、大規模な治水灌漑とむすびついたときに、あの特徴的な巨大専制諸国家が出現するのである。
（2）古代奴隷制的生産様式のばあいには、「都市」共同体（あるいは「半都市」的農業共同体）を拠点として、その市民たちの支配下に奴隷制が展開され、そのあいだからいわゆる奴隷制オイコスが形成される。それは古典古代の地中海周辺で典型的な発達をとげた。
（3）封建制的生産様式のばあいには、「村落」共同体の基盤のうえに農奴制度が展開され、封建的土地所有が築き上げられる。それは、派生的なギルド制的「都市」共同体の形成によって補充される。こうした封建制は中世の西ヨーロッパで典型的な発達をとげた。（10頁）

〔以上の説明の要点〕

　○　近代に独自な資本主義的生産様式（＝経済生活〔生産⇔消費〕の根本的組み立て）の特徴二点
　（1）　商品生産が一般化し、経済生活の一般的土台となる➡「商品」が社会的富の「要素形態」となること（生産物が「商品」となること）。
　（2）　商品生産の担い手は「資本・賃労働関係」であり、「資本・賃労働関係」が

広く形成されることにより、はじめて商品生産が一般化すること（単純な独立した小生産者は脇役にとどまる）。

○　近代以前の（アジア的、古代奴隷制的、封建制的）生産諸様式の特徴二点

（１）経済生活の一般的土台は、商品生産ではなく、共同体による土地の共同占取に拠る生産活動であり、生産物は売買される商品とはならない現物経済であること。

（２）商品生産は、それを補充する、派生的な比重しかもたない従属的地位にとどまること。

補足説明：「アジア的停滞論」について

　この補足説明は、もともとは第Ⅳ篇第12章「分業とマニュファクチュア」にある以下の文章（622／379）に対して付されたものであったが、前近代の生産諸様式を概観したこの箇所に収めた方がよいと判断したものである。

　「この自給自足的な共同体の単純な生産有機体は、アジア諸国家の絶え間のない崩壊と再建ならびに絶え間のない王朝交替といちじるしい対照をなしているアジア諸社会の不変性の秘密をとく鍵を提供する。社会の経済的基本要素の構造は、政治的雲界によって影響されないのである。」（622／379）

（１）マルクスが生きていた時代には、ロシア・ツァーリズム、オスマン帝国、ムガル帝国、清帝国などの「専制国家」が現存していましたが、西欧に、その具体的情報が入っていたのは、主としてイギリスの植民地であったインド（ムガル帝国）のものでした。インドの情報に基づいて「アジア」論が形成され、「インド＝アジア」論として展開されていた、と言ってよいような状況でした。

（２）上記の引用文（以下①と表記）は、『資本論』のなかにある、まとまった形での三つのインド論のうちの一つです。他の二つは、②第Ⅲ部第Ⅵ篇地代論のなかの、第47章第2節労働地代にある「土地国有論としてのインド＝アジア」論（⑬分冊、1380／799）、③第Ⅲ部第Ⅴ篇第20章「商人資本に関する歴史的事実」のなかにある、近代商業の分解作用に対する「インド＝アジア」社会の抵抗力を、「小農業と家内工業の一体性」および「土地の共有にもとづく村落共同体」に見出している「インド＝アジア」論です（⑨分冊、557／333、562〜563／346）。

（３）『資本論』での「インド＝アジア」論に先立ち、マルクスは、「インド＝アジア」社会の「停滞性」について、当の「停滞的な性格を十分に説明しているのは……中央政府（専制国家）と並んで全国が……村落に分解されていて、これらの村落は完全に区分された組織を持っていて、それ自身で一つの小世界を形成していた」

と指摘していました（1853 年 6 月 14 日付、エンゲルス宛書簡、不破哲三編集『マルクス、エンゲルス書簡選集』〔上〕、新日本出版社、2012 年、68 頁）

「土地の共有」と「共同体内分業」＝「自給自足に基づく村落共同体の、強靭で永続的な生命力」が「インド＝アジア」社会の「停滞的性格」を基礎付けている、──これがマルクスの認識でした。

　　＊なお、上記の書簡で、マルクスが引用している「議会報告」には、村落共同体の強靭で永続的な生命力について以下のような記述があります。「村落そのものはときには戦争や飢饉や疫病に襲われ、荒廃さえもしたが、……長い年月にわたって存続してきた。住民は王国の崩壊や分割を意に介しない。村落はそっくりそのまま残るのだから、それがどんな権力に引き渡されようと、どんな君主に任されようと、彼らは意に介さないのである。村落のない内部経済は変わることなく存続するのである。」（同上、69 頁）

（4）この「アジア社会の停滞性」論については、その評価をめぐって、後にさまざまに論じられてきました。わが国での議論の論点をごく大づかみに見ておきましょう。＊

　① 西欧的な社会発展を「典型」（➡優越性）と見做し、それとの対比でアジア社会の発展の「遅れ」・「停滞性」を（比較史的に）見ることの当否。
　➡社会の歴史を「継起的」・「段階的」発展として「単線的」に捉える捉え方との整合性、あるいは、「単線的発展史」そのものの当否。
　➡一国の歴史的発展を、その国の「内在的契機（内因）」によってのみ説明しうるか否か。「外在的契機（外因）」との関連を取り入れたアプローチが必要ではないか。

　② 西欧諸列強（帝国主義）のアジア進出によって、インド、中国は、植民地・半植民地化されたのに対し、日本はまがりなりにも独立を維持し、帝国主義への転化を果たした、というこの差異を、インド・中国の「停滞性」に起因するものと見ることの当否。
　➡「停滞性」論は、インドや中国に対する日本の「優越性」意識（➡インド・中国「蔑視」）と「親和性」を持ち、日本が、西欧諸列強の進出からアジアを守る代わりに、「盟主」として「東亜新秩序」・「大東亜共栄圏」を形成しようとする動静に、歴史学的根拠を提供するものになっていなかったか。
　──
　　＊詳しくは、遠山茂樹『戦後の歴史学と歴史意識』（岩波書店、1968 年）、成瀬治『世界史の意識と理論』（岩波書店、1977 年）を参照。

（5）「アジア停滞性」論は、以上のように、近・現代の世界史像（の研究）に深く関わる射程をもったものでした。

質問への回答

Q 質問1

「資本主義以前の生産様式」についての理解として、「アジア的」「古代奴隷制的」の二つは、継起的ではなく、奴隷制の地域的な2類型として捉えられるのではないでしょうか。

①アジアに支配的だった「総体的奴隷制」と、

②南ヨーロッパに発展した「ギリシャ・ローマの労働奴隷制」などです。

①は共同体の首長指導層が共同体の成員を奴隷化する。②はひとつの共同体が別の共同体を征服し、その成員全体を奴隷とする。支配した共同体の成員は「自由な市民」となる。

回答1

この問題については論争があり、ご指摘のような見解もあることは承知しています。——アジア的生産様式については、それが、①原始共産制そのものを意味する、②専制君主がアジア的小共同体を献納制によって搾取するところの、原始共産制に引き続き、古代奴隷制的生産様式に先行する、最初の独自な階級社会構成を意味する、③奴隷制の一類型としての総体的奴隷制もしくはそれへの過渡的段階を意味する、等の諸見解があり論争は落着を見ていません。

講義資料に援用した、大塚久雄さんの「欧州経済史」は、教科書風に書かれたものであるためか、内容がかなり淡白です。詳しくは「共同体の基礎理論」（単行本もしくは『大塚久雄著作集』第7巻所収、岩波書店）をご覧頂きたいのですが、大塚さんは、前近代の各生産様式の階級関係の土台をなす「共同体」の発展を、「生産諸力の、したがって諸個人の私的活動の発展の段階に応じて、それぞれ独自な形態と構造をもつ《共同体》が……つぎつぎに生み出されていくことになるのである。さてこのような《共同体》諸形態の継起的な段階的発展は、まず、《土地》占取の基盤における私的所有の拡大とその形態変化という形態をとり、さらにそれに照応して、その上に打ち立てられた《共同体》の形態と構造における変容として現われてくる」（『著作集』7、36～37頁）というように捉え、その上で、それに対応するものとして、各生産様式の発展を位置づけていることが特徴です。

Q 質問2

近代以前の生産諸様式の（2）古代奴隷制的生産様式のなかの、奴隷制オイコスとはどのようなものですか？

回答2

ローマ帝政期に形成された、都市共同体の「市民」＝私有地と奴隷の所有者のうち、大規模な私有地（ラティフンディウム）の所有者が、強大な家父長権力のもと、大勢の奴隷を集積して打ち立てた大規模な経営を指す用語です。

第Ⅰ篇の「商品」と「商品経済」の性格をどのように捉えるか

❶ 富の要素形態としての「商品」から分析がはじまること

（59／49）「資本主義的生産様式が支配している諸社会の富は、《商品の巨大な集まり》として現われ、個々の商品はその富の要素形態として現われる。それゆえ、われわれの研究は、商品の分析からはじまる。」

❷ 分析対象の「商品」と「商品生産・流通関係」の内容・性格は、<u>単純な姿態で捉えられた「商品」と「商品生産・流通関係」</u>であること。

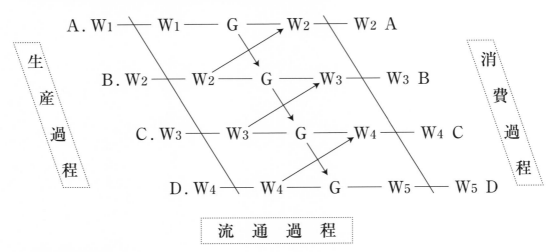

（1）記号の意味

　ａ．A〜D：単純な姿態で捉えられた商品生産者（商品生産の当事者）

　ｂ．W1〜W5：生産された商品（Ware. 数字の違いは種類＝使用価値の違いを示す）

　ｃ．G：貨幣（Geld）

（2）単純な姿態で捉えられた商品生産者とは──その三つの属性（ａ、ｂ、ｃ）

　ａ．<u>生産手段（労働用具＋労働対象）の私的所有者</u>

　　①（商品の）生産活動には、生産手段の使用が不可欠➡生産手段を誰が所有しているかは、生産関係➡生産様式のあり方を左右する重要問題

　　② 生産手段の所有形態

　　　・私的所有➡労働する者が所有、or 労働しない者が所有

　　　・共同的・社会的所有➡集団的所有、or 公的所有、or 国有

　ｂ．<u>「自然発生的な社会的分業」の諸分肢を担う商品生産の当事者</u>

　　① 社会的分業＝社会全体が必要とする物を、全生産当事者が手分けして生産

　　② 社会的分業には二通りの編制の仕方がある

　　　・計画的分業

　　　・無計画的・無政府的分業＝自然発生的分業 ➡商品の需給不一致

　ｃ．商品の生産を「自己労働」によって（単純な独立した小生産者として）行うか、それとも「他人労働」（資本・賃労働関係のもとでの賃労働）によって行うか、は度外視（捨象）して、全商品は、単に「相互に独立した・一定量の私的労働」によって生産されているものと想定➡この商品生産者は、社会全体が必要とする労働（社会的総労働）の一部を、生産過程で、相互に独立して、直接的には「私的労働」として行っている者、と想定する。

（3）分析対象の商品＝「単純な姿態で捉えられた商品」、生産の担い手＝「単純な姿態で捉えられた商品生産者（A〜D）」と理解する理由

　　① もし分析される商品を、「自己労働」に基づいて生産された商品と考えると、この商品は、ａ）資本・賃労働関係確立後、それと並んで存在している「単純な独立自営の小生産者」（例えば、自作自営の小農民）が生産した「現存する単純商品」か、ｂ）封建社会の末期・解体期＝資本主義の生成期に、封建社会から成長してきた資本家の卵＝小（プチ）ブルジョアジーたち（歴史上の単純商品生産者と規定される）の生産した「歴史上の単純商品」か、そのいずれかということになります。
　　しかし、『資本論』が冒頭で分析していたのは、「資本主義的生産様式の支配している諸社会」の商品ですから、この解釈は当をえません。
　　② またこの商品を、「資本主義的商品」（不変資本価値Ｃ＋可変資本価値Ｖ＋剰余価値Mによってその価値が構成され、そのことが刻印されている商品）そのものである、とみなすと、資本・賃労働関係の解明、それによる商品の（Ｃ＋Ｖ＋Mという三つの）価値構成の解明は第Ⅲ篇以降に回されていますから、その裏打ちを欠いたものになってしまいます。
　　③ そこで登場してきた解釈は、市場に流通しているのは資本主義的商品であるが、それからその商品を資本主義的商品たらしめている固有の諸規定（価値＝Ｃ＋Ｖ＋M）、すなわち、資本主義的商品を資本・賃労働関係（賃労働という他人労働により生産された商品、という性格）を捨象し、その後に残る、単に「私的労働が投下されて生産された、使用価値と一定量の価値を有する商品」という、商品を商品たらしめている必要最小限の規定、その意味で単純な規定のみを身に纏った商品（これを論理的な単純商品と規定）を抽象し、そのようなものとしての（単純な）商品を分析・研究している、という解釈です。──前頁の（1）（2）のような私の理解は、この立場に立ったものです。
　　ただしここから更にさまざまな解釈が分岐してきました。各説をめぐる論争は戦前から始まり、曲折を経ながら戦後にも及んでいますが、その詳細についてはここでは触れられません。論争の内容を鳥瞰した文献として、拙稿「冒頭〈商品〉の性格規定をめぐる論争」（富塚良三・服部文男・本間要一郎編『資本論体系』②商品と貨幣、有斐閣、1984年）があります。
　　＊第Ⅲ部の終わり（⑬分冊）に、エンゲルスの論文「価値法則と利潤率」がありますが、そこでのエンゲルスの立場は、「歴史的単純商品説」であり、上述した理由から、首肯できません。

質問への回答

Ｑ　質問1

　「単純な姿態で捉えられた商品生産・流通関係」の図における、（2）の「商品生産者」の三つの属性で、ａ、ｂ、はわかるが、ｃを加える理由は何でしょうか。ａで生産手段の私的所有者とし、ｂで自然発生的な社会的分業を担う当事者とし、さらにｃで「他人労働」を使うか否かは捨象して「私的労働」として行なうと想定する意義は何でしょうか。（ａとｂだけでよいのでは）。

回答1

　説明項目ｃ．について回答する前に、ａ．とｂ．について述べておきます。――

　ａ．では生産活動を行なう場合の不可欠の生産の三要素〔①労働手段（要具）、②労働対象、③労働〕のうち、労働要具と労働対象の総称である生産手段を、「単純な姿態で捉えられた商品生産者」が「私的」に所有していること、
　ｂ．では当の商品生産の当事者は、「自然発生的な社会的分業」の諸分岐の担い手であり、生産の場においては、社会全体で必要な社会的総労働の一端を、相互に独立して、「私的生産活動（労働）」として担っていること、を意味していると説明しました。

　＊この点は、以下の記述、特にゴチックの部分の「私的労働」・「私事」に基づいています。
　「さまざまな種類の使用価値または商品体の総体のうちには、同じような多様な、……有用的労働の総体――社会的分業――が現われている。社会的分業は商品生産の実存条件である。……自立的な、互いに独立の、私的労働の生産物だけが、互いに商品として相対するのである。」（72／56〜57）
　「その生産物が一般的に商品という形態をとっている社会においては、すなわち商品生産者たちの社会においては、自立した生産者たちの私事として互いに独立に営まれる有用的労働のこうした質的区別が、一つの多岐的な体制に、すなわち社会的分業に、発展する。」（72／57）

　ｃ．では、相互に自立・独立して営まれる私的労働が、商品生産の当事者の「自己労働」、具体的には「単純な独立した小生産者」（例えば自作自営の小農民）自身が行なう労働か、それとも「他人労働」（資本・賃労働関係のもとでの賃労働）によって行なわれるものか（この場合、商品生産の当事者は資本家）、は度外視（捨象）し、全商品は単純に「相互に独立した・一定量の私的労働」によってのみ生産されているものと想定する、というように説明しました。

　質問は、商品に投下されている労働について、それが「自己労働」か、「他人労働」かを問うのはなぜか、それを問う意義についてのお訊ねです。

　　まずお断りし確認しておきたいのは、『資本論』はこの点について、直截には述べていないということ、したがってこの点は、冒頭篇第 1 章「商品」で考察し論じられている商品の性格（商品範疇の内容）についての、私の解釈に基づいているということです。

　——もしこの商品を、自己労働に基づいて生産された商品と規定すると、この商品は、①資本・賃労働関係確立後、それと並んで存在している「単純な独立した小生産者」（上記の自作自営の小農民など）が「自己労働」によって生産した「現在の単純商品」か、②封建社会の末期・解体期＝資本主義の生成期に、封建社会から成長してきた資本家の卵＝小ブルジョアジーたち（歴史上の単純商品生産者と規定）が「自己労働」によって生産した「歴史上の単純商品」か、のいずれかということになります。しかし『資本論』が分析・考察していたのは、「資本主義生産様式が支配している社会」の商品ですから、①、②の解釈は当を得ません。
　　またこの商品を、資本家が「賃労働という・他人の労働を使って」生産した資本主義的商品（不変資本価値 C ＋可変資本価値 V ＋剰余価値 M、によってその価値が構成され、それが刻印されている商品）そのものであるとみなすと、資本・賃労働関係の解明、それによる商品の（C ＋ V ＋ M という三つの）価値構成の解明は、第Ⅲ篇以降に回されていますから、その裏打ちを欠いた分析になってしまいます。

　　そこで登場してきた解釈は、市場に流通しているのは資本主義的商品であるが、それからその商品を資本主義的商品たらしめている固有の諸規定（価値＝ C ＋ V ＋ M）、すなわち、資本主義的商品を生産している資本・賃労働関係（賃労働という他人の労働により生産された商品、という性格）を捨象して、その後に残る、「私的労働が投下された、使用価値と一定量の価値を有する商品」という、商品を商品たらしめている必要最小限の、その意味で単純な規定のみを身に纏った商品（これを論理的な単純商品という）を抽象し、それを分析・考察している、とみなすべきだ、というものでした。

　　単純な姿態で捉えられた商品は、それが自己労働によって生産されたものか、それとも他人労働（賃労働）によって生産されたものかはいずれも捨象し、単純に相互に独立して営まれる「私的労働」によって生産された商品として考える、という私の解釈は、以上に述べたような問題の理解に基づくものです。つまり、「私的・自己・労働」と「私的・他人・労働」から、「自己」か「他人」か、という規定を除外（捨象）し、単に「私的労働」としてのみ捉える、ということです。この規定まで捨象すると、価値の実体規定が欠落した商品論になってしまいます。——なお「私的」という語については、上記の b. で引用した『資本論』の文章にある通りの意味です。対立概念は「公的」ではなく「社会的」です。

第1章　商品

第1節　商品の二つの要因──使用価値と価値

❶ 商品の使用価値－物の有用性・商品体そのものが使用価値

（59／49）「商品は、なによりもまず、その諸属性によってなんらかの種類の人間的欲求を満たす<u>一つの物、一つの外的対象</u>、である。」

（60／49〜50）「鉄、紙などのような<u>有用物</u>は、どれも、……<u>多くの属性</u>からなる一つの全体であり、それゆえ、さまざまな面で有用でありうる。」

（60〜61／50）「<u>ある物の有用性は、その物を使用価値にする。</u>しかし、この有用性は空中に浮かんでいるのではない。<u>この有用性は</u>、商品体の諸属性によって制約されており、<u>商品体なしには実存しない。</u>それゆえ、鉄、小麦、ダイヤモンドなどのような<u>商品体そのものが、使用価値または財である。</u>」

（61／50）「使用価値は、使用または消費においてのみ、<u>実現される。</u>」

（61／50）「使用価値は、<u>富の社会的形態</u>がどのようなものであろうと、<u>富の素材的内容</u>をなしている。<u>われわれが考察しようとする社会形態においては</u>、それは同時に<u>交換価値の素材的担い手をなしている。</u>」

（70／55）「<u>商品を生産するためには</u>、彼は、使用価値を生産するだけでなく、<u>他人のための使用価値</u>を、<u>社会的使用価値</u>を、生産しなければならない。……商品になるためには、生産物は、それが使用価値として役立つ他人の手に、交換を通して移されなければならない。」

◎ <u>使用価値の理解において重要な点</u>

① （第2節でも示されるように）商品は人間の労働によって生産された「物＝外的対象」と規定されていること。

② 使用価値は「物」のもつ有用性であるといわれる場合、その<u>有用性＝使用価値</u>は「物」＝「商品体」から離れて存在するものではなく＊、<u>「商品体そのもの、使用価値または財である」</u>と規定されていることに留意＊＊。

＊採掘労働によって生産された「商品石炭」は、「燃焼して熱を出し室内を暖める」という固有の有用性＝使用価値をもつが、商品石炭のこの有用性＝使用価値は、商品となった<u>物体（商品体）</u>としての石炭そのものから切り離すことが出来ない属性である等、を想起。したがって、使用価値＝<u>使用価値物</u>とも表記される。

＊＊①②は、「商品」として扱われる「サービス（労働）」は、考察の対象となっていないことを意味している点に留意。

③ 使用価値の、「使用または消費」を、<u>「使用価値の実現」</u>という言葉で言い表わしていること、のちに（第2章交換過程論で）問題となる「<u>商品の使用価値とし</u>

ての実現」とは意味が異なることに留意。
④ 商品の使用価値は、「他者のための、社会的使用価値」であること。——生産物
と商品の異同に留意。

❷ 交換価値（1）

（61〜62／50〜51）「交換価値は、さしあたり、一つの種類の使用価値が他の種類の使用価値と交換される量的関係、すなわち（交換）比率として現われる。」

（62／50〜51）「それは、時と所とともに絶えず変動する関係である。それゆえ、交換価値は、なにか偶然的なもの、純粋に相対的なもののように見え、したがって、商品に内的な、内在的な、交換価値〔"固有価値"〕というものは、一つの"形容矛盾"に見える。事態を、もっと詳しく考察してみよう。」

● 交換価値（2）

（62〜63／51）

$$1 クォーターの小麦 \begin{cases} = x 量の靴墨 \\ = y 量の絹 \\ = z 量の金 \\ = \text{etc.} \end{cases}$$

「① ある特定の商品、たとえば1クォーターの小麦は、……きわめてさまざまな比率で他の商品と交換される。だから、小麦は、ただ一つの交換価値をもっているのではなく、いろいろな交換価値をもっている。

② しかし、x量の靴墨もy量の絹もz量の金なども、どれも1クォーターの小麦の交換価値であるから、x量の靴墨、y量の絹、z量の金などは、互いに置き換えうる、または互いに等しい大きさの、諸交換価値でなければならない。

③ それゆえ、こういうことになる。第一に、同じ商品の妥当な諸交換価値は一つの等しいものを表現する。しかし、第二に、交換価値は、一般にただ、それとは区別されうるある内実の表現様式、《現象形態》でしかありえない。」

● 交換価値（3）

（63／51）「さらに、二つの商品、たとえば小麦と鉄とをとってみよう。

① それらのものの交換比率がどうであろうとも、この比率は、つねに、ある与えられた分量の小麦がどれだけかの分量の鉄に等値される一つの等式、たとえば、1クォーターの小麦＝aツェントナーの鉄によって表わされうる。

② この等式はなにを意味するか？　同じ大きさの一つの共通物が、二つの異なった物のなかに、すなわち、1クォーターの小麦のなかにも aツェントナーの鉄のなかにも、実存するということである。

③ したがって、両者は、それ自体としては一方でもなければ他方でもないある第三のものに等しい。したがって、両者はどちらも、それが交換価値である限り、この第三のものに還元されうるものでなければならない。」

❸ 等式の両辺の商品に実存する「同じ大きさの共通物（共通の属性）」

(64／51～52) 使用価値の捨象（度外視）

「この共通なものは、商品の……自然的属性ではありえない。……諸商品の交換関係を明白に特徴づけるものは、まさに諸商品の使用価値の捨象である。」

(64／52)「使用価値としては、諸商品は、なによりもまず、相異なる質であるが、交換価値としては、相異なる量でしかありえず、したがって、一原子の使用価値も含まない。」

◎ 労働生産物という属性・労働の有用的性格・具体的形態の消失➡抽象的人間的労働への還元

(64～65／52)「① そこで、諸商品体の使用価値を度外視すれば、諸商品体にまだ残っているのは、一つの属性、すなわち労働生産物という属性だけである。……

② 労働生産物の使用価値を捨象するならば、われわれは、労働生産物を使用価値にしている物体諸成分と諸形態をも捨象しているのである。……

③ それはまた、もはや、指物労働、建築労働、紡績労働、あるいはその他の一定の生産的労働の生産物ではない。

④ 労働生産物の有用的性格とともに、労働生産物に表わされている労働の有用的性格も……労働のさまざまな具体的形態も消えうせ、これらの労働は、もはや、互いに区別がなくなり、すべてことごとく、同じ人間的労働、すなわち抽象的人間的労働に還元されている。」

◎ 「同じ大きさの共通物（共通の属性）」＝価値

(65／52～53) 労働生産物に残っているもの

「① これらの労働生産物に残っているもの、……（それは）区別のない人間的労働の、すなわちその支出の形態にはかかわりのない人間的労働力の支出の、単なる凝固体（という属性）以外のなにものでもない。

② これらの物が表わしているのは、もはやただ、それらの生産に人間的労働力が支出されており、人間的労働が堆積されているということだけである。

③ それらに共通な、この社会的実体の結晶として、これらの物は、価値——商品価値である。」（社会的＝諸商品に共通な、という意味。価値は社会的性格を有する範疇）

(65～66／53)「商品の交換関係または交換価値のうちにみずからを表わしている共通物とは、商品の価値である。研究の進行は、価値の必然的な表現様式または現象形態としての交換価値にわれわれをつれもどすであろうが（➡第3節の課題）、やはり、価値は、さしあたり、この形態から独立に考察されなければならない。

したがって、ある使用価値または財が価値をもつのは、そのうちに抽象的人間的労働が対象化または物質化されているからにほかならない。」

◎「交換価値」と「価値」・その関係についての考察で重要な点

①　ある商品（１クォーターの小麦）の交換価値は他の商品（ｘ量の靴墨）との交換比率として現れる（姿を見せる）ということ➡ある商品（１クォーターの小麦）のみを、それ自体として考察しても、その商品の交換価値は捉えることができない、ということ。

②　ある商品（１クォーターの小麦）の交換価値を示す、１クォーターの小麦＝ｘ量の靴墨という等式が、なにを物語っているかの考察の道筋は、次の通りであった。ａ）等式の両辺の商品に実在する「ある内実」・「同じ大きさの共通物（共通の属性）」の探索➡ｂ）諸商品の使用価値の捨象➡ｃ）「共通の属性」＝人間の労働生産物という属性➡労働の有用的性格・具体的形態の捨象➡区別のない同じ抽象的人間的労働の堆積＝凝固体➡この共通の社会的実体の結晶が商品の価値

③　感性（目）によって捉えられる商品の交換価値から出発し、「共通の属性」＝価値に到達、その上で、価値の（目に見える＝感性的に捉えられる）表現様式・現象形態が、交換価値であると、交換価値を捉えなおす、という認識の道筋➡具体的なものから抽象的なものへ　➡抽象的なものから具体的なものへ、という認識の往還に留意。

❹ 価値の大きさはどのようにしてはかられるか

(66／53)「では、どのようにしてその価値の大きさははかられるのか？　それに含まれている《価値を形成する実体》、すなわち労働の、分量によってである。労働の量そのものは、その継続時間によってはかられ（る）。」

(66／53)「① 諸価値の実体をなす労働は、同等な人間的労働であり、同じ人間的労働力の支出である。商品世界の諸価値に表わされる社会の総労働力は、確かに無数の個人的労働力から成り立っているけれども、ここでは同一の人間的労働力として通用する。

② これらの個人的労働力のそれぞれは、それが一つの社会的平均労働力という性格をもち、そのような社会的平均労働力として作用し、したがって、一商品の生産に平均的に必要な、または社会的に必要な、労働時間だけを必要とする限り、他の労働力と同じ人間的労働力である。

③ 社会的に必要な労働時間とは、現存の社会的・標準的な生産諸条件と、労働の熟練および強度の社会的平均度とをもって、なんらかの使用価値を生産するのに必要な労働時間である。」

(67／54)「④ したがって、ある使用価値の価値の大きさを規定するのは、社会的に必要な労働の分量、または、その使用価値の生産に社会的に必要な労働時間にほかならない。

⑤ 個々の商品は、ここでは一般に、それが属する商品種類の平均見本として通用する。それゆえ、等しい大きさの労働分量が含まれている、または同じ労働時間で生産されうる、諸商品は、同じ価値の大きさをもつのである。

⑥ 一商品の価値と他のすべての商品の価値との比は、一方の商品の生産に必要な労働時間と他方の商品の生産に必要な労働時間との比に等しい。」

❺ 労働の生産力の変動と価値の大きさ

(68／54)　「① ある一つの商品の生産に必要とされる労働時間が不変であれば、その商品の価値の大きさは不変のままであろう。しかし、<u>その労働時間は、労働の生産力が変動するたびに、それにつれて変動する。</u>

　　② <u>労働の生産力は、いろいろな事情によって規定され</u>、とりわけ、労働者の熟練の平均度、科学とその技術学的応用可能性との発展段階、生産過程の社会的結合、生産手段の規模とその作用能力によって、さらには自然諸関係によって、規定される。たとえば、……」

(69／55)　「一般的に言えば、① <u>労働の生産力が大きければ大きいほど</u>、ある物品の生産に必要とされる労働時間はそれだけ小さく、それに結晶化される労働量はそれだけ小さく、<u>その価値はそれだけ小さい。</u>

　　② <u>逆に、労働の生産力が小さければ小さいほど</u>、ある物品の生産に必要な労働時間はそれだけ大きく、その<u>価値はそれだけ大きい。</u>すなわち、<u>一商品の価値の大きさは、その商品に実現される労働の分量に正比例し、その労働の生産力に反比例して、変動する</u>*。」

――――

　*この箇所には、次のような<u>訳注3</u>がある。〔初版では次の句が続く。「われわれはいまや<u>価値の実体</u>を知っている。それは<u>労働</u>である。われわれは<u>価値の大きさの尺度</u>を知っている。それは<u>労働時間</u>である。<u>価値</u>にたいしてまさに<u>交換価値</u>の刻印を押す価値の<u>形態</u>は、まだこれから分析しなければならない。しかし、その前に、すでに見いだされた諸規定を、やや立ち入って展開しなければならない。」〕

❻ 生産物と商品（商品の社会的使用価値）

(69〜70／55)　「① <u>ある物は、価値であることなしに、使用価値でありうる。</u>人間にとってのその効用が労働によって媒介されていない場合がそれである。たとえば……

　　② <u>ある物は、商品であることなしに、有用であり人間的労働の生産物（使用価値）でありうる。</u>自分の生産物によって自分自身の欲求を満たす人は、確かに使用価値をつくり出すが、商品をつくり出しはしない（自給自足の現物経済の例）。

　　③ 商品を生産するには、彼は、使用価値を生産するだけでなく、<u>他人のための使用価値を、社会的使用価値を、生産しなければならない。</u>｛しかも、……商品になるためには、生産物は、それが使用価値として役立つ他人の手に、<u>交換</u>を通して移されなければならない。｝

　　④ 最後に、<u>どんな物も、使用対象であることなしには、価値ではありえない。物が無用であれば、それに含まれている労働もまた無用であり、労働としては数えられず、したがってなんらの価値も形成しない。</u>」➡ 例えば売れ残って廃棄された生産物とそれを生産した労働を想起。➡ （補足説明❶）参照

補足説明❶：「無用になった商品」・「無用になった労働」－「価値破壊」

　第 1 節の末尾（70 ／ 55）にある一文、「物が無用であれば、それに含まれている労働もまた無用であり、労働としては数えられず、したがってなんらの価値も形成しない。」の後に、著者が例えば売れ残って廃棄された生産物とそれを生産した労働を想起、と付言した点について、それは、「労働者が生産物の生産のために労働をし、また労働者には賃金も支払われていること」とどのように整合するのか、という質問がありました。口頭でお答えしたことを含め、改めて補足説明をしておきます。
　単純な商品生産・流通関係の「概念図」を応用して考えてみましょう。
　① 例えば、B は、W2 を、1,000 個生産。販売価格 1 個 10,000 円とし、完売すれば売り上げ総額は 1,000 万円になるとします。ただし商品を生産するために要した諸経費（賃金だけでなく、生産諸手段——機械の摩損分、原材料の消費分、その他）が、1 個当たり 4,000 円とすると、諸経費は 400 万円となりますから、完売した場合の利益は 600 万円となります。
　しかし、実際に売れたのは、1,000 個のうち 800 個とすると、売り上げ額は 800 万円、800 個についての諸経費は 320 万円となり、ここまでの計算での利益は 480 万円となりますが、売れ残った商品 200 個の生産に要した諸経費は 80 万円ですから、この純然たる損失は、利益 480 万円から補填しなければなりません。その結果、最終の利益は 400 万円になります。
　② この例の場合、完売すれば 1,000 万円になる商品の生産に投下した全労働量のうち、80％が、「社会的総労働」の一部をなすものとして、社会から認知されたことになりますが、20％は、「社会的総労働」の一部を構成しえない、社会的には「無用の労働」・「価値の形成に無関係の労働」として扱われることになります。
　B に起こったことは、他の A、C、D にも起こりえます。それは A〜D による商品生産が、無計画的・無政府的な・自然発生的な社会的分業のもとでの、「相互に独立した・私的な営みとしての商品生産活動」であることの必然的な結果です。資本主義的商品経済は、個々の企業レベルでも、また全社会的なレベルでも、絶えずこうした「労働の浪費」を惹起し、「社会的損失」を生み出し続けることから逃れられません。これは「価値破壊」を意味し、そのように規定されます＊。

──────

　＊スーパー、コンビニ、外食産業等が、どれだけ大量の食品を廃棄し、食品を生産した労働を「無
　　駄な労働」にして失っているかを想像してみて下さい。（諸経費、利益等の用語は便宜的に使っ
　　ています。）

質問への回答

 質問 1

（61 ／ 50）に、「……鉄、小麦、ダイヤモンドなどのような商品体そのものが、使用価

値または財である。」とあります。① 「財」と「富」は、相互にどうちがいますか。また、② それと「価値」との関係は？

回答 1

①「富」は、土地（自然・自然素材）と労働によって生まれたすべての生産物を意味するタームである＊、と理解しますが、第 1 章冒頭のパラグラフにおいて、「資本主義的生産様式が支配している諸社会の富は、《商品の巨大な集まり》として現われ、……」とあるように、「資本主義的生産様式が支配している諸社会」では、「富」は商品という形態をとって現われる、という点に照らせば、当該社会の富は、なによりもまず「商品」ということになると考えます。

＊ 「富」についてのこの理解は、以下の記述に根拠を置いています。——

「上着やリンネルのような天然自然には存在しない素材的富のあらゆる要素の定在は、特殊な自然素材を特殊な人間的欲求に適合させるある一つの特殊な合目的的な生産的活動によって、つねに媒介されねばならなかった（素材的富＝労働生産物、ということ）。だから、労働は、使用価値の形成者としては、有用的労働としては、あらゆる社会形態から独立した、人間の一実存条件であり、人間と自然との物質代謝を、それゆえ人間的生活を、媒介する永遠の自然必然性である。

使用価値である上着、リンネルなど、要するに商品体（素材的富）は、二つの要素の、すなわち自然素材と労働との、結合物である。……（中略）……（自然素材の）形態を変えるこの労働そのものにおいても、人間は絶えず自然力に支えられている。したがって、労働は、それによって生産される使用価値の、素材的富の、唯一の源泉ではない。ウィリアム・ペティが言っているように、労働は素材的富の父であり、土地はその母である。」（73 ／ 57 〜 58）

もし「貨幣が富」である、「貨幣こそが富」であると考えた場合、貨幣は「使用価値と価値の二要因を有する商品」があっての貨幣であって、貨幣の出現には、生産物が「価値対象性」をもつ商品の形態をとって存在する、ということが前提となっていますから、「富」を貨幣に限定することはできませんし、それは「富」の理解としては誤りでしょう。

「財」という語は、「鉄、小麦、ダイヤモンドなどのような商品体そのものが、使用価値または財である」（61 ／ 50）という文脈のなかで用いられています。この用語法から見れば、「財」は実質上、「富」＝「労働生産物」（資本主義的な生産様式が支配している諸社会では「商品」）と同義語として用いられていると考えます。

②「富」と「財」が以上のようなものだとしたら、それらと「価値」の関係は明らかでしょう。——経済学の範疇としては、「価値」は商品の一属性を意味するものとして用いられています。——貨幣は商品の価値の発展形態であることは、第 3 節で示されます。

Ｑ　質問 2

マルクスが、（61 ／ 50）の第 1 行目で、「鉄、小麦、ダイヤモンドのような商品体そのものが、使用価値または財である」と言っていることと、5 行目で「使用価値は、使用

または消費においてのみ実現される」と言っていることとは、矛盾するのではないですか？

　使用価値とは商品そのもののことなのですか、それとも、商品そのもののことではなく、その商品を消費した時に実現される「有用性」または「役立つ能力のこと」なのですか？

〔例〕石炭の場合、目の前にある黒い塊が使用価値であると言うのと、消費し燃やすと熱を出して部屋を暖めると言う使用価値が実現される、と言うのとでは、言っている中身が違う。

　先の言い方では、「使用価値とは商品体そのもののことである」と言うことになり、後の言い方では、「使用価値とは商品体そのものではなく、商品が持っている有用性、役立つ能力のことである」と言うことになる。

　「商品は使用価値を持っている」という言い方なら何も問題は感じませんが、「商品体そのものが使用価値である」と言われると、違和感があります。

回答2

　第1章第1節における、商品の使用価値についての規定は、本文だけで言うと、（59～61／49～50）の19行です。要点を確認します。

　①「商品は、なによりもまず、その諸属性によってなんらかの種類の人間的欲求を満たす一つの物、一つの外的対象、である。」（59／49）

　②「鉄、紙などのような有用物は、どれも、二重の観点から、質および量の観点から、考察されなければならない。このような物はどれも、多くの属性からなる一つの全体であり、それゆえ、さまざまな面で有用でありうる。」（60／49）

　③「ある物の有用性は、その物を使用価値にする。しかし、この有用性は空中に浮かんでいるのではない。この有用性は、商品体の諸属性によって制約されており、商品体なしには実存しない。それゆえ、鉄、小麦、ダイヤモンドなどのような商品体そのものが、使用価値または財である。」（60～61／50）

　④「使用価値は、使用または消費においてのみ、実現される。」（61／50）

　⑤「使用価値は、富の社会的形態がどのようなものであろうと、富の素材的内容をなしている。」（同上）

　⑥「われわれが考察しようとする社会形態においては、それは同時に交換価値の素材的担い手をなしている。」（同上）

　第2節には、関連した説明として、次のものがあります。

　⑦「使用価値である上着、リンネルなど、要するに商品体は、二つの要素の、すなわち自然素材と労働との、結合物である。……ウィリアム・ペティが言っているように、労働は素材的富の父であり、土地（自然素材）はその母である。」（73／57～58）

　以上のうち、質問者が疑義をもたれたのは、③の「ある物の有用性は、その物を使用価値にする」という説明と、④の「使用価値は、使用または消費においてのみ、実現される」という説明とを合わせ考えられ、それに照らして、「使用価値とは商品体そのもののことである」あるいは「商品体そのものが使用価値である」との捉え方に「違和感」

をもたれ、「使用価値とは商品体そのものではなく、商品が持っている有用性、役立つ能力のことである」と考えられた、と推察します。

　しかし、上記の①と②と⑦、そして問題の③の二重線部分から考えて、商品＝商品体（物）であり、使用価値を商品体から切り離された「有用性・役立つ能力のこと」であるとする解釈は、果たした妥当でしょうか？

　そうした解釈は、④の「使用価値は、使用または消費においてのみ、実現される」という規定に、主たる根拠を置かれたことによるものと思われます。しかし使用価値については、以下のa）とb）を区別して理解することが大事だと考えます。

　a）商品の使用価値は、⑦にあるように、自然素材が労働によって生産物→商品体に「形態変化」をした段階で、商品体に、商品体の持つ属性として創出され、商品体の内に存在していること。（➡商品の使用価値の創出・成立！）

　b）それに対し、④「使用価値は、使用または消費においてのみ、実現される」という場合の「実現」とは、有用性＝「役立つ能力」を使用したり、消費することを意味するのではなく、有用性を持つ商品体そのものを「使用または消費」することを意味するものとして用いられている、と理解します。商品の使用価値は、商品体そのものを使用または消費しなければ現実のものとはならないからです。（➡商品の使用価値の実現！）

　a）とb）について、質問にある石炭を例にとって考えて見ましょう。――
　物体としての石炭（①）は、その体そのものに、「燃焼して熱を出す」という物体としての固有の有用な属性（②）を持っています。石炭は、採掘労働により（⑦）石炭商品として産出された時点で、その固有の属性により「使用価値（物）」と規定されるものとなります（③、⑦）。これがa）「商品の使用価値の創出・成立」の意味です。

　この石炭商品は、実際に石炭商品そのものが点火されて燃焼すること（消費されること）によって、「燃焼して熱を出す」という自らの使用価値を現実のものとします。これがb）「商品の使用価値の実現」の意味です。

　したがって、「燃焼して熱を出し部屋を暖めてくれる」という、石炭商品の使用価値（有用性）は、商品となった物体としての石炭そのものと相即不離＝一体のものであり、「役立つ能力」のみを、商品体としての石炭から切り離すことができません＊。「使用価値とは商品体そのものである」「商品体そのものが使用価値である」という、疑義を持たれた規定は、このことを示す規定として読まれるべきものと理解します。

　なお、この「使用価値の実現」とまぎらわしい表現が、第2章「交換過程」に登場します。「商品の使用価値としての実現」というのがそれです。b）の「使用価値の実現」とは異なった意味で用いられます。それは、「商品の価値としての実現」とならんで登場してきます。要注意点です。

　＊商品の使用価値についてのこうした捉え方は、有用性とまぎらわしい「効用（utility・Nutzen）」というタームを駆使する「効用価値説・効用学派」（近代経済学の源流）と、マルクスの経済理論との分水嶺であることに留意して下さい。

第2節　商品に表わされる労働の二重性

◎ 商品に含まれる労働の二面的性質の把握の意義

(71／56)「価値に表現される限り」での労働と、「使用価値の生みの母としての労働」という、「商品に含まれる労働のこの二面的性質は、私によってはじめて批判的に指摘されたものである。この点は、経済学の理解にとって決定的な点であるから、ここで立ち入って説明しておこう。」

❶ 具体的有用的労働

(71／56)「その目的、作業様式、対象、手段、および結果によって規定されている」・「一定の種類の生産的活動……の有用性が……その生産物の使用価値に——またはその生産物が使用価値であるということに——表わされる労働を、われわれは簡単に（具体的）有用的労働と呼ぶ。この観点のもとでは、労働はつねにその有用効果との関連で考察される。」

◎ 商品生産の実存条件＝社会的分業＝有用的労働の総体

(72／56〜57)「さまざまな種類の使用価値または商品体の総体のうちには、
　①　同じように多様な、属、種、科、亜種、変種を異にする有用的労働の総体——社会的分業——が現われている。社会的分業は商品生産の実存条件である。……
　②　……自立的な、互いに独立の、私的労働の生産物だけが、互いに商品として相対するのである。……
　③　（生産物が商品という形態を取っている）商品生産者たちの社会においては自立した生産者たちの私事として互いに独立して営まれる有用的労働のこうした質的区別が、一つの多岐的な体制に、すなわち社会的分業に、発展する。」

❷ 有用的労働の歴史普遍性

(73／57)「労働は、使用価値の形成者としては、有用的労働としては、あらゆる社会形態から独立した、人間の一実存条件であり、人間と自然との物質代謝を、それゆえ人間的生活を、媒介する永遠の自然的必然である。」

(73／57〜58)「使用価値である上着、リンネルなど、要するに商品体は、二つの要素の、すなわち自然素材と労働との、結合物である。……労働は素材的富の父であり、土地はその母である＊。」

＊以上については、第Ⅲ篇第5章「労働過程と価値増殖過程」の第1節「労働過程」において詳しく再考察される。

❸ 抽象的人間的労働

（74 ／ 58）「そこで、こんどは、使用対象である限りでの商品から、商品価値に移ろう。」
（75 ／ 58 ～ 59）「① 生産的活動の規定性、したがって労働の有用的性格を度外視（捨象）
　　すれば、労働に残るのは、それが人間的労働力（一般）の支出であるということである。
　　② 裁縫労働（→上着）と織布労働（→リンネル）とは、質的に異なる生産的活動で
あるにもかかわらず、ともに、人間の頭脳、筋肉、神経、手などの生産的支出であり、こ
うした意味で、ともに、人間的労働である。それら（裁縫労働と織布労働）は、人間的労
働力を支出する二つの異なった形態にすぎない。」

❹ 単純労働と複雑労働

（75 ～ 76 ／ 59）「① （この人間的労働は）平均的に、普通の人間ならだれでも、特殊な発
　　達なしに、その肉体のうちにもっている単純な労働力の支出である。
　　② 確かに、単純な平均労働そのものは、国を異にし文化史上の時代を異にすれば、
その性格を変えるが、現に存在する一つの社会では、与えられている＊。
　　③ （特定の教育・訓練を受けた、特殊な熟練を要する）より複雑な労働は、単純労働
の何乗かされたもの、またはむしろ何倍かされた単純労働としてのみ通用し、そのために、
より小さい分量の複雑労働がより大きい分量の単純労働に等しいことになる＊＊。
　　④ この還元が絶えず行なわれていることは、経験が示している。ある商品はもっとも複
雑な労働の生産物であるかもしれないが、その価値は、その商品を単純労働の産物に
等値するのであり、したがって、それ自身、一定分量の単純労働を表わすにすぎない。
さまざまな種類の労働がその度量単位である単純労働に還元されるさまざまな比率は、生産
者たちの背後で一つの社会的過程によって確定され（ている。）＊＊＊」

――――

　　＊「単純な平均労働」がこのようなものとして出現するのは、機械制大工業の確立によってである。
　　　その意味で、それ自体一つの歴史的範疇と言える。➡ 第13章で詳述される。
　　＊＊ 複雑労働力を形成するために必要な養成労働が、間接的に、複雑労働の活動を通して価値形成
　　　に参与し、それによって、複雑労働がより多くの価値を作り出す。なお、「熟練労働（skilled
　　　labour）」「不熟練労働（unskilled labour）」は、「単純労働」、「複雑労働」の、イギリスの経
　　　済学者による言い換えと理解されている。
　　＊＊＊「一つの社会的過程」は、諸商品の交換過程を意味している。

❺ 生産力の変動との関連

（78 ～ 79 ／ 60 ～ 61）「① より大きい分量の使用価値は、それ自体としては、より大き
　　い素材的富をなす。二着の上着は、一着の上着より大きい素材的富をなす。……と
　　はいえ、素材的富の増大に対応して、同時にその価値の大きさが低下することもあ
　　りうる。このような対立的運動は、労働の二面的性格から生じる。
　　② 生産力は、もちろんつねに、有用的具体的労働の生産力であり、実際、ただ、
　　与えられた時間内における合目的生産活動の作用度だけを規定する。だから、有
　　用的労働は、その生産力の上昇または低下に正比例して、より豊かな生産物源泉ともな

れば、より貧しい生産物源泉ともなる。

③　これにたいして、生産力の変動は、それ自体としては、価値に表わされる労働にはまったく影響しない。……だから、生産力がどんなに変動しても、同じ労働は同じ時間内には、つねに同じ価値の大きさを生み出す。……

④　労働によって提供される使用価値の総量を、増大させる生産力の変動は、もしもそれがこの使用価値総量の生産に必要な労働時間の総計を短縮させるならば、この増大した使用価値総量の価値の大きさを減少させる。反対の場合には逆になる。」

◎ まとめ──商品の二要因に表わされる労働の二重性

> （79／61）「すべての労働は、一面では、生理学的意味での人間的労働力の支出であり、同等な人間的労働または抽象的人間的労働というこの属性において、それは商品価値を形成する。すべての労働は、他面では、特殊な、目的を規定された形態での人間的労働力の支出であり、具体的有用的労働というこの属性において、それは使用価値を生産する。」

（79～80／61）〔原注16〕における、A・スミスの労働論批判、匿名の先行者の評価、ならびに labour と work の異同についての論及に留意のこと。

〔注記〕また、第2節冒頭の項目における、「労働の二重性」把握と、それが「経済学の理解にとって決定的な点」であるとの意義付けについて、あらためて留意して下さい。「決定的な点」である理由は、例えば第Ⅲ篇での、資本による剰余価値の生産の分析で示されます。
　なお、（136／96）の〔原注31〕D・リカードゥの商品価値の分析の「不十分さ」についての以下の記述にも留意。──「価値一般について言えば、古典派経済学は、価値に表わされる労働と、生産物の使用価値に表わされる限りでの労働とを、どこにおいても、明文によっては、また明瞭な意識をもっては、区別していない。」

補足説明❷：商品の価値──その社会的実体としての「抽象的人間的労働」再論

　第3節は、タイトルが「価値形態または交換価値」とあるように、商品の二要因（属性）のうちのひとつ、価値の現象形態＝表現形態の考察により、すべての商品の価値が、最終的には貨幣（商品）によって、統一的に表現されることを論定しています。第3節の内容を理解するためには、価値の社会的実体をなす「抽象的人間的労働」についての再確認が前提として大切になります。

　商品の交換関係の成立を示す、例えば、1着の上着＝3個の時計、という等式は、1着の上着の時計との交換比率（＝3個の時計）、すなわち1着の上着の交換価値を示すも

のでした。この、目に見える１着の上着の交換価値から<u>出発</u>して、二つの商品が有する（目には見えない）「<u>共通の属性</u>」としての「<u>価値</u>」を析出し、「<u>価値の社会的実体</u>」は、商品の使用価値の形成に資する「労働の具体的・有用的労働としての属性」を「<u>捨象</u>」してなお商品体に残る、「<u>抽象的人間的労働の凝固体・結晶</u>」（流動状態の労働ではない、ということ）にほかならないことを論定した後に、交換価値はその価値の（目に見える）現象形態であると、再度、<u>捉え直されていました</u>。

　「商品の二要因に表示される労働の二重性」把握（発見）に関し、とりわけ「価値の社会的実体」をなすものとされた、「抽象的人間的労働の凝固体・結晶」について、「マルクスが勝手に作り出したもので得心がいかない」というご意見（批判）が寄せられました。

　テキスト 61 頁末尾以降を再読願いたいと思いますが、もし、１着の上着＝３個の時計という「<u>等式</u>」（交換関係）を成り立たせている根拠が、二つの商品にとっての「<u>共通の属性</u>」＝「<u>凝個体となった同じ量の抽象的人間的労働</u>」でないとしたら、それに替わるなにが等式（交換関係）を成立せしめている根拠なのか、が問われることになります。

（１）スミス、リカードゥの批判的継承

　マルクスによる「<u>労働の二重性</u>」の発見は、先達による、<u>継承すべき学問的業績がまったくない</u>ところからスタートしたのではありません。マルクスの前には、「<u>古典派経済学</u>」の学問的遺産がありました。アダム・スミスやディヴィッド・リカードゥの経済学説です。

　誤解を恐れずに言えば、「商品の価値の実体は労働である」と<u>捉える限り</u>では、マルクスは、スミス→リカードゥの「労働価値」論の系譜＝問題把握の「<u>枠組み</u>」を継承し、リカードゥが進むことができなかった「最後の一歩」を、「労働の二重性」の「発見」、「価値」と「生産価格」・「剰余価値」と「利潤」の<u>区別と関連</u>（➡後者は前者の「転化形態」であること）を、明確に把握することによって、踏み進むことができました。しかもその一歩は、<u>学説史上の実に「大きな一歩」</u>でした。

　マルクス（1818 〜 1883）は、20 歳代の半ばから、古典派経済学の「<u>批判的継承</u>」に精力的に取り組みました。ロンドン亡命後は、<u>大英博物館の図書室</u>で「書物の大海」に飛び込んで、膨大なノート、草稿を作成し、49 歳にして『資本論』第Ⅰ部（初版）を公刊しました。その「<u>批判的継承</u>」の痕跡は、第１章に限って、いくつかの注記にみられるとおりです。

　（79 〜 80 ／ 61）の〔原注（16）〕、（136 〜 137 ／ 96）の〔原注（31）〕、（137 〜 138 ／ 96）の〔原注（32）〕には、「古典派経済学の根本的欠陥の一つ」を指摘した重要な記述があります。ただ、それらについては、スミスやリカードゥの学説の内容を承知して読むかそうでないかによって、理解の仕方に落差が生じるでしょう。その点を多少なりともカバーするために、スミスとリカードゥの研究者による「解説」を以下に紹介しておきます。

　これをお読みいただくと、「<u>価値</u>」の捉え方は、①第Ⅰ部での価値論、剰余価値論、②第Ⅲ部ではじめて解明されることになる、「<u>価値の生産価格への転化</u>」や「<u>剰余価値の利</u>

潤への転化」等の捉え方と、密接に連動していること、したがって、スミスやリカードゥの「価値」の捉え方の問題点、そのポジティヴな側面とネガティヴな側面の評価も、彼らの「剰余価値」や「利潤」・「価格」の捉え方との関連ではじめて論じうる、相当に込み入った問題であること、つまり、第Ⅰ篇第1章「商品」の範囲内では十分な説明ができにくい問題だということが、おわかりいただけると思います。

◇

1）スミス（Smith, Adam, 1723 ～ 1790. 主著『諸国民の富』1776 年）の価値論
「スミスの価値論は二元的であり、①　ひとつは、交換価値の尺度を、商品を生産するのに要した労働量にもとめる投下労働価値論であり、②　もうひとつは、それを商品が市場において支配し購買することのできる他人の労働の生産物の量、あるいは他人の労働量にもとめる支配労働価値論である。③　この二元論的な労働価値論は、スミスが資本主義社会を発展した分業社会と考え、富の源泉を分業としての労働に求めることから生み出されたものである。

　それは商品の交換関係が労働の交換関係にほかならないというスミスのすぐれた側面を示すものであり、同時に、富の源泉を貨幣に見る重商主義者の流通主義的見解と、それを農業労働にのみ局限する重農主義を、ともに批判するものであった。

　④　しかし、スミスは相互に異なる各人の労働が交換において同等化されるのは、人間の意識の背後で強力的に働く客観的な平等化の作用の結果であるとは理解せず、その同等化の根拠を労働が各人の安楽の犠牲であるという点にもとめ、主観価値論に道を開いた。

　⑤　また、スミスが支配労働価値論におちいったのは、彼が交換価値の尺度を商品に対象化された労働ではなく、その商品をもってあがないうる生きた労働とすることから生じたものであった*。

　⑥　単純商品生産社会においては、商品生産者は商品の所有者であるから、彼は交換において自分の労働が対象化されている商品が含んでいる労働量と等しい労働量を受け取ることができる。したがって、この場合、生きた労働を交換価値の尺度にする投下労働価値論と支配労働価値論は、その量的規定性において一致する。

　⑦　ところが、資本と賃労働との交換が商品交換の一側面をなす資本主義社会においては、賃労働者の生きた労働の継続時間とその代価として支払われる賃金に含まれている対象化された労働の量とのあいだには、量的不一致が存在する。⑧　スミスはこの不払労働の事実を感知しているがゆえに、この社会（資本主義社会）への投下労働価値論の妥当性を否定し、支配労働価値説に移行する。⑨　この不合理の解決は、事実上は賃金を意味する生きた労働の価値とは、実は労働力の価値であり、生きた労働とは労働力という商品の使用価値であり、交換価値の尺度は商品に対象化された労働であることを明らかにしたマルクスをまたねばならなかった。」（上野俊樹筆、経済学辞典編集委員会『経済学辞典』大月書店、1979 年、925 頁、○数字は中川による）

───

　＊この点については、第1章第2節末尾（79 ～ 80 ／ 61）の〔原注 16〕（前述）で、次のように言及されています。──
　　（第二版への注）「《労働だけが、それらによってすべての商品の価値が、あらゆる時代を通して、

評価され、比較されうる究極の、真の尺度であること》を証明するために、A．スミスは、次のように言う。〈……略……〉A．スミスは、<u>一面では</u>、この場合〈どこというわけではないが〉、<u>商品の生産に支出される労働の分量による価値の規定を、労働の価値による商品価値の規定と混同し</u>ており、したがって、等量の労働はつねに等しい価値をもつということを証明しようとしている。<u>他面では</u>、彼は、商品価値に表わされるかぎりでの労働が、ただ、<u>労働力の支出</u>としてのみ通用するということに<u>うすうす感づいている</u>が、この支出を、ふたたび単に安楽、自由、および幸福の犠牲としてのみとらえ、正常な生命活動とはとらえていない。いずれにせよ、彼は近代的賃金労働者を眼前においているのである。――<u>注9に引用したA．スミスの匿名の先行者は、はるかに適切に述べている</u>。〈……ある人が一定の時間にある対象に費やした労働と、別の人が同じ時間に別の対象に費やした労働との交換である。〉」

2）リカードゥ（Ricardo, Daivid, 1772 ～ 1823、主著『経済学及び課税の諸原理』1817 年）の価値論

「彼は資本蓄積と所得の分配との関係を解明することを経済学の中心課題とみなしたが、その問題の理論的考察のすべてが<u>労働価値論の基礎</u>のうえに構築されなければならないという見地を確立した。彼は商品価値がその生産に投下される労働量によって決定されるという見解をスミスから継承したが、そのさいに<u>労働力商品の価値もまた労働者の消費財の生産に投下される労働量によって決定される</u>という<u>新見解</u>を提出することによって、スミスの<u>支配労働量＝価値尺度説</u>の誤りを明らかにした。このような（投下労働価値説への）<u>労働価値論純化</u>の作業は、彼に<u>利潤</u>を<u>事実上剰余価値</u>としてとらえることを可能にした。……しかし、彼は<u>平均利潤</u>の存在を所与の前提として推論していたため、<u>価値と生産価格とのちがい、剰余価値と利潤のちがいを見落</u>として、<u>価値論と価格論との関連を解明しえなかった</u>。」（羽鳥卓也筆、『経済学辞典』同上、895 頁）

質問への回答

Ｑ　質問3

（65／52）12 行目、「それらに<u>共通な社会的実体の結晶として……</u>」の<u>社会的実体とはそもそも何のことでしょうか？</u>

回答3

大事な箇所ですから、この文章に先行する叙述の全体をあらためて確認しておきましょう。

（64／52）9 行目、「<u>使用価値としては</u>、諸商品は、なによりもまず、<u>相異なる質</u>であるが、<u>交換価値としては、相異なる量</u>でしかありえず、したがって、一原子の使用価値も含まない。

①　そこで、諸商品体の<u>使用価値を度外視</u>すれば、諸商品体にまだ残っているのは、一つの属性、すなわち<u>労働生産物という属性</u>だけである。

②　しかし、労働生産物もまたすでにわれわれの手で変えられている。もしもわれわれが労働生産物の使用価値を捨象するならば、われわれは、労働生産物を使用価値にしている物体的諸成分と諸形態をも捨象しているのである。それはもはや、テーブル、家、糸、あるいはその他の有用物ではない。その感性的性状はすべて消し去られている。

③　それはまた、もはや、指物労働、建築労働、紡績労働、あるいはその他の一定の生産的労働の生産物ではない。

④　労働生産物の有用的性格とともに、労働生産物に表わされている労働の有用的性格も消えうせ、したがってまた、これらの労働のさまざまな具体的形態も消えうせ、これらの労働は、もはや、互いに区別がなくなり、すべてことごとく、同じ人間的労働、すなわち、抽象的人間的労働に還元されている。

⑤　そこで、これらの労働生産物に残っているものを考察しよう。それらに残っているものは、同じまぼろしのような対象性以外のなにものでもなく、区別のない人間的労働の、すなわちその支出の形態にはかかわりのない人間的労働力の支出の、単なる凝固体以外のなにものでもない。これらの物が表わしているのは、もはやただ、それらの生産に人間的労働力が支出されており、人間的労働が堆積されているということだけである。——それらに共通な、この社会的実体の結晶として、これらの物は、価値——商品価値である。……

⑥　したがって、商品の交換関係または交換価値のうちにみずからを表わしている共通物とは、商品の価値である。」（64～65／52～53）

使用価値を異にするする諸商品（複数形に留意）に共通な唯一の属性が、「区別のない人間的労働」の「堆積」・「支出の形態にかかわりのない人間的労働力の支出の、単なる凝固体」（流動状態の労働ではなく、堆積・凝固した状態の労働）が、諸商品に共通に確認できる属性であること、これが価値の実体にほかならず、しかも、諸商品に共通であるということを言い直したのが社会的というタームであること、すなわち価値はつねに社会的という性格を有する範疇であること（価値の実体➡社会的実体）、が以上に述べられていることのポイントです。

Ｑ　質問4

第1節と第2節では、「商品に抽象的人間的労働が対象化される」・「価値の量は社会的に必要労働時間」で測られるとされたうえで、①「価値の大きさは労働の生産力に反比例して変動する」、②「物が無用であれば、それに含まれている労働もまた無用である」とマルクスは述べています。以上の命題から、労働により、商品に「価値」が対象化されたのに、③その量がその後変動する、④あるいは無用になるのはおかしいという疑問が生じます。この疑問に対して、私は以下のように考えましたが、これでいいのでしょうか。

「労働」により商品に「使用価値」と「価値」が対象化されるという主張は、別の言い方をすれば、労働は商品に「価値の可能性」を付与するものであり、その「価値」の実現は商品の交換により成立するのである。

私の主張を植物の種に例えて説明します。植物が種子を持つとき、その種子は生育の

可能性をもつものであり、「水分」「養分」「日光」になどの諸条件がなければその生命は実現しない。

　また、その植物が、どのように育つかもその生育条件によります。──商品も「労働」により、「価値」を持つ可能性を与えられますが、⑤その大きさは「商品交換時」の諸条件（生産力、需要と供給等々）により変動し、⑥場合によっては、その「価値」は実現せず、「無用」のものにすらなります。

回答4

　質問は、テキスト（67〜69／54〜55）と、テキスト（78〜79／60〜61）、の二箇所の内容に対するものです。ポイントは、商品の価値の大きさが「変動する」もしくは「無用になる」と捉えることへの疑問です。質問文の第一パラグラフでは、①と③、②と④が同じ趣旨であり、第三パラグラフの⑥は、②、④と同じ趣旨であると理解されます。⑤の商品交換（流通の段階）の諸条件のなかに、商品生産の段階の問題である「生産力」を入れているのはCareless mistakeと思われますから、⑤については、流通の段階での「需要と供給の関係」の変動による価値の大きさの「変動」、という論点のみを検討しましょう。

　その際、内容からみて、問題を、a）商品が生産される段階での価値の大きさの「変動」〔①、③〕と、b）商品が流通する段階での価値の大きさの「変動」〔②、④、⑤、⑥〕〕に分けて、疑問の当否を検討する必要があります。

　　a　は、❺生産力の変動との関連、の項目中、③（78〜79／60〜61）「……生産力の変動は、それ自体としては、価値に表わされる労働（抽象的人間的労働）にはまったく影響しない。……だから生産力がどんなに変動しても、同じ労働は同じ時間内には、つねに同じ価値の大きさを生み出す。」の下線部の理解の問題です。

　当の下線部は次のことを述べています。例えば、10時間の労働が100の価値を創造するものとします。そして第一回目の生産では、10個の商品を生産したとすれば、商品1個当たりの労働量は1時間分の労働量、商品1個当たりの価値は100÷10＝10になります。

　それに対し第二回目の生産では、より性能の良い機械の導入よって、労働の生産力が2倍に高まった結果、同じ10時間の労働でも、生産する商品は一回目の2倍の20個になり、商品1個当たりの労働量は0.5時間分の労働量と半減し、商品1個当たりの価値も100÷20＝5と、一回目の商品の価値の半分に減少します。これが「一商品の価値の大きさは、……・労働の生産力に反比例して、変動する」、「生産力がどんなに変動しても、同じ労働は同じ時間内には、つねに同じ価値の大きさを生み出す」の意味です。──労働価値論は、労働の生産力の変動前後を通して一貫しています。

　　b　の商品交換＝商品流通の段階に目を転じましょう。問題はさらに二つに分かれます。──イ）⑤の「需要と供給の関係」の変動は、商品交換（流通）の段階の問題です。需

給関係の変動によって、たしかに商品の価格は高くなったり安くなったりと上下に変動します。これは「価値と価格の背離」の問題として、次の質問への回答のなかで触れたいと思います。

———

　ロ）②、④、⑥は「価値が無用になる」という問題です。——労働によって創造された価値が、認知されずに、「無用」なものとして切捨てられるということ（価値破壊）は、不合理なことです。しかしそれを「労働の浪費」＝「社会的損失」と捉えるのは、「労働価値論」の「問題の捉え方」に「不備」があるということではなく、商品経済、資本主義的商品経済そのものが内包する「不合理性」を意味するものであり、労働価値論に立脚しているからこそ、それを「不合理」として告発・糾弾できるのだ、と理解します。

　＊質問文中の「労働は商品に〈価値の可能性〉を付与するものであり、その〈価値の実現〉は、商品の交換により成立する」という捉え方について付言しておきます。価値という範疇は、1着の洋服＝3個の時計という、二商品の交換関係の成立＝等式の成立を前提とし、等式成立の「根拠」を探ることにより析出されたものでした。左辺の商品の価値とその大きさは、右辺の商品との交換関係において（交換価値として）表現され（目に見えるようにな）るものでした。これは、交換価値として「表現」される以前は、価値そのものは（商品体に）実在しえず、「可能性」の域にとどまり、その「実現」は交換関係の成立を待つほかない、ということと同じではありません。実在しないものがその表現形態をもつということはありえません。

Q　質問5

　①「商品」の交換の際、その当事者が、その商品に含まれている「抽象的人間的労働」の量を知ることは困難です。②平均すれは、商品が「社会的平均労働時間」によって交換される仕組みは、具体的にどのようなものなのでしょうか。答えは第3節以降にありそうですが、いまのところ、手掛かりが掴めません。まだわからなくてもいいのでしょうか。

回答5

　〔①について〕商品交換の当事者は、みずからの商品（1着の洋服）の価値量、それに「対象化された抽象的人間労働」の量を知りえません。「相互に独立して、私的に営まれる」商品生産の場では、生産物が果たして商品として販売できるか否か、商品を生産するに際し投下された私的労働が、社会的総労働の一構成部分足りえるか否か自体が不明です。当事者が知りうるのは、自己の商品が他の商品（3個の時計）と交換関係を取り結ぶことができる時の、交換価値（交換比率）です。
　——以下は、第1章の第4節にある叙述です。（127 〜 128 ／ 89）❺秘密の発見と価値法則の自己貫徹、の項目。

　「価値の大きさは、交換者たちの意志、予見、および行為にかかわりなく、絶えず変動する。交換者たち自身の社会的運動が、彼らにとっては、諸物の運動（諸商品の交換）という

形態をとり、彼らは、この（諸物の）運動を制御するのではなく、この（諸物の）運動によって制御される。
　互いに独立に営まれながら、しかも社会的分業の自然発生的な諸分岐として互いに全面的に依存し合っている私的諸労働が社会的に均斉のとれた基準に絶えず還元されるのは、私的諸労働の生産物の偶然的でつねに動揺している交換比率を通して、それらの生産のために社会的に必要な労働時間が ——たとえば、だれかの頭の上に家が崩れ落ちるときの重力のように—— 規制的な自然法則として強力的に自己を貫徹するからである、という科学的洞察が、経験そのものから生じるためには、そのまえに、完全に発展した商品生産が必要である。だから、労働時間による価値の大きさの規定は、相対的な諸商品価値の現象的運動の下に隠されている秘密である。この秘密の発見は、労働生産物の価値の大きさが単に（需要と供給の変動により）偶然的に規定されるだけであるという外観を取りのぞくが、この規定の物的形態を取りのぞきはしない。」（127〜128／89）

　〔②について〕第1章の段階で検討した、問題考察のための諸カテゴリーをtoolとして、「仕組み」を具体的に説明することは至難です。仮に説明したとしても、それはきわめて抽象的な説明に終ってしまいます。〔①について〕の回答に引用したような説明に止まらざるをえません。『資本論』がその説明に具体的に着手するのは、第Ⅳ篇第10章「相対的剰余価値の概念」においてであり、最終的には第Ⅲ部まで持ち越されます。講座は第一幕が開けられてまだ二回目です。回を重ねていくにつれ、『資本論』の世界の全体像が見えてきます。

第3節　価値形態または交換価値

◎ 本節のテーマ

　　この節では、「貨幣の謎」（貨幣が商品に対して独占的購買力をもつ理由）を解くために、商品の価値の表現のされ方を、左右両辺の二商品による等式（x量の商品A＝y量の商品B、たとえば20エレのリンネル＝一着の上着）の吟味を起点として、絢爛たる金＝貨幣（商品）による商品価値の表現に至るまでの、商品の価値表現の「発展」が辿られます。

　　そのことによって、貨幣とはなにか、ひいては資本とはなにか、を解明していくためには、商品は価値を有するということの解明・説明が不可欠の前提となること、➡『資本論』が、貨幣や資本の分析から始まるのではなく、商品の分析から始まる理由が、ここであらためて明らかになっていきます。

◎ 本節の要点
本節で解明される問題の概要・要点を承知し、念頭において読み進んでいただけるよう、予めそれを鳥瞰しておきます。

　① 商品が価値を有することは、「商品と商品との社会的関係」すなわち「交換関係」においてのみ現れること、価値の「現象形態」が交換価値であることは、第1節で示されていました。この節では、価値の現象形態である交換価値（商品の価値形態）に再度もどって、商品の価値の現象形態（表現形態）の発展を、「もっとも目立たない姿態から目をくらませる貨幣形態」の「発生」まで追跡し、そのことにより、「貨幣の謎」を明らかにすることが課題となります。

　② 問題となる商品の価値の表現形態（価値形態）は次の四つです。

（A）　第Ⅰ形態　　　x量の商品A　　＝ y量の商品B

（B）　第Ⅱ形態　　　　　　　　　　　 ＝ y量の商品B

　　　　　　　　　　　x量の商品A　　＝ z量の商品C

　　　　　　　　　　　　　　　　　　 ＝ etc.

（C）　第Ⅲ形態　　　y量の商品B＝

　　　　　　　　　　z量の商品C＝ ｝x量の商品A

　　　　　　　　　　　　 etc.＝

（D）　第Ⅳ形態　　　y量の商品B＝

　　　　　　　　　　z量の商品C＝ ｝一定量の金―貨幣（商品）

　　　　　　　　　　　　 etc.＝

　　〔留意点〕　形態ⅠとⅡでは、<u>左辺の一商品の、単独の価値表現が主題</u>となっているのに対し、形態ⅢとⅣでは、<u>諸商品（商品世界）の共同事業としての、諸商品に共通の、統一的な価値表現が主題</u>となっていることに留意して下さい。

　　① その場合、<u>あらゆる価値形態の秘密</u>が、ｘ量の商品Ａ＝ｙ量の商品Ｂという、<u>第Ⅰ形態「Ａ　簡単で、個別的な、または偶然的な価値形態」に潜んでいること</u>、したがってこの<u>第Ⅰ形態の理解</u>が、形態Ⅱ以下の価値形態全体を理解する<u>鍵</u>であることに留意して下さい。
　　② またその場合、等式の両辺の商品の、<u>異なる役割の理解</u>が重要です。
　　　　　左辺（ｘ量の商品Ａ）　―　　相対的価値形態
　　　　　右辺（ｙ量の商品Ｂ）　―　　等価形態
　　③ <u>「回り道」の論理</u>（商品の価値表現の道筋）<u>と呼ばれている内容をよく掴んで下さい</u>。左辺の商品Ａの価値表現は、右辺の他の商品Ｂとの交換関係によるほかない、ということが、商品Ａの価値表現が「回り道」になることを内包している、という点です。
　　④ ここまでのところで<u>貨幣（商品）＝金</u>（きん）<u>の自然形態が価値物</u>となっており、<u>諸商品の価値の「共通の価値鏡」としての役割</u>を果たし、したがって<u>諸商品との「直接的交換可能（諸商品に対する購買力）」を独占する</u>、ということが解明されています。――　このことを前提として、<u>ａ）貨幣が、現実の商品交換過程の内包する矛盾から、しかもその矛盾を解決するものとして、現実に登場してくる事情</u>と、<u>ｂ）また貨幣のもつさまざまな機能の解明</u>は、次回の講義が扱う、第２章と第３章の主題となって行きます。

◎ <u>貨幣形態発生の立証が本節のテーマであることを述べている文章</u>

(82／62)「① だれでも、ほかのことはなにも知らなくても、<u>諸商品がそれらの使用価値の種々雑多な自然形態とはきわめていちじるしい対照をなす一つの共通の価値形態、すなわち貨幣形態をもっているということは知っている</u>。
　　② しかし、いまここでなしとげなければならないことは、<u>ブルジョア経済学によって決して試みられることもなかったこと</u>*、すなわち<u>貨幣形態の発生を立証すること、すなわち、諸商品の価値関係に含まれている価値表現の発展を、そのもっとも簡単なもっともめだたない姿態から目をくらませる貨幣形態にいたるまで追跡することである。それによって、同時に、貨幣の謎も消えうせる</u>。」

　*（137～138／96）第４節の〔原注32〕古典派経済学の根本的欠陥―価値形態論の欠如
　　「① <u>古典派経済学の根本的欠陥</u>の一つは、それが、商品の分析、ことに商品価値の分析から、価値をまさに交換価値にする価値の形態をみつけ出すことに成功しなかったことである。Ａ・スミスやリカードゥなどのようなその最良の代表者においてさえ、古典派経済学は、<u>価値形態を、まったくどうでもよいもの</u>として、あるいは商品そのもの本性にとって外的なものとして、<u>取り扱っている</u>。
　　② その原因は、価値の大きさの分析にすっかり注意を奪われていたというだけではない。そ

れはもっと深いところにある。労働生産物の価値形態は、ブルジョア的生産様式のもっとも抽象的な、しかしまたもっとも一般的な形態であり、ブルジョア的生産様式はこの形態によって一つの特殊な種類の社会的生産として、それゆえまた同時に歴史的なものとして、性格づけられている。だから、人がこの生産様式を社会的生産の永遠の自然的形態と見誤るならば、人は必然的に、価値形態の独自性を、それゆえ商品形態の、すすんでは貨幣形態、資本形態等々の独自性を見落とすことになるのである。」

A　簡単な、個別的な、または偶然的な価値形態

ｘ量の商品Ａ＝ｙ量の商品Ｂ、すなわち、ｘ量の商品Ａはｙ量の商品Ｂに値する。
（20エレのリンネル＝一着の上着、すなわち、20エレのリンネルは一着の上着に値する）

1．価値表現の両極—相対的価値形態と等価形態

❶ 価値形態の秘密
（82／63）「すべての価値形態の秘密は、この簡単な価値形態のうちに潜んでいる。だから、
　　　　　この価値形態の分析には真の困難がある。」

【余話】「真の困難がある」を受けて、『資本論』青木書店版の翻訳者長谷部文雄氏が、『資本論随筆』（青木書店、1956年）において、ここが「前歯を折る」「難所」と指摘したことはよく知られている。私が講座のなかで配布した補足説明資料に、『前歯を折らないために』という名前を付けたのは、これに由来しています。

❷ 二商品Ａ、Ｂの異なる役割の説明として重要な箇所

（83／63）リンネルは、その価値を（他の商品）上着で（相対的価値として）表現し、能動的役割
　　　　（Ａ）　　を演じている。相対的価値形態にある。
　　　　上　着は、リンネルの価値表現の材料として役立ち、受動的役割を演じている。
　　　　（Ｂ）　　等価物として機能＝等価形態にある。

（83／63）「相対的価値形態と等価形態とは、同じ価値表現の、互いに依存し合い、互いに制約し合う、不可分の、契機であるが、同時に、互いに排除し合う、あるいは対立し合う、両極端、すなわち両極である。」
（84／63）「したがって、同じ商品は同じ価値表現においては同時に両方の形態で現われることはできない。この両形態は、むしろ対極的に排除し合うのである。」

（84／64）二つの商品がどの形態にあるかは、「価値表現におけるその商品の、そのつどの位置……にかかっている。」（後述の「逆の関連」の否定）

２．相対的価値形態

a　相対的価値形態の内実

❸ どのようにしてリンネル（A）の価値は、上着（B）により表現されるか

> （85 ～ 86 ／ 64）「<u>リンネルが、その《等価物》としての、またはそれと《交換されうるもの》としての上着にたいしてもつ関連によって、である。この関係のなかでは、上着は、価値の実存形態として、価値物として、通用する。</u>なぜなら、ただそのようなものとしてのみ、上着はリンネルと同じものだからである。<u>他方では、リンネルそれ自身の価値存在が現れてくる。すなわち、一つの自立的表現を受け取る。</u>なぜなら、ただ価値としてのみ、リンネルは、等価値のものとしての、またはそれと交換されうるものとしての上着と関連しているからである。」

● 価値表現のメカニズムの、商品を生産する労働の側面からの言い換え
（86 ～ 87 ／ 65）──略
● 商品の「自然的形態（使用価値）」が価値を表すものとなること
（88 ／ 66）──略
● 同上
（89 ／ 66）「① こうして、上着がリンネルの等価物となる価値関係のなかでは、上着形態が価値形態として通用する。それゆえ、<u>商品リンネルの価値が商品上着の身体で表現され、一商品の価値が他の商品の使用価値で表現されるのである。</u>
　　② 使用価値としては、リンネルは、上着とは感性的に異なる物であるが、価値としては、リンネルは、《上着に等しいもの》であり、したがって、上着のように見える。<u>このようにして、リンネルは、その自然形態とは異なる価値形態を受け取る。</u>」

b　相対的価値形態の量的規定性──略

◎ 相対的価値形態についてのまとめの記述➡次の 3. 等価形態冒頭の「まとめ」参照

> （90 ／ 67）「<u>価値関係の媒介によって、（右辺の）商品Bの自然形態が（左辺の）商品Aの価値形態となる。</u>言い換えれば、<u>商品Bの身体が商品Aの価値鏡となる。</u>（左辺の）商品Aが価値体としての、人間的労働の物質化としての、（右辺の）商品Bに関連することによって、商品Aは、使用価値Bを、それ自身の価値表現の材料にする。
> 　　<u>（左辺の）商品Aの価値は、このように（右辺の）商品Bの使用価値で表現されて、相対的価値という形態をもつ。</u>」

◎「3．等価形態」の冒頭にある、「2．相対的価値形態」についてのまとめの記述

> （95／70）「われわれは次のことを見てきた。――
> 　① 一商品Ａ（左辺・リンネル）は、その価値を種類を異にする一商品Ｂの使用価値（右辺・上着）で表現することによって、商品Ｂそのものに、一つの独自な価値形態、等価物という形態を押しつける。
> 　② リンネル商品は、上着が、その身体形態（自然形態）とは異なる価値形態をとることなしに、リンネル商品に等しいとされることにより、それ自身の価値存在を外に現わす。
> 　③ したがって、リンネルは、事実として、上着が直接にリンネルと交換されうるものだということによって、それ自身の価値存在を表現する。
> 　④ したがって、一商品（右辺・上着）の等価形態は、その商品の他の商品（左辺・リンネル）との直接的交換可能性（左辺の商品に対する購買力）の形態なのである。」

◎「回り道」の論理に要留意　➡末尾の〔補足説明❸〕参照

> 　20 エレのリンネル＝１着の上着（左辺の商品は右辺の商品に値する）、という価値等式において、左辺の商品リンネル（Ａ）は、まず右辺の商品上着（Ｂ）を自分にとっての「価値物」たらしめ、それから後、この「価値物」としての上着との関連において、リンネルの「価値存在」が現われてくること（商品Ａ〔リンネル〕の所有者が、自分の欲望の対象たる商品Ｂ〔上着〕を右辺＝等価形態においてそれに「価値物」という形態規定を与え、その上で商品Ｂならば自分の商品Ａと直接交換可能だとすることによって、〔右辺の〕Ｂ商品で自己〔左辺の〕商品Ａの価値を表現していること）、こうした「回り道」を通じてはじめて、商品リンネルの価値は「自立的表現」を得ることになる、という意味――この点に留意。

【余話】（88〜89／66）頁にかけて、個人Ａ（臣下）＝個人Ｂ（王）の君臣関係を、Ａの忠誠心（価値）、Ｂの王位の姿（使用価値）になぞらえている文章があります。この点について、宮沢章夫『資本論も読む』（幻冬舎文庫、2009年）に次のような一節があります。――「この喩えが面白いのは、《王》というもの、あるいは《権力》というものについてこれほどうまく言い当てているものがないと感じるからだ。つまり、《王》は、《その人を王だと信じる者》がいてはじめて、《王》になるということだろう。著名な劇作家が書いた言葉を思い出す。《天皇を信じる者だけが、天皇の嘘を見破ることができる。》……ここで使われている《王》の喩えは、《リンネル》と《上着》における《価値》を挟んでの関係を示すが、そうではあっても、こうしてべつのことをイメージさせ、さらに異なる考えに人を向かわせるとすれば、『資本論』は《経済》というファクターを通してもっとべつの世界を開示する豊な書物だとわかる。《リンネルは自分の思想をリンネルだけに通ずる言葉で、つまり商品語で言い表すだけである。》そうだったのか。まったくリンネルのやつ、ただの《亜麻の繊維で織った薄地織物》のくせに思想を持っているとはなにごとだ。しかしながらここが要かもしれない。これが《商品》の項においての中心で、リンネルが語る言葉を読み解こうとし、け

れど、さすがにそれは《商品語》だけによくわからないので、『資本論』が読めないとこれほど苦しむのではないか。（この喩えは、マルクスによる翻訳だろう。それは——中川）リンネルの、つまり商品の語り出す言葉をわたしにもわかる言葉として示してくれる。そのマルクスの手つきが、《およそ経済学的でない記述》になり、魅力となって姿を現す。」（56 ～ 58 頁）

3．等価形態

❶ 等価形態の第一の独自性と謎的性格

（96／70）「等価形態の考察にさいして目につく第一の独自性は、使用価値がその反対物の、価値の、現象形態になるということである。商品の自然形態が価値形態になるのである。」

（98 ～ 99／71 ～ 72）「① 等価形態とは、まさに、ある商品体、たとえば上着が、このあるがままの物が、価値を表現し、したがって、生まれながらにして価値形態をもっている、ということなのである。

② 確かに、このことが通用するのは、ただ、リンネル商品が等価物としての上着商品に関連させられている価値関係の内部でのことにすぎない＊。しかし、ある物の諸属性は、その物の他の諸物との関係から生じるのではなく、むしろこのような関係のなかで確認されるだけであるから、上着もまた、その等価形態を、直接的交換可能性というその属性を、……生まれながらにもっているかのように見えるのである。

③ そこから、等価形態の謎的性格が生じるのであるが、この謎的性格が経済学者のブルジョア的な粗雑な目を見はらせるのは、やっと、等価形態が完成されて貨幣となって彼の前に立ち現われるときである（➡第Ⅳ形態）。……すでに、20 エレのリンネル＝ 1 着の上着というようなもっとも簡単な価値表現が等価形態の謎を解く鍵を与えていることなど、彼は感づきもしないのである。」

＊〔原注 21〕参照。

❷ 等価形態の第二の独自性

（99／72）「等価物として役立つ商品の身体は、つねに、抽象的人間的労働の体化として通用し、しかもつねに、一定の有用的具体的労働の生産物である。したがって、この具体的労働が抽象的人間的労働の表現になるのである。」

（100／73）「具体的労働がその反対物の、抽象的人間労働の現象形態になるということが、等価形態の第二の独自性である。」

❸ 等価形態の第三の独自性

（100 ～ 101／73）「（上着を作る）裁縫労働というこの具体的労働が、区別のない人間的労働の単なる表現として通用することによって、それは、他の労働、すなわちリンネルに含まれている労働との同等性の形態をとるのであり、したがってまた、そ

れは、商品を生産する他のあらゆる労働と同じく<u>私的労働であるにもかかわらず、し</u><u>かも直接に社会的な形態にある労働なのである。</u>……<u>したがって、私的労働がその反対</u><u>物の形態、直接に社会的な形態にある労働になるということが、等価形態の第三の独自</u><u>性である</u>。」

❹ アリストテレスの天才と挫折（101 〜 103 ／ 73 〜 74）

➡この項目については末尾の〔補足説明❹〕参照

4．簡単な価値形態の全体

❶ <u>使用価値と価値との内的対立</u>➡<u>外的対立へ</u>──<u>ここが重要な箇所!!</u>

（105 ／ 75 〜 76）「商品Bにたいする価値関係に含まれている商品Aの価値表現を立ち入って考察してみると、<u>この価値表現の内部では、商品Aの自然形態はただ使用価値の姿態としてのみ意義をもち、商品Bの自然形態はただ価値形態または価値姿態としてのみ意義をもつ</u>、ということがわかった。したがって、<u>商品のうちに包み込まれている使用価値と価値との内的対立は、一つの外的対立によって、</u>すなわち<u>二つの商品の関係によって表わされ</u>、この関係のなかでは、<u>それの価値が表現されるべき一方の商品（左辺・A）は、直接にはただ使用価値としてのみ意義をもち</u>、これにたいして、<u>それで価値が表現される他方の商品（右辺・B）</u>は直接にはただ交換価値としてのみ意義をもつ。したがって、<u>一商品の簡単な価値形態は、その商品に含まれている使用価値と価値との対立の簡単な現象形態なのである</u>。」

❷ <u>簡単な価値形態の不十分さと第Ⅱ形態への移行</u>
（105 ／ 76）「簡単な価値形態、すなわち、一連の変態（第Ⅰ〜Ⅳ形態）を経てはじめて<u>価格形態（価値の貨幣による表現）に成熟するこの萌芽形態の不十分さ</u>は、一見して明らかである。」

（106 ／ 76）（簡単な価値形態は）「① 商品Aを、それ自身とは異なるなんらかの個々の商品種類にたいする交換関係におくだけであり、<u>商品Aの他のすべての商品との質的同等性および量的比例関係を表わすものではない（不十分さ）</u>。
　② とはいえ、<u>個別的な価値形態は、おのずから、それよりも完全な一形態に移行する</u>。……第二の商品（等価形態におかれる商品B）がどのような種類のものであるか、上着か、鉄か、小麦などかどうかということは、まったくどうでもよいことである（偶然的な関係➡偶然的な価値形態）。

③　したがって、<u>商品Aが他のあれこれの商品種類にたいして価値関係にはいるのに従って、同一の商品（A）のさまざまな簡単な価値形態が生じる</u>。商品Aの可能な価値表現の数は、商品Aと異なる商品種類の数によって制限されているだけである。だから、<u>商品Aの個別的価値表現は、商品Aのさまざまな簡単な価値表現の絶えず延長可能な列に転化する</u>。」

B　全体的な、または展開された価値形態

1．展開された相対的価値形態

❶ 価値形成労働としての同等性が現出

（107／77）「<u>リンネルの価値は、いまや商品世界の無数の他の要素（商品）で表現されている。他の商品体はどれもリンネル価値の鏡となる</u>＊。こうして、この価値そのものが、はじめて真に、<u>区別のない人間的労働の凝固体</u>として現われる。というのは、この（リンネルの）価値を形成する労働は、他のどの人間的労働とも……<u>等しい妥当性をもつ労働</u>として、いまやはっきりと、表わされているからである。」

────

＊　（108／77）〔原注23〕「そのために、リンネルの価値を上着で表わすときには、<u>リンネルの上着価値</u>と言い、穀物で表わすときには、<u>リンネルの穀物価値</u>と言ったりするのである。<u>このような表現は、どれも、使用価値である上着、穀物などに現われるのはリンネルの価値である</u>、ということを意味している。〔以上、第二版で追加〕」

❷ 価値量こそが交換割合を規定する

（108〜109／78）「リンネルの価値は、……無数の異なった商品で表わされても、同じ大きさであることに変わりはない。……交換が商品の価値の大きさを規制するのではなく、逆に、<u>商品の価値の大きさが商品の交換比率を規制するということが明白になる</u>。」

2．特殊的等価形態

（109／78）（等価形態におかれた）「<u>各商品の特定の自然形態は、いまや、他の多くの特殊的等価形態とならんで一つの特殊的等価形態である</u>。同じように、さまざまな商品体に含まれる<u>多様な特定の具体的有用的労働種類</u>は、いまや、ちょうどその数だけの、<u>人間的労働一般の特殊な具現形態または現象形態</u>として通用する。」

３．全体的な、または展開された価値形態の欠陥

(109／78)「第一に、商品の相対的価値表現は未完成である。なぜなら、その表示の列が決して完結しないからである。……第二に、この連鎖は、ばらばらな、さまざまな種類の価値表現の雑多な寄木細工をなしている。最後に……どの商品の相対的価値形態も、他のどの商品の相対的価値形態とも異なる価値表現の無限の一系列である。」

(110／78〜79)「展開された相対的価値形態の欠陥は、それに対応する等価形態に反映する。……実存しているのは、ただ、互いに排除し合う制限された諸等価形態にすぎない。同じように、どの特殊的等価形態の諸商品にも含まれている特定の具体的有用的労働種類も、ただ、人間的労働の特殊な、したがって、尽きることのない〔不完全な〕現象形態にすぎない。……人間的労働は、統一的現象形態をもっていない。」

(110〜111／79)「ところが、これらの等式はどれも、逆の関連ではまた次のような同じ等式を含んでいる。すなわち、

1 着の上着＝ 20 エレのリンネル

10 ポンドの茶＝ 20 エレのリンネル

などの等式である。

実際、もしある人が彼のリンネルを他の多くの商品と交換し、それゆえ、リンネルの価値を一連の他の商品で表現するとすれば、必然的に、他の多くの商品所有者もまた彼らの商品をリンネルと交換しなければならず、それゆえ、彼らのさまざまな商品の価値を同じ第三の商品で、すなわちリンネルで、表現しなければならない。……

(この諸等式の)列を逆にすれば、すなわちこの列に事実上すでに含まれている逆の関連を表現すれば、次の形態（c　一般的価値形態）が得られる。」

➡この「逆の関連」という捉え方の問題点については後述の（補足説明❸）参照

C　一般的価値形態

$$
\left.\begin{array}{l}
\text{y 量の商品 B} = \\
\text{z 量の商品 C} = \\
\text{s 量の商品 D} = \\
\text{etc.} =
\end{array}\right\}\text{x 量の商品 A}
\quad
\left.\begin{array}{l}
\text{1 着の上着} = \\
\text{10 ポンドの茶} = \\
\text{1 クォーターの小麦} = \\
\text{etc.} =
\end{array}\right\}\text{20 エレのリンネル}
$$

１．価値形態の変化した性格

❶ この形態Ⅲ（C）の特徴──形態Ⅰ（A）・Ⅱ（B）との比較（要約）

（112／79〜80）「商品は、それぞれの価値を、……① ただ一つの商品で、簡単に表わしている。かつ ②（同じ商品で）統一的に表わしている。……諸商品の価値形態は、簡単かつ共同的であり、それゆえ一般的である。形態ⅠおよびⅡは、どちらも、一商品の価値を……表現したにすぎなかった。」

❷ 比較（1）

> （113／80）「新しく得られた（第三の）形態は、商品世界の諸価値を、商品世界から分離された一つの同じ商品種類、たとえばリンネルで表現し、こうして、すべての商品の価値を、それらの商品のリンネルとの同等性によって表わす。……だから、この形態がはじめて現実的に諸商品を互いに価値として関連させ、……諸商品を互いに交換価値として現象させるのである。」

❸ 比較（2）

（113〜114／80）「前の二つの形態は、商品の価値を、……一商品ごとに表現する。どちらの場合にも、自分自身に一つの価値形態を与えることは、いわば個々の商品の私事であ（る）。……これにたいして、一般的価値形態は、商品世界の共同事業としてのみ成立する。……新しく登場するどの商品種類もこれにならわなければならないのである。……」

（114／81）「（右辺・等価形態の）リンネルに等しいものという形態で、いまやすべての商品が質的に等しいもの、すなわち価値一般として現われるだけでなく、同時に、量的に比較されうる価値の大きさとしても現われる。」

（114／81）「商品世界の一般的な相対的価値形態は、商品世界から排除された等価物商品であるリンネルに、一般的等価物という性格を押しつける。」

（114〜115／81）「一般的価値形態を構成する無数の等式は、……（一般的等価形態のリンネルを作る）織布労働を人間的労働一般の一般的現象形態にする。」

> （115 ／ 81）「<u>労働生産物を区別のない人間的労働の単なる凝固体として表わす一般的</u>
> <u>等価形態</u>は、……それが商品世界の社会的現実であることを示している。こう
> して、<u>一般的価値形態は、商品世界の内部では労働の一般的人間的性格が労働の</u>
> <u>独自な社会的性格をなしているということを明らかにしている</u>。」

２．相対的価値形態と等価形態との発展関係

❶ 相対的価値形態と等価形態の対立の発展（1）

（116 〜 117 ／ 82）「価値形態一般が発展するのと同じ程度で、その両極である相対的価
値形態と等価形態との対立もまた発展する。<u>第一の形態</u>……は、すでに<u>この対立を</u>
<u>含んでいるが、それを固定化させてはいない</u>。……<u>形態Ⅱにおいては</u>、……ここでは
もはや、価値等式……の両辺を置き換えることは、この等式の全性格を変えてそれ
を全体的価値形態から一般的価値形態（形態Ⅲ）に転化させることなしには、不可
能である。……<u>形態Ⅲが、ついに商品世界に一般的社会的な相対的価値形態を与える</u>が、
それは、ただ一つの例外（リンネル）をのぞいて、商品世界に属するすべての商品
が一般的等価形態から排除されているからで（ある）……。」

❷ 相対的価値形態と等価形態の対立の発展（2）

（118 ／ 83）「<u>逆に、一般的等価物の役をつとめる商品は、商品世界の統一的な、それゆ</u>
<u>え一般的な相対的価値形態から排除されている</u>。」

３．一般的価値形態から貨幣形態への移行

（118 ／ 83）「<u>この排除が一つの独自な商品種類（20 エレのリンネル）に最終的に限定され</u>
<u>る瞬間から、はじめて商品世界の統一的な相対的価値形態が客観的固定性と一般的社会</u>
<u>的妥当性とを獲得したのである</u>。」

（118 〜 119 ／ 83 〜 84）「<u>その自然形態に等価形態が社会的に癒着する独自な商品種類は、</u>
<u>貨幣商品となる。または、貨幣として機能する</u>。商品世界の内部で一般的等価物の役割
を演じることが、その商品種類の独自な社会的機能となり、それゆえ、その社会的独占
となる。この特権的地位を歴史的にかちとったのは、……<u>金である</u>。こうして形態Ⅲ
において、商品リンネルの代わりに<u>商品金</u>を置けば、次の形態が得られる。」

$$\boxed{\text{D　貨幣形態}}$$

$$
\left.\begin{array}{r}
\text{x 量の商品A ＝} \\
\text{y 量の商品B ＝} \\
\text{z 量の商品C ＝} \\
\text{etc. ＝}
\end{array}\right\} \text{2オンスの金}
\qquad
\left.\begin{array}{r}
\text{20 エレのリンネル ＝} \\
\text{1着の上着 ＝} \\
\text{10 ポンドの茶 ＝} \\
\text{etc. ＝}
\end{array}\right\} \text{2オンスの金}
$$

◎ 形態Ⅲ（C）の形態Ⅳ（D）への「進歩」

> （119 〜 120 ／ 84）形態Ⅰ➡形態Ⅱ➡形態Ⅲへの移行に際しては、「もろもろの<u>本質的</u><u>な変化が起きる</u>。これにたいして、形態Ⅳ（D）は、いまやリンネルの代わりに金が一般的等価形態をとるということのほかには、形態Ⅲと区別されるところがない。……進歩は、ただ、<u>直接的一般的交換可能性の形態または一般的価値</u><u>形態が、いまや社会的慣習によって、商品金の独自な自然形態に最終的に癒着し</u><u>ている</u>ということだけである。」

❶ 貨幣商品＝金

（120 ／ 84）「金が商品世界の価値表現におけるこの地位の独占をかちとるやいなや、それ（金）は<u>貨幣商品となり</u>、そして、それ（金）がすでに貨幣商品となったその瞬間から、はじめて形態Ⅳは形態Ⅲから区別される。言い換えれば、<u>一般的価値形態</u><u>が貨幣形態に転化する</u>のである。すでに貨幣商品として機能しているたとえば<u>金による、一商品……の簡単な相対的価値表現は、価格形態である</u>＊。」

＊等価形態に置かれた商品が「価値物」として次第に黄金色に輝いてゆく。これは、（価値）鏡に光をあてると、鏡そのものが輝きだすように見えるのと似ている！

❷ 貨幣形態の謎（貨幣の魔術の秘密）は形態Ⅰに潜んでいた

（121 ／ 85）「貨幣形態の概念把握における困難は、一般的等価形態……形態Ⅲに限定される。（形態Ⅲ→形態Ⅱに帰着、形態Ⅱの<u>構成要素は形態Ⅰである</u>。）だから、<u>簡単な</u><u>商品形態は貨幣形態の萌芽である</u>。」➡本章冒頭の〔本節のテーマ〕〔本節の要点〕（51〜 52 頁）参照。

■　?の付く用語・文章のミニ解説

（1）（87／65）〔原注17a〕「ウィリアム・ペティ（重商主義者）のあと、価値の性質
を見抜いた最初の経済学者の一人であるあの有名な<u>フランクリンは……</u>」
　➡　<u>ベンジャミン・フランクリン</u>（1700～1790）、「人間は道具をつくる動物」と定
義したことででも知られる（第Ⅲ篇、②分冊307／194）。

（2）（88～89／66）「個人Aが個人Bにたいして陛下に対する態度をとることは、同時
にAにとって陛下がBという肉体的姿をとること、したがって、顔つき、髪の毛、そ
の他なお多くのものが、国王の交替のたびに替わることなしには、できないように。」
　➡　<u>個人A</u>＝<u>個人B</u>の君臣関係を、Aの忠誠心（価値）、Bの王位の姿（使用価値）に
なぞらえたもの。

（3）（89／66）「リンネルの価値存在が上着との同等性において現れるのは、キリスト教
徒の羊的性格が神の仔羊（キリスト）とのその<u>同等性</u>において現れるのと同じである。」
　➡　<u>キリスト教徒＝神の仔羊（キリスト）の等式では、両者の羊的本性（神への従順性）</u>
<u>を後者（右辺・キリストが体現する、という意味。</u>

（4）（90／67）「ついでに言えば、<u>商品語</u>も、<u>ヘブライ語</u>*のほかに、もっと多くの、
あるいはより正確な、あるいはより不正確な、方言をもっている。たとえば、ド
イツ語 Wertsein〔値する〕は、ロマンス語系の動詞、valere、valer、valoir（イ
タリア語、スペイン語、フランス語の「値する」という言葉）に比べて、商品B
の商品A自身の価値表現であることを言い表すには不適切である。」
　➡　*商品—商業—ユダヤ人—<u>ヘブライ語</u>という連想に基づいている。

（5）（90～91／67）〔原注18〕「人間ペーターは、彼と<u>等しいもの</u>として人間パウルと
の<u>関連を通して</u>はじめて人間としての自分自身に関連する。だが、それとともに、ペー
ターにとっては<u>パウロの全体が、そのパウロ的肉体のままで、人間という種類の現象</u>
<u>形態として通用する</u>。」➡<u>価値表現の「回り道」の過程との類似。</u>

（6）（99／72）〔原注21〕<u>「反省規定」</u>*について。「たとえば、この人が王であるのは、
他の人々が彼にたいして臣下としての態度をとるからにほかならない。ところが、
彼らは、彼が王であるから、自分たちは臣下であると思うのである。」
　➡　<u>価値表現の「回り道」の論理との類似。</u>

――――
　＊　反省規定：さまざまな意味に使われる哲学用語。ここでは、主体としての人間と客体（自然と他者）
　　とが区別され、分裂状態にありながらも、再び統一が回復されること、の意。

補足説明❸：「回り道」の論理と「逆の連関」について

　ここで取り上げるのは、（1）ひとつは、（85〜86／64）から始まり、（90／67）で まとまる「回り道（Umweg）」の論理の理解の仕方であり、（2）いまひとつは、「逆の関連」 の理解の仕方です。

　これは、❷「二商品Ａ、Ｂの異なる役割……」での、（84／63）と（84／64）からの 引用文の内容と、（110〜111／79）からの引用文（「Ｃ一般的価値形態」への移行の説明） の内容との間に、齟齬がないかという問題です。

（1）「回り道」の論理について
　① まず「回り道」の論理について再確認しておきましょう。その内容はこうでした。── 20 エレのリンネル＝１着の上着という等式（商品リンネルの価値は、商品上着に等 しい）において、左辺の商品リンネルが、その価値を右辺の商品上着で表現する際に、 自分（リンネル）は上着にとっての価値なのであり、いつでも上着と交換できるのだ、 としてその価値を表現するのではなく、その反対に、上着は価値として自分すなわちリ ンネルに等しく、リンネルにとっての価値なのであり、いつでもリンネルと交換できる のだ、という関連において、リンネルはその価値を表現する。

　すなわち、〔リンネルは、上着に自分（リンネル）に対する直接的な交換可能性とい う規定を与え、また上着は上着という物そのもののままで、自分（リンネル）にとって 価値を体現するものとして現われることによって〕、すなわち〔リンネルは、上着を自分に とっての「価値物（Wertding）」であるとすることによって、自らの価値を表現すること、 ──左辺のＡ商品は、まず右辺のＢ商品を自分にとっての「価値物」たらしめ、それから後、 この「価値物」としてのＢ商品との関連において、Ａ商品の「価値存在（Wertsein）」が 現出してくると捉える〕、これが「回り道」の意味でした。

　② それの価値が表現される左辺（相対的価値形態）のＡ商品が、能動的役割を演じ、 それで価値が表現される右辺（等価形態）のＢ商品は価値表現の材料として、Ａ商品が 自己の価値をそこに映し出す価値鏡として、受動的な役割を演じている、と把握されて いましたが、それにもかかわらず、この価値表現関係の内部では、逆にＢ商品の自然的 形態はそのままでＡ商品にとっての「価値姿態（Wertgestalt）」としての意義を──そ の物としての自然的諸属性とともに備わる「社会的な自然属性」であるかのように── もち、こうして等価形態に置かれた商品（上着）が「価値物」として次第に黄金色の貨 幣色に輝いてゆき、あたかもこの価値関係での主体であるかのような逆立ちした表象が生 じてくるのは、価値表現に固有の「回り道」の論理によるものです。

　そしてこの表象はけっして錯覚ではなく、Ａ商品＝Ｂ商品という価値関係が「交換関係」 として実現されるか否かの決定は、Ｂ商品の側に委ねられています＊。

　＊ この把握が、のちに、「流通手段としての貨幣の機能」の説明において、Ｗ─Ｇ（商品の第一の

姿態変換または販売）が、商品にとっての「命がけの飛躍」であること、すなわちW─Gの実現においては、貨幣所有者が主導権を握っている、という把握に繋がっていきます（181 ～ 183 ／ 120 ～ 122）。

　こうして等価形態は現実に謎的性格を帯びるものとなり、「貨幣の謎」は、この「等価形態の謎性」の発展したものと捉えることができるようになります。この把握が、第4節の商品の物神的性格と、第2章末尾での貨幣の物神的性格の解明に繋がっていきます。

（2）B・第Ⅱ形態から、C・第Ⅲ形態への移行の説明（逆の関連）について

　① ❷「二商品A、Bの異なる役割……」で下記の文章を引用しました。──
　「したがって、同じ商品は、同じ価値表現においては同時に両方の形態で現われることはできない。この両形態は、むしろ対極的に排除し合うのである」（84 ／ 63）。二つの商品がどの形態にあるかは、「価値表現におけるその商品のそのつどの位置……にかかっている」（84 ／ 64）。そしてその後に、（後述の「逆の関連」の否定）と付言しました。
　──

　②「B（Ⅱ）の形態」から「C（Ⅲ）の形態」への移行について、Bの形態の諸等式は、逆の関連では、Cの形態での諸等式を「含んでいる」こと、「実際、もしある人が彼のリンネルを他の多くの商品と交換し、それゆえ、リンネルの価値を一連の他の商品で表現すれば（B・Ⅱ形態のこと）、必然的に、他の多くの商品所有者もまた彼らの商品をリンネルと交換しなければならず、それゆえ、彼らのさまざまな商品の価値を同じ第三の商品で、すなわちリンネルで表現しなければならない。──こうして、（B・Ⅱの形態での諸等式の）「列を逆にすれば、すなわちこの列に事実上すでに含まれている逆の関連を表現すれば、次の形態〔C（Ⅲ）一般的価値形態〕が得られる」（110 ～ 111 ／ 79）を引用しました。

　③ 上述の①、②を読み比べてみると、②の「実際、もし……」以下7行の説明は、①の下線部の説明と整合せず背反しています。　もし②のような「論法」が成り立つのであれば、「B全体的な、展開された価値形態」は、あらゆる商品について同時に展開されうることになり、すべての商品が同時に「一般的等価形態」の位置に立ちうることになってしまいます。そうなるとあらゆる商品が同時に「価値物」として、他のすべての商品に対する「直接的な交換可能性の形態」に立つことになってしまいます。それを否定しているのが①の説明ですから、①と②は背反します。「回り道」の論理からすれば、①の説明が正しく②は問題を含んでいる、と言わざるをえません。
　──

　④ 『資本論』初版では、上記③と同趣旨で、②のような捉え方が否定されています。─「しかし、これらの等式のそれぞれは、逆の関係にされれば、上着、コーヒー、茶、等々を一般的な等価物として現われさせ、したがってまた、上着、コーヒー、茶、等々においての価値表現をすべての他の商品の一般的な相対的な価値形態として現われさせる。一

一般的な等価形態は、つねに、すべての他の商品に対立して、ただ一つの商品だけのものになる。しかし、<u>どの商品もそれ自身の現物形態をすべての他の商品にたいして一般的な等価形態として対立させるとすれば、すべての商品がすべての商品を一般的な等価形態から除外することになり、したがってまた自分自身をもその価値の大きさの社会的に認められる表示から除外することになる。</u>」（岡崎次郎訳『資本論第一巻初版』　国民文庫、大月書店、1976年、76頁）

　⑤「B（Ⅱ）形態」から「C（Ⅲ）形態」への移行は、<u>一商品にとっての価値の表現形態から、「商品世界」</u>（右辺の一商品を除いたその他諸々の商品）<u>にとっての価値の表現形態への「発展」</u>（諸商品の、一般的・統一的な価値表現）<u>であるとだけ説明すれば、問題は生じない</u>と思われます。

補足説明❹：アリストテレス評価

　<u>アリストテレスの天才と挫折</u>（101～103／73～74）についての記述は、商品の価値の実体はなにか、という問題を考える上で、見逃せないものです、少し長くなりますが、要点を拾っておきます。

---

　① 等価形態の第二と第三の「<u>独自性</u>」は、「<u>価値形態を……はじめて分析したあの偉大な探求者</u>にまでさかのぼるとき、さらにいっそう理解しやすいものとなる。<u>その人は、アリストテレスである。</u>」

　②「アリストテレスは、まず第一に、<u>商品の貨幣形態は、簡単な価値形態の、……いっそう発展した姿態にすぎない</u>ことを、はっきり述べている。」

　③「（5台の寝台＝1軒の家、という）この価値表現が潜んでいる価値関係は、それはそれでまた、家が寝台に質的に等値されることを条件とすること、そしてこれらの<u>感性的に異なる諸物は、このような本質の同等性なしには、同じ単位で計量されうる量として、相互に関連しえないであろうということを、見抜いている。</u>」（以上 101／73）

　④「……<u>しかし、彼はここではたと立ち止まって、価値形態のそれ以上の分析をやめてしまう。</u>《しかし、種類を異にする諸物が、同一単位で計量されうることは》、……《ほんとうは<u>不可能なことである。</u>》こうした等値は、……ただ《実際上の必要のための<u>応急手段</u>》でしかありえない、というのである。」

　⑤「したがって、アリストテレスは、<u>彼のそれ以上の分析がどこで挫折したかを、</u>すなわち、<u>価値概念の欠如のためであることを、</u>みずから語っているのである。……共通の実体は、なにか？ そのようなものは、《ほんとうは実存しない》とアリストテレスは言う。」

　⑥「……<u>商品価値の形態にはすべての労働が等しい人間的労働として、それゆえ、等しい妥当性をもつものとして、表現されている</u>ということを、アリストテレスは価値形態そのものから読みとることができなかった。なぜなら、ギリシア社会は奴隷労働を基礎としており、したがって、人間およびその労働力の不平等を自然的基

礎としていたからである。」（以上 102 ～ 103 ／ 74）

　⑦「価値表現の秘密、すなわち、人間的労働一般であるがゆえの、またその限りでの、すべての労働の同等性および同等な妥当性は、人間の平等の概念がすでに民衆の先入見にまで定着するようになるとき、はじめて、解明することができる。」

　⑧「しかし、それは、商品形態が労働生産物の一般的形態であり、したがってまた商品所有者としての人間相互の関係が支配的な社会的関係である社会において、はじめて可能である。」

　⑨「アリストテレスの天才は、まさに、彼が諸商品の価値表現のうちに一つの同等性関係を発見している点に、輝いている。ただ彼は、彼が生きていた社会の歴史的制約にさまたげられて、この同等性関係が、いったい《ほんとうは》なんであるかを、見いだすことができなかったのである。」（以上、103 ／ 74）

質問への回答

Q 質問6

（89 ／ 66、末尾から 7 行目）「上述のように、商品価値の分析がさきにわれわれに語ったいっさいのことを、リンネルが他の商品、上着と交わりを結ぶやいなや、リンネル自身が語るのである。ただ、リンネルは、自分だけに通じる言葉で、商品語で、その思いを打ち明ける。」

（1）この文章の理解としては、リンネルが使用価値とともに価値を持っているということを言うために、別の商品、上着と価値関係に入ることによって説明するということですか。（2）商品語というのはどういう意味ですか？

回答6

（1）はおっしゃるとおりです。
（2）「商品語」の意味は、a）「商品価値の分析がさきにわれわれに語ったいっさいのこと」を、b）「リンネルが他の商品、上着との交わりを結ぶやいなや、リンネル自身が語るのである。……自分だけに通じる言葉で、商品語で……打ち明ける」という文脈に登場します。
　a）のb）への「言い換え」の具体的内容は、質問の文章に続く部分に示されています。
　①　a）「労働は人間的労働という抽象的属性においてリンネル自身の価値を形成するということ」→b）「リンネルは、上着がリンネルに等しいものとして通用する限り、したがって（上着が）価値である限り、上着はリンネルと同じ労働から成り立っていると言う。」
　②　a）「リンネルの高尚な価値対象性は糊でごわごわしたリンネルの身体とは異なっているということ」→b）「リンネルは、価値は上着に見え、したがって、リンネル自身も価値物としては上着に瓜二つであると言う。」
　以上の説明例から、商品語とは、a）をb）に「言い換え」た時の、b）のような表現、

すなわち「商品リンネル＝商品上着、商品リンネルは商品上着に値する」という、<u>商品自身が主語となり述語となるような表現</u>、のことを意味するものとして用いられていると理解されます。――（141／97）の８行目以下では、「諸商品がものを言えるとすれば、こう言うであろう」と述べ、<u>諸商品の述懐</u>を記しています。この述懐の方がわかりやすいと思います。

Ｑ　質問７

（100／73、８行目）「ところが、商品の価値表現においては、事態がねじ曲げられる。」とありますが、どの点が、<u>どのようにねじ曲げられている</u>と言っているのでしょうか？

回答７

　これは、20エレのリンネル＝１着の上着、における右辺＝等価形態についての説明のなかの文章です。「ねじ曲げられる」に続いて、「たとえば」と「ねじ曲げられる」事態とはどのようなことを指して言われているのか、が説明されています。――
　「① （リンネルを生産する）<u>織布労働が</u>、織布労働としてのその具体的（有用的労働としての）形態においてではなく、<u>人間的労働としてのその一般的属性（抽象的人間的労働という属性）</u>においてリンネル価値を形成するということを表現するために、② 織布労働にたいして<u>（上着を生産する）裁縫労働が</u>、すなわち<u>リンネルの等価物を生産する具体的（有用的）労働が</u>、<u>抽象的人間的労働の手でつかめる具現形態として、対置されるのである。</u>」
　この説明を受け、「したがって、具体的労働がその反対物の、抽象的人間的労働の具現形態になるということが（これが"ねじれ"の関係です）、等価形態の第二の独自性である」と、説明の要点が端的に示されています。

Ｑ　質問８

（105／75～76、３行目）「商品のうちに包み込まれている使用価値と価値の<u>内的対立</u>は、一つの<u>外的対立</u>によって、すなわち二つの商品の関係によって表わされ……」とありますが、<u>この「内的対立」と「外的対立」の意味がわかりません</u>。

回答８

　質問の文章を含んだ８行の<u>パラグラフ</u>全体を再読してみて下さい。――第Ⅰ形態（簡単な、個別的な、または偶然的な価値形態）を総括している「４．簡単な価値形態の全体」の一部分です（カッコ内は中川による補足）。
　ｘ量の商品Ａ＝ｙ量の商品Ｂ、において、<u>商品Ｂに対する価値関係に含まれている商品Ａの価値表現</u>について「立ち入って考察」してみると、次のことがわかる、と説明が続きます。――
　「<u>この価値表現の内部では</u>、① （左辺の）商品Ａの自然形態はただ<u>使用価値</u>としてのみ意義を」もつのに対し、「② （右辺の等価形態の位置にある）商品Ｂの自然形態はただ

価値形態または価値姿態としてのみ意義をもつ」ということがわかった、と。──より詳しくは次の通りです。

　二つの商品 A と B は、それぞれ商品としての二要因（使用価値と価値）をもっています。この二要因は、差し当たり（第 1 節では）「対立関係」にあるものとは規定されていなかったのですが、「この価値関係の内部では」様相が変わってきます。すなわち、一方は（A は）もっぱら使用価値としてのみ意義を持っているのに対し、他方は（B は）もっぱら価値形態（価値姿態）としてのみ意義を持つものになっていること、言い換えれば、「それの価値が表現されるべき一方の商品（左辺 A）は、この関係のなかでは、直接にはただ使用価値としてのみ意義」をもち、「それで価値が表現される他方の商品（右辺 B）は、直接にはただ交換価値としてのみ意義をもつ」ものになっているということ、そしてそれは、以下のことを意味する事態である、と把握されています。──

　一つの商品においては、ただ二要因として捉えられていた使用価値と価値とは、じつは「対立関係」含みの要因だったのであり、それがこれまでは「商品のうちに包み込まれていた」こと（これが目には見えなかった「内的対立」の意味です）。そしてこの（いわば潜在し、眠っていた）「対立」は、二商品の「価値関係」が問題となると、（一方はただ・もっぱら使用価値として、他方はただ・もっぱら価値形態〔交換価値〕として、それぞれが相異なった役割を担うという）「二つの商品の関係によって表わされ」るところの、「外的対立」（潜在していた、眠っていた「対立」が 顕在化し、目に見えるようになった「対立」）という姿になって現出すること、したがって、「一商品の簡単な価値形態は、その商品に含まれている使用価値と価値との対立の現象形態」に他ならないものである、ということになります。

　なおこの「外的対立」の発展した、よりわかりやすい姿は、交換過程に生じる「商品と貨幣との対立関係」に見て取ることができます。──この点については、第 2 章交換過程で言及されます。

Ｑ　質問 9

　（108 ／ 77〔原注 23〕）　Ｓ．ベイリーは、「彼自身の偏狭さにもかかわらず、彼がリカードゥ理論の痛いところをさぐりあてたことは、リカードゥ学派が、たとえば『ウェストミンスター・レヴュー』において、彼を攻撃したさいに示した腹立ちぶりが証明した」とありますが、ベイリーが指摘したリカードゥ学派の痛いところとは、どのようなことを指しているのでしょうか？

回答 9

　この点については、まず①〔原注 31〕（136 〜 137 ／ 96）の、商品の使用価値と価値、労働の二重性に関する古典派経済学批判の内容を確認し、その上で、②〔原注 32〕（137 〜 138 ／ 96）で、古典派経済学の「根本的欠陥の一つ」として指摘されている内容、すなわち「価値をまさに交換価値にする価値の形態をみつけ出すことに成功しなかったこと」（価値形態論の欠如）という指摘に注目して下さい。「リカードゥ派の痛いところ」とは、

まさにこの「価値形態論の欠如」を指しています。(138／96)の２行目から７行目の「労働生産物の価値形態は、…………独自性を見落とすことになるのである」との批判はまことに手厳しいものです。

　いまひとつは、〔原注36〕(142／98)の、Ｓ・ベイリーへの「反論」についての以下の言及に着目して下さい。──「……リカードゥ学派のベイリーにたいする反論が<u>粗雑であり、適切でなかった</u>とすれば、そのわけは、彼らがリカードゥ自身のうちに、<u>価値と価値形態または交換価値との内的連関についてなんの解明も見いださなかったからにほかならない。</u>」──「リカードゥ学派の痛いところ」がここでも指摘され、それがベイリーの批判に対するリカードゥ派の反論が、「粗雑で」「適切でなかった」理由とされています。

＊「価値」に係わる用語の意味合いの相違について（補注）
価値形態：商品が価値という属性をもった姿態、それを表示する姿態＝価値の現象形態。
価値対象性：商品の<u>価値としてのあり方</u>が、人間の意識に対して現れる際の客観的な在り<u>方</u>を押し出して示す表現　➡　cf. 「使用対象性」
価値性格：労働生産物が商品となり、価値という性格（属性）を持つということを示す。
価値存在：自然形態が異なる諸商品に、共通に含まれる価値実体が実在することを押し出して示す表現。
価値物：商品の自然形態がそのままの姿で価値の実存形態（対象物）であることを押し出して示す表現。
価値体：抽象的人間的労働の、感覚的に認知できるその体化物＝物体化された価値であることを示す表現。
価値鏡：①一商品の価値を他商品がその使用価値で示すという意味での（価値表現）の鏡
　　　　②等値関係にある二商品の実体的同等性を形態的に示す「価値存在の鏡」

第４節　商品の物神的性格とその秘密

◎ 本節のテーマと要点
　第１章「商品」を締めくくる節です。この節の内容を理解するための説明は、<u>商品（富の要素形態）と商品経済の性格をどのように捉えるか</u>、の箇所でなされています。──「<u>単純な姿態で捉えられた商品生産＝流通の関係の概念図</u>」とそれについて説明をした部分です。それは、第４節の内容を先取りした説明でした。当の概念図にもう一度たち返ってみて下さい。

　〔内容のポイント〕（以下の諸点を、当の「概念図」の紙背から読み取ることが求められます。）

　① <u>商品生産の当事者（A～D）</u>は、生産の場面では、生産手段を私的に所有しつつ、自然発生的な社会的分業のもとでその諸環を担い、直接的には、「私的な生産活動」による商品（となる生産物）の生産を、<u>相互に独立した活動</u>として行なっていること。
　② そのため、さしあたり、<u>私的な性格を帯びる商品</u>（生産物）を、流通過程で相

互に<u>交換</u>することによって、はじめて、相互の「私的な生産活動」の社会的連関、それぞれの「私的生産活動」が、「社会的総労働」（社会全体の労働）の一構成部分をなしているものであることが、確認され検証されること。

　③ またそのこと（②）により、はじめて、生産当事者同士の「社会的連関」、各当事者は、他の当事者と、「社会」を構成し合っている人間であることも、確認・検証されるようになること。

　④ かくして、<u>私的生産活動相互の社会的連関の成立、生産当事者（人間）相互の社会的連関の成立</u>は、それぞれが生産した商品が、<u>商品としての交換関係（諸商品の社会的連関）を形成しうるか否か</u>に、<u>決定的に依存し従属しているという意味で、物（商品）と人間の主客顛倒した関係が生じている</u>ことになる。

　⑤ 諸商品の交換関係は、<u>生産当事者が制御できない</u>「自然法則として強力的に自己を貫徹する」<u>価値法則によって規制される</u>ものとなり、人間はその前に拝跪することになること。

　⑥ 販売しえなかった商品（生産物）を生産した「生産活動」は、「私的生産活動」のままで終わり、「社会的総労働」の一環を構成することが出来なかったことを意味し、またその生産当事者は、販売代金を取得できず、経営と生活は破綻の危機に瀕することになること。

　⑦ 「商品生産」にまつわりついている、人目を惑わす「魔法妖術を解消する（商品生産とは異なる）生産諸形態」（129〜135 ／ 90〜94）のうちの「<u>自由な人々の連合</u>」と、<u>古典派経済学批判</u>（135 ／ 95 以下）についての叙述が重要。

❶ 商品の神秘的性格はなにから生ずるか（1）

（121 ／ 85）「（感性的な物である木製の）テーブルが商品として登場するやいなや、それは<u>感性的（使用価値物）でありながら超感性的な物（価値物）に転化する</u>。それは、その脚で床に立つだけでなく、他のすべての商品にたいしては<u>頭で立ち（価値物としての同等性において交換関係を結ぶこと）</u>、……奇妙な妄想を展開する。」

（122 ／ 85〜86）「商品の神秘的性格は、商品の<u>使用価値</u>から生じるのではない。それはまた、<u>価値規定の内容</u>から生じるのでもない。というのは、……（以下その三つの理由＝次の①〜③、の説明に続く）」

（123 ／ 86）「（それは）<u>この形態（商品という形態）そのものからである</u>。① 人間的労働の同等性は、労働生産物の同等な価値対象性という物的形態を受け取り、② その継続時間による人間的労働力の支出の測定は、労働生産物の価値の大きさという形態を受け取り、③ 最後に生産者たちの労働のあの社会的諸規定がそのなかで発現する彼らの諸関係は、労働生産物の社会的関係という形態を受け取るのである。」

❷ 商品形態の神秘性（物神性）

（123〜124 ／ 86）「<u>商品形態の神秘性＊は、単に次のことにある</u>。すなわち、① <u>商品形態は、人間にたいして、人間自身の労働の社会的性格を労働生産物そのもの</u>

　　の対象的性格として、これらの物の社会的自然属性として反映させ、② それゆえ
　　また（社会的）総労働にたいする生産者たちの（相互に独立した私的労働と私的
　　労働との）社会的関係をも、彼らの外部に実存する諸対象（諸商品）の社会的関
　　係（交換関係）として反映させるということにある。この"取り違え"**によって、
　　労働生産物は商品に、すなわち感性的でありながら超感性的な物、または社会的
　　な物に、なる。……ここで人間にとって物と物との関係（商品の交換関係）とい
　　う幻影的形態をとるのは、人間そのものの一定の社会的関係（相互に独立した私
　　的商品生産者間の関係）にほかならない。」（123 ～ 124 ／ 86）
　　──────

　　*物神崇拝（fetishism）：呪物崇拝とも言われる。もともとは、原始社会での宗教の初期形態
　　であって、自然物・自然現象を崇拝することを意味する。この語は、1760 年にフランスの歴
　　史家で言語学者のブロックスが提唱したもので、原始人たちは物や現象の本質がわからず、
　　それらになにか超自然的な性質がそなわっているとみなし、それらのお陰で自分たちの願望
　　も遂げられると考えた。トーテミズムや呪い（まじない）とも結び付けられた。社会科学上、
　　いまひとつの意味で「商品の物神崇拝」ということが言われ、これの根源・客観的基礎を明
　　らかにしたのはマルクスである。（森宏一・古在由重編『哲学辞典』青木書店、1971 年）
　　** 新書版の訳語「入れ替わり」は、新書版の後で出た上製版（全 5 冊＋索引、1997 年）では、「取
　　り違え」と改訳されています。なにがなにに「取り違え」られているかを理解することが、ここ
　　での大事なポイントです。

❸ 類例──宗教的世界の夢幻境・物神崇拝
（124 ／ 86 ～ 87）「ここ（宗教的世界）では、人間の頭脳の産物*が、それ自身の生命を
　　与えられて、相互のあいだでも人間とのあいだでも関係を結ぶ自立的姿態のように
　　見える。商品世界では人間の手の生産物がそう見える。これを、私は物神崇拝と名
　　づけるが、それは、労働生産物が商品として生産されるやいなや労働生産物に付着
　　し、それゆえ、商品生産と不可分なものである。」
　　*「人間の頭脳の産物」＝キリスト教の教義・神学を指す。

❹ 商品世界の神秘的性格はなにから生ずるか（2）
（124 ／ 87）「……これまでの分析がすでに示したように、商品を生産する労働に固有な
　　社会的性格から生じる。」すなわち、
（124 ～ 125 ／ 87）「私的諸労働は、交換によって労働生産物が、そしてまた労働生産物を
　　媒介として生産者たちが、結ばれる諸関連を通し、事実上はじめて、社会的総労働の諸
　　分肢として自己を発現する。だから、生産者たちにとっては、彼らの私的諸労働の社
　　会的諸関連は、……人と人とが彼らの労働そのものにおいて結ぶ直接的に社会的な諸関
　　係としてではなく、むしろ、人と人との物的諸関係および物と物との社会的諸関係とし
　　て現われる。」

❺ 秘密の発見と価値法則の自己貫徹

（127 ～ 128 ／ 89）

「① <u>価値の大きさは、交換者たちの意志、予見、および行為にかかわりなく、絶</u><u>えず変動する。交換者たち自身の社会的運動が、彼らにとっては、諸物の運動（諸商品</u><u>の交換）という形態をとり、彼らは、この運動を制御するのではなく、この運動によっ</u><u>て制御される。</u>

② 互いに独立に営まれながら、しかも社会的分業の自然発生的な諸分肢として互いに全面的に依存し合っている<u>私的諸労働が社会的に均斉のとれた基準に絶えず還</u><u>元されるのは、私的諸労働の生産物の偶然的でつねに動揺している交換比率を通して、</u><u>それらの生産のために社会的に必要な労働時間が</u>──……<u>重力の法則のように</u>──<u>規</u><u>制的な自然法則として強力的に自己を貫徹するからである</u>、という科学的洞察（には）……完全に発展した商品生産が必要である。

③ だから労働時間による価値の大きさの規定は、相対的な諸商品価値の現象的運動の下に隠されている秘密である。<u>この秘密の発見は、労働生産物の価値の大きさ</u><u>が単に偶然的に規定されるだけであるという外観を取りのぞくが、この規定（労働時間</u><u>による価値の大きさの規定）の物的形態を取りのぞきはしない。</u>」

◎ <u>まとめ</u>

> 　<u>相互に独立した私的商品生産者（人間）の社会的関係が、彼らの生産物である商品</u><u>と商品との社会的関係（交換関係）として現出し、前者は後者に媒介されることによっ</u><u>てはじめて事後的・間接的に確認・立証されるというこの主客の転倒した関係！また</u><u>制御できない価値法則への人間の拝跪、というこの主客の転倒した関係が生ずる！</u>

❻ 魔法妖術を解消する別の生産諸形態

（129 ／ 90）「商品生産の基礎上で労働生産物を霧に包む商品世界のいっさいの神秘化、いっさいの魔法妖術は、われわれが<u>別の生産諸形態</u>のところに逃げ込むやいなや、ただちに消えうせる。」──<u>以下の①～④のそれぞれについて理解を深めることが重</u><u>要！</u>

① 孤島のロビンソン＊

（130 ／ 91）「彼（ロビンソン）の生産的機能はさまざまに異なってはいるけれども、彼は、それらの機能が同じロビンソンの相異なる活動形態にほかならず、したがって、人間的労働の相異なる様式にほかならないことを知っている。　彼は、必要そのものに迫られて、彼の時間を彼のさまざまな機能のあいだに正確に配分しなければならない。……ロビンソンと彼の手製の富である諸物とのあいだのすべての関連は、ここではきわめて簡単明瞭であって……そこには、<u>価値のすべての本質的規定が含まれ</u><u>ているのである</u>。」

＊（古典派）「経済学」は、孤島のロビンソンの行動を経済活動のエッセンスと考え、その上で、社会は、ロビンソンと同様の行動原理に従う個人の集合体と捉えた。

　　しかし、ダニエル・デフォー『ロビンソン・クルーソー』（1719 年刊）は、「明るい島」（131 ／91）の物語ではなく、西欧近代の人間の、攻撃し征服し支配する心性に重なった、非合理的な欲求に駆られて過剰な砦を築き、他者を締め出して島を自分の「植民地」にした男の物語であると、その「明るい島」という「虚像」を暴いてみせた著作として、岩尾龍太郎『ロビンソンの砦』（青土社、1994 年）、『ロビンソン変形譚小史』（みすず書房、2000 年）がある。

　　なお（130 〜 131 ／91）の〔原注 29〕にある、『オウエン氏の平行四辺形』は、「空想的社会主義者」ロバート・オウエン『ラナーク州への報告』（1821 年）に描かれた「農工連携の共同体で、500〜 2000 人規模の「大きな方形むしろ平行四辺形」の形をした村を指す。

② 暗いヨーロッパの中世

(131 ／ 91)「農奴と領主と、臣下と君主と、俗人と聖職者と（いった）……人格的依存関係が、物質的生産の社会的諸関係をも、その上に立つ生活領域をも性格づけている。（そのため）労働も生産物も、それらの現実性と異なる幻想的姿態（商品形態）をとる必要はない。……労働の自然形態が、商品生産の基礎上でのように労働の一般性ではなく労働の特殊性が、ここでは、労働の直接的に社会的な形態である。」

(132 ／ 92)「彼らの労働における人格と人格との社会的諸関係は、いつでも彼ら自身の人格的諸関係として現われ、物と物との、労働生産物と労働生産物との、社会的諸関係に（商品経済の場合のように）変装されていない。」

③ 農民家族の素朴な家父長的な勤労

(132 ／ 92)「自家用のために、……（諸生産物を）生産する、（家族構成員間の自然発生的分業に基づく）農民家族の素朴な家父長的な勤労が（共同的な、すなわち直接的に社会化された労働の）、もっと手近な一例をなす。……（中略）……（そこでは）個人的労働力は、はじめから、家族の共同的労働力の器官としてのみ作用するからである。」

④ 自由な人々の連合体

> (133 ／ 92)「最後に、……共同的生産手段で労働し〔協議した計画に従って──フランス語版挿入〕自分たちの多くの個人的労働力を自覚的に一つの社会的労働力として支出する自由な人々の連合体を考えてみよう。」
>
> (133 ／ 93)「この連合体の総生産物は一つの社会的生産物である。（その）一部分は、ふたたび（社会的なものとして）生産手段として役立つ。しかし、もう一つの部分は、生活手段として、連合体の成員によって消費される……分配の仕方は、社会的生産有機体そのものの特殊な種類と、これに照応する生産者たちの歴史的発展程度とに応じて、変化するであろう。」
>
> (133 〜 134 ／ 93)「もっぱら商品生産と対比するだけのために、各生産者の生活

手段の分け前は、彼の労働時間によって規定されるものと前提しよう。そうすると、労働時間は二重の役割を果たすことになるだろう。①労働時間の社会的計画的配分は、さまざまな欲求にたいするさまざまな労働機能の正しい割合を規制する。他面では、②労働時間は、同時に、共同労働に対する生産者たちの個人的関与の尺度として役立ち、それゆえまた、……（生活手段の）個人的分け前の尺度として役立つ。③人々が彼らの労働および労働生産物にたいしてもつ社会的諸関連は、ここでは、生産においても分配においても、簡単明瞭である。」

（135 ／ 94）「社会的生活過程の、すなわち物質的生産過程の姿態は、それが、自由に社会化された人間の産物として彼らの意識的計画的管理のもとにおかれるとき、はじめてそのその神秘のヴェールを脱ぎ捨てる。けれども、そのためには、社会の物質的基礎が、あるいは、それ自身がまた長い苦難に満ちた発展史の自然発生的産物である一連の物質的実存条件が、必要とされる。＊」

＊「自由な人々の連合体」とその「社会の物質的基礎」「一連の物質的実存条件」については、第Ⅰ部第Ⅶ篇 24 章 7 節、第Ⅲ部第Ⅶ篇 48 章等において、更に詳しく論及される。それらの叙述を「未来社会の生産形態」像のスケッチとして把握することが重要。

❼ 経済学批判

（136 ／ 95）「（これまでの）経済学は……なぜ労働が価値に、またその継続時間よる労働の測定が労働生産物の価値の大きさに表わされるのか？　という問題を提起したことさえもなかった。」➡以下の〔原注 32〕が重要。

（137 〜 138 ／ 96）〔原注 32〕:「古典派経済学の根本的欠陥の一つは、それが、商品の分析、ことに商品価値の分析から、価値をまさに交換価値にする価値の形態を見つけ出すことに成功しなかったことである。

　その原因は、価値の大きさの分析にすっかり注意を奪われていたというだけではない。それはもっと深いところにある。労働生産物の価値形態は、ブルジョア的生産様式のもっとも抽象的な、しかしまたもっとも一般的な形態であり、ブルジョア的生産様式はこの形態によって一つの特殊な種類の社会的生産として、それゆえまた同時に歴史的なものとして性格づけられている。だから、人がこの生産様式を社会的生産の永遠の自然的形態と見誤るならば、人は必然的に、価値形態の（特殊歴史的な）独自性を、それゆえ商品形態の、すすんでは貨幣形態、資本形態等々の（特殊歴史的な）独自性を見落とすことになるのである。」

❽ 第1章のフィナーレ・シェイクスピア『から騒ぎ』

（142 ／ 98）「　……物の使用価値は人間にとって交換なしに、それゆえ物と人間との直接的関係においてのみ実現されるが、反対に物の価値はただ交換においてのみ、す

なわち　一つの社会的過程においてのみ、実現されるという奇妙な事情である。ここで、あのお人よしの<u>ドッグベリー</u>を思い出さない人があろうか。彼は夜番のシーコウルに教えて語る。──「<u>男ぶりのいいのは運の賜物だが、読み書きは自然にそなわるものだ＊</u>。」（W・シェイクスピア『から騒ぎ』）

──

＊【余話】<u>ドッグベリー</u>は、無学で愚鈍な警官、威張りまくる小役人。間違いだらけの新語を使って、つじつまの合わないお説教をする。マルクスの引用したセリフでは、〈男ぶりのよいこと〉が〈境遇の賜物〉となり、〈読み書きができること〉が〈生まれつき〉だとなっていて、<u>常識の反対のことが主張されている</u>。──この間違った主張が、まさに使用価値と交換価値との関係に当てはまること、すなわち、<u>人間の使用価値である〈読み書き〉は、交換なしで実現されるのに対して、〈男ぶり〉すなわち男の価値は、他の男や女との関係において、社会的関係において実現される、と捉えていないことを、皮肉混じりに批判している</u>──これが文意。

❾ キリスト教・プロテスタント・理神論、自然宗教・民族宗教

（134／93）「商品生産者たちの一般的社会的生産関係は、彼らの生産物として、したがってまた価値として取り扱い、この物的形態において彼らの私的諸労働を同等な人間的労働として互いに関連させることにあるが、このような商品生産者たちの社会にとっては、<u>抽象的人間を礼拝するキリスト教、ことにそのブルジョア的形態であるプロテスタント、理神論などとしてのキリスト教がもっともふさわしい宗教形態である</u>。（➡後述の【■解説】参照）

　（古アジア的、古代的等々の生産様式における）……古い社会的生産有機体は、……他の個々人との<u>自然的な類的連関の臍帯からまだ切り離されていない個々人の未成熟</u>にもとづいているか、さもなければ、<u>直接的な支配隷属関係にもとづいている</u>。それらの生産有機体は、労働の生産諸力の発展段階の低さによって、またそれに照応して狭隘な、物質的生活生産過程の内部における人間の諸関係、それゆえ人間相互の諸関係と人間と自然との諸関係によって、制約されている。<u>この現実の狭隘さが古代の自然宗教や民族宗教に観念的に反映している</u>。」

■解説　キリスト教と経済学

　キリスト教徒は、<u>父なる神</u>、贖罪者なるキリストとして世に現われた<u>子なる神</u>、信仰経験に顕示された<u>聖霊なる神</u>は、唯一の神の三つの位格（ペルソナ・優劣のない<u>三位一体</u>）であるとし、それを<u>抽象的人間「キリスト」</u>の形で信仰する。──ではなぜ「商品生産者たちの世界」にとって、キリスト教が「もっともふさわしい宗教形態」なのかといえば、商品生産者たちにとって、お互いの社会的紐帯が、商品の価値という抽象的なもの・超感性的なものになっており、この抽象的なもの＝商品の価値こそが、彼らにとって彼らが社会の一員たることの唯一重要な証明になっていること、そうしたものとしての<u>商品の価値＝抽象的なものを彼らは信奉することになる</u>ことが、<u>抽象的人間＝キリストに対する信仰を軸芯としたキリスト</u>

教と考え方が通底するがゆえに、キリスト教が「商品生産者たちの社会」に「もっ
ともふさわしい宗教形態」になる、と捉えられていると理解される。
　　また、カルヴァン派のプロテスタントは、カトリックと異なり、「信仰のみ」によっ
て直接神に連なり、「聖書のみ」を信ずる、キリスト教徒のいわば純粋化（ピューリタン）
した形態、とされている（マックス・ウェーバー『プロテスタンティズムの倫理と資本主義の精神』
大塚久雄訳、岩波文庫、に詳しい）。司馬遼太郎は、「カトリックならば、船上に神父がい
ないと死ぬ場合に天国にゆけなくなるがプロテスタントならば、聖書一冊あればい
い。」（『オランダ紀行』街道をゆく35、朝日文芸文庫、1994 年、82 頁）と述べているが、的を
射た把握と言える。
　　理神論は、17 ～ 18 世紀の啓蒙思想の思想家によって主張された宗教観。——神
を世界の創造主として認めつつも、世界を支配する人格的存在とは考えず、世界
は創造されたのちは、自然法則にしたがって運動し、神の干渉を必要としないと
考え、啓示や奇蹟などを拒んだ（ジョン・ロックや、ヴォルテールなど）。

■？の付く用語・文章のミニ解説

（1）（121 ／ 85）「商品の分析は、商品が形而上学的なつべこべと神学的なしかつめらし
さとに満ちた非常に厄介な代物であることを明らかにする。」
　　➡　形而上学も神学も、わけのわからないものであることの喩え。価値形態では、
使用価値がその反対物の価値の現象形態になるなど、「一見したところあまりにも奇
妙である」（初版）ことの意。

（2）（121 ／ 85）「テーブルが（二要因を持つ）商品として登場するやいなや、それは
感性的（使用価値）でありながら、超感性的な物（価値）に転化する。それは、その
脚（使用価値）で床に立つだけでなく、他のすべての商品に対して頭（価値）で立ち、
そしてその木の頭から、テーブルがひとりでに踊り出す場合よりもはるかに奇妙な
妄想を展開する。」
　　➡　「木の頭」：商品テーブルは商品にしかわからない「商品語」を話すという意。
木材を中国語では「木頭」と称す。

（3）（122 ／ 85）〔原注 25〕「中国（陶器と同じ文字）とテーブルが踊りだした。」
　　➡　1848 年の革命後の沈滞した時代に、人々を驚かせた中国の太平天国の乱（1850
～ 64）とを思い合せての表現。➡訳注＊2. 参照。

質問への回答

Q 質問 10

（123／86、末尾から５行目）「商品形態の神秘性は、単に次のことにある。すなわち、商品形態は、人間にたいして、人間自身の労働の社会的性格を労働生産物そのものの対象的性格として、これらの物の社会的自然属性として反映させ、それゆえまた、総労働にたいする生産者たちの社会的関係をも、彼らの外部に実存する諸対象の社会的関係として反映させるということにある。この“入れ替わり”……」とあります。この“入れ替わり”というのは、人と人との社会関係が物と物との商品関係として現われる、ということでしょうか？

回答 10

この理解に間違いはありませんが、123 頁にもあるとおり、“入れ替わり”は、

① 人間労働の同等性 ➡ 労働生産物（商品）の価値対象性
② 人間的労働力の支出の測定 ➡ 労働生産物（商品）の価値の大きさ
③ 生産者たちの労働の社会的諸規定がそのなかで発現する彼らの諸関係 ➡ 労働生産物（商品）の社会的関係（交換関係）

　等々の「形態を受け取る」（形態として・形態を取って、現われる）、と押さえられることを述べた箇所に続く、「したがって」以下の文章に登場してきます。そこでは、

④ 人間自身の労働の社会的性格を ➡ 労働生産物（商品）そのものの対象的性格として反映させ、
⑤ 総労働にたいする生産者たちの社会的関係を ➡ 彼らの外部に実存する諸対象（商品）の社会的関係として反映させる、の二点が、“入れ替わり”の直接の内容として指摘されていることに留意して下さい。

　上記の③と⑤の内容、ならびに 124 頁の６～７行に、説明全体を総括した、「人間にとって物と物との関係という幻影的形態をとるのは、人間そのものの一定の社会的関係にほかならない」という記述がありますから、ご指摘の理解に間違いはありませんが、“入れ替わり”として指摘されている問題は多様な視点から捉えられている、ということに留意して下さい。

　なお、“入れ替わり”という語は、前述のとおり新書版①分冊（1982 年の刊行）の後で刊行された上製版（1997 年の刊行、訳者は同じ）では“取り違え”と訳語が改められています。

Q 質問 11

（123／86）「労働生産物が商品形態をとるやいなや生じる労働生産物の謎的性格」という場合、（１）どこが「謎」なのかよくわかりませんでした。また、（２）「謎的性格」と「神秘的性格」とは別物でしょうか？

回答 11

　この質問は、前の**質問 10** と密接に関連します。それと重なると言っても良いでしょう。まず **（2）の質問**ですが、「謎的性格」と「神秘的性格」とは「別物」ではなく同じものです。理由は以下の説明で示されます。**質問（1）について**は、第 4 節の最初から読み直してみると「答え」が書かれています。
　───

　①（121 ／ 85、7 行目）「商品が**使用価値である限り**、……商品には**神秘的なものはなにもない**。……たとえば、木材でテーブルがつくられれば、木材の形態は変えられる。にもかかわらず、テーブルは相変わらず木材であり、（人間の感性で確認できる）ありふれた感性的な物である。ところが、テーブルが商品として登場するやいなや、それは、（使用価値である限りでは）感性的でありながら（人間の感性では捉えられない）超感性的な物に転化する。」
　②（122 ／ 85、10 行目）「したがって、**商品の神秘的性格は、商品の使用価値から生じるのではない**。それはまた、**価値規定の内容から生じるのでもない**。というのは、第一に、……、第二に、……、最後に、……。」
　③（123 ／ 86、8 行目）「では、（使用価値物である）労働生産物が商品形態をとる（使用価値と価値という二つの属性を持つ物になる）やいなや生じる労働生産物の**謎的性格は、どこから来るのか？**（①と②で述べたことから判断すれば）明らかに、**この形態（商品形態ということ）そのものからである**。」
　④　ここまでのところで確認できることは、商品形態は「**超感性的な物**」となり、そのために**それがどういうものであるのか捉まえることができない**、という意味で、「**神秘的**」＝「**謎的**」である、と言われていることがわかります。
　⑤　このあとに、**質問 10** で取り上げた"入れ替わり"の内容の、①〜③の説明が続き、**したがって**、という接続詞を挟み、「**商品形態の神秘性は、単に次のことにある**。すなわち、商品形態は」のあとに、"入れ替わり"の ④と⑤の説明がさらに続けられ、「この"入れ替わり"によって、労働生産物は商品に、すなわち**感性的でありながら超感性的な物**、または**社会的な物になる**（転化する）」と、一連の説明が結ばれます。
　⑥　**質問 10** への回答でも触れたように、次の（124 ／ 87）の 6 〜 7 行目に、「人間そのものの一定の社会的関係」が、「物（商品）と物（商品）との関係という**幻影的形態をとる**」との記述があります。この「幻影的形態をとる」の意味は、労働生産物が商品形態に「転化」することにより、「**人的な関係が物的な形態（商品）によって隠されている**」（岡崎次郎訳『資本論第一巻初版』、国民文庫、1976 年、83 頁）という点にあります
　⑦　その結果、物（商品）自身が「生命を与えられて」「自立的姿態」を獲得し、**自立的な運動をする力**（たとえば商品交換を律する、人間の意志を超えた価値法則の貫徹）**をもち**、それを制御しえない人間は、その力の前に拝跪するという「**物神崇拝**」が、「商品生産と不可分なもの」として生まれる、と指摘されていることに留意して下さい。
　──以上から、「超感性的」➡「神秘的性格」・「謎的性格」・「幻影的形態」・「物神崇拝」というタームは基本的に**同類のもの**であることが語られている、と理解できます。これ

が（2）の質問への回答の理由です。

Q　質問12

　商品は日々の生活のなかで毎日購入して、生きるための衣食住となって、現在の我々の生活・生命を維持してくれている。あまりにも身近にあるため、商品の神秘的性格・謎的性格、物神的性格を考えてみることもしなかった。商品への光の当て方をとても興味深く学ぶことができたように思う。しかし、テキスト 134 頁の 3 〜 4 行目にある文章にある、**労働と労働生産物に対する社会的諸関連は簡単明瞭である**、という説明については、私には複雑で理解の域をこえています。

回答12

　（1）問題の文章は、「商品生産の基礎上で労働生産物を霧に包む商品世界のいっさいの神秘化、いっさいの魔法妖術」が「消えうせる」生産諸形態の説明の、最後の④「<u>自由な人々の連合体</u>」の叙述に登場しています。

① 孤島のロビンソン
② 暗いヨーロッパの中世（領主と農奴、坊主と農奴の関係）
③ 農民家族の素朴な家父長的な勤労
④ <u>自由な人々の連合体</u>（以上、129 〜 134 ／ 90 〜 93）

　なにをどれだけ生産するか、そのためにどのように労働時間を配分するか、これはロビンソンにとっては経験の積み重ねが教えてくれるものでした。ロビンソンは、それを記録に残します。<u>ロビンソンと「彼の手製の富である諸物とのあいだのすべての関連は、簡単明瞭」</u>であり、「そこには<u>価値のすべての本質的規定が含まれている</u>」と捉えられています。

　（2）④の「自由な人々の連合体」に関する<u>叙述の全体</u>を見てみましょう。——
　①「自由な人々の連合体」とは、前近代的な（血縁的・地縁的）「共同体」＊の解体と、「共同体」を基礎とした階級的・身分的な束縛と支配から「解放」された人々によって、自主的・自発的に形成される「協同組織・協同社会」を意味するものと理解します。
　＊「共同体」については、大塚久雄氏の前出の『欧州経済史』の説明を参照。
　② この「自由な人々の連合体」は、a）「<u>共同的生産手段で労働</u>」し、b）「自分たちの多くの個人的労働力を<u>自覚的に一つの社会的労働力として支出</u>」して、必要なものを生産します。
　a）は「連合体」による<u>生産手段の共同所有</u>を、b）は「<u>計画的な社会的分業に基づく、諸労働力の支出</u>」＝（生産諸部門への）「<u>労働の計画的配分</u>」を、「連合体」構成員<u>全員の意志のもとで</u>（＝「自覚的に」）行なうことを意味していると理解できます。
　③「連合体」として生産した<u>総生産物</u>は、すべて「<u>一つの社会的生産物</u>」・「<u>共同生産物</u>」

として、<u>構成員全員が取得するもの</u>となりますが、その上で、その一部分は、次の生産に向けての生産諸手段として確保され、他の部分は生活諸手段として、「連合体の成員によって消費される」ものとなりますが、その際、<u>生活諸手段の配分は、各自の「労働時間によって規定されるもの」</u>とされています。

④　かくして労働時間は、<u>「二重の役割」</u>を果たしていることになります。すなわち、a)「さまざまな欲求にたいする<u>さまざまな労働機能の正しい割合</u>」での、<u>「計画的配分を行なう役割</u>（上記②）、b)「共同労働にたいする生産者たちの個人的関与（貢献）の尺度」➡「共同生産物」である<u>生活諸手段の各成員への「配分の尺度」</u>としての役割（上記③）、がそれです。

⑤　以上の①〜③は、ロビンソンが「個人」として行なっていたことを、「自由な人々の連合体」が行なうこと、すなわち、<u>生産から分配までの全営為</u>を、連合体の全構成員が「<u>わがこと</u>」として行い、かつそのようなものとして認識・掌握していること、したがって、「<u>人々が彼らの労働および労働生産物にたいしてもつ社会的諸関連</u>」は、生産においても<u>分配</u>においても、ロビンソンの場合と同様に、人々にとって「<u>簡単明瞭</u>」な姿態になっていることを意味しています。

（3）以上の①〜⑤の叙述に続く（134〜135／93〜94）のパラグラフでは、これまでの<u>人類史全体</u>を振り返りつつ、「自由な人々の連合体」とその「<u>物質的基礎</u>」について、次のように述べられています。——

a)「古アジア的、古代的等々の生産様式」について、「<u>古い社会的生産有機体</u>は、ブルジョア的生産有機体よりもはるかに簡単明瞭であるが、それらは、他の個々人との自然的な類的連関の臍帯からまだ切り離されていない<u>個々人の未成熟</u>にもとづいているか、さもなければ、<u>直接的な支配隷属関係にもとづいている</u>。それらの生産有機体は、<u>労働の生産諸力の発展段階の低さによって、……制約されている</u>」〔（2）の①再確認〕と指摘した上で、

b)「社会的生活過程の、すなわち物質的生産過程の姿態は、それが、<u>自由に社会化された人間の産物</u>として彼らの<u>意識的計画的管理</u>のもとにおかれるとき、はじめてその<u>神秘のヴェールを脱ぎ捨てる</u>。けれども、<u>そのためには</u>、社会の物質的基礎が、あるいは、それ自身がまた<u>長い苦難に満ちた発展史の自然発生的産物である一連の物質的実存諸条件が、必要とされる</u>」と述べています。

c)　以上の叙述において、「自由に社会化された人間」は、（2）の①「自由な人々の連合体」と同義であり、「意識的計画的管理」は、（2）の②と同義であること、また「神秘のヴェールを脱ぎ捨てる」は、（2）の⑤「簡単明瞭」と同義であることは容易に理解できるでしょう。

d)　その場合、注意して欲しいのは、「神秘のヴェールを脱ぎ捨てる」生産形態に至るには、「<u>長い苦難に満ちた（人類の）発展史の自然発生的産物である一連の物質的実存諸条件が、必要とされる</u>」と捉えられている点です。

e)　ただしその「一連の物質的実存諸条件」の具体的内容には、ここでは触れられていません。<u>触れようにも触れ得なかった</u>と言うべきでしょう。——第Ⅰ篇第1章は、考察

の範囲が、「単純な姿態での商品生産＝流通の関係」に止まり、資本・賃労働関係は、まだ考察の対象外に置かれているからです。

　（4）「自由な人々の連合体」が主体となる、上記（2）のような「生産形態」についてのスケッチは、（3）のa）b）のような、社会発展史についての「歴史的考察」をベースにおきつつも、e）に述べた事情のために、現にある「生産形態」としての「商品経済」にたいする直接的なアンチテーゼ（Antithese＝対案）、として描かれざるを得ませんでした。

現存の生産形態としての　　　　　　　　アンチテーゼとしての
<u>商品経済</u>　　　　　　　　　　　　　　　「<u>自由な人々の連合体</u>」
① 生産諸手段の私的所有　　　←→　　生産諸手段の共同所有
② 自然発生的な社会的分業　　←→　　計画的な社会的分業と労働配分
③ 相互に独立した私的生産活動　←→　　個人的諸労働力の、「一つの社会的労
　　　　　　　　　　　　　　　　　　　　働力としての支出」
④ 生産物の私的所有　　　　　←→　　「共同生産物」たる生活諸手段の、労
　　　　　　　　　　　　　　　　　　　　働に応じた配分

（5）資本・賃労働関係を考察するところ（第 III 篇以降）までさらに読み進めていくと、この箇所での、新たな「生産形態」についてのスケッチとは異なる、アンチテーゼを見ることができるようになります。――例えば第 I 部に限って言えば、第 VII 篇第 24 章第 7 節「資本主義的蓄積の歴史的傾向」（④分冊、1303 頁以下）における記述です。
　そこでは、資本主義的生産の発展、がその「胎内」に、<u>資本主義的生産を揚棄し、新たなより高次の「生産形態」を生成してゆく諸条件を、成熟させていく次第が解明されるとともに、当の「生産形態」の「骨格」が描かれていきます。</u>第 4 節での「自由な人々の連合体」の 「生産形態」の含意については、それら後述のアンチテーゼと合わせてその内容を理解していくことが、重要であることに留意して下さい。第 4 節の記述のみをもってしては、当の「生産形態」の全容は掴め切れません。

第2章　交換過程

◎ <u>本章のテーマ</u>

　　交換過程論の課題は、諸商品相互の現実的な関係としての交換過程を具体的に考察
し、そこにおいて<u>生ずる矛盾</u>から、<u>貨幣発生の必然性</u>を明らかにすることにあります。
すなわち、第1章第3節の価値形態論においては、<u>いかにして諸商品の価値が価格
として貨幣商品＝金によって一般的・統一的に表現されるようになるのか</u>が解明され
ましたが、第2章交換過程論においては、<u>諸商品相互の全面的交換の矛盾</u>とその「<u>運
動形態</u>」を示し、「<u>矛盾が自己を解決する方法</u>」としての<u>貨幣成立の必然性</u>が解明され
ます。<u>価値形態論と交換過程論</u>は、ともに<u>貨幣の成立</u>を<u>問題</u>にしながら、<u>論理次元と
分析視角が異なる</u>ことに留意してください。

● 商品所有者がこの章から登場してきます

(144／99)「諸商品は、自分で市場におもむくこともできず、自分で自分たちを交換す
　　ることもできない。したがってわれわれは、商品の保護者、すなわち商品所有者た
　　ちをさがさなければならない。商品は物であり、それゆえ人間にたいして無抵抗で
　　ある。もしも商品が言うことを聞かなければ、<u>人間は暴力を用いることができる</u>＊。
　　……これらの物を商品として互いに関連させるためには、<u>商品の保護者たちは、その意
　　志をこれらの物にやどす諸人格として互いに関係し合わなければならない。</u>」

　　＊ 訳注1「ゲーテの物語詩『魔王』、第26行のもじり。➡「わたしはおまえがすきだ。うつくしい
　　　　姿が心そそるのだ。いやというなら、力づくでもつれてゆく」（人文書院版『ゲーテ全集』42頁）

◎ <u>交換過程に発生する矛盾の説明 ①</u>

❶ 諸商品の価値としての実現

(146／100)「すべての商品は、その所有者にとっては非使用価値であり、その非所有
　　者にとっては使用価値である（他人のための使用価値）。したがって、これらの商
　　品は、<u>全面的に持ち手を変換しなければならない。</u>ところが、この持ち手の変換が諸
　　商品の交換なのであって、またそれらの<u>交換が諸商品を価値として互いに関連させ、
　　諸商品を価値として実現する</u>＊。それゆえ、<u>諸商品は、みずからを使用価値として実現
　　しうるまえに価値として実現しなければならない。</u>」

　　＊諸商品の<u>価値としての実現</u>＝商品が「価値物」たることを（貨幣への転化で）実証すること。

❷ 諸商品の使用価値としての実現

（147／100〜101）「<u>他面では、諸商品は、みずからを価値として実現しうるまえに、みず</u><u>からが使用価値であることを実証しなければならない</u>＊。というのは、諸商品に支出された人間的労働が、それとして認められるのは、この<u>労働が他人にとって有用な</u><u>形態で支出された場合に限られるから</u>である。ところが、その労働が他人にとって有用であるかどうか、それゆえその生産物（の使用価値）が他人の欲求を満足させるかどうかは、ただ諸商品の交換だけが証明できることである。」

──────

＊　<u>商品の使用価値であることの実証</u>＝商品の<u>使用価値としての実現</u>（他人のための使用価値、他人の欲望を充足させるものとして<u>認知</u>されること）は、商品の<u>使用価値の実現</u>（第１節、61／50、使用価値としての商品の<u>使用・消費</u>）とは意味が異なることに留意。

○ <u>矛盾とは（まとめ）</u>

　<u>諸商品の使用価値としての実現は価値としての実現を前提とし、かつ後者はまた前</u><u>者を前提とする。一方の解決が（その正反対の内容をもつ）他方の解決を前提とする</u><u>ことによって問題の悪循環、解決できない矛盾（全面的交換の矛盾）が現われる、と</u><u>いう点を読み取ることがポイント</u>。

◎ <u>交換過程に発生する矛盾の説明 ②</u>

❸ 対立する商品所有者の欲求

（147／101）「① どの商品所有者も、自分の欲求を満たす使用価値をもつ別の商品と引き換えにでなければ自分の商品を譲渡しようとはしない。その限りでは、<u>交換は彼</u><u>にとって個人的な過程でしかない</u>。

　② 他面、彼は自分の商品を価値として実現しようとする。すなわち、彼自身の商品が他の商品所有者にとって使用価値をもつかもたないかにはかかわりなく、自分の気に入った、同じ価値をもつ他のどの商品ででも価値として実現しようとする。その限りでは、<u>交換は彼にとって一般的社会的過程である</u>。

　③ <u>だが、同じ過程が、すべての商品所有者にとって同時にもっぱら個人的であるとと</u><u>もにもっぱら一般的社会的であるということはありえない</u>。」

○ <u>矛盾とは（まとめ）</u>

　<u>交換過程にあるどの商品所有者も、まったく同じ自己中心の、しかも内容的に矛盾</u><u>する欲求をもつため、各商品所有者のもつこうした欲求は、相互に他を排除するとこ</u><u>ろの相矛盾する欲求とならざるを得ない</u>、ということ。

---

❹ 彼らは考える前に行動する──矛盾の解決方法についての説明

（148／101）「わが商品所有者たちは、当惑してファウストのように考え込む。はじめに行為ありき＊。……彼らは考えるまえにすでに行動していたのである。」

（148／101）「他のすべての商品の社会的行動（共同事業）がある特定の商品を（現実に）排除し、この排除された商品によって他のすべての商品はそれらの価値を全面的に表示するのである。これによって、この排除された商品の自然形態が社会的に通用する等価形態となる。一般的等価物であるということは、社会的過程によって、この排除された商品の独特な社会的機能となる（価値形態の第Ⅲ形態を想起）。こうして、この商品は──貨幣となる（第Ⅳ形態を想起）。」　　＊本章末尾の〔ミニ解説〕の（2）参照。

◎ 補足説明

> この結果、諸商品の価値はすべて貨幣商品との対立的な連関を通じて価格として表現され、商品交換の過程は、商品の貨幣への転形（W─G・販売）と、貨幣の商品への転形（G─W・購買）という、相対応しかつ相互に補足しあう二つの過程に分化する。「全面的交換の矛盾」として自己を展開した、商品に内在的な使用価値と価値との対立・矛盾は、かくして「それに固有の表現形態と運動形態」を得るに至る、ということ。

❺ 貨幣は交換過程の必然的産物であること

（149／102）「貨幣結晶は、種類を異にする労働生産物が実際に互いに等置され、それゆえ実際に商品に転化される交換過程の必然的産物である。交換の歴史的な拡大と深化は、商品の本性のうちに眠っている使用価値と価値との対立を発展させる。交易のためにこの対立を外的に表示しようとする欲求は、商品価値の自立的形態へと向かわせ、商品と貨幣とへの商品の二重化によってこの自立的形態が最終的に達成されるまでとどまるところを知らない。それゆえ、労働生産物の商品への転化が生じるのと同じ度合いで、商品の貨幣への転化が生じるのである。

❻ 貨幣形態の歴史

（151／103）「一般的等価形態は、……あれこれの商品に、かわるがわる、かつ一時的に帰属する。しかしそれは、商品交換の発展につれ、もっぱら特殊な種類の商品に固着する。すなわち貨幣形態に結晶する。」

（152／104）「商品交換が……局地的な束縛を打破し、……拡大していくのと同じ割合で、貨幣形態は、一般的等価物……に生まれながらにして適している商品に、すなわち貴金属に、移っていく。」

❼ 金銀の自然的諸属性は貨幣に適合的

（152〜153／104）「《金銀は生まれながらにして貨幣ではないが、貨幣は生まれながらにして金銀である》ということは、金銀の自然的諸属性が貨幣の諸機能（さしあたり商品

の価値の尺度機能）に適していることを示している。……どの一片をとってみてもみな同じ均等な質をもっている物質……純粋に量的な区別ができるもの、したがって任意に分割……合成できるものでなければならない……。金銀は生まれながらにしてこの属性をそなえている。」

❽ 貨幣自身の価値

（157／107）「① 貨幣自身の価値は、その生産のために必要とされる労働時間によって規定され、等量の労働時間が凝固した、他の各商品の分量で表現される。貨幣の相対的価値の大きさのこうした確定はその産源地での直接的交換取引のなかで行なわれる。それが貨幣として流通にはいるときには、その価値はすでに与えられている。……
　　② 困難は、貨幣が商品であることを理解する点にあるのではなく、a）どのようにして、b）なぜ、c）なにによって、商品が貨幣であるのかを理解する点にある＊。」

＊a）「どのようにして（いかにして）、商品の価値は貨幣形態にいたるのか」の考察。
　これは、第3節で、価値形態の発展（第Ⅰ形態から第Ⅳ形態＝貨幣形態）の考察としてなされている。
　b）「なぜ、商品の価値は、貨幣に固着するのか」の考察。
　これは、第4節でおこなわれている。──諸商品を生産する諸労働（社会的総労働）が、自然発生的な社会的分業に編成され、「相互に独立した私的諸労働」として営まれること➡諸労働の社会的関連は、諸商品の価値関係という物的形態を纏うものとなる➡「貨幣形態は、……商品の諸関連の反射が、一つの商品（貨幣商品＝金）に固着したものにほかならない。」（154／105）
　c）「なにによって、貨幣は生み出されるのか」の考察。
　これは、第2章において、諸商品の現実的な交換過程における「矛盾」によって──「矛盾」を解決するものとして──貨幣が現実的に登場せしめられることの解明、として果たされている。

---

❾ 貨幣の魔術・貨幣物神の謎は商品物神の謎の発展であること

（159／107～108）「他の諸商品がその価値を一商品（貨幣商品）によって全面的に表示するので、その商品ははじめて貨幣になるのだとは見えないで、むしろ逆に、その商品が貨幣であるからこそ、他の諸商品はその商品で一般的にそれらの価値を表示するかのように見える。媒介する運動は、それ自身の結果のうちに消失して、なんの痕跡も残さない。……（金銀は）地中から出てきたままで、同時に、いっさいの人間的労働の直接的化身なのである。ここから、貨幣の魔術が生じる。……貨幣物神の謎は、目に見えるようになった、人目をくらますようになった商品物神の謎にほかならない。」

<h2>■？の付く用語・文章のミニ解説</h2>

（1）（145 〜 146 ／ 100）「生まれながらの<u>水平派</u>であり<u>犬儒学派</u>である商品は、他のどの商品とも、たとえそれがマリトルネスよりもまずい容姿をしていても、<u>魂だけでなくからだまでも取り替えよう</u>と絶えず待ちかまえている。」

➡<u>水平派</u>：訳注＊1（147 ／ 100）参照。

➡<u>犬儒学派</u>：集会の場所の名称が犬を暗示していることに由来。生活を出来るだけ単純化し、社会的儀礼・慣習を軽蔑し無視。そこから価値としての商品は、つきどんな相手とも自由に自分を交換することを意味するもの、という喩えとしてこの言葉が使われている（訳注＊1も参照）。

（2）（148 ／ 101）「わが商品所有者たちは、当惑してファウストのように考え込む。<u>はじめに行為ありき</u>。」

➡訳注＊（149 ／ 101）にある「出典」の《ヨハネ福音書1・1》の記述は以下の通り。「初めに<u>言</u>（コトバ）があった。言は神とともにあった。言は神であった。」──これを「はじめに<u>行為</u>ありき」に変えて転用。

（3）（148 〜 149 ／ 102）《この者どもは、……獣にゆだねる。》が、<u>黙示録 17 ─ 13</u> から、《この刻印のある……数字である。》が、<u>黙示録 13 ─ 17</u> からの引用で、それらを繋いで<u>接合</u>したもの。

➡その含意に関して、「力と権威を<u>獣</u>にゆだねる」の<u>獣は、貨幣の意</u>。「……その名を表わす数字である」には、「数字は人を指している。そして数字は 666 である」という文言が続いているが、666 は皇帝ネロ（もしくはキリスト教迫害勢力）を意味する、との解釈があるようではあるが、意味は不明。

──

　＊ 以上については、阿刀田高氏の解説があります。──「微視的にはローマ皇帝の迫害を描き、巨視的にはキリスト教徒に加えられるさまざまな迫害を時空を超えて想像し、それを怪物に擬し、怪物と天使たちのすさまじい戦いの末、必ず神の都の到来することを<u>黙示</u>（言葉ではない象徴などにより、暗黙の中に神の意思が示されること）によって知って記したもの……それが〈ヨハネ<u>黙示録</u>〉ということになるだろう。」（阿刀田高『新約聖書を知っていますか』新潮文庫、283 頁）

（4）（154 ／ 106）「……<u>単なる章標</u>として説明するとすれば、……これこそは、その成立過程がまだ解明されえなかった人間的諸関係の謎のような姿態から少なくともさしあたり奇異の外観をはぎ取ろうとして、<u>18 世紀に好んで用いられた啓蒙主義の手法</u>であった。」

➡<u>下線部の含意</u>についてはフランス語版に以下の記述がある。──「人は、社会的関係で装われた謎めいた起源も発展もまだ解説できなかったので、この謎めいた形態は<u>人間の考え出したもの</u>（＝「単なる章標」という意味）であり、天から降ったものではない、と宣言することによって、この謎めいた形態を厄介払いしたわけである。」（江夏・上杉訳『フランス語版資本論』上巻、法政大学出版局、1979 年、68 頁）

質問への回答

Ｑ　質問1

（154／106）「しかし、一定の生産様式の基礎上で、①諸物が受け取る社会的性格、あるいは労働の社会的諸規定が受け取る物的諸性格を、単なる章標として説明するとすれば、そのことによって同時に、それらの性格を人間の恣意的な反省の産物として説明することになる。これこそは、②その成立過程がまだ解明されえなかった人間的諸関係の謎のような姿態から少なくともさしあたり奇異の外観をはぎ取ろうとして、③18世紀に好んで用いられた啓蒙主義の手法であった。」──（1）この文章全体の意味と、（2）なぜここで啓蒙主義の思想の批判が出てくるのですか？

回答1

（1）を説明することで（2）はおのずからわかるでしょう。──「しかし」以下の叙述部分は、それに先立つ叙述部分の、以下のa）からc）の三点に整理できる、貨幣についての誤った捉え方に対する批判を前提としています。すなわち、a）「貨幣形態は、他のあらゆる商品の諸関連の反射が、一つの商品（貨幣商品＝金）に固着したものにほかならない」（154／105）と正しく捉えずに、また、b）「交換過程は、それが貨幣に転化させる商品に、その価値を与えるのではなくて、その独特な価値形態を与えるのである」（同上）と正しく捉えずに、この内容の異なる「二つの規定」を「混同」することによって、「金銀の価値を想像的なものとみなす誤った考え」を生ぜしめたこと、そして、c）「貨幣が、一定の諸機能において、それ自身の単なる章標によって置き換えられうる」ことから、それをもって、「貨幣は単なる章標である」と捉える「もう一つの誤りが生じた」ことへの批判、以上の三点を前提としたものであることです。〔なおc）については、第3章第2節の「c　鋳貨。価値章標」での説明内容の先取りになっています。〕

質問で引用されている叙述のうち①は、貨幣を、a）のように正しく捉えず、b）とc）で指摘したような誤った捉え方をしていることを述べたものであること、②は、貨幣を「単なる章標」として説明することは、貨幣を「人間の恣意的な反省の産物として説明すること」になること、すなわちそうした説明（捉え方）は、〔貨幣を諸商品の交換過程に生じる「矛盾」から、それを「解決」するものとして必然的に登場するものとしてではなく〕「いわゆる人間の普遍的な合意によって承認された慣習的な擬制という意味」を与えられたもの（江夏・上杉訳『フランス語版資本論』上巻、前掲、68頁）として説明する誤った説明（啓蒙主義）ではあるが、貨幣についてこのような捉え方をすることによって、「人間的諸関係の謎のような姿態」（貨幣物神の謎＝目に見えるようになった、人目をくらわすようになった商品物神の謎）から、謎＝奇異の外観をはぎ取り、貨幣をいわば人間の「理性の働きの産物」として捉えることを意味するものである旨を述べたものです。

　　仏語版は、この点について次のように記述しています。「人は、社会的関係で装われた謎めいた形態の起源も発展もまだ解読できないので、この謎めいた形態は人間の考え出したものであり、天から降ったものではない、と宣言すること（←恣意的な反省の産物として説明すること）によって、この謎めいた形態を厄介払いしたわけである。」（同上）
　　――かくして③は、上述のように貨幣を捉える捉え方は、人間の理性の働きを重視する「啓蒙主義」の捉え方であることを指摘したものです。その際マルクスが、ジョン・ロックやモンテスキューに「啓蒙主義」を代表させていることは、〔原注46〕の次の記述、「ロックは言う。《人々の一般的合意は、銀を貨幣として適切にさせたその性質のゆえに、銀に想像的な価値を与えた》……」（ジョン・ロック『利子・貨幣論』）、〔原注47〕の次の記述、「貨幣は物の章標であり、それを代表する」（モンテスキュー『法の精神』）に示されています。

Ｑ　質問2

（159／107、3行目）「媒介する運動」とは何を指していますか？

回答2

　　（158／107）の末尾以下の叙述は次の通りです。「① 一般的等価形態が、ある特殊な種類の商品の自然形態に癒着したとき、あるいは貨幣形態に結晶したとき、この外観は完成する。② 他の諸商品がその価値を一商品によって全面的に表示するので、その商品ははじめて貨幣になるのだとは見えないで、③ むしろ逆に、その商品が貨幣であるからこそ、他の諸商品はその商品で一般的にそれらの価値を表示するかのように見える。④ 媒介する運動は、それ自身の結果のうちに消失して、なんの痕跡も残さない。⑤ 諸商品は、みずから関与することなく、自分たち自身の価値姿態が、自分たちの外に自分たちとならんで実存する一商品体として完成されているのを見いだす。」

　　以上の叙述で、①の「（虚偽の）外観は完成する」の「虚偽の外観」とは、貨幣商品（金）はその貨幣商品としての社会的機能を、生まれながらに（自然属性として）持っているかのように見える、ということを意味しています。（「虚偽の外観」とは、目の錯覚ではなく、見かけ上もそのように見えるということを意味しています。）
　　しかし、②で指摘されているように、金が貨幣商品になるのは（価値形態の第Ⅳ形態としてわれわれがすでに見たように）、諸商品がその価値を一商品（金）＝貨幣商品によって「全面的に表示する」ようになるからでした。金＝貨幣商品を、右辺の一般的等価形態の位置に押し出すこうした諸商品の共同事業が、「媒介する運動」という言葉で示されている内容です。
　　ところがその逆に、金が生まれながらに貨幣商品であるからこそ、諸商品は金＝貨幣商品でそれらの価値を表示しているのだという「虚偽の外観」が生まれていること（①）の再説明（これが③）、そして、金＝貨幣商品の輩出という（諸商品の）共同事業の「結果」には、それが当の「共同事業」の「結果」であることを示す痕跡は見いだすことができないこと（これが④）、諸商品はただ自らの「価値姿態」を、金＝貨幣商品というその「完成」

形態で、「自分たちの外に自分たちとならんで」存在するのを「見いだす」のみである、ということを述べているのが⑤ということです。──そしてこの点に、「貨幣の魔術」・「貨幣物神の謎」が生じる必然性がある、という第2章末尾の結論に至っています。

Q　質問3

（157／107、末尾）「困難は、貨幣が商品であることを理解する点にあるのではなく、① どのようにして、② なぜ、③ なにによって、商品が貨幣であるかを理解する点にある」という文章において、①②③は、それぞれ「商品が貨幣であるかを理解する」に係っていますが、①②③それぞれの内容をどのように理解すべきでしょうか？

回答3

論議のある問題です。ほぼ「通説」といって良いのは久留間鮫造さんの次のような解釈です。（ただし、そこには久留間説についての私自身の読解内容も入っていますが）──価値形態論（第1章第3節）では、商品所有者の「欲望」を捨象し、商品そのものの価値表現の発展行程の分析から、「どのようにして（いかにして）」商品が貨幣形態を獲得するか、が論じられ（①）、交換過程論（第2章）では、②商品所有者の「欲望」という契機を入れた、諸商品の現実の交換過程の「矛盾」によって（その「矛盾」を解決するものとして）貨幣の登場が論じられる。つまり「なにによって」は「交換過程の矛盾によって」ということが論定される（③）。②の「なぜ」は物神性論（第1章第4節）において、商品を生産する諸労働が「相互に独立した私的労働」となっているために、（私的）労働➡価値➡貨幣という一連の形態転化を必然的なものにすることが論じられ、その「相互に独立した私的労働」という労働の編成そのものが、「なぜ」についての説明になっていること、およそ以上のような解釈だと整理してよいでしょう。

　なお質問の文章は、『資本論』第一部の初版と同じなのですが、仏語版は次のようになっていて異なっています。──「困難は、貨幣が商品であることを理解することにあるのではなく、①どのようにして、②なぜ、商品が貨幣になるか、を知ることである。」（江夏・上杉訳『フランス語版資本論』上巻、前掲、69頁）

　仏語版の独語版との違いは二点あります。──（1）③の「なにによって」の設問がないこと、（2）最後の「商品が貨幣であるか」が、「商品は貨幣になるか」に変わっていること。──私の理解では、仏語版での「なにによって」の欠落は問題であり、独語版の記述が妥当であること、しかし独語版の「商品が貨幣であるか」は仏語版の「商品が貨幣になるか」の方がわかりやすい、と考えています。ただし、（2）の「であるか」の「になるか」への修正は、単なる言い換えではなく、そこにマルクスの問題把握の「変化」がある、とする主張もあることを申し添えておきます。

　　　── 以上の骨子 ──

価値形態論：商品の<u>価値表現</u>の、第Ⅰ形態から第Ⅳ形態＝貨幣形態への<u>発展の考察</u>
　　　　➡<u>どのようにして（いかにして）、商品の価値は貨幣形態に至るか</u>、の考察。

物神性論：　諸商品を生産する諸労働（社会的総労働）が、自然発生的社会的分業に編
　　　　成され、「相互に独立した私的労働」として営まれる➡諸労働の社会的関
　　　　連は、諸商品の価値関係という物的形態をとる➡「貨幣形態は、……商品
　　　　の諸関連の反射が、一つの商品（貨幣商品＝金）に固着したものにほかな
　　　　らない」（154 ／ 105）➡<u>なぜ、商品の価値は貨幣に固着するか</u>、の考察。

交換過程論：諸商品の現実的な交換過程における「矛盾」によって──「矛盾」を「解
　　　　決」するものとして──貨幣が現実的に登場せしめられる。➡<u>なにによって、</u>
　　　　<u>貨幣は生み出されるか</u>、の考察。

Ｑ **質問4**

　（159 ／ 108）「<u>貨幣の魔術</u>」について述べた箇所の、「人間の社会的生産過程における
人間の<u>単なる原子的ふるまい</u>は＊、それゆえまた人間の管理や人間の意識的な個人的行
為から<u>独立した彼ら自身の生産諸関係の物的姿態</u>は＊＊、さしあたり、彼らの労働生産物
が一般的に商品形態をとるという点に現われる」という文章における、<u>2箇所の下線部（＊</u>
<u>と＊＊</u>）は、どのようなことを意味しているのでしょうか？

回答4

　問題の文章は、実際に貨幣が登場してくる事情（理由）を論じた、第2章「交換過
程」の最後のパラグラフ末尾にあります。この文章は、①「諸商品は、みずから関与す
ることなく、<u>自分たち自身の価値姿態</u>が、自分たちの外に自分たちとならんで実存する
一商品体<u>（貨幣商品）として完成されている</u>のを見いだす。金や銀というこれらの物は、
……」という説明を受けての、「ここから、<u>貨幣の魔術が生じる</u>」という文章と、②最後の、
「だから、貨幣物神の謎（貨幣の魔術）は、<u>目に見えるようになった、人目をくらますよう</u>
<u>になった商品物神の謎にほかならない。</u>」の間にある文章です。②では、貨幣物神の謎（貨
幣の魔術）は、商品物神の謎の帰結にほかならないこと、しかも「目に見えるようになっ
た、人目をくらますようになった」ほどに「謎」の度合いが強まっていることが述べら
れています。

　　　──

　<u>商品物神</u>については、第4節で説明されていました。テキスト（123 ／ 86）「では、
……」から（125 ／ 87）の5行目までと、（127 ／ 89）の末尾3行目から（128 ／ 89）
の9行目の全体を再読してみてください。
　①と②の間の文章は、そうした<u>商品物神（➡貨幣物神）が発生する事情（理由）</u>について、
第4節で詳しく述べたことを、<u>抽象的に、しかも短縮して</u>再論したものです。

　①「人間の社会的生産過程における人間の<u>単なる原子的ふるまい</u>＊」とは、各商品生産者が、「自然発生的な社会的分業の諸分岐」に位置しながら、「相互に独立」して（<u>繋がりのないバラバラな状態で</u>）、「直接的」には、「私的生産活動」を営んでいる「姿・ふるまい」を意味しています。繋がりのないバラバラな状態での、「相互に独立」した「私的生産活動」が、ここでは「原子的ふるまい」という言葉に<u>抽象化されて</u>述べられています。

　② また、<u>＊＊</u>の文章における、「彼ら自身の生産諸関係」が「物的姿態」を取るようになること、しかもその「物的姿態」は、「人間の管理や人間の意識的な個人的行為」から「独立」してしまうという件は、
　a）「原子的ふるまい」をしている各私的商品生産者たちが、その全生産活動を「管理」し、全生産活動を「意識的」（自覚的）に制御することができないこと、
　b）諸商品の交換関係が成立するか否か、その成否と、諸商品の「価値の大きさ」が、「交換者のたちの<u>意志、予見、および行為にかかわりなく</u>（＝それらから<u>独立</u>して）、<u>絶えず変動する</u>」こと＊、
　c）「交換者たち自身の社会的運動が、彼らにとっては、諸物（諸商品）の運動（諸商品の交換）という<u>（物的）形態をとり</u>、<u>彼らはこの</u>（諸物＝諸商品の）<u>運動を制御するのではなく、この運動によって制御される</u>」（127／89）ことになること＊、を述べているものです。

─────

　＊「互いに独立に営まれながら、しかも社会的分業の自然発生的な諸分岐として互いに全面的に依存し合っている私的諸労働が社会的に均斉のとれた基準に絶えず還元されるのは、私的諸労働の生産物の偶然的でつねに動揺している交換比率を通して、それらの<u>生産のために社会的に必要な労働時間</u>が、……<u>規制的な自然法則</u>として、<u>強力的に自己を貫徹する</u>からである。」（128／89）

第3章　貨幣または商品流通

◎ 本章のテーマ

　　貨幣の諸機能を扱うこの章は、これまでの各章と比べ比較的読みやすい章なので、「解説・補足」をつけず、講義資料部分を精選して作成してあります。
　　貨幣の諸機能とは、①商品の価値の尺度としての機能、②商品流通を媒介する流通手段としての機能、③貨幣（としての貨幣＝蓄蔵手段・支払手段・世界貨幣）としての機能です。

第1節　価値の尺度

❶ 価値尺度としての貨幣

（160／109）「価値尺度としての貨幣は、<u>諸商品の内在的価値尺度である労働時間の必然的現象形態である。</u>」

❷ 商品の価格形態

（161／110）「<u>金による一商品の価値表現</u>……は、その商品の<u>貨幣形態またはその商品の価格である。</u>」

❸ 貨幣の度量単位と度量基準

（165～116／112）「諸商品価値は、……さまざまな金分量として相互に比較され、はかられ合う。そこで、諸商品価値を、その<u>度量単位</u>としてのある固定された分量の金に関連づける必要が技術的に生じてくる。この度量単位そのものは、さらに可除部分〔割り切ることのできる個数部分〕に分割されることによって<u>度量基準</u>に発展させられる。……すべての金属流通では、<u>（その金属の）重量の度量基準の既存の呼称がまた貨幣の度量基準または価格の度量基準の最初の呼称をなしている。</u>」

——

＊ 1897年（明治30年）「貨幣法」制定（金本位制）。<u>純金2分（0.75グラム）を価格の度量単位とし円と命名。</u>その1/100を銭、1/1000を厘と命名。→ 1931年（昭和17年）金融恐慌・金兌換停止→1942年（昭和17年）「法定通貨」（日本銀行法第29条）。近年の金の実際価格：1グラム＝2,000円→1円＝1/2,000グラム＝0.0005グラム。当初の1円＝0.75グラムと比べ1/1500の大幅な目減りは、インフレにより貨幣価値が下落したことを示す。

❹ 金属重量の貨幣名は、最初の重量名から離れる

（169／114）<u>「歴史的に決定的なのは、次の原因である。</u>
　　① 発展程度の低い諸国民のもとへの外国貨幣の導入。

② 低級な貴金属は高級な貴金属によって、……価値尺度機能から押しのけられる。

③ 何世紀にもわたって続けられてきた王侯による貨幣の変造。」

（170 ～ 171 ／ 115）「こうした歴史的過程は、<u>金属重量での貨幣名とその慣習的重量名との分離を世の慣わしとする</u>。貨幣の度量基準は、一方では純粋に慣習的であり、他方では一般妥当性を要求するので、<u>最終的には法律によって規制される</u>（法定の洗礼名を受け取る）。一定の金属重量が金属貨幣の度量基準であることに変わりはない。<u>変えられたのは、分割と命名だけである</u>。

　したがって、いまや、諸価格、すなわち諸商品の諸価値が観念的に転化されている<u>金分量は、貨幣名、または金の度量基準の法律的に有効な計算名で表現される</u>。」

〔例〕１クォーターの小麦＝１オンスの金（約 1/16 重量ポンド＝約 28 g ）

➡１クォーターの小麦＝３ポンド・スターリング 17 シリング 10 $\frac{1}{2}$ ペンス

（171 ～ 172 ／ 116）「① ポンド、……などの<u>貨幣名においては、価値関係のすべての痕跡が消えうせている</u>。これらの秘教的章標の奥義をめぐる混乱は、貨幣名が商品の価値を表現すると同時に、ある金属重量の、すなわち貨幣の度量基準の、可除部分をも表現するだけに、なおさら大きくなる。

　② <u>他方、価値が</u>、商品世界の多種多様な物体から区別されて、この没概念的で物的な、しかしまた、<u>まさしく社会的な形態にいたるまで発展し続けるということは、必然的である</u>。」 ➡〔原注 62〕

❺ 価格と価値の大きさとの量的不一致

（174 ／ 117）「① この比率（商品と貨幣商品との交換比率）において、商品の価値の大きさが表現されうるのと同じように、与えられた事情のもとで、その商品が価値の大きさより以上に、またはより以下に譲渡されることも表現されうる。したがって、<u>価格と価値の大きさとの量的不一致の可能性、または価値の大きさから価格が背離する可能性は、価格形態そのもののうちにある</u>。

　② このことは、価格形態の欠陥ではなく、むしろ逆に、価格形態を、一つの生産様式に──規律が、盲目的に作用する無規律性の平均法則としてのみ自己を貫徹しうる一つの生産様式に──適切な形態にするのである。」

❻ 価格形態が価値の表現であることをやめるという矛盾を宿す

（174 ～ 175 ／ 117）「ところが、<u>価格形態は</u>、価値の大きさと価格との、すなわち価値の大きさとそれ自身の貨幣表現との量的不一致の可能性を許すばかりでなく、<u>一つの質的な矛盾──貨幣は諸商品の価値形態にほかならないにもかかわらず、価格がそもそも価値表現であることをやめるにいたるほどの矛盾──をも宿しうる</u>。

　　① それ自体としては商品でないもろもろの物、たとえば<u>良心、名誉</u>などが、その所有者によって貨幣（カネ）で売られる物となり、こうして<u>その価格を通して商品形態を受け取ること</u>がありうる。だから、ある物は、<u>価値をもつことなしに、形式的に価格をもつことがありうる。価格表現は</u>、ここでは、数学上のある種の大きさ〔虚数〕<u>と同じように想像的なもの</u>となる。

　　② 他方、<u>想像的な価格形態</u>、たとえば、なんの人間的労働もそれに対象化されていないためになんの価値ももたない<u>未耕地の価格</u>のようなものも、ある現実の価値関係、またはそれから派生した関連を潜ませていることがありうる。」

第2節　流通手段

a 商品の変態

❶ 交換過程の二つの変態・W―G―W

（179 ～ 180 ／ 120）「<u>商品の交換過程は、相対立し、かつ互いに補い合う二つの変態――商品の貨幣への転化と貨幣から商品への商品の再転化――において、行なわれる。</u>商品変態の諸契機は、同時に、商品所有者の諸取り引き ――<u>販売</u>、すなわち商品の貨幣との交換、<u>購買</u>、すなわち貨幣の商品との交換、および、両行為の統一、すなわち<u>買うために売る</u>――でもある。」

（180 ／ 120）「全過程は、……・生産物交換を媒介するにすぎない。したがって、商品の交換過程は、次のような形態変換において行なわれる。

$$商品―貨幣―商品$$
$$W ― G ― W$$

<u>この運動は、その素材的内容からすれば</u>、W―W、すなわち商品と商品との交換であり、<u>社会的労働の素材変換</u>であり、その結果のなかでは過程そのものが消えうせている。」

❷ W―G。商品の第一の変態または販売

（180 ～ 181 ／ 120）（これは）「"<u>商品の命がけの飛躍</u>"である。この飛躍に失敗すれば、……商品所有者は確かに打撃を受ける。」

（183 ／ 122）「こうして、<u>商品は貨幣を恋い慕うが、《まことの恋が平穏無事に進んだためしはない》</u>＊。分業体系のうちにその"引き裂かれたる四肢"を示している社会的生産有機体の量的編成は、その質的編成と同じく、自然発生的・偶然的である。」

　＊「<u>商品の命がけの飛躍＝W―Gの実現は、貨幣所有者の意志に依存＝貨幣所有者が主導権を握っていること</u>。これが売り手にとって「<u>まことの恋路はとかくままならぬものである</u>」（長谷部文雄氏の名訳――この訳文が捨て難い！）ことの理由。

❸ G―W。商品の第二の変態・購買は、同時に販売・W―Gである

（188／124〜125）「それゆえ、一つの商品の最後の変態（購買）は、同時に別の商品の最初の変態（販売）である。」

❹ 商品流通（Warenzirkulation）
（189／125）「一つの商品の総変態は、そのもっとも簡単な形態においては、四つの極と三人の登場人物とを想定する。」➡ かれらはその都度「売り手」「買い手」の役割を替える。
（190／126）「こうして、各商品の変態系列が描く循環は、他の諸商品の諸循環と解けがたくからみ合っている。この総過程は、商品流通として現われる。」

❺ 商品流通の媒介者としての貨幣
（191〜192／127）「（商品の）流通過程（では）、貨幣は、それが一つの商品の変態系列から最終的に脱落するからといって、消滅するものではない。貨幣は、商品が立ちのいた流通上の場所につねに沈澱する。……流通はつねに貨幣を発汗するのである。（貨幣はつねに流通過程に踏み留まる、ということ）。」

❻ 流通過程の一時的休止・中断と恐慌の可能性
（193／127〜128）「だれも、自分自身がすでに売ったからといって（W—G）、ただちに買う（G—W）必要はない。……
　　① 自立して互いに相対している諸過程が一つの内的な統一をなしているということは、とりもなおさず、これらの過程の内的な統一が外的な諸対立において運動するということを意味する。互いに補い合っているために内的に非自立的であるものの外的な自立化が、一定の点まで進むと、統一が強力的に自己を貫徹する——恐慌によって。
　　② 商品に内在的な対立、すなわち使用価値と価値との対立、私的労働が同時に直接に社会的労働として現われなければならないという対立、特殊的具体的労働が同時にただ抽象的一般的労働としてのみ通用するという対立、物の人格化と人格の物化との対立——この内在的矛盾は、商品変態上の諸対立においてそれの発展した運動諸形態を受け取る。
　　③ だから、これらの形態は、恐慌の可能性を、とはいえただ可能性のみを、含んでいる。この可能性の現実性への発展は、単純な商品流通の立場からはまだまったく実存しない諸関係の全範囲（第Ⅰ部から第Ⅲ部まで）を必要とする。」
───
（193〜194／128）〔原注73〕「商品生産と商品流通は、その範囲や影響力は異なるにしても、きわめて多様な生産様式に属する現象である。したがって、これら多様な生産様式に共通な、抽象的な、商品流通のカテゴリーだけを知っても、これらの生産様式の種差についてはなにもわからないし、それゆえまたそれらに判断をくだすことはできない。」

❼ 流通手段としての貨幣
（194／128）「商品流通の媒介者として、貨幣は流通手段という機能を受け取る。」

b 貨幣の通流 (Umlauf)

❶ 貨幣の通流 (商品は流通、貨幣は通流)

(195 ／ 129)「商品流通によって貨幣に直接与えられる運動形態は、<u>貨幣が絶えずその出発点から遠ざかること</u>、ある商品所有者の手から別の商品所有者の手に移っていくこと、すなわち<u>貨幣の通流</u>である。」

❷ 購買手段としての機能

(195 ／ 129)「貨幣の通流は、同じ過程の不断の単調な反復を示す。商品はつねに売り手の側にあり、<u>貨幣はつねに購買手段として買い手の側にある</u>。貨幣は、商品の価格を実現することによって、<u>購買手段として機能する</u>。」

❸ 貨幣が商品を流通させるかのように現象する

(196 ／ 130)「① 商品流通の結果である別の商品による商品の置き換えは、商品自身の形態変換によって媒介されるのではなく、流通手段としての貨幣の機能によって媒介されるものとして現われ、<u>流通手段としての貨幣が、それ自体としては運動しない諸商品を流通させ</u>、諸商品を、それらが非使用価値である人の手からそれらが使用価値である人の手へと――つねに貨幣自身の進行とは反対の方向に――<u>移すものとして現われる</u>。

　　② 貨幣は、絶えず商品の流通場所で商品に取って代わり、それによって貨幣自身の出発点から遠ざかることにより、諸商品を絶えず流通部面から遠ざける。それゆえ、<u>貨幣の運動は商品流通の表現にすぎないにもかかわらず、逆に、商品流通が貨幣の運動の結果にすぎないものとして現われる</u>のである。」

❹ 流通過程に必要な貨幣の量

(200 ／ 132)「以下では、金の価値は与えられたものと前提される。事実、それは、価格評価の瞬間には与えられているのである。

　　そこで、この前提のもとでは、<u>流通手段の総量は、諸商品の実現されるべき価格総額によって規定されている</u>。さらに、いま、どの商品種類の価格も与えられたものと前提すれば、諸商品の価格総額は、明らかに、<u>流通に出回っている商品総量によって決まる</u>。」

(202 ／ 133)「流通過程のある与えられた期間について、

$$\frac{\text{諸商品の価格総額}}{\text{同名の貨幣片の通流回数}} = \text{流通手段として機能する貨幣の総量}、 \text{となる}。$$

C 鋳貨・価値章標

❶ 貨幣の鋳貨姿態の発生

(211 ／ 138 ～ 139)「流通手段としての貨幣の機能から、<u>貨幣の鋳貨姿態</u>が生じる。諸商品の価格または貨幣名で表象される金の重量部分は、流通においては、同名の金片または鋳貨として諸商品に相対しなければならない。価格の度量基準の確定と同じく、<u>造幣の業務は国家に帰属する</u>。」

❷ 鋳貨の摩滅

(211 ／ 139)「造幣局から出ていく道は、同時に坩堝への歩みでもある。すなわち、通流しているうちに、<u>金鋳貨は</u>、……<u>摩滅する</u>。金の肩書きと金の中身とが、<u>名目純分と実質純分とが、その分離過程を歩み始める。同名の金鋳貨でも、重量が異なるために、価値が等しくなくなる</u>。流通手段としての金は、価格の度量基準としての金から背離し、したがってまた、諸商品……の現実的等価物であることをやめる。この混乱の歴史が、中世および18世紀までの近代の鋳貨史をなしている。鋳貨の金存在を<u>金仮象</u>（Gold-schein）に転化させる。」　➡金貨を通用不能にする➡廃貨扱いとする。

❸ 金属貨幣に代わる章標・象徴の登場

(212 ～ 213 ／ 140)「貨幣通流そのものが、鋳貨の実質純分を名目純分から分離し、その金属定在をその機能的定在から分離するとすれば、鋳貨機能においては、<u>金属貨幣に代わって他の材料からなる章標または象徴が登場する可能性を、貨幣通流は潜在的に含んでいる</u>。……<u>補助鋳貨</u>は、最小の金鋳貨の何分の一かの支払いのために、<u>金と並んで現われる</u>。」

(214 ／ 140)（金鋳貨の含有量は価値論的根拠をもっているが、）「<u>銀製または銅製の章標の金属純分は、法律によって任意に規定される</u>。それらは、通流するうちに、金鋳貨よりもいっそう急速に摩滅する。だから、それらの鋳貨機能は、それらの<u>重量</u>とはすなわちおよそ価値とは、事実上まったくかかわりのないものとなる。」

(214 ／ 140 ～ 141)「<u>金の鋳貨定在は、その価値実体から完全に分離する</u>。こうして、相対的に無価値な物、すなわち<u>紙券</u>が、金の代わりに鋳貨として機能することができるようになる。<u>金属製の貨幣章標においては、純粋に象徴的な性格は、まだある程度おおい隠されている。紙幣においては、それがまぎれもなく現われ出ている</u>。」

(214 ／ 141)「ここで問題となるのは、<u>強制通用力をもつ国家紙幣</u>だけである。」

＊信用貨幣：**商業手形**（債権者の振り出す為替手形、債務者の振り出す約束手形）は、商品の売買にともなう、一定の支払期限つきの債務証書、延払証書で商業信用を表わす「<u>信用章標</u>」。<u>銀行手形</u>（他銀行宛の手形・小切手など）。

❹ 紙幣の発行量・強制通用力

(216 ／ 142)「<u>紙幣は金章標または貨幣章標である</u>。商品価値にたいする紙幣の関係は、ただ、紙幣によって象徴的・感性的に表わされているその金分量で商品価値が観念的に表現されているということだけである。他のすべての商品分量と同じように<u>価</u>

値分量でもある金分量を紙幣が代理する限りでのみ、紙幣は価値章標なのである。」

（218／143）「（商品の流通過程における）商品の交換価値の自立的表示は、ここでは一時的契機でしかない。この自立的表示はただちにふたたび別の商品によって置き換えられる。だから、貨幣を絶えず一つの手から別の他の手に遠ざける（商品流通の）過程においては、貨幣の単なる象徴的実存でも十分なのである。」

（218／143）「貨幣の章標に必要なのは、それ自身の客観的社会的妥当性だけであり、紙製の象徴はこの妥当性を強制通用力によって受け取る。この国家的強制が有効であるのは、……国内の、流通部面内部においてだけであるが、しかしまたここでだけ貨幣は流通手段または鋳貨としてのその機能に完全に解消してしまい、それゆえ、紙幣において、その金属実体から外的に切り離された、単に機能的な、実存様式を受け取ることができるのである。」

第3節　貨幣

◎（219／143）訳注「定冠詞のない Geld。《第三の規定の貨幣》（貨幣としての貨幣）」

a　蓄蔵貨幣の形成

❶ 蓄蔵貨幣の形成
（220／144）「商品変態の連続的循環または販売と購買との流動的転換（が）……中断され、販売がそれに続く購買によって補われなくなるやいなや、貨幣は不動化される。」

（220／144）「商品を買うためにではなく、商品形態を貨幣形態に置き換えるために、商品が売られる。この形態変換は、素材変換の単なる媒介から目的そのものになる。……こうして、貨幣は蓄蔵貨幣に化石し、商品販売者は貨幣蓄蔵者になる。」

❷ 貨幣蓄蔵の衝動
（226／147）「貨幣の（入手できる）量的制限と質的無制限性（蓄蔵貨幣形成の衝動はそれの本性上、限度を知らない、ということ）とのあいだのこの矛盾は、貨幣蓄蔵者を、蓄積のシシュフォス労働（徒労でむなしく続く仕事）に絶えず追い返す。」

（226／147）「勤勉、節約、および貪欲が彼（貨幣蓄蔵者）の主徳をなし、たくさん売って少ししか買わないことが、彼の経済学の総括をなす。」

（227／147）「蓄蔵貨幣の直接的形態とならんで、その審美的形態、すなわち金銀製品の所有が行なわれる。」

❸ 蓄蔵貨幣の機能
（227／148）「蓄蔵貨幣の形成は、金属流通の経済では、さまざまな機能を果たす。その第一の機能は、金銀鋳貨の通流諸条件から生じる。すでに見たように、① 商品流通の規模、価格、および速度が絶えず変動するのにつれて、貨幣の通流総量は、休むことなく干満を繰り返す。したがって、貨幣の通流総量は、縮小したり拡大したりす

ることができなければならない。……② 現実に通流する貨幣総量が流通部面の飽和度
に絶えず照応しているためには、一国に存在する金または銀の分量が鋳貨機能を果たし
ている分量よりも大きくなければならない。この条件は、貨幣の蓄蔵貨幣形態によって
満たされる。蓄蔵貨幣の貯水池は、同時に……貨幣の流出および流入の水路として
役立ち、それゆえ……貨幣は、その通流水路から決してあふれ出ないのである。」

b 支払手段

❶ 商品の譲渡と支払いの時間的分離
（228／149）「商品流通の発展とともに、商品の譲渡がその商品の価格の実現から時間的に
分離される諸関係が発展する。」

❷ 支払手段としての貨幣
（229／149）「売り手は債権者となり、買い手は債務者となる。この場合には、……貨幣
もまた一つの別の機能を受け取る。それは支払手段になる。」
（230〜231／150）（支払手段となった）「貨幣は、第一に、売られる商品の価格規定に
おける価値尺度として機能する。……第二に、観念的購買手段として機能する。……
支払手段が流通にはいってくるのは、商品がすでに流通から出ていったあとのこと
である。貨幣は、もはや、この過程を媒介するのではない。貨幣は、交換価値の絶対
的定在……として、この過程を自立的に閉じる。」

❸ 諸支払の集中・決済
（232〜233／151）「諸支払いが同じ場所に集中するにつれて、諸支払いの決済のための固
有の施設と方法とが自然発生的に発達する。（その場所では）債務の差額だけが清算さ
れればよい。諸支払いの集中が大量になればなるほど、それだけその差額は、したがっ
て流通する支払手段の総量もまた、相対的に小さくなる。」
（233／151〜152）「支払手段としての貨幣の機能は、一つの媒介されない〔直接的〕矛盾
を含んでいる。① 諸支払いが相殺される限り、貨幣はただ観念的に、計算貨幣ま
たは価値尺度として機能するだけである。② 現実の支払いが行なわれなければな
らない限りでは、貨幣は、……社会的労働の個別的な化身、交換価値の自立的定在、
絶対的商品として登場する。③この矛盾は、生産恐慌・商業恐慌中の貨幣恐慌と呼ばれ
る時点で爆発する。貨幣恐慌が起きるのは、諸支払いの過程的な連鎖と諸支払いの
相殺の人為的制度とが十分発達している場合だけである。」➡（234／152）〔原注
99〕二つの貨幣恐慌。（恐慌論というテーマにとって重要な記述）

❹ 信用貨幣
（236／154）「信用貨幣（C「鋳貨・価値章標」❸の＊印の注記参照）は、売られた商品に
たいする債務証書そのものが債権の移転のためにふたたび流通することによって、
支払手段としての貨幣の機能から直接的に生じてくる。」

❺ 支払手段の準備金は増大する

（241／156）「支払手段の準備金の形態をとる蓄蔵貨幣形成はブルジョア社会の進展とともに……増大する。」

［ C　世界貨幣 ］

❶ 世界市場と貨幣

（242／156～157）「貨幣は、国内の流通部面から外へ歩み出るとともに、……局地的諸形態をまた脱ぎ捨てて、貴金属のもともとの地金形態に逆もどりする。……<u>世界市場においてはじめて、貨幣は、その自然形態が同時に"抽象的"人間的労働の直接的に社会的な具現形態である商品として、全面的に機能する。貨幣の定在様式はその概念にふさわしいものになる</u>。……世界市場では、二重の価値尺度、金と銀とが、支配する。」➡〔原注 108〕参照。

❷ 世界貨幣の機能

（244／157～158）「<u>世界貨幣は、一般的支払手段、一般的購買手段、および、富一般（"普遍的富"）の絶対的社会的物質化として機能する。</u>

　① 国際収支の差額を決済するための、<u>支払手段</u>としての機能が、〔他の機能に〕優先する。

　② さまざまな国民のあいだにおける素材変換の従来の均衡が突然攪乱されるたびに、金銀は本質的に<u>国際的購買手段</u>として役立つ。

　③ 最後に、金銀が<u>富の絶対的社会的物質化</u>として役立つのは、購買も支払いも問題ではなく、<u>一国から他国への富の移転</u>が問題である場合であり、しかも、商品形態によるこの移転が、商品市場の商況か、あるいは、所期の目的そのものによって、拝除される場合である。」

➡（244～245／158）〔原注 109〕リカードゥ批判、〔原注 110〕例示参照。➡ 賠償金、対外援助金

❸ 世界市場流通のための準備金

（245／158～159）「どの国も、その<u>国内流通のために準備金</u>を必要とするように、<u>世界市場流通のためにも準備金</u>を必要とする。したがって、蓄蔵貨幣の諸機能は、<u>一部</u>は国内の流通手段および支払手段としての貨幣の機能から生じ、<u>一部</u>は世界貨幣としての貨幣の機能から生じる。この<u>あとのほうの役割においては、つねに、現実の貨幣商品、生身の金銀が必要とされる</u>。」

質問への回答

Ｑ　質問1

（174／117）「価格と価値の大きさとの量的不一致の可能性、または価値の大きさから価格が背離する可能性は、価格形態そのもののうちにある。このことは、価格形態の欠陥ではなく、むしろ逆に、価格形態を、一つの生産様式に……適切な形態にするのである。」とありますが、<u>価格が価値から離れるのがむしろ適切な形態だとは、どういうことでしょうか？</u>

回答1

「<u>適切な形態</u>」という場合の「<u>適切</u>」<u>というタームの意味の取り方が問題の要</u>だと思います。――「価格と価値の不一致の可能性」・「価値の大きさから価格が背離する可能性」が現実化するのは、無政府的な商品経済そのものに起因するものであり、両者の「不一致・背離」は商品経済においていわば<u>当たり前の現象</u>です。質問者の引用が省略した次の文言「――規律が、盲目的に作用する無規律性の<u>平均法則</u>としてのみ自己を貫徹しうる一つの生産様式――」がそのことを示しています。――すなわち、「<u>規律</u>」＝「<u>平均法則</u>」とは、<u>価値法則のことであり</u>、その価値法則が「<u>盲目的に作用する無規律性</u>」（需要と供給の不一致による<u>絶えざる価格の上下変動</u>）のなかを貫くことによって<u>のみ</u>「<u>自己を貫徹しうる</u>」ものであることからすれば、ここでの「適切」というタームは、<u>不適切の反対語を意味するものではなく</u>、無政府的な商品経済という「生産様式」に<u>合致する</u>、ということを意味するものとして用いられている、と理解すべき表現なのです。

Ｑ　質問2

（238／155）にある日本についての叙述は、興味深いです。「日本における現物地代の貨幣地代への転化」とは、具体的には、1873年から始まる<u>地租改正</u>＊を、<u>『資本論』執筆の時点で予測しているように思います</u>。マルクスの情報収集と分析はすごいと思います。<u>マルクスの日本についての認識は、どのようなものだったのでしょうか？</u>

回答2

『資本論』での言及に限りますが、下記の通り、主に農業・農村に関するものです。

① <u>第Ⅰ部第Ⅰ篇第3章にある質問文の箇所。</u>
（237～238／154～155）「商品生産が一定の高さと広さに達すると、支払い手段としての貨幣の機能は、商品流通の部面の外におよぶようになる。……地代、租税などは、現物納付から貨幣支払に転化する。……（6行略）……ヨーロッパに押しつけられた対外貿易が、<u>日本において現物地代の貨幣地代への転化をもたらすならば、日本の模範的農業もおしまいである</u>。その狭い経済的諸条件は解消されるであろう＊。」

② 第 13 章〔Ｃ．近代的マニュファクチュア〕の項。

（799 ～ 800 ／ 487）「周知のとおり、大ブリテンは、自国の数え切れないほどのぼろは別として、全世界のぼろ取り引きの中心地をなしている。そこへは、<u>日本</u>、遠い南アメリカの諸国、およびカナリア諸島からぼろが流れ込む。」

③ 第 23 章〔排泄物の処理について〕の記述。

（1182 ／ 718）「家族の者は用便のために彼らの分割貸与地に行くか、さもなければ、言及するのは恐縮であるがここで実際に行われているように、整理箱の引き出しで用足しをしなければならない。引き出しがいっぱいになると、それが抜かれて、その中身が必要とされている場所に空けられる。<u>日本では生活諸条件の循環はもっと清潔に行われている</u>。」

④ 第 24 章第 2 節「農村民からの土地の収奪」〔原注 192〕の記述。

（1229 ／ 745）「<u>日本は、その土地所有の純封建的組織とその発達した小農民経営とによって</u>、たいていはブルジョア的先入見にとらわれている<u>われわれのすべての歴史書よりもはるかに忠実なヨーロッパの中世像を示してくれる</u>＊＊。中世を犠牲にして〈自由主義的〉であるということは、あまりに手前勝手すぎる。」

⑤ 第Ⅲ部第Ⅰ篇第 5 章第 4 節「生産の廃棄物の利用」の記述。

（173 ～ 174 ／ 111）「たとえばロンバルディア、南シナ、および日本におけるような園芸式に営まれている小農業においても、この種の大きな節約が行なわれている。しかし、一般に、このような方式においては、農業の生産性は、ほかの生産部面から引きあげられる人間労働力の多大な浪費によってあがなわれている。」

———

＊地租改正への着眼と評価

　「1873（明治 6）年の地租改正は、領主的封建的土地所有を廃棄して、私的土地所有を確定した。幕藩体制下の<u>身分規定</u>（士農工商）は廃止され、土地緊縛規定もなくなって農民は移動の自由を得た。その面からみる限り、明治の農民の社会的地位が江戸時代の農民とくらべて一歩前進したことは疑いえない。しかし、他方で、地租改正は〈旧来ノ歳入ヲ減セラサルヲ目的〉に実施された結果、<u>高額地租</u>の負担に耐えられない零細農民は土地を失い、<u>地主的土地所有を全国に拡大する起点となった</u>。地租改正から十年たらずのうちに、<u>全農家のおよそ 65％が自小作・小作農民として地主制の支配下におかれることになった</u>のである（寄生地主制の成立➡その解体＝戦後農地改革の課題——中川）。」（中村政則『明治維新と戦後改革』校倉書房、1999 年、18 頁）

＊＊　日本の幕藩体制のユニークな構造は、「鎖国制」・「石高制」・「兵農分離制」によって特徴づけられます。これが、幕藩体制の解体の仕方＝維新変革の内容を方向付ける歴史的条件になります。——鎖国制➡開国、石高制➡地租改正、兵農分離制➡廃藩置県と秩禄処分（1876 ＝明治 9 年、中央集権的国家機構の樹立と中央政府への貢租の集中、士族の軍事的・経済的特権の廃絶・士族の切捨て➡士族の叛乱惹起・その頂点＝明治 10 年の西南戦争での薩摩軍鎮圧）という推移に留意して下さい。この点から見ると、マルクスの、「日本の土地所有の純封建的組織」と「発達した小農民経営」が、「ヨーロッパの中世像を示している」という『資本論』の評言の当否は、吟味の余地があるように思われます。

♬コーヒー・ブレイク ① : 幕末「通貨戦争」の敗北と金流出

　「黄金の国・ジパング」という日本像が、必ずしも「過大評価」ではなかったほど、幕藩体制下の日本の金保有量は潤沢でした。その金が、幕末の「通貨戦争」の敗北によって、大量に流出するという窮地に日本は陥りました。それはどういう事態だったのでしょうか。問題のポイントのみ説明するとこうです。──

　当時、国際貿易に際して用いられていた通貨は、メキシコドル（銀）でしたが、日米通商条約 第5条には、「金は金、銀は銀で量って、同量で取り替える」という「同種同量の交換」の原則が謳われていました。しかし合衆国総領事タウンゼント・ハリスは、メキシコドル銀1枚は27グラムであるのに対し、日本の1分銀は8.6グラム（メキシコドル銀の約1／3）であることに目をつけ、1ドル銀＝1分銀3枚（3分）の交換レートにすることを要求し、幕府はそれを受け入れました（1858年／安政5年、日米修好通商条約）。

　ところで当時、わが国での「金銀比価」は、金1グラム＝銀5グラムの1対5でしたが、「国際比価」は、金1グラム＝銀15グラムの1対15でした（日本の金価値の評価低位）。そのため、横浜で銀5グラムを金1グラムに両替し、その金1グラムを上海で銀に両替すると、銀15グラムを手に入れることができることになります。そうした上で、今度はその銀15グラムを持って横浜に戻り金に両替すると、金3グラムになります。その金3グラムを再度上海で銀に替えると、45グラムの銀になります。──こうして外国商人は、日本国内の金銀交換レートと、国際的な金銀交換レートの差を利用して、両替するたび毎に、3倍増の価値を繰り返し得ることができたのです。

　その結果、メキシコ銀の大量の持ち込み➡金との両替により、日本から大量の金が流出しました。「彼我の力の差」といえばそれまでですが、敢えてもうひとつ「敗因」を挙げるとすれば、「鎖国体制」＝「井の中の蛙」に甘んじていた当時のリーダーたちの、「貨幣の経済学」についての未習熟が災いしたとも言えるでしょう。

　1860年、小判の金の含有量をそれまでの小判の1／3にした「万延小判」を発行するという、苦肉の「金流出防衛策」を幕府は急遽講じました。これにより、金の流出に一定の歯止めを掛けることにはなりましたが、国内では、金通貨（小判）の減価により、物価の高騰（インフレーション）を引き起こしました。
　　　──

　この外国商人のやり方は、今でいえば、円と例えばドル（外貨）の、為替相場の変動を利用した両替においても成り立ちます。例えば、
　1ドル＝80円のレートの時、8千万円をドルに替えると、100万ドルになります。
　レートが1ドル＝100円に、つまり「円安」になった時に、この100万ドルを円に替えると、1億円になります。当初の8千万円が、1億円に増えることになります。
　こうした方法を運用できるような大きな資産を持っている人は、庶民のなかにはまずいないでしょう。

♬コーヒー・ブレイク ② ：「西郷札」──紙幣は国家＝政治権力の強制により通用する

　　社会派推理小説の大家松本清張さんが、芥川賞作家であるというと、怪訝に思われる方が多いかもしれませんが、清張さんは、「或る『小倉日記』伝」で、昭和27年下半期「芥川賞」を受賞しています。前年の26年には、「西郷札」が『週刊朝日』春季増刊号の懸賞小説に入選していました。以下では、標題についての「余禄」として、「西郷札（さいごうさつ・ふだ）」に言及しておきます（なおこの作品は、ＮＨＫとＴＢＳでテレビドラマ化されています）。舞台は、明治10年（1877年）の「西南戦争」です。

〔あらすじ〕
　　主人公**樋村雄吾**は、宮崎の小藩（島津藩の支藩）の下士の息子、実母が早世し、義母と義妹**秀乃**を迎えた。
　　西南戦争で西郷軍に加わったが敗北後に帰郷。父は死去し義母と秀乃は行方不明となる。雄吾は東京に出て「車夫」となるが、客となった大蔵官僚**塚村圭太郎**を送り届けた家で、塚村の妻となっていた秀乃と再会を果たし、その後兄妹の関係が続くが、塚村はそれを妬むようになる。
　　塚村は、一計を案じ、雄吾と紙問屋**幡生粂太郎**に、西郷軍が発行して、敗戦後はただの「紙切れ」になってしまっていた「西郷札」を、新政府発行の紙幣と「交換買い上げ」（補償回収）する見込みがあるから、いまのうちにそれを買占めておけば、ただ同然の「紙切れ」＝「西郷札」が、正規の紙幣に代って、大儲けできるとそそのかした。雄吾と粂太郎は、勇躍して九州に赴き、全財産をはたいて「西郷札」を「買占め」たが、「交換買い上げ」の情報がなぜかすでに流布していたため、高値での買占めを余儀なくされた。
　　しかし、新政府による「西郷札」の「交換買い上げ」は実施されず、雄吾と粂太郎は破綻……雄吾、粂太郎、塚村、秀乃のその後は闇の中……。

〔西郷札〕
　　著者が作品中に引用している「西郷札」についての辞書の説明文は以下のとおりです。（原文のカタカナはひらがなに変え、漢数字は算用数字に変えた箇所があります。）──
　　「西南戦争に際し**薩軍の発行した紙幣**。明治10年、西郷隆盛挙兵、集るもの四万。（中略）同年4月、熊本に敗れ日向に転戦するに及び鹿児島との連絡がたえたため、遂に6月に至って**不換紙幣**を発行した。これがいわゆる西郷札で寒冷紗を2枚合わせ、その芯に紙を挿んで堅固にした。十円、五円、一円、五十銭、二十銭、十銭の6種。**発行総額**は十万円を下らなかったという。額面の大なるものは最初より**信用＊が乏しく**小額のもののみ西郷の威望により暫く維持したが、薩軍が延岡に敗れて鹿児島に退却するや**信用は全く地に墜ち**、ために同地方の所持者は多大の損害を蒙った。乱後この**損害填補**を政府に申請したが賊軍発行の紙幣の故を以って用いられなかった。」（『西郷札』新潮文庫、平成4年10月の36刷、9頁）
　　「表は地に鳳凰と桐花を図案し金額と『管内通宝』の文字の下に『軍務所』という印がある。裏に返すと、『此札を**贋造する者**は**急度軍律に処する者也**＊＊、明治十年六月発行、通用三ヵ年限、此札を以って諸上納に相用ひ不苦者也』とあった。」（同上、10頁）

＊信用＝「西郷札」の強制的通用を、南九州の民衆が「受容」したことを意味している。

＊＊発行権は（政治的・軍事的）権力を持つものが独占することを意味している。なお維新以前＝徳川幕藩体制下では、各藩（領国）内でのみ通用する「藩札」が発行された。当初は「正貨」との兌換を原則としていたが、藩財政窮乏のため、不兌換紙幣化していった。この「藩札」については、明治4年（1871年）の「廃藩置県」に伴い、維新政府が「交換買い上げ」を行なった。それに要した期間は8年であった。旧土佐藩下士・岩崎弥太郎は、「交換買い上げ」に先立って旧藩札を廉価で大量に買い集め、「交換買い上げ」の際に莫大な差益を掌中に収め、三菱財閥の基礎を築いたことが知られている。

第Ⅱ篇　貨幣の資本への転化

第4章　貨幣の資本への転化

◎ <u>本篇・本章のテーマと概要</u>

　　<u>第Ⅰ篇では</u>、資本家と賃労働者は登場せず、単純な姿態で捉えられた商品生産者と貨幣所有者によって構成される、「<u>単純な姿態の商品生産＝流通の関係</u>」の図と説明に基づき、商品ならびにその交換過程と貨幣の諸機能についての考察がなされました。

　　<u>本第Ⅱ篇から</u>、資本家と賃労働者が担い手となる「資本の生産過程」（第Ⅰ部のタイトル）の考察が始まります。そのなかで<u>本章は</u>、「資本の生産過程」を表象しつつも、まずもって<u>資本とは何か（資本の本質）を一般的に考察し、資本が「剰余価値」を生産し続けることにより、資本が「自己増殖する価値の自立的定在」であることを明らからにしています</u>。そのことによって、「自己増殖する価値の自立的定在」としての資本の、<u>実際の価値増殖の舞台である「資本の生産過程」（第Ⅲ篇以降）を考察していくための、イントロダクションの役割を果たしています</u>。

　　以下、第2章第1節から第3節までの「叙述の進行」を掴んでいくために、各節のポイントを予め概観しておきます。――

　　第Ⅱ篇第4章以降は、① <u>「流通表面の現象」</u>の考察から始め、次いで、② <u>その「深部の秘められた場所」に立ち入って行く、という「叙述の進行」になっていることに留意して下さい</u>。

　　実はマルクスは、「深部の秘められた場所」で何が行われるかを先刻承知しているのですが、承知していることをあえて最初から語りません。語らないまま後に残して、<u>まず読者に「流通表面の現象」を見つめさせ、読者に寄り添いながら、あたかも一緒に謎解きをするかのように次第に読者を「深部の秘められた場所」へと誘い、問題の核心にアプローチして行きます</u>。こうした巧みな話の運び方を念頭におきながら読み進めて下さい。

　　その際、① <u>商品の価値</u>➡② <u>貨幣＝価値の自立的定在</u>➡③ <u>資本＝自己増殖する価値の自立的定在</u>、という三段跳びを思わせるような、「価値の定在」の発展行程を理解することが大切です。特に、たんなる「価値の自立的定在」ではなく、<u>「自己増殖」するという点が資本にとっての生命線であること</u>、この点を解明しているのが第4章です。ただし、第4章では「深部の秘められた場所」に向かう<u>序幕があげられ</u>

るにとどまり、その「深部の秘められた場所」で、資本はどのようにして自己増殖するのかの解明は、第二幕（第Ⅲ篇「絶対的剰余価値の生産」以下）が上げられるのを待たねばなりません。

　そして、ここまで進んで来たところで、あらためて第1章で商品の分析から『資本論』が始まっていることの理由・意義が解ってくるはずです。＊

＊【余話】──「マルクスも人が悪い」

　「『資本論』を読むにあたりさしあたって直面する困難とは《商品》という概念の抽象的な分析の難しさだ。……ではなぜ、マルクスは《商品》をあれほどの綿密さで分析し、そうしておかなければ論を前に進めることができないと考えたのか。いわば、なぜ、《商品》の項から『資本論』は書き出されたのか。……《商品》を綿密に分析することを土台として、はじめて《資本》の仕組みを解くことができるにしても、私のたび重なる《資本論を読むことの挫折》の歴史は、つまりは《商品》に打ちのめされ続けた歴史だったとも言える。マルクスも人が悪い。」（宮沢章夫『資本論も読む』前出231～232頁）──松沢さん、「マルクスも人が悪い」と言われようとも、商品の分析から始めることは、（松沢さんも認めているとおり）理由があってのことであり、必要な手順だったのです。

◎　それでは第4章の各節のポイントを概観しておきましょう。

（1）第1節　資本の一般的定式

　① まず「流通表面の現象」に着目し、次の二つの流通形態の相違を確認。
　　商品流通（循環形態）W─G─W　（始点も終点も商品）
　　貨幣流通（循環形態）G─W─G　（始点も終点も貨幣）

　② その上で、二つの循環を推進する動機、循環を規定する目的の相違を明らかにし、そのことによって、形態上の区別の背後に隠れている内容上の区別も明らかになることを指摘。

　③ G─W─Gにおいて、始点のGと終点のGとが同じ大きさであれば、それは「ばかげた無内容なもの」であること。G─W─Gの（内容のある、意味のある）「完全な形態」はG─W─G'（G＋Δg）であることの指摘。

　④ この循環の終わり＝新たな循環G'─W─G''の開始。しかもこの循環の絶えざる更新＝Gの際限なき価値増殖を確認。このGは資本としての貨幣である（資本が貨幣の形態を纏ったもの）と論定。

　⑤ これが、貨幣としての貨幣と、資本としての貨幣の、内容上の差異にほかならないこと。かくして、G─W─G'（G＋Δg）は、自己増殖する価値の自立的定在としての資本の本性を示す「資本の一般的定式」と規定される。

（2）第2節　一般的定式の矛盾

①　しかし困惑が生まれる——流通過程には、等価交換の法則という「単純な商品流通」の法則が貫徹。したがって流通過程においては、G—W—G'（G＋Δg）というような価値の増殖は起こりえない。貨幣としての貨幣の、資本としての貨幣への転化＝貨幣の資本への転化は、流通過程では発生しえない。しかし流通過程で発生しなければならない。

②　この「矛盾」をどのように「解決」するか？困惑は解消できるか？「"ここがロドス島だ、ここで跳べ！"」(284／181)

（3）第3節　労働力の購買と販売

①「流通の部面」での労働力商品の「発見」——労働力の商品化の「二つの前提条件」確認。

② 労働力商品の、商品としての二要因——その価値規定の内容。

③ 使用価値の内容。「生きた労働」の現実的消費＝労働力商品の使用価値の実現が、「価値の源泉」・「価値創造」であることの説明。

④ 流通部面（天賦人権の楽園）から、「生産という秘められた場所」へ——「貨殖の秘密」の暴露へ。

◎　「資本」についての序幕（第4章）は、次の一節で締め括られています。——
「単純流通または商品交換の部面から……立ち去るにあたって、わが登場人物たちの顔つきは、すでにいくぶんか変わっているように見える。さきの貨幣所有者は、資本家として先に立ち、労働力所有者は彼の労働者としてそのあとからついていく。前者は、意味ありげにほくそ笑みながら、仕事一途に。後者は、まるで自分の皮を売ってしまってもう革になめされるよりほかにはなんの望みもない人のように、おずおずといやいやながら。*」➡「資本」についての第二幕へ。
　＊旧約聖書「創世記」に、アダムとイヴがエデンの園を追われるとき、神が「革の長い衣」を与えた、ということにちなんだ表現。

第1節　資本の一般的定式

❶ 商品流通と資本　➡この項目については本章末尾の〔補足説明❶〕参照
(249／161)「商品流通は資本の出発点である。商品生産、および発達した商品流通——商業——は、資本が成立する歴史的前提をなす。世界商業および世界市場は、16世紀に資本の近代的生活史を開く。」
(250／161)「歴史的には、資本は、どこでも最初はまず貨幣の形態で、貨幣財産すなわち商人資本および高利貸資本として、土地所有に相対する。とはいえ、貨幣を資本の

最初の現象形態として認識するためには、資本の成立史を回顧する必要はない。<u>同じ</u>
<u>歴史が、日々、われわれの目の前で繰り広げられている。新たな資本は</u>、いずれも、ま
ずもって、いまなお<u>貨幣</u>──<u>一定の諸過程を経てみずからを資本に転化すべき貨幣</u>──
<u>として、舞台に、すなわち商品市場、労働市場、または貨幣市場という市場に登場する。</u>」

❷「貨幣としての貨幣」と「資本としての貨幣」の相違
(250～252／161～162)「貨幣としての貨幣と資本としての貨幣はとは、さしあたり、
それらの<u>流通形態の相違</u>によってのみ区別される。」
　　　　　　　W─G─W　（商品を買うために商品を売る）
　　　　　　　G─W─G　（商品を売るために商品を買う）
　<u>G─W─Gは、始点と終点のGが同じ貨幣価値であれば</u>、「ばかげた無内容なもので
<u>あろう。……（そこで）まず、循環G─W─GおよびW─G─Wとの形態上の区別の</u>
<u>特徴を明らかにすることが重要である。この特徴を明らかにすれば、同時に、これらの</u>
<u>形態上の区別の背後に隠れている内容上の区別も明らかになるであろう。</u>」

❸ 両循環の形態上の異同
(252～253／163)「まず、両方の形態に<u>共通なもの</u>を見よう。どちらの循環も、同じ二
つの相対立する局面、すなわちW─G、販売と、G─W、購買とに分かれる。……
（中略）……とはいえ、両方の循環W─G─WとG─W─Gとをもともと<u>区別するのは、</u>
<u>同じ対立する二つの流通局面の順序が逆なこと</u>である。……（中略）……流通W─G─
Wでは、貨幣は最後には、……<u>支出される</u>。これに反して、逆の形態G─W─Gでは、
買い手が貨幣を支出するのは、売り手として貨幣を受け取るためである。……それ
ゆえ、貨幣は<u>前貸しされる</u>にすぎない。」
(255／164)「<u>循環W─G─Wは、……商品は流通から出て消費にゆだねられる。……これ</u>
<u>に反して、循環G─W─G……を推進する動機とそれ（循環）を規定する目的とは、交</u>
<u>換価値そのものである。</u>」

◎ <u>G─W─Gの完全な形態はG─W─G'（G＋ΔG）である</u>
(255～256／165)「総じて、ある貨幣額が別の貨幣額から区別されうるのは、そ
の大きさの違いだけによるのである。それゆえ、<u>過程G─W─Gは、その両</u>
<u>極がともに貨幣であるから、……もっぱら両極の量的な相違によって、その内容</u>
<u>が与えられる。最初に流通に投げ込まれたよりも多くの貨幣が、最後に流通から</u>
<u>引きあげられる。……それゆえ、この過程の完全な形態は、G─W─G'であ</u>
<u>り、このG'は、G＋ΔGすなわち、最初に前貸しされた貨幣額プラスある増加</u>
<u>分、に等しい。この増加分、または最初の価値を超える超過分を、私は剰余価値</u>
（Mehrwert、surplus value）と名づける。それゆえ、<u>最初に前貸しされた価値は、</u>
<u>流通のなかで自己を維持するだけでなく、流通のなかでその価値の大きさを変え、</u>
<u>ある剰余価値をつけ加える。すなわち自己を増殖する。そしてこの運動が、それ〔最</u>
<u>初に前貸しされた価値〕を資本に転化させるのである。</u>」

❹ 循環の更新と際限のない資本の価値増殖

> （259／166〜167）（G—W—G'の）「運動の終わりには、貨幣がふたたび運動の始まりとして出てくる。……循環の終わりは、おのずから新たな循環（G'—W—G''）の始まりをなす。……資本としての貨幣の流通は自己目的である。というのは、価値の増殖は、この絶えず更新される運動の内部にのみ実存するからである。それゆえ、資本の運動には際限がない。」
>
> （260〜261／167〜168）「この運動の意識的な担い手として、貨幣所有者は資本家になる。……あの流通〔G—W—G〕の客観的内容—価値の増殖—は彼の主観的目的である。……利得することの休みのない運動のみが資本家の直接的目的となる。）……価値の休みのない増殖——貨幣蓄蔵者は、貨幣を流通から救い出そうとすることによってこのこと（貨幣の蓄蔵＝価値増殖）を追求するのであるが、より賢明な資本家は、貨幣を絶えず繰り返し流通にゆだねることによってこのこと（資本価値の増殖）を達成する。」
>
> （262／169）「価値は、この運動のなかで失われることなく、絶えず一つの形態（G or W）から別の形態（W or G）へ移っていき、こうして一つの自動的な主体に転化する。」
>
> （262〜263／169）「価値はここでは過程の主体になるのであって、この過程のなかで貨幣と商品とに絶えず形態を変換しながら大きさそのものを変え、原価値としての自己自身から剰余価値としての自己を突き出して、自己自身を増殖するのである。　というのは、価値が剰余価値をつけ加える運動は、価値自身の運動であり、価値の増殖であり、したがって自己増殖であるからである。価値は、それが価値であるがゆえに価値を生むという、摩訶不思議（オカルト）な資質を受け取った。」

◎ G—W—G' は「資本の一般的定式」である

> （265／170）「価値は、過程を進みつつある価値、過程を進みつつある貨幣になり、そしてこのようなものとして資本になる。」
>
> （265／170）「G—W—G'は、確かに、資本の一種である商人資本だけに固有の形態のように見える。しかし、産業資本もまた、……自己を商品に転化し商品の販売によって自己をより多くの貨幣に再転化する貨幣である。……最後に、利子生み資本においては、流通G—W—G'は、短縮されて、媒介なしのそれの結果として、いわば簡潔体で、G—G'、すなわちより多くの貨幣に等しい貨幣、自己自身よりも大きい価値として、現われる。したがって事実上、G—W—G'は、直接に流通部面に現れる資本の一般的定式（資本とは何か、その本質を端的に、一般的に示す定式）である。」

第2節　一般的定式の諸矛盾

❶ 単純な商品流通の法則との矛盾

(266／170)「貨幣が蛹の状態を脱して資本に成長するさいの流通形態は、商品、価値、貨幣、および流通そのものの本性について以前に展開されたいっさいの法則に矛盾する。」

(267／171)「われわれは、単純な商品流通が、その本性上、この流通にはいり込む価値の増殖、したがって剰余価値の形成を許すかどうかを、見きわめなければならない。」

❷ 単純な商品流通は価値の大きさを変化させない

(269／172)「抽象的に考察すると、すなわち、単純な商品流通の内在的な諸法則からは出てこない諸事情を度外視すると、単純な商品流通においては……商品の単なる形態変換のほかにはなにも起こらない。……この形態変換は価値の大きさの変化を少しも含まない。」

(270／173)「商品交換は、その純粋な姿態においては、等価物どうしの交換であり、したがって価値を増やす手段ではない。」

(273／174)「……等価物どうしが交換されるならば、明らかにだれも、自分が流通に投じるよりも多くの価値を流通から引き出しはしない。その場合には剰余価値の形成は行なわれない。」

❸ 非等価物のあいだの交換を想定した場合

(274／175)「なんらかの説明のつかない特権によって、売り手が商品をその価値以上 (例: 100 ➡ 110) に売ること……が許されると仮定しよう。したがって売り手は10の剰余価値を徴収する。しかし彼は、売り手であったあとでは買い手になる。……（このばあいは）全体としては、事実上、すべての商品所有者たちが自分たちの商品を互いにその価値よりも10%高く売り合うということであり、それは、あたかも彼らが商品を価値どおりに売ったのとまったく同じ、ということになる。」

(274～275／175)「逆にわれわれは、商品をその価値以下で買うことが買い手の特権だと想定してみよう。この場合には、買い手がふたたび売り手になるということを思い出す必要は少しもない。彼は、買い手になるまえに売り手であった。彼は、買い手として10%もうけるまえに、すでに売り手として10%の損をしていたのである。すべてはやはりもとのままである。」

(275／175)「剰余価値の形成、それゆえまた貨幣の資本への転化は、したがって、売り手たちが商品をその価値以上に売るということによっても、また、買い手たちが商品をその価値以下で買うということによっても、説明されえないのである。」

❹ 売りなしに買うだけの、生産せず消費するだけの一階級を想定した場合

(277／176～177)（収奪者階級に）「商品を価値以上に売るということは、無償で手放した（収奪された）貨幣の一部分をだましてふたたび取りもどすことにほかならな

い。……（したがって）このようなことは、決して致富または剰余価値形成の方法ではない。」

❺ 総価値不変でその配分が変わる場合

（278／177）（当事者ＡとＢとへの、総価値の）配分が変わった。一方で不足価値であるものが他方では剰余価値として現われ、一方でマイナスとして現れるものが他方ではプラスとして現われる。」

◎ これまでのまとめ

> （279／178）「したがって、どんなにぬらりくらり言い抜けてみたところで、結果はやはり同じである。等価物どうしが交換されても剰余価値は生じないし、非等価物どうしが交換されてもやはり剰余価値は生じない。流通または商品交換はなんらの価値も創造しない。」

❻ 「大洪水以前」からの前期的諸資本＊は考慮しない

（280／178）「等価物どうしが交換される限り、商業資本は成り立ちえないように思われるのであり、それゆえ、買う商品生産者と売る商品生産者とのあいだに商人が寄生的に割り込み、これらの商品生産者の両方からだまし取るということから、商業資本を導き出すほかないように思われる。」

（281／179）「商業資本にあてはまることは、高利貸資本にはいっそうよくあてはまる。……高利貸資本においては、形態Ｇ—Ｗ—Ｇ’が、無媒介の両極Ｇ—Ｇ’に、より多くの貨幣と交換される貨幣に、貨幣の本性と矛盾しておりそれゆえまた商品交換の立場からは説明しえない形態に、短縮されている＊。」

＊前期的諸資本については、本章末尾の〔補足説明❶〕参照。

◎ 「資本の一般的定式」の矛盾

> （282／179）「すでに明らかにしたように、剰余価値は流通からは生じえないのであり、したがって、それが形成される場合には、流通そのもののなかでは目に見えないなにごとかが、流通の背後で起こっているに相違ない。しかし剰余価値は、流通から以外にほかのどこから生じるのであろうか？」
>
> （283／180）「(剰余価値を増殖する) 資本は、流通から発生するわけにはいかないし、同じく、流通から発生しないわけにもいかない。資本は、流通のなかで発生しなければならないと同時に、流通のなかで発生してはならないのである。」——これが資本の一般的定式が内包する矛盾、にほかならない！

◎ "ここがロドス島だ、ここで跳べ！"

（284／181）「貨幣の資本への転化は、商品交換に内在する諸法則にもとづいて展開されるべきであり、したがって等価物どうしの交換が出発点をなす。いまのところまだ資本家の幼虫として現存するにすぎないわれわれの貨幣所有者は、商品をその価値どおりに買い、その価値どおりに売り、しかもなお過程の終わりには、彼が投げ入れたよりも多くの価値を引き出さなければならない。彼の蝶への成長は、流通部面で行なわれなければならず、しかも流通部面のなかで行なわれてはならない。これが問題の条件である。"ここがロドス島だ、ここで跳べ！"＊」

＊この成句とそれに付された訳注の解釈については、本章末尾の〔補足説明❷〕参照。
〔原注37〕重要「資本の形成は、商品価格の商品価値からの背離によっては説明されえない。……この背離状態を偶然的なものとして度外視し、資本形成の諸現象を純粋に商品交換を基礎にして考察し、……撹乱的で本来の経過には無縁な付随的事情によって混乱させられないようにしなければならない。」

第3節　労働力の購買と販売

❶「労働力商品」の発見

（285〜286／181）「資本に転化すべき貨幣の価値の変化は、……第一の行為G—Wで買われる商品……の使用価値そのものから、すなわちその商品の消費から生じうるのみである。一商品の消費から価値を引き出すためには、わが貨幣所有者は、流通部面の内部で、すなわち市場において、一商品——それの使用価値そのものが価値の源泉であるという独自な性質を持っている一商品を、したがってそれの現実的消費そのものが労働の対象化であり、それゆえ価値創造である一商品を、発見する幸運にめぐまれなければならないであろう。そして、貨幣所有者は、市場でこのような独特な商品を——労働能力または労働力を、見いだすのである＊。」

＊①G—W—G➡②G—W—G'➡③G—W・W'—G'において、③を実現するためには、②のG—Wにおいて購入するWのなかに、労働力商品が含まれていなければならない、ということ。

（286／181）「われわれが労働力または労働能力と言うのは、人間の肉体、生きた人格性のうちに実存していて、彼がなんらかの種類の使用価値を生産するそのたびごとに運動させる、肉体的および精神的諸能力の総体のことである。」

❷ 二重の意味で「自由」な労働力商品の所有者

(286 ～ 287 ／ 182)「① 労働力の所有者が労働力を商品として売るためには、彼は、労働力を自由に処分することができなければならず、したがって<u>自分の労働能力、自分の人格の自由な所有者でなければならない</u>。労働力の所有者と貨幣所有者とは、市場で出会って互いに<u>対等な商品所有者</u>として（労働力商品の売買をし合う）関係を結ぶのであって、……したがって両方とも法律上では<u>平等な人格</u>である。

　　　<u>この関係が続いていくためには、労働力の所有者がつねにただ一定の時間を限ってのみ労働力を売るということが必要である</u>。というのは、もし彼が労働力をひとまとめにして全部一度に売り払うならば、彼は自分自身を売るのであって、自由人から奴隷に、商品所有者から商品に、転化するからである。

　　　人格としての彼は、自分の労働力を、いつも……自分自身の商品として取り扱わなければならない。そして、彼がそうすることができるのは、ただ、<u>彼がいつでも一時的にだけ、一定の期間だけに限って、自分の労働力を買い手の処分にまかせ、したがって労働力を譲渡してもそれにたいする自分の所有権は放棄しないという限りでのことである</u>。」

(288 ／ 183)「② 貨幣所有者が労働力を市場で商品として見いだすための第二の本質的条件は、<u>労働力の所有者が、（生産手段を所有していないため）自分の労働の対象化された商品を売ることができない（の）で</u>、……<u>自分の労働力そのものを商品として売りに出さなければならない</u>、ということである。」

(289 ／ 183)〔まとめ〕

　　　「したがって、貨幣を資本に転化させるためには、<u>貨幣所有者は商品市場で自由な労働者を見いださなければならない</u>。ここで、<u>自由な、と言うのは、①自由な人格として自分の労働力を自分の商品として自由に処分するという意味で自由な、② 他面では、売るべき他の商品をもっておらず、自分の労働力の実現（労働）のために必要ないっさいの物（生産手段）から解き放されて自由であるという意味で自由な（生産手段の所有からの排除ということ）、この二重の意味でのそれ（「自由」）である</u>。」

❸ 自由な労働者の登場

(289 ～ 290 ／ 183)「なぜ、<u>この自由な労働者が流通部面で貨幣所有者と相対するのか</u>……この関係は自然史的関係ではないし、また、歴史上のあらゆる時代に共通な社会的関係でもない。それは明らかに、それ自身、先行の歴史的発展の結果であり、幾多の経済的変革の産物、<u>すなわち社会的生産の全一連の古い諸構成体の没落の産物である</u>。」

❹ カテゴリー「商品」・「貨幣」・「資本」の歴史性

(290 ～ 291 ／ 184)「<u>商品としての生産物の出現</u>は、社会内分業が十分に発展して、直接的交換取引においてはじめて始まる使用価値と交換価値との分離がすでに完成されていることを条件とする。しかし、このような発展段階は、歴史的にはなはだしく

異なる経済的社会諸構成体に共通のものである。

　他方、貨幣を考察するならば、<u>貨幣は商品交換の一定の発展程度を前提とする。</u>……（中略）……　<u>（近代的）</u>　資本については事情は異なる。資本の歴史的な実存諸条件は、商品流通および貨幣流通とともに定在するものでは決してない。<u>資本は、生産諸手段および生活諸手段の所有者が、みずからの労働力の売り手としての自由な労働者を市場で見いだす場合にのみ成立するのであり、そして、この歴史的条件は一つの世界史を包括する。それゆえ、資本は、最初から社会的生産過程の一時代を告知する。</u>」

（291／184）〔原注41〕「したがって、<u>資本主義時代を特徴づけるものは、労働者自身にとっては彼に属する商品という形態を受け取り、それゆえ彼の労働が賃労働という形態を受け取る、ということである。</u>他面では、この瞬間からはじめて、<u>労働生産物の商品形態が普遍化される。</u>」

──

＊以上の、本文と原注については、「第Ⅰ篇が〈商品と貨幣〉から始まるのはなぜか」の箇所の、大塚久雄『欧州経済史』からの引用文を改めて参照のこと。

❺ 労働力商品の価値規定 ①

（291〜292／185）「<u>労働力（商品）の価値は、他のどの商品の価値とも同じく、この独特な物品の生産に、したがってまた再生産に必要な労働時間によって規定されている。</u>……労働力は、生きた個人の素質として実存するのみである。したがって、労働力の生産はこの生きた個人の生存を前提する。……自分を維持するために、生きた個人は、一定量の生活諸手段を必要とする。したがって、<u>労働力の生産に必要な労働時間は、この生活諸手段の生産に必要な労働時間に帰着する。すなわち、労働力（商品）の価値は、労働力の所有者の維持に必要な生活諸手段の価値である。</u>」

（292／185）「生活諸手段の総量は、労働する個人を労働する個人として、その正常な生活状態で維持するのに足りるものでなければならない。」

（292／185）「本質的には、自由な労働者の階級がどのような条件のもとで、それゆえどのような慣習と生活要求とをもって形成されたか、に依存するのである。したがって、<u>労働力の価値規定は、他の商品の場合とは対照的に、歴史的かつ社会慣行的（モラーリッシュ）な一要素を含んでいる。</u>とはいえ、一定の国、一定の時代については、必要生活諸手段の平均範囲は与えられている。」

❻ 労働力商品の価値規定 ②

（293／186）「労働力の生産に必要な生活手段の総額は、<u>補充人員すなわち労働者の子供たちの生活諸手段を含む</u>のであり、こうしてこの独自な商品所有者の"種族"が商品市場で自己を永久化するのである。」

❼ 労働力商品の価値規定 ③

（294／186）「特定の労働部門における技能と熟練とに到達し、発達した独特な労働力

になるように変化させるためには、特定の養成または教育が必要であり、……した
がって、この**修業費**は、……労働力の生産のために支出される価値の枠のなかには
いっていく。」

❽ 労働力商品の価値の変動

（294／186）「労働力の価値は、……<u>生活諸手段の価値</u>、すなわちこの<u>生活諸手段の生産
に必要な労働時間の大きさとともに変動する</u>。➡第Ⅳ篇「相対的剰余価値の生産」に
繋がる論点。

❾ 労働力商品の日価値・その最低限

（295／187）「労働力の日々の生産に必要なこの労働分量は、<u>労働力の日価値</u>、すなわち
日々再生産される労働力の価値を形成する。」

（295／187）「労働力の価値の最後の限界または最低限界をなすものは、……<u>肉体的に必要
不可欠な生活諸手段の価値</u>である。もし労働力の価格がこの最低限にまで下がるなら
ば、<u>それは労働力の価値以下への低下である</u>。というのは、その場合には労働力は、
ただ萎縮した形態でしか維持され発揮されえないからである。」

◎ 労働力商品の形式的譲渡と現実的譲渡の時間的分離

（296～297／188）「労働力というこの独特な商品の独自な本性には、買い手と売り手
とのあいだに<u>契約が結ばれても労働力の使用価値はまだ現実に買い手の手に移行して
いない</u>、ということが当然にともなってくる。……労働力の使用価値は、そのあとで（売
買契約成立後に）行なわれる（その）力の発揮のなかではじめて存立する。それゆえ、
<u>力の譲渡</u>と、<u>力の現実の発揮すなわち力の使用価値としての定在（実際に労働すること）
とは、時間的に離れている</u>。……

　　販売による使用価値の<u>形式的譲渡</u>と買い手へのそれの<u>現実の引き渡し</u>とが時間的
に離れている商品の場合には、買い手の貨幣は、たいてい支払手段（貨幣の機能の
第三の機能、〔貨幣としての貨幣〕の役割の一つ）として機能する。……

　　労働力（者）は、売買契約で確定された期限のあいだ機能し終えた（労働した）あとで、
たとえば各週末に、はじめて支払いを受ける。それゆえ、<u>労働者はどこでも、資本家に
労働力の使用価値を前貸しする</u>。労働者は、労働力の価格の支払いを受けるまえに労働
力を買い手に消費させるのであり、それゆえ、<u>どこでも労働者が資本家に信用貸しする
のである</u>*。」　　　　　　　　＊ この点は、第Ⅵ篇の労賃論に繋がる重要な点であることに留意。

（297／188）「とはいえ、<u>関係を純粋につかむためには、さしあたり、労働力の所有者はい
つでもそれを売ればすぐに契約で決まっている価格を受け取る</u>、と前提するのが便宜で
ある。」　　　　　　　　　　注意！ ➡第Ⅲ篇から第Ⅴ篇まではこのことを前提としている。

◎ 流通部面から「生産という秘められた場所」──貨殖の秘密の暴露！

（300 ／ 189）「労働力の消費は、他のどの商品の消費とも同じく、市場すなわち流通部面の外で行なわれる。それゆえ、われわれも貨幣所有者および労働力所有者と一緒に、表面で行なわれていてだれの目にもつくこのそうぞうしい流通部面を立ち去って、この二人のあとについて、生産という秘められた場所に、"無用の者立ち入るべからず"と入り口に掲示してあるその場所に、はいっていこう。

　　ここでは、①どのようにして資本が生産するかということだけでなく、②どのようにして資本そのものが生産されるかということもまた、明らかになるであろう。貨殖の秘密がついに暴露されるに違いない＊。」

　　　　　＊①については第Ⅲ篇〜第Ⅵ編で、②については第Ⅶ篇でそれぞれ解明される。

❿「天賦人権の楽園」から「生産という秘められた」場所へ

（300 〜 301 ／ 189 〜 190）「労働力の売買がその枠内で行なわれる流通または商品交換の部面は、実際、天賦人権の真の楽園であった。ここで支配しているのは、自由、平等、所有、およびベンサムだけである。

　　自由！というのは、……労働力の買い手と売り手は、彼らの自由意志によって規定され、……自由で法律上対等な人格として契約する（から）、

　　平等！というのは、彼らは商品所有者としてのみ互いに関連し合い、等価物と等価物を交換するから、

　　所有！というのは、だれもみな、自分のものを自由に処分するだけだから、

　　ベンサム！というのは、両当事者のどちらにとっても、問題なのは自分のことだけだからである。＊」　　　　　＊ベンサム──功利主義にたつ思想家

（301 〜 302 ／ 191）「商品交換の部面……を立ち去るにあたって、わが"登場人物たち"の顔つきは、すでにいくぶんか変わっているように見える。さきの貨幣所有者は資本家として先に立ち、労働力所有者は彼の労働者としてそのあとについていく。前者は意味ありげにほくそ笑みながら、仕事一途に。後者は、まるで自分の皮を売ってしまってもう革になめされるよりほかにはなんの望みもない人のように、おずおずといやいやながら。」

資本の一般的定式の矛盾①と、矛盾の解決を示す定式③

① $G—W—G'（G + \Delta g）$　　　資本の一般的定式（の矛盾）

② $\boxed{G—W} \cdot \boxed{W'—G'}$　　　（購入された商品Wが価値を増殖して〔W'となって〕販売されることを示す式）

③ $\boxed{G—W}$ $\begin{cases} Pm \\ ……P…… \quad \boxed{W'—G'} \\ Ak \end{cases}$　　　＊ Pm：生産手段　＊ Ak：労働力（商品）　＊ P ：生産過程

119

補足説明❶：安く買って高く売り利益を得る──前近代の資本＝前期的資本

〔1〕先に資本主義の概念について、大塚久雄さんの『欧州経済史』での説明を紹介しました。そこでは、近代以前の諸社会においては、<u>現物経済が主で、商品経済はそれを補充する「派生的・従属的地位」</u>を占めていた、と説明されていました。この近代以前の諸社会の商品経済の担い手は、<u>前期的資本</u>（前期的商人資本、前期的高利貸し資本）と呼ばれる資本でした。前期的資本については、テキスト（280〜281／178〜179）で簡単に言及されていますが、それらが<u>近代の諸資本の成立にどのように関わるのか、あるいは関わらないのか</u>、を考察するに際して、第4章第1節の冒頭の三つのパラグラフが看過できません。講義資料でも引いてありますが、その部分をまず全文引いておきましょう。

①「<u>商品流通は資本の出発点</u>である。商品生産、および発達した商品流通──商業──は、<u>資本が成立する歴史的前提をなす</u>。世界商業および世界市場は、<u>16世紀に資本の近代的生活史を開く</u>。」（249／161）

②「商品流通の<u>素材的内容</u>、すなわちさまざまな<u>使用価値</u>の交換を度外視して、この過程が生み出す<u>経済的諸形態</u>だけを考察するならば、われわれは、この過程の最後の産物として、<u>貨幣</u>を見いだす。<u>商品流通のこの最後の産物が、資本の最初の現象形態である</u>。」（249〜250／161）

③「<u>歴史的には、資本は</u>、どこでも最初はまず貨幣の形態で、貨幣財産すなわち<u>商人資本および高利貸資本として、土地所有に相対する</u>。とはいえ、貨幣を資本の最初の現象形態として認識するためには、資本の成立史を回顧する必要はない。<u>同じ歴史が、日々、われわれの目の前で繰り広げられている</u>。<u>新たな資本</u>は、いずれも、まずもって、いまなお貨幣──<u>一定の諸過程を経てみずからを資本に転化すべき貨幣</u>──として、舞台に、すなわち商品市場、労働市場、または貨幣市場という市場に登場する。」（250／161）

④ この三つのパラグラフは種々論議を呼ぶ箇所なのですが、ここでは、③の最初の2行、<u>「歴史的には、資本は、……（土地所有に相対する）商人資本および高利貸資本」</u>、すなわち「<u>資本の通俗的な、いわば大洪水以前の姿態＊である商業資本および高利貸資本</u>」（280／178）について、以下の〔2〕で多少立ち入って考察しておきましょう。

＊（280／178）の訳注「ノアの洪水伝説」：ノアは人類の堕落がもとで起きた大洪水に、方舟に乗って難を免れるよう神に命ぜられ、新たな契約を授かって、アダムにつぐ人類の第2の祖先になったという。

〔2〕近代以前の諸社会の商品経済の担い手であるこのいわゆる<u>「前期的資本」とはどのような資本なのか、近代の資本主義の成立とどう関わるのか</u>、その正体を掴んでおきましょう。以下も大塚さんによる説明です（前掲『欧州経済史』）。ただし長文のため途中で省略したり要約したりしてまとめた内容であることをお断りしておきます＊＊。

＊＊「前期的資本」についての『資本論』の説明は、第Ⅲ部第Ⅳ篇第20章「商人資本にかんする歴史的スケッチ」、第Ⅴ篇第36章「（利子生み資本の）資本主義以前〔の状態〕」でなされています。大塚さんの説明も、『資本論』のそれらの章での説明をベースに置いています。

（1）<u>前期的資本</u>は、「生まれながらの寄生的性格のため、近代の《資本主義》に独自な《産業資本》（およびそれに従属する《資本》諸形態）のばあいとは、本質的に異なった法則に従うものである……。《産業資本》が生産に足場をもち、そこから《利潤》を作りだし、他の従属的《資本》諸形態はその一部の分配に与かるのに対比して、《前期的資本》は<u>本来生産から遊離しており、生産にそうした自己の足場をもっていない</u>。《前期的資本》は、（一）あるいは共同体制度に由来する<u>地域間の価格差を利して《安く買って高く売り》</u>、そうした両面収取によって商業利潤を獲得するか（商業資本）、（二）あるいは社会各層における貨幣不足を利して<u>《高利》を貪る（高利資本）</u>なのである。……このようにして《前期的資本》は、本来奴隷所有者や隷農主的地主（＝領主）などの掌中に帰属するはずの<u>余剰生産物を横から一部掠取して</u>、その生産様式の組み立てを分壊させ、あるいは歪める。といって、自分自身も究極には同じ生産様式の土台の上に立っているのであるから、<u>結局は旧来の生産様式を維持ないし再編成する側に立つ</u>ようになるばかりでなく、自分自身も《奴隷所有者》ないしは《隷農主的地主（＝領主）》に転化していくことになる。同時にまた、逆の転化（いわゆる領主商業）をも惹き起こすであろう。このように、《前期的資本》は、<u>生まれながらに保守的な性格を帯びているだけでなく、むしろつねに支配階級の一翼を形づくるものであった</u>といわねばならない。」（52〜53頁）

（2）「このような《前期的資本》の活躍、またその基盤を形づくる《貨幣経済》の繁栄は、もちろん ① すでに<u>古代オリエントの諸地域</u>にも見られた（エジプトとメソポタミア、その西端のフェニキア、北アフリカのカルタゴなど）。……

② <u>古典古代の地中海周辺に簇生したあの《奴隷制》的諸都市国家</u>は、いずれも、こうした国際的な《貨幣経済》（＝沿岸貿易）になんらかの形で接触しつつ生誕したのであった（アテーナイ、ローマなど。ローマの騎士＝貴族は《その貪慾は比較に絶している》といわれた。）……

③ <u>西ローマ帝国の衰亡</u>とあの<u>民族大移動</u>、それに<u>回教徒サラセン（アラビア人）の西漸や北方ノルマン人の侵寇</u>などという社会的不安の幾世紀かのうちに、西ヨーロッパでは遠隔地商業が萎縮の方向にむかったことは掩^{おお}いがたい。……<u>他方東ローマ《ビザンツ》帝国は、コンスタンチノープルを中心にはるか十世紀までも維持され、特にユダヤ人商人《賤民民族》</u>＊の興隆あり。……

④ <u>十、十一世紀にもなると</u>、遠隔地商業はふたたび、むしろいっそう逞しい姿をヨーロッパの各所に現わしはじめた。いわゆる<u>《商業の復活》</u>である。ヴェネツィア他北イタリアの諸都市（フィレンツェのメディチ家）、南ドイツ・アウグスブルグ（フッガー家）、北ドイツ・ハンザ諸都市など、南方の地中海商業圏と北海・バルト海市場圏の交絡（アントウェルペン）……

⑤ <u>15世紀末葉の地理上の諸発見</u>、とくにコロンブスによる新大陸発見とヴァスコ・ダ・

ガマによるアフリカ南端迂回の東インド新航路開拓は、ヨーロッパの商業圏を世界的規模にまで押し広げた（いわゆる《商業革命》）……⑥16世紀末葉には事情はさらに一変する。アムステルダム、ロンドン、ハンブルグが世界貿易の拠点へ。」（54〜63頁）
——

　　＊「ここで、《賤民》と訳されている《パーリア》Pariaという語は、もともとインドでカースト制の最下端におかれ、自分はカーストをもたず、したがって社会的に周囲から全く隔離されている賤民の群れを意味した。ところで、中世ヨーロッパの封建社会内部におけるユダヤ人たちは、宗教上の理由もてつだって、カースト制のない社会の内部にありながら、自分からカースト化し、その結果社会的に周囲から全く隔離されるという顛倒した関係にたった。そうした民族を、（マックス・）ヴェーバーは、《賤民民族》と名づけたのである。ところで、ユダヤ人のみとはいわず、《前期的資本》の担い手たる商人層は一般に何らかの形で自ら《共同体》（ギルドその他）を形づくり、それにより独自な商人身分として多かれ少なかれ《賤民》化する傾向をもつのをつねとした。（……）そうした特徴をとらえてヴェーバーは《前期的資本》の営み一般を、《非合理的資本主義》とよぶと同時に、ときに《賤民資本主義》ともよんだのである」（57〜58頁）。——なお、ユダヤ人＝賤民民族については、下記の二つの文献を参照して下さい。

　　①『ベニスの商人』のシャイロック——阿刀田高『コーランを知っていますか』（新潮文庫、271〜272頁）から。
　「ユダヤ人は、1世紀の後半（紀元70年）に、長年のすみかであったパレスチナ地方の祖国を追われ世界の各地に散った。国を持たない民族……。こういう運命を背負った民族はたいてい行った先々で融合され、混血などもあってオリジナルを失ってしまうのだろうが、ユダヤ人はおのれの神を信じて独自性を保ち続けた。ユダヤ人がふたたび自分たちの国を持ったのは、なんと！1948年のこと、イスラエル共和国の成立であった。ざっと千九百年間、日本の歴史がすっぽり入ってしまうくらいの長きにわたって彼等は世界をさまよっていたわけである。
　国家がなければ、自分で自分を守るよりほかにない。そのためにはお金が肝腎、まず経済力が必要となる。ユダヤ人はこの方面の能力を培い、才能を発揮した。長い歴史の中でユダヤ人の金融パワーは歴然たる、あるいは隠然たる勢力として世界に実在している。
　シェイクスピアが描く『ベニスの商人』の主人公、金貸しのシャイロックは、なによりも金銭を大切にする守銭奴であり欲の権化であった。中世における市井のユダヤ人の一つの姿であったろう。金貸し業は利子を取ることで成立する。これが大原則だ。そして貧富の差というものは根源的にここから発生する。お金がお金を生むシステム。あればあるほど増えていく。……」
　阿刀田さんは、コーラン（イスラム教）が「利子を取ること」は罪深いことであり、アラー（神）はそれを禁じていることを紹介しています（273〜276頁）。ユダヤ教とキリスト教の「利子」に対する評価を知るための入手しやすい文献としては、橋爪大三郎・大澤真幸『ふしぎなキリスト教』（講談社現代新書、304〜308頁）があります。聖書（旧約も新約も）の内容は経済（学）の問題とも無縁ではないことが分かります。
——

② **大塚さんの説明：現物経済の「補完」とはいえ、商業・金融は「巨万の富」を生んだ。**
「バビロンの捕囚」（紀元前587〜538）のころから彼ら（ユダヤ民族）は「《商業民族》の性格をしだいにおびるようになった。ことに、ローマ軍のためにエルサレムの神殿を完全に破壊されて（国家の解体・喪失）からあとは<u>ヨーロッパの各地に散在し、いわゆる《ユダヤ人》として中世を通じ、今にいたるまで商業や金融の営みと巨万の富をもって知られていること</u>は、とりたてて述べるまでもないことだろう」（「巨万の富——歴史における富豪と民衆——」『著作集』第三巻、448頁）。
「ドイツにおいては、中世末期から商業資本に対する反抗が《反独占運動》として、また<u>高利貸資本に対する反抗が《ユダヤ人迫害》として澎湃（ほうはい）として各地に漲（みなぎ）った</u>。当時これらの前期的資本に締めつけられて、いかにルンペンや乞食の群れが多かったかを想起せよ。《13世紀末からドイツにおける諸種の文書には、……<u>ユダヤ人の高利貸に関し、債務者の困窮に対比して、彼らの限りなき致富に対する慨嘆（がいたん）があらわれてくる</u>。ヨーロッパを風靡したあのペストや、宗教的憎悪とむすびついて、貧しき者の貧困と窮乏に対する憤怒が生じた。》当時のある年代記作者は叫んでいる、貴族と軍隊、市民と農民が<u>彼らより借りる莫大な、限りなき金額、これこそがユダヤ人の腐敗的悪徳なのだ！と。》</u>」（「いわゆる前期的資本なる範疇について」同上、54頁）

（3）「いままで述べてきたような、世界史上にみられる《貨幣経済》の発達とその担い手たる商人たちの営みを、総体として振り返ってみるとき、<u>そのような《貨幣経済》の発達が近世に入ればおのずから《産業資本》を生みだしてくる、というような見解に対しては、当然に、強い疑問を提出するほかないであろう</u>。たとえば、——

① <u>古代オリエント</u>のばあいをとってみると、なかでもメソポタミア地域に典型的にみられたように、《貨幣経済》の発達は専制君主の統制下にがっちりと抑えられて、むしろ、広大な専制国家の政治的統一に対して経済的な鍵をあたえるものとなっており、……また、
② <u>古典古代</u>のばあいをとってみても、《貨幣経済》の発達はむしろ一般に《奴隷制》の成立と拡大に並行し、それに結びついているばかりでなく、ここでも帝政期ローマのあの広大な版図を奴隷主的な皇帝の統一的政治権力のもとにむすびあわせる経済的紐帯の役目を果たしていたことは明らかである。同じように、
③ <u>中世の西ヨーロッパ</u>にみられる《貨幣経済》の発達や商業の繁栄も、すぐれて《自然経済》的と規定されているあの《封建制》諸関係と、実はむしろ広くまた結びついていた。……《貨幣経済》ないし商業のいちじるしい繁栄は、《産業資本》形成の萌芽ともいうべきものをもちろん例外的には伴っていたにしても、<u>全体としては</u>、むしろ反対に、旧来の事情に結びつき、それを維持しようとする傾向を強く示していたといわねばならない。……
④ <u>近世以降の西ヨーロッパのばあいにおいてさえ、《貨幣経済》や商業の発達は必ずしもつねに《産業資本》の原始的形成を指向し、それを推進していたとはとうてい言いがたいのである</u>。」（同上、63〜64頁）

　「このようにして、われわれはどうしても次のように考えねばならないことになる。すなわち、《貨幣経済》の発達や商業というような一般的事実からただちに《産業資本》の原始的形成を推論したりすることは、とうてい不可能である、と。」（同上、66頁）

　以上に見てきたように、「前期的資本」が、前近代社会の時々の「体制」に寄生する保守的なものだとすれば、封建制の胎内に生まれる近代的産業資本の卵が幼虫に成長し、封建制から資本主義への移行を主導し推進する力になっていく経緯はどのように捉えられるか、が問題として残りますが、ここでは立ち入りません。それにしても「生まれながらの寄生的性格」をもつ前期的資本の、利潤獲得の強慾さ・阿漕さは、手中にした「巨万の富」に端的に示されていました。＊

　　＊ちなみにギリシャ神話では、「商業の神」＝（奸智にたけた、恥知らずの）ヘルメスは、「泥棒の神でもあるとのこと」（阿刀田高『ギリシャ神話を知っていますか』新潮文庫、51〜52頁）。

補足説明❷：「ここがロドス島だ、ここで飛べ！」の意味をどのように理解するか？

　第2節を締めくくる最末尾の、よく知られた成句です。解読していきましょう。

　（1）これには訳注＊がつけられています。〔アイソーポス『寓話』、ハルム版、203行。山本光雄訳『イソップ寓話集』、岩波文庫、54頁。ロドス島で大跳躍をしたと言うだぼら吹きにたいして、それではここで跳んでみろ、と人々が言ったという寓話から〕（285／181）

　この「＊」印の訳注が訳者によるものであることは、凡例（①分冊、Ⅲ頁）の「三」に明記されています（五分冊の上製版Ⅰaでは、「本訳書の編集・統一者または訳者による」、となっています）。したがって（編集・統一者または）訳者は、この成句を、マルクスが当の『寓話』から引用したと判断したことを示しています。

　しかし、これには異論があります。この成句は、ヘーゲル『法の哲学・序説』を典拠にしたものだという主張です。ヘーゲルは『法の哲学・序説』において、「ここがロドス島だ、ここで跳べ！」（ラテン語）と並べて、（その言い換えとして）「ここに薔薇がある、ここで踊れ！」（ドイツ語）と書いています（ロドスは、ギリシャ語でバラを意味するrhodonに由来する地名）。

　マルクスは、青年時代に『法の哲学・序説』を読み終え「批判」を書いていました（『ヘーゲル法哲学批判序説』1843年）。また、『ルイ・ボナパルトのブリュメール18日』のなかで、「二つの成句」を並列させて記しています（国民文庫、23頁）。どのような文脈のなかでなのかを確認しておきましょう。――

　「この革命は、自分の立てた目的が茫漠として巨大なことに驚いて、たえずくりかえしてあともどりするが、ついに、絶対にあともどりできない情勢がつくりだされ、諸関係自身がこう叫ぶようになる。「ここがロドス……」・「ここに薔薇……」

　　下線部が重要な意味をもちます。それは、現に存在する客観的「諸関係自身」が、自己を否定し、それに代わる「諸関係」を作り出していく、ということを宣言しているからです。

　（２）「ロドス島……」の典拠が、イソップかヘーゲルかは、成句の内容の理解の違いに繋がっていることに留意が必要です。

　① 宮川彰氏は、次のように述べています。──イソップの寓話が典拠であり、「大法螺吹き」にたいして、「そんなことを言うなら、論より証拠、ここで跳んでみなさい」といったことを意味している、と（宮川彰『資本論第１巻を学ぶ』ほっとブックス新栄、2006年、188頁）。
　　宮川氏は、その上で、「これが問題の条件（流通過程に生じる矛盾のこと）だ、もうこれで逃げ場がないんだということで、ここで勝負に打って出る」、（価値増殖の秘密を解く）「一世一代の大勝負」をせよ、と叫んでいる、──これがこの成句の意味である、と解釈しています。
　② また、工藤晃氏は、成句を「この場ですぐに証拠を見せろ」という意味だと捉えつつも、「この言葉を謎めいて感じた」こと、そして実際『イソップ寓話集』を読んでみたところ、「かえって謎は大きくなった」と率直に述懐しています（『経済学をいかに学ぶか』新日本出版社、2006年、226～228頁）。これは工藤氏が、そうした解釈では釈然としない、と述べていると理解できます。
　③ また山内清氏は、「ここにこそ課題がある。ここで実際できることを示せ、の意。元々は イソップ寓話にある語」とした上で、「ヘーゲルの『法哲学』の序文でも、『資本論』と同じ意味で使われている」と主張しています（『コメンタール資本論　貨幣・資本転化章』八朔社、2009年、256頁）。
　　───

　（３）ではヘーゲル『法の哲学・序説』を典拠とした場合はどうでしょうか。
　①『ルイ・ボナパルドのブリュメール18日』は、その初版の上梓が1852年であり、マルクスは、そこにヘーゲルと同様に、二つの成句を併記していますから、それは明らかに、ヘーゲルが典拠となっていたと見ることができるでしょう。そう考えると、1867年に初版が公刊された『資本論』第１巻の執筆時には、ヘーゲルにおける二つの成句の併記を承知の上で、ラテン語の成句のみを引いた、と考えるのが自然でしょう。
　『ルイ・ボナパルドのブリュメール18日』では、上記（１）の末尾で指摘したように、現に存在するもののなかに、それを否定し反対物を作り出す契機がある、との問題の捉え方が示されていました。そのことを端的に示したのが、かの二つの成句でした。こうした問題の捉え方は、ヘーゲル（弁証法）を継承するものです。➡「本論＝第Ⅰ部第Ⅰ篇を読む前に」の（５）研究の方法と叙述の方法②弁証法的方法、を参照。
　　───

　② 第２節の最末尾に引かれた「ロドス島……」に即して言えば、それまで考察していた流通過程とそこに生ずる「矛盾」を前提とした上で（それを「問題の条件」とした上で）、矛盾の解決を図り、価値増殖を可能ならしめる契機が、ほかならぬ流通過程の内部に登場すること、それを考えよ、と問題を提起をしているのが成句の含意である、と解されます。

　流通過程に登場する、<u>矛盾を解決に導く契機＝キイ・カテゴリーが、労働力商品であること</u>は、次の第3節「<u>労働力の購買と販売</u>」でただちに開示されます。「<u>労働力の購買と販売</u>」は、いうまでもなく<u>流通過程の内部</u>でおこなわれ、その売買ののちに、<u>資本によって購入された商品＝「労働力」の使用価値（生きた労働）の「消費」（それによる資本の価値増殖＝貨幣の資本への実際の転化）が、流通過程の「外」・「背後」（資本の生産過程）で遂行されていきます。</u>「彼の蝶への成長は、流通部面のなかで行なわれなければならず、しかも流通部面のなかで行なわれてはならない。これが問題の条件である。」──<u>流通過程の内部で取り掛かりうる問題を示すのがこの文章です</u>。

　上記の（2）に紹介した、イソップ典拠説にもとづく各氏の説明は、「ヘーゲル弁証法の継承」という点を見落とした結果、<u>弁証法的な問題の捉え方の核心を、具体的に照射しえていない</u>、と言わざるをえません＊。

　　──
　　＊宮川氏は、問題の解決は、「ここで」＝第2節で、ではなく、第3節と第5章第2節で果たされている、と（正しく）後述されていますから（前掲書、220頁）、第2節末尾部分についての、先に紹介した氏の「解釈」は、それと整合せず首肯しえません。
　　──

　（4）<u>「貨幣の資本への転化」を扱う第Ⅱ編第4章</u>は、第Ⅱ篇の唯一の章です。篇と章のタイトルにもかかわらず、そこでの「貨幣の資本への転化」の説明は、<u>労働力商品を登場させるにとどまり、未完のままです</u>。実際の「貨幣の資本への転化」＝価値増殖過程の考察は、第Ⅲ篇（第5章、第2節）に持ち越されていることは、先述したとおりです。
　<u>1859年の執筆プラン</u>では、現行の第4章の内容に相当する部分と、第Ⅲ篇第5章「労働過程と価値増殖過程」の内容に相当する部分とを、「Ⅰ　資本の生産過程1〈貨幣の資本への転化〉のタイトルのもとに、一つに括られていました（「資本にかんする章へのプラン草案」、『資本論草稿集』③、1858〜1861年、444〜449頁）。つまり、<u>価値増殖過程は、「貨幣の資本への転化」に包括される問題として扱われていた</u>、ということです。<u>現行版のような篇別への仕分けを施したのは、1861〜1863年の「草稿」にあるプランにおいてです</u>（『資本論草稿集』⑧）。──マルクスの頭脳は柔軟・強靭であり、絶えざるプランの見直しを追求していたことが伺えます。

質問への回答

 質問１

　資本は「自己増殖する価値の自立的定在」である。この言葉を分かり易く教えてください。資本の増殖には、資本家（人間）の意識・欲望があって、資本（価値）を動かしていると思うのですが？

回答１

　（１）G―W―G′・G′―W―G″・G″―W―G‴……という範式は、資本としての貨幣の流通は、ヨリ大きな価値（G＜G′＜G″＜G‴）の獲得を自己目的としていることを示しています。しかもこの資本としての貨幣の運動は、際限がないと説明されています（259／167）。

　そしてその後に、「この運動の意識的な担い手として、貨幣所有者は資本家になる。彼の人格、またはむしろ彼のポケットは、貨幣の出発点であり帰着点である。あの流通〔G―W―G〕の客観的内容――価値の増殖――は彼の主観的目的である。そして、ただ抽象的富をますます多く取得することが彼の操作の唯一の推進的動機である限りでのみ、彼は資本家として、または人格化された――意志と意識とを与えられた――資本として、機能するのである。それゆえ、……利得することの休みのない運動のみが資本家の直接的目的として取り扱われるべきである」（260～261／167～168）という説明文が続きます。

　貨幣商品＝金は、諸商品の価値を一身に担い、目に見えるようになった「価値の自立的定在」であることは、価値形態論、交換過程論で明らかにされました。貨幣が資本として価値増殖を遂げていくことと資本家（の意志・欲望）との関係は、まず上述のように捉えられています。

　（２）その上で、次のように指摘されています。「① 商品の価値が単純な流通においてとる自立的形態――貨幣形態――は、商品交換を媒介するのみであって、運動の最終の結果においては消えうせる。② これに反して、流通G―W―Gにおいては、商品と貨幣はともに、価値そのものの異なる実存様式として……機能するにすぎない。価値は、この運動のなかで失われることなく、絶えず一つの形態（GあるいはW）から別の形態（WあるいはG）へと移っていき、こうして一つの自動的な主体に転化する。……③ （①ではGは媒介物に過ぎなかった）価値は、ここでは過程の主体になるのであって、この過程のなかで貨幣と商品とに絶えず形態を変換しながらその大きさそのものを変え、原価値としての自己自身から剰余価値としての自己を突き出して、自己自身を増殖するのである。④ というのは、価値が剰余価値をつけ加える運動は、（過程の主体となった）価値自身の運動であり、価値の増殖であり、したがって自己増殖であるからである。価値は、それが価値であるがゆえに（新たな）価値を生むという、摩訶不思議（オカルト）な資質をうけとった。」（262～263／168～169）

　「（運動過程の主体である）資本」が、資本家の意識・欲望に働きかけ、それらを規定し

ているという（顛倒した）関係が生起することが、以上に示されています。

（3）このように、人間の労働の産物である商品の価値は、W→G→K（資本）と自立的な価値の形態に発展し、それとともに、商品物神→貨幣物神→資本物神という、人間の物神崇拝（物と人間の関係の顛倒）が深化していきます。「生産物」が人間の意志を超えた自立的な運動主体という力を具えるような顛倒した関係が出来る、ということです。

> ＊価値法則は、商品生産者の意志を超えて貫徹し、彼らの運命を左右しさえします。資本相互の競争が、資本家の意志を超えた「外的な強制法則」（464／286）によって推進されます。『資本論』はその全巻に亘り、その都度、資本物神の深化して行く姿に言及していきます。

ただしここでの考察は、いまだ「流通表面」で語りうる範囲での、資本の価値増殖運動の考察に止まっています。価値増殖が実際に行なわれる生産過程は、ブラックボックスに置かれていることに留意して下さい。

♫コーヒー・ブレイク ：大英博物館とマルクス

（1）パブ「レッド・ライオン」

　1848 年革命の挫折後、マルクスはフランスからも追われ、ロンドンに亡命しました。31 歳の年（1848 年 8 月）です。私が海外研修でロンドンを訪れた頃（1996 年）、往時、マルクスが住んでいた Soho 地区の家は＊、一階がイタリアン・レストランになっていました。そこからほど近い、ピカデリー・サーカス（地名。日本で言えば差し詰め新宿・歌舞伎町であろう＊＊）の一隅にあるパブ「レッド・ライオン」で、私はまったく偶然にも、壁を飾っていたマルクスとエンゲルスの額入り写真に遭遇したのです。説明書きのプレートには、なんと此処が、1847 年末、「党綱領」（『共産党宣言』1848 年 2 月刊）の起草をマルクスとエンゲルスに託した「共産主義者同盟」の大会会場だった、と記されていたではありませんか。（Marx Memorial Library によって考証されている旨がプレートに刻印されていました。）まことに幸運に恵まれた巡り合わせでした。――
　　　　＊ 28 Dean Street in Soho.　London
　　　　＊＊ 長谷川如是閑『倫敦！倫敦？』（岩波文庫、1996 年）に拠る。

（2）大英博物館とマルクス

　マルクスの居宅から「大英博物館（ブリティッシュ・ミュージアム、開館 1759 年）」までは、それほど遠くありません。よく知られているように、マルクスは大英博物館にあるドーム型の図書室（リーディング・ルーム）で、「書物の大海」に飛び込み＊、経済学の研究に没頭、多くの草稿を遺しました（邦訳『経済学批判要綱』等）。『資本論』の商品論、貨幣論の部分に、よく自著『経済学批判』（1859 年）の参照を求める記述が出てきますが、『経済学批判』は、そうした 1850 年代の研究成果の一部を、まとまった著作として公にした唯一のものでした。飛び込んだ「書物の大海」は、『資本論』だけに限ってみても、引用文献の数でみると、「書籍、

パンフレット」が約 500 点、「公文書刊行物」が約 130 点、「新聞・雑誌」が約 30 〜 40 点に上り、**引用文献の分野**は、人文科学（経済、宗教、哲学、法学、歴史学、社会学等々）、自然科学（数学、生物学、物理学、化学、生理・保健・医療を含めた医学、農学、テクノロジー「技術学」等々）、と広範・多岐に亘っています（江夏美千穂『「資本論」中の引用文献にかんする研究』（第三出版、2003 年、17 頁）。——

＊マルクスは、4 半世紀にわたって「書物の大海」に飛び込みましたが、大英博物館の蔵書は膨大ですから、文献検索の作業自体、大変な苦労を伴ったはずです。国際文化会館図書室長を務めた図書館学者・藤野幸雄氏の著書『大英博物館』（岩波新書、1975 年）には、「マルクスは 1850 年に閲覧許可証を得ている（入館登録 1850 年 6 月 12 日 Dr. Charles Marx, 28 Dean Street, Soho.）。彼にとっては、博物館所蔵の政府資料、委員会報告、工場監督官の報告等はまさに工業社会の恐ろしさ、労働者の驚くべき貧しさを如実に伝える一級資料であって、ここほど豊富に集めてある場所はほかになかった」（135 頁）とあります。しかも藤野氏によれば、幸いにも当時大英博物館には、マルクスの「助っ人」がいました。ライブリアン・R.ガーネットです。彼は「理想的な図書館人」であり、「19 世紀の典型的な書誌学者」・「図書資料についての驚くべき知識は、伝説的ですらあり、親切なサービスぶりと人柄の良さが加わって、博物図書館には欠かせない人物」と紹介されています（152 〜 153 頁）。

（3）リーディング・ルームのマルクスの「座席」

さてここからが「講読」の疲れを解消するための余談と相成ります。——大英博物館のリーディング・ルームでのマルクスには、**決まった座席（G 7）**があった、と伝えられ、訪れた多くのマルクス研究者はその座席に身を沈めしばし感慨に耽った、といった見聞録・探訪記が多く遺されてきました。しかし、それは間違った情報であったことが判明したのです。

① 当のリーディング・ルームは、1857 年に建築されたものであること、② それまでのマルクスが利用したのは別の部屋であったこと、③ 新リーディング・ルーム内の「**マルクスの座席」も特定できないこと**などが、図書館発行のパンフレット＊に記載されていたのです。（図書館のパンフレットがわざわざ「マルクスの座席」について考証し、その結果を広報していることは、日本人の研究者のみにならず、他国からの来訪者の間にも、同じような誤解がそれなりにあったためではなかったか、と推察されます。）

リーディング・ルームを訪ねた、今は亡きわが先達の研究者たちが、このことを知らないでいたことは、むしろ幸せであったと言えるでしょう。私より後の 2003 年に、リーディング・ルームを訪れた関西勤労者教育協会講師の中田進さんが、G 7 が「マルクスの座席」であるとの「旧説・旧聞」に忠実にその座席を探されたことを、同年 12 月 10 日の『赤旗』に書かれていました。今なお「旧説・旧聞」が「伝説」として語り継がれているのでしょうか。

——以上のことは（中田さんのことは除いて）、帰国後福島大学の広報誌に記載した内容の一部です。

——

＊ P. R. Harris. 「The Reading Room」（p. 10, 1979 年〔初刷り〕）,1986 年〔リプリント版〕Published by The British Library, Great Russel Street, London.

　なお藤野氏の前掲の著書には、「マルクスの座席」について、次のような説明があります。——「マルクスの座ったといわれる K 8 の席は社会科学の参考書に近い。レーニンについても同様の話が残っている。ちなみにマルクスは、感謝のしるしにと『資本論』第二版（1873 年）を寄贈している。」（前掲、136 頁）

第Ⅲ篇　絶対的剰余価値の生産

◎ 課題と留意点

（1）第Ⅲ篇以降の考察対象は、第Ⅱ篇までとは異なり、資本の生産過程に移行しています。第Ⅱ篇第4章末尾近くで、このことは次のように述べられていました。

「われわれは、いまでは、労働力というこの独自な商品の所有者にたいして貨幣所有者から支払われる価値がどのように規定されるかを知っている。この貨幣所有者自身が交換で受け取る使用価値は、労働力の現実の使用、すなわちその消費過程においてはじめて現われる。貨幣所有者は、原料その他のようなこの過程に必要なすべての物を商品市場で買い、それらに価格どおりに支払う。労働力の消費過程は、同時に、商品の生産過程であり剰余価値の生産過程である。労働力の消費は、他のどの商品の消費とも同じく、市場すなわち流通過程の外で行なわれる。それゆえ、われわれも、貨幣所有者および労働力所有者と一緒に、表面で行なわれていてだれの目にもつくこのそうぞうしい流通場面を立ち去って、この二人のあとについて、生産という秘められた場所に、"無用のもの立ち入るべからず"と入口に提示してあるその場所に、はいっていこう。

ここでは、①どのようにして資本が生産するかということ（第Ⅲ～Ⅵ篇）だけでなく、②どのようにして資本そのものが生産されるかということも（第Ⅶ篇）また、明らかになるであろう。貨殖の秘密がついに暴露されるに違いない。」（300／189）

（2）第5章では、「貨殖の秘密の場所」＝資本の生産過程における、剰余価値を含む商品の生産過程が考察されます。

資本の生産過程は、労働過程と価値形成・増殖過程という二つの側面を合わせ持っていますが、まず第5章の第1節では、①人類史全体を通して、「人間生活のすべての社会形態に等しく共通なもの」として営まれる「労働過程」が、その「単純な、抽象的な」姿態において捉えられ、次いで、②資本の下での労働過程の「変容」が説明されます。

それに続き第2節では、③資本の価値増殖過程＝剰余価値生産の仕組みが解明され、資本による賃労働の「搾取」が論じられ、そして「搾取の度合い」を示す「剰余価値率」という概念が説明されます。この第2節が第5章の白眉と言って良く、疑問を残すことなく熟読し内容を消化して欲しい節です。

（3）後にわかるように、剰余価値の生産は二通りの方法で行なわれますが、第Ⅲ篇では「絶対的剰余価値生産の方法」が解明されます（第Ⅳ篇では、「相対的剰余

価値生産の方法」が取り上げられる）。「絶対的」と「相対的」という用語の意味、その相違は、読み進むに連れて明らかになります。第Ⅴ篇はこの両者についての取りまとめを行なう篇になっています。

（4）以上の課題に取り組むについては、① 第1章で学習した、商品の二要因に表示される「労働の二重性」の理解（経済学の理解にとって決定的な点──(71／56) と、② 第4章で説明されていた「労働力」（労働力商品）と、第5章の冒頭で説明されている「労働力（商品）の使用（消費）は労働そのものである」(303／192)、と規定されていることの含意を、つまり「労働力」と「労働」という二つの概念の区別と関連を、正しく把握することがキィ・ポイントになることに留意して下さい。

第5章　労働過程と価値増殖過程

第1節　労働過程

❶ 買い手による労働力商品の消費＝労働

(303／192)「労働力の使用は労働そのものである。労働力の買い手は、その売り手を労働させることにより、労働力を消費する。労働力の売り手は、労働することによって、"現実に" 自己を発現する労働力、労働者となる……」

◎ 第1節の主題提示：単純な労働過程の考察

(303〜304／192)「自分の労働を商品に表すためには、彼（労働者）はなによりもまずその労働を使用価値に、なんらかの種類の欲求の充足に役立つ物に表さなくてはならない。したがって、資本家が労働者に作らせるものは、ある特殊な使用価値、ある特定の物品である。使用価値または財貨の生産は、資本家のために、資本家の管理のもとで行なわれることによっては、その一般的な本性を変えはしない。それゆえ、労働過程は、さしあたり、どのような特定の社会的形態にもかかわりなく考察されなければならない。＊」

＊ 以下では、このような抽象的次元での労働過程の「単純で抽象的な諸契機」が考察される。「諸契機」とは、①「合目的的な活動または労働そのもの」、②「労働対象」、③「労働手段」である。なお②と③を包括する概念が「生産手段」である（後述）。

➡ 本章の末尾に、〔補足説明❶〕として「労働過程論が語る社会発展史」を収録しておいた。社会発展史についてのマルクスの基本的な捉え方を記してある。

❷ 人間の労働

（304／192）「労働は、まず第一に、人間と自然とのあいだの一過程、すなわち人間が<u>自然とのその物質代謝を彼自身の行為によって媒介し、規制し、管理する一過程で</u><u>ある。</u>（その際）人間は自然素材そのものに一つの自然力（人間的自然）として相対する。彼は、自然素材を自分自身の生活のために使用しうる形態で取得するために、自分の肉体に属している自然諸力、腕や足、頭や手を運動させる。

　　人間は、この運動によって、① 自分の外部の自然に働きかけて、それを変化させることにより、② 同時に自分自身の自然を変化させる。彼は、自分自身の自然のうちに眠っている潜勢諸力を発展させ、③ その諸力の働きを自分自身の統御に服させる。」

❸ 人間の労働に固有の特質

（304／193）「われわれが想定するのは人間にのみ属している形態の労働である。」

（305／193）<u>「彼は自然的なものの形態変化を生じ</u>させるだけではない。同時に、彼は<u>自然的なもののうちに、彼の目的</u>——彼が知っており、彼の行動の仕方を法則として規定し、彼が自分の意志をそれに従属させなければならない彼の目的<u>——を実現する</u>（合目的的労働、ということ）……（そのためには）労働する諸器官の緊張のほかに、<u>注意力として現われる合目的的な意志が必要とされる。</u>しかも、この意志は、労働がそれ自身の内容と遂行の仕方とによって労働者を魅了することが少なければ少ないほど、それゆえ労働者が、<u>労働を自分自身の</u><u>肉体的および精神的諸力の働きとして楽しむことが少なければ少ないほど、ます</u>ます多く必要となる。」

❹ 労働対象

（305〜306／193）①「本源的に食糧、既成の生活諸手段を与える土地（含む水）」

　➡<u>人間労働の一般的対象</u>

　②「それがすでに労働よって媒介された変化をこうむっている」ような労働対象

　➡<u>原料</u>

❺ 労働手段——独自的人間的労働過程を特徴づけるもの

（306〜307／194〜195）

　①「<u>労働手段とは、労働者が自分と労働対象とのあいだにもち込んで、この対象に</u>たいする彼の能動活動の導体として彼のために役立つ、一つの物または諸物の複合体である。彼は、それらの諸物を彼の目的に応じて、他の諸物に働きかける力の手段として作用させるために、それらの物の機械的・物理的・化学的諸属性を利用する……

　② およそ労働過程がいくらかでも発達していれば、すでに<u>加工された労働諸手段</u>を必要とする。……

③ 労働諸手段の使用と創造は、萌芽的にはすでにある種の動物にそなわっているとはいえ、独自的人間的労働過程を特徴づけるものであり、それゆえフランクリンは、人間を a tool-making animal すなわち道具をつくる動物と定義している。

④ 滅亡した動物種属の身体組織を認識するのに遺骨の構造がもつのと同じ重要性を、労働諸手段の遺物は滅亡した経済的社会構成体を判断する場合にもっている。なにがつくられるではなく、どのようにして、どのような労働手段をもってつくられるかが、経済的諸時代を区別する。労働諸手段は、人間労働力の発達の測定器であるばかりでなく、労働がそこにおいて行なわれる社会的諸関係の指標でもある。」

❻ 労働手段の区別（詳細略）

（307 〜 309 ／ 195）
「生産の筋骨系統と名づけることのできる機械的労働諸手段」
「生産の脈管系統と呼ぶことができるような労働諸手段（管、桶、籠、壺等）
「より広い意味で、労働過程の手段に数えられるもの（土地そのもの）」

❼ 生産手段・生産的労働等

（309 ／ 196）「全過程を、その結果の、……生産物の立場から考察するならば、労働手段と労働対象の両者は生産手段として、労働そのものは生産的労働として現れる。」

（310 ／ 196）〔原注 7〕「生産的労働」（本源的規定）の説明に留意。➡生産的労働の「歴史的規定」は、資本による剰余価値生産の仕組み（価値増殖過程）の解明という手順を踏んだ上で、第Ⅴ篇第 14 章で与えられる。

❽ 原料

（310 ／ 196）「原料すなわちすでに労働によって濾過された労働対象」
「原料は生産物の主要実体を形成することもありうるし、また補助材料としてのみ生産物にはいり込むこともありうる。」

（312 ／ 197）「……ある使用価値が原料として現われるか、労働手段として現われるか、生産物として現れるかは、もっぱら……労働過程において占める位置に依存するものであって、この位置が変わるにつれて上記の諸規定が変わるのである。」

❾ 諸生産物は、労働過程の諸結果であるばかりでなくその実存諸条件

（313 ／ 198）「現存する諸生産物が労働過程の諸結果であるばかりでなくその実存諸条件でもあるとすれば、他方、それらの生産物の労働過程への投入、したがって生きた労働との接触は、過去の労働のこれら諸生産物を使用価値として維持し実現するための唯一の手段なのである。」

❿ 生産的消費・個人的消費

（314／198）「生産的消費」と「個人的消費」の区別に留意。

⓫ 労働過程＝人間生活の永遠の自然的条件

（314／198）「われわれがその単純で抽象的な諸契機において叙述してきたような労働過程は、諸使用価値を生産するための合目的的活動であり、人間の欲求を満たす自然的なものの取得であり、人間と自然とのあいだにおける物質代謝の一般的な条件であり、人間生活の永遠の自然的条件であり、それゆえこの生活のどの形態からも独立しており、むしろ人間生活のすべての社会形態に等しく共通なものである。それゆえ、われわれは、労働者を他の労働者たちとの関係において叙述する必要がなかった。一方の側に人間とその労働、他方の側に自然とその素材があれば、それで十分であった。」

◎ 資本の下での労働過程

（316〜317／199〜200）「ところで労働過程は、それが資本家による労働力の消費過程として行なわれる場合には、二つの独自な現象を示す。
　　① 労働者は、自分の労働の所属する資本家の管理のもとで労働する。
　　② さらに第二に、生産物は資本家の所有物であって、直接的生産者である労働者の所有物ではない。
　　資本家は、たとえば労働力の日価値を支払う。したがって、労働力の使用は、他のどの商品……の使用とも同様に、その一日のあいだ資本家に属している。
　　（労働力）商品の使用は商品の買い手に所属し、そして、労働力の所有者は、自分の労働を与えることによって、実際には、自分が売った使用価値を与えるだけである。彼が資本家の作業場にはいった瞬間から、彼の労働力の使用価値は、したがってそれの使用すなわち労働は、資本家に所属したのである。
　　資本家は労働力の購買によって、労働そのものを、生きた酵素＊として、同じく彼に所属する死んだ生産物形成諸要素に合体させたのである。……労働過程は、資本家が買った諸物のあいだの、彼に所属している諸物のあいだの一過程である。それゆえ、この過程の生産物は……彼（資本家）に所属する。」
───
＊「酵素」──生物の細胞の中で作られる「触媒」作用のある蛋白質性の物質。「触媒」──化学反応の際に、それ自身は変化せず、他の物質の反応速度に影響する働きをする物質。

第2節　価値増殖過程

❶ 資本家にとっての問題

（318／201）「わが資本家には二つのことが問題である。第一に、彼は、交換価値をもつ使用価値、販売予定の物品、商品を、生産しようとする。そして第二に、彼は、その生産のために必要な諸商品の価値総額よりも、すなわち彼が商品市場において

彼の貴重な貨幣を前貸しして得た生産諸手段と労働力との価値総額よりも、大きい価値をもつ商品を生産しようとする。彼は、使用価値だけでなく商品を、使用価値だけでなく価値を、しかも価値だけでなく剰余価値をも、生産しようとする。

（318 ～ 319 ／ 201）「われわれはこれまでのところ明らかに、過程の一側面を考察したにすぎない。商品そのものが使用価値と価値との統一であるのと同様に、商品の生産過程は労働過程と価値形成過程との統一でなければならない。そこで、こんどはわれわれは、生産過程を価値形成過程として考察することにしよう。」

❷　商品の価値量＝それに「対象化されている労働量」の計算（1）

（319 ～ 321 ／ 201 ～ 203）
生産された商品＝糸 10 ポンド　　　　　　　12 シリング（価値額）
・原料＝綿花 10 ポンド　　　　　　　　　　10 シリング
・紡錘量（生産手段の代表）＝ 1 ／ 4 錘　　　2 シリング

　　　　　12 シリング← 2 労働日（24 時間）の労働が対象化

（322 ～ 323 ／ 203 ～ 204）「紡績工の労働そのものが綿花につけ加える価値部分が問題である。われわれは、この労働を、いまや、労働過程中にある場合とはまったく別の観点から考察しなければならない。……ここでは、もはや、労働の質、性状、および内容が問題ではなく、いまやその量が問題となるだけである。これはただ単に計算されればよい。われわれは、紡績労働が単純労働、社会的平均労働であると仮定しよう。」

❸　商品の価値量＝それに「対象化されている労働量」の計算（2）

（325 ／ 205）
生産された商品＝糸 10 ポンド　　15 シリング（価値額）
・原料＝綿花 10 ポンド　　　　　10 シリング
・紡錘量＝ 1 ／ 4 錘　　　　　　　2 シリング
・労働力の日価値　　　　　　　　3 シリング　 1 ／ 2 労働日の労働が対象化（← 4 章）

　　12 シリング（2 労働日＝ 24 時間）＋ 3 シリング（1 ／ 2 労働日＝ 6 時間）
　　＝ 15 シリング　← 2 ＋ 1 ／ 2 労働日＝ 30 時間の労働が対象化

（323 ／ 204）「紡績労働は、ここでは、それが紡績という独特の労働である限りではなく、労働力の支出である限りでのみ、意義をもつ……。いまや、決定的に重要なのは、この過程の継続中に、すなわち綿花の糸への転化の継続中に、社会的に必要な労働時間だけが消費されるということである。」

（325 ／ 205）「わが資本家は愕然とする。生産物の価値（15 シリング）は、前貸しされた資本の価値（15 シリング）と同じなのである。前貸しされた価値は増殖せず、なんらの剰余価値も生まなかったのであり、したがって貨幣は資本に転化しなかった。」

（330 〜 331 ／ 207 〜 208）

　上記の計算（2）での、労働力の日価値＝3シリングは、「半労働日」の労働が対象化された価値額。——「労働力の日々の維持費と労働力の日々の支出……労働力の価値と、労働過程における労働力の価値増殖とは、二つの異なる大きさである。この価値の差は資本家が労働力を買ったときに念頭においていたものであった。」

　「……労働力の有用的属性は、価値を形成するには労働が有用的形態で支出されなければならないという理由からいって一つの "不可欠な条件" であったにすぎない。しかし、決定的なものは、価値の源泉であり、しかもそれ自身がもっているよりも多くの価値の源泉であるという、この商品（労働力商品）の独特の使用価値であった。これこそは、資本家がこの商品から期待する独特な役立ち方なのである。そして、その場合、彼は商品交換の永遠の諸法則（等価交換の法則）に従って行動する。」

（331 ／ 208）「貨幣所有者は労働力の日価値を支払った。それゆえ、1日のあいだの労働力の使用、1日にわたる労働は、彼に属する。……労働力の1日のあいだの使用が創造する価値がそれ自身の日価値の2倍の大きさであるという事情は、買い手にとっての特殊な幸運ではあるが、決して売り手にたいする不当行為ではないのである。」

❹　商品の価値量＝それに「対象化されている労働量」の計算（3）

（331 〜 332 ／ 208）

生産された商品＝糸 20 ポンド	30 シリング（価値額）
・原料＝綿花 20 ポンド	20 シリング
・紡錘＝1 ／ 2 錘	4 シリング
・労働力の日価値	3 シリング
・剰余価値	3 シリング

24 シリング（4労働日＝ 48 時間）＋3シリング（1 ／ 2労働日＝6時間）＋3シリング（1 ／ 2労働日＝6時間）＝ 30 シリング←5労働日＝ 60 時間の労働が対象化

（332 ／ 209）——貨幣の資本への転化

　「こうして（前貸しされた価値）27 シリングは 30 シリングに転化した。それは 3 シリングの剰余価値を生んだ。手品はついに成功した。貨幣は資本に転化した。」

（333 ／ 209）——自己増殖する価値としての資本

　「資本家は、新たな一生産物の素材形成者として、または労働過程の諸要因として、役立つ諸商品に貨幣を転化することによって、すなわち諸商品の死んだ対象性に生きた労働力を合体することによって、価値を、対象化された過去の死んだ労働を、資本に、自己を増殖する価値に、恋にもだえる身のように《働き》始める、命を吹き込まれた怪物に、転化させる。」➡第 9 章末尾（185 頁）で再論。

（333 〜 334 ／ 209）――価値増殖過程

　「価値形成過程と価値増殖過程とを比較してみると、価値増殖過程はある一定の点（資本によって支払われた労働力の価値が新たな等価物によって補填される点）を超えて延長された価値形成過程にほかならない。……」

◎　資本主義的生産過程（貨殖の秘密の場所）

（337 ／ 211）「こうしてわかるように、以前に商品の分析から得られた、使用価値を創造するかぎりでの労働と、価値を創造する限りでの同じ労働とのあいだの区別は、いまや、生産過程の異なる二側面の区別として表れた*。

① 労働過程と価値形成過程との統一としては、生産過程は商品の生産過程である。

② 労働過程と価値増殖過程との統一としては、それは資本主義的生産過程、商品生産の資本主義的形態である**。

＊「商品に表される労働の二重性格」の把握➡「資本主義的生産過程＝労働過程と価値増殖過程との統一」という把握へ繋がっている。――このことが、「商品に含まれる労働の二面的性格」の把握が、「経済学の理解にとって決定的な点である」（第1章第2節、71 ／ 56）とされる理由であり、その一証左でもあることに留意。

＊＊資本主義的生産過程における剰余価値生産の仕組みについての、別の数字例に基づく説明の仕方については、本章末の〔補足説明❷〕を参照されたい。

◎　以上の総括――要点の整理

（1）第5章は、資本の生産過程が、（a）新商品の使用価値の創造、（b）新商品の価値＞投下した資本の価値、という結果を生むものであることを解明して見せることを、主題としていた。

（2）そのために先ず、第1節「労働過程」では、（a）に係わる労働過程を、その姿態＝「単純な労働過程」として考察――そのばあい以下の3点が要点。
1．労働過程の諸契機
　① 人間の労働（その固有の特質と意義）、②労働対象、③労働手段（独自的人間的労働過程を特徴づけるもの）、について説明。
2．労働過程は、「人間生活の永遠の自然的条件」であることの説明。
3．資本の下での労働過程＝資本家による労働力の消費過程の「二つの独自な現象」の説明。――①労働者は資本家の管理の下で労働すること、②生産物は資本家の所有物となること。

（3）第2節「価値増殖過程」では、（b）の問題を解明。そのばあい、――
1．価値形成過程の説明➡ 2．価値増殖過程の説明に進む、という説明手順を踏ん

でいることに留意。

・ ❸の計算例（2）は価値形成過程、❹の計算例（3）は価値増殖過程の説明。
・ したがって、計算例（3）が「貨幣の資本への転化」を示していること。

2. 総括的記述① ——「価値形成過程と価値増殖過程を比較してみると、価値増殖過程はある一定の点〔計算例（3）では6労働時間〕を超えて延長された価値形成過程に他ならない。」（333 ～ 334 ／ 209）

総括的記述② ——「労働過程と価値形成過程との統一としては、生産過程は商品の生産過程である。労働過程と価値増殖過程との統一としては、それは資本主義的生産過程、商品生産の資本主義的形態である。」（337 ／ 211）

補足説明❶：剰余価値は流通過程で生じるかのように見える？

　剰余価値を含んだ商品は、通常、それを生産した（産業）資本家自身によって販売されるよりは、販売を専業としている商業資本家の手によって（流通過程で）消費者に売られることが多く、商業資本が手に入れる（商業）利潤は、流通過程における商業労働者による（販売という）労働から生まれているかのように見えます。

　しかし、（商業）利潤は、販売という労働が「創造」するものではなく、すでに生産されていた商品体のなかに存在する剰余価値から、その一部が「分岐」したものである、というのが『資本論』の捉え方です。

　生産された商品の（剰余価値を含む）価値は、商品が販売されることによって「実現」することから、剰余価値（利潤）は、生産過程ではなく、あたかも流通過程で「発生」するものであるかのごとく見えるように「現象」し、人々の目を幻惑するのです。

　こうした結論に至る詳細を説明するためには、第Ⅱ部を経て第Ⅲ部の内容に踏み込まなければなりませんが、そのためには幾点かの前提がありますから、それは、第Ⅱ部、第Ⅲ部の講座を待っていただくほかありません。

　『資本論』は、第Ⅰ部が「資本の生産過程」➡第Ⅱ部が「資本の流通過程」➡第Ⅲ部が「資本主義的生産の総過程」というように、資本の運動の「本質（「深部」）」の考察から始め、その内容をベースにおいて、次第に「現象（表面）」の次元の問題群に叙述を「上向」させていく、という構成になっていることを、常に念頭において読み進んで下さい。

　この点は、「第Ⅰ部・本篇を読む前に」の❷のなかで、また「第Ⅰ篇商品と貨幣」の〔解説〕近代社会の「三大階級」の「所得」の源泉について」の中の、『資本論』全三部の「構成図」において説明しています。あらためて確認してください。

補足説明❷：労働過程論が語る社会発展史

　第5章は第2節に力点がおかれるため、第1節は第2節に比べ、手薄なものになっています。それを補いながら、同時にそこには「社会発展史」についてのマルクスの基本的な捉え方（唯物論的な歴史の捉え方）が示されていることを見ておきましょう。

（1）注目して欲しいのは、②分冊 314 ／ 198 の次の叙述です。――

　「われわれがその単純で抽象的な諸契機において叙述してきたような労働過程は、①諸使用価値を生産するための合目的的活動であり、②人間の欲求を満たす自然的なものの取得であり、③人間（的自然）と（爾余の）自然とのあいだにおける物質代謝の一般的条件であり、④人間生活の永遠の自然的条件であり、⑤それゆえこの（人間）生活のどの形態からも独立しており、むしろ人間生活のすべての社会形態に等しく共通なものである。⑥それゆえ、われわれは、労働者を他の労働者たちとの関係において叙述する必要がなかった。一方の側に人間とその労働、他方の側に自然とその素材があれば、それで十分であった。＊」（314 ／ 198）――

　＊労働過程は、実際には、「生産において人びとは、たんに自然に働きかけるだけでない。また たがいに働きかけあう。……生産するために、かれらはたがいに一定の関連と関係とにはいりこみ、そしてただ、この社会的関連と関係との内部でのみ、自然にたいするかれらの働きかけ、すなわち生産がおこなわれるのである。」（服部文男訳『賃労働と資本／賃金、価格および利潤』、新日本出版社、1976 年、52 ～ 53 頁）――実際には、このようなものとしてある労働過程から、「人間・自然」関係のみを抽象して、『資本論』の労働過程論は展開されていることに留意して下さい。

　上記の①は、（305 ／ 193）小見出し「❸人間の労働に固有の特質」、②と③は、（304 ／ 192）小見出し「❷人間の労働」において述べられていた内容であり、③④⑤は、第1章「商品」において、「労働は、使用価値の形成者としては、有用的労働としては、あらゆる社会形態から独立した、人間の一実存条件であり、人間と自然との物質代謝を、それゆえ人間的生活を、媒介する永遠の自然必然性である」（73 ／ 57）と述べられていた内容の再確認といってよいものです。
　このなかで特に立ち入って言及したいのは、「人間にのみ属している形態の労働」――固有の特質をもった人間の労働――の意義についてです。――「動物はたんに直接的な肉体的欲求に支配されて生産するだけ」であり、しかも「生産物は直接その物質的身体に属し」、そのことによって「動物はただ自分自身を生産する」だけであるのが動物の生命活動の様式（特質）であるのに対し、人間の（生命活動である）労働は、直接的な「肉体的欲求から自由」に営まれる、そして「合目的的意志」によって制御されつつ行なわれる目的意識的・計画的活動であり、この人間労働に固有の特質が、動物から人間を区別するものに他ならないという点です。＊

＊マルクス（城塚・田中訳）『経済学・哲学草稿』（1844 年、岩波文庫、95 ～ 96 頁）。なお以下参照。「人間は自分の<u>生命活動</u>そのものを、自分の意識の対象とする。……意識している<u>生命活動</u>は、動物的な生命活動から直接人間を区別する。まさにこのことによってのみ人間は一つの<u>類的存在</u>なのである。」（同上）

（2）<u>労働の意義</u>についてのこうした把握は、マルクスの若い時代からの確固とした不変のものであることは、上記『経済学・哲学草稿』からの引用文に示されています。そしてそれが<u>人間社会の発展史</u>についての<u>唯物論的把握の基軸</u>にもなっていたことは、『経済学・哲学草稿』に続く『ドイツ・イデオロギー』（1845 ～ 46 年、マルクス 27 歳、エンゲルス 25 歳）にも次のように述べられていたことからも明らかです。

「① すべての<u>人間史の第一の前提</u>は、もちろん、<u>生きた人間諸個人の生存である</u>。したがって、確認されるべき第一の事実は、これら個人の身体的組織およびそれによって与えられるその他の自然にたいする彼らの関係である。……<u>すべての歴史記述は、これらの自然的基礎、および歴史の経過における人間の行動によるそれらの変形から出発しなければならない</u>。

② 人間は、意識によって、宗教によって、その他お望みのものによって動物から区別されることができる。<u>人間自身は、彼らがその生活手段を生産</u>──彼らの身体的組織によって条件づけられている措置──<u>しはじめるやいなや、みずからを動物から区別しはじめる</u>。人間は彼らの生活手段を生産することによって、間接的に彼らの物質的生活そのものを生産する。」

③ 人間が彼らの生活手段を生産する様式は、さしあたりは、眼前に見いだされる、また再生産されるべき生活手段そのものの特性に依存する。<u>この生産の様式は、これが諸個人の肉体的存在の再生産であるという側面からだけ考察されるべきではない。それはむしろ、すでにこれらの個人の活動のある特定の方法、彼らの生命を表出する（生命活動の）ある特定の方法、彼らのある特定の生活様式なのである。</u>

④ したがって、<u>彼らがなんであるかは、彼らの生産と、すなわち、彼らがなにを生産するのか、また彼らがいかに生産するのか</u>と一致する。したがって諸個人がなんであるかは、彼らの生産の物質的諸条件に依存する。」（服部文男監訳『ドイツ・イデオロギー』新日本出版社、1996 年、17 ～ 18 頁）

（3）<u>社会（形態）の歴史的発展を深部において推進する契機</u>は、「労働の生産力の発展」とされていますが、この点について、労働過程論は次のように捉えていました。①（304／ 192）小見出し「❷人間の労働」の後段部分、「人間は……自分自身の自然のうちに眠っている諸力能を発展」させること＝<u>労働能力の発展</u>、②「<u>労働諸手段の使用と創造は……、独自的人間的労働過程を特徴づけるものであり……どのような労働手段をもってつくられるかが、経済的諸時代を区別する。労働諸手段は、人間労力の発達の測度器であるばかりでなく、労働がそこで行なわれる（人間の）社会的諸関係の指標でもある。</u>」（307／ 194 ～ 195）

（４）人間（とその発達）にとっての労働の意義についてのエンゲルスの論述

　「労働の動物的・本能的な形態」から、「人間にのみ属するような形態をとる労働」への転化・発展を、「発生史」的に解明したエンゲルスの論文「サルがヒトになることに労働はどう関与したか」（『自然の弁証法』）での論述の要点は、以下のとおりです。──

　エンゲルスはまず、「労働は人間生活全体の第一の基本条件であり、しかもある意味では労働が人間そのものを創造したのだ、といわねばならないほどに基本的な条件なのである」と労働の意義を規定したのち、人間的労働の発生と発展について、およそ次のように捉えています。

　①「猿から人間への移行にとっての決定的な一歩」は、「直立度の高い歩行」を取り入れはじめ、「手が自由」となり「労働の器官」となっていったことによって踏み出された。

　② そしてひとたび「手が労働の器官」となるやいなや、「手は労働がつくりだした産物でもある」と言われるように、手の機能が発達し、次第に精巧で複雑になっていく諸作業への適応をつうじて、「人間の手はラファエロの絵画、トルヴァルセンの彫刻、パガニーニの音楽を魔法の杖さながら世に生み出しうるあの高度の完成をかち得たのである。」

　③ また「生成しつつあった人間」は、「労働の発達によって相互の援助、共同でおこなう協働の機会がより頻繁になり」、そのことから（すなわち会話の必要から）「発声器官」の発達と「言語」の発生が必然化する。

　④ そして、「労働と言語」、この二つが「最も本質的な推進力」となって、「脳」の持続的発達と、「脳」の「道具」としての感覚諸器官の持続的発達とが生じ、それがまた「労働と言語」に反作用してその発達を促したという、相互媒介的な発展関係が成立した。

　⑤ かくして、「手と言語諸器官と脳との協働──各個人においてだけではなく、社会においても行われた──によって、人間は、ますます複雑になった作業を遂行し、ますます高度な目標を設定してこれを達成する、という能力をかちえていった」のであり、人間は自然に対し、「あらかじめわかっている特定の目標にむけられた、まえもって考えぬかれた、計画的な行動という性格をますますもっておびるような」仕方で働きかけるようになる。人間はこのようにして「人間的労働」を現実的にわがものとし、それを発展させる。」

　⑥「要するに、動物は外部の自然を利用するだけであって、たんに自分がそこに居合わせることで、自然のなかに変化を生じさせているのである」が、「人間は、自分が起こす変化によって自然を自分の目的のために利用し、自然を支配する。そして、これが人間を人間以外の動物から分ける最後の本質的に重要な区別であって、またしても労働がこの区別を生み出すのである。」（『マルクス・エンゲルス全集』第 20 巻、大月書店、1968 年、482 ～ 491 頁）

（５）キリスト教文明と労働観

　人間の労働は、生活と生命の維持・再生産のための不可欠の営み（永遠の自然必然性）ですが、それは自然を改造する営みであることを意味します。この自然の改造が、自然資源の濫費、乱開発による「生態系」の破壊をもたらし、「地球環境問題」を惹起していることは、周知の問題です。自然との「共生・共存」を保てなくなるとすれば、それは人間の生存そのものが危うくなることにほかなりません。19 世紀の半ば過ぎの、資

本主義の「青年時代」（人類史の中で、労働の生産力が最も精気を放っていた時代）を考察の対象としていた『資本論』の「労働過程論」は、「労働の生産力」の発展について、それがヨリ多くの富を創り出すという、そのポジティヴな面に主に光を当てている趣があります（もちろん、労働の疎外、分業への緊縛による「全面的発達」の阻害、といったネガティヴな面も鋭く摘発していますが）。21世紀の「読み手」の側が、その点十分留意すべきところであろう、と思われます。

　また自然と人間の関係は、地域や国によっても異なり、時代によっても異なります。この問題を「文明の異同」という観点から見ておきましょう。――「文明（civilization）」は、人間が創り出した高度な文化あるいは社会を包括的に指し示す用語です。

　ⓐ　遮るものなく、全方位が見渡せる砂漠や草地のみの地域には、狩猟と放牧による生活があり太陽と星のみが道標となっていました（→「天文学」生誕の地）。精霊（霊力）が宿る場所のない乾いた地域には、「天」のみを「神」とする「一神教」が生まれました（キリスト教、イスラム教）。一面が深い森の世界であった「辺境」の西・中欧の大地が、「切りひらき耕せ」という「開墾運動」（11～12世紀）の進展によって畑地に変容されていくのに伴い、自然（霊力）に対する「畏敬」の念に基づいた土着の「自然崇拝＝多神教」を変生させつつ吸収して、キリスト教が普及していきます。「封建制」が確立・安定した12世紀には、キリスト教に加え、イスラムやギリシャ・ローマの「遺産（自然科学、芸術・思想、特にプラトン、アリストテレスとローマ法）」を貪欲に摂取し、「12世紀ルネサンス」がヨーロッパ世界に華開きます。

　ⓑ　キリスト教文明は、神が創造した「人間」と「自然」について、人間が自然よりも「格上」の存在であり、したがって自然は、人間が「共存・共生」を図る対象ではなく、「征服」すべきものである、との「自然観」に立脚しています。この考え方が、自然を「征服」していくための近代自然科学（ニュートン、ガリレオ等による）の隆盛を促迫し、今日に至って「地球環境問題」を惹起する「思想的基盤」を形成しているように思われます。欧米諸国が、世界史に「近代」という時代を最初に刻むことができたのは、キリスト教文明に拠るところが大であったと言えましょう。

　ⓒ　キリスト教文明圏（カトリック）では、労働を「苦役」と捉えています。――アダムとイヴは、楽園に暮らしていて働く必要がなかったが、蛇にそそのかされて知恵の実を食べるという罪を犯したため、エデンの園から追放されました。人間が労働をせざるを得なくなったのは、アダムとイヴが犯した「原罪」の故であり、労働は神から与えられた「罰」である、というのが「聖書」の教えでした。――ただし、これはカトリックの場合であり、プロテスタントの場合、「職業」は神が授けたもの（召命）であり、それに精励する「エートス」（倫理的心情）が尊いとされていました。

　マルクスの場合、「A・スミスは、……（労働を）安楽、自由、および幸福の犠牲としてのみ捉え、正常な生命活動とはとらえていない」（80／61、〔原注16〕）と批判していますから、キリスト教（カトリック）の「労働」＝「苦役」という労働観とは一線を画

しているとみてよいでしょう。

　　――

　ⓓ <u>日本の場合</u>、労働は「苦役」でなく、「<u>神事</u>」であるという観念が古くからありました。（米、麦、粟、豆、黍または稗の）「五穀豊穣」を神仏に祈願し、「豊穣なる五穀」を生産するための労働は、神聖な営みとされていました。日本では神々もまた自ら「労働」したのです。（男たちが笛や太鼓を奏で、早乙女たちが横一線になって、踊るような仕草で苗を植える農民の姿が黒沢明「七人の侍」のラストシーンにありました。）

　――「労働」観は、「文明」のあり方を考える際の、<u>古くて新しいキー・ワード</u>であると思われます。また後述するように、「労働」論は、「<u>自由</u>」論の要に置かれる問題でもあります。

補足説明❸：剰余価値の創造・資本の価値増殖過程

　第 2 節は、どのようにして剰余価値が創造されるかを解明する、第 5 章の白眉と言って良く、疑問の余地を残すことなく、熟読し消化して欲しい節です。

（ 1 ）<u>商品の価値量＝それに「対象化されている労働量」についての「計算例」が、（1）から（3）まで</u>ありました。これは『資本論』319 ～ 333 頁までのところで、実際に例示されている数字をそのまま用いて整理したものです。途中段階の「部分局面」の説明になっていて、ややわかりづらい叙述かと思いますが、<u>（1）（2）（3）の内容の違いを理解することができるか</u>がポイントです。――貨幣の単位としてのポンドと、重量の単位としてのポンドを混同しないで下さい。

　　〔貨幣〕　1 ポンド・スターリング ＝20 シリング、1 シリング ＝12 ペンス
　　〔重量〕　1 ポンド ＝ 16 オンス ＝ 約 453 グラム

　　――

（ 2 ）その場合、第 1 章でなされた、「商品（の二要因）に表わされる（<u>商品を生産する人間の）労働の二重性</u>」の把握が、ここでの問題の考察にとって「<u>決定的な点</u>」とされていることの意味を理解することが、いまひとつのポイントです。（333 ～ 334 ／ 209）小見出し「◎資本主義的生産過程（貨殖の秘密の場所）」の箇所です。賃労働者の「<u>具体的有用的労働</u>」が果たしている役割、「<u>抽象的人間的労働</u>」が果たしている役割（両者の相違）を曇りなく把握するということ です。これは次の第 6 章「<u>不変資本（C）と可変資本（V）</u>（constant capital・variable capital）」の内容、「旧価値の維持・移転」と「新価値の創造」ということにも密接に関わった問題です。

　　――

（ 3 ）<u>剰余価値の「源泉」</u>の理解に関わって、見落とせない原注があります。（350 ～ 351 ／ 220）の〔原注 22〕です。「この点から、まぬけな J・B・セーの愚かさが把握される。すなわち彼は剰余　価値（利子、利潤、地代）を、生産諸手段すなわち土地、用具、革などがそれらの使用価値によって労働過程で "生産的に役立つこと" から導き出そうとするのである。」――<u>生産諸手段の使用が剰余価値を生む、というこの主張のどこが誤っているか</u>、と問われたらどのように応答しますか。①商品を生産するのに生産諸手段が不

可欠である、ということと、②生産諸手段が剰余価値を創造する（剰余価値の源泉である）、と捉えることとは、<u>全く別の問題である</u>ということです。

■ 大学の講義で用いていた説明例

「商品の価値量」の計算例を（1）から（3）と辿って見せる『資本論』での説明は、数字が細かく複雑で、また慣れない貨幣名や重量名が用いられています。そのため、<u>よりシンプルな数字例による範式を用いて剰余価値を含んだ新商品の生産過程の全体的組成の説明</u>を以下で行っておきます。これは大学での講義で行っていた内容です。

【前提とした条件】　前貸（投下）資本を 1000G とする。
① そのうち、生産諸手段（Pm）を購入するのに 800 G を、労働力（Ak）商品を購入するのに 200 G を用いる。→　800 G は不変資本（C）、200 G は可変資本（V）であり、C：V＝4：1 とする。
② また 200 V は、労働力商品の日価値（一日当たりの価値＝一日の再生産費・生活費）とする。（機械の数量、原材料の数量、労働者の数は、数字を細分して煩雑になるので度外視する。）
③ 一回の新商品の生産過程（……ｐ……）は、1 労働日で終了し、1 労働日は 8 労働時間とする。
④ 労働手段は、1 労働日の生産活動で全部摩損・磨滅し、原材料もすべて消費される（使い切る）ものとする。（非現実的ではあるが、数字を細分して煩雑にしないため。）したがって、生産諸手段の価値（800）は、賃労働者の（8 労働時間にわたる）生きた労働の、具体的有用的労働としての属性の働きによって、全て新商品に移転されるものとする。
⑤ 1 労働時間の賃労働者の生きた労働は、その抽象的人間的労働としての属性の働きによって、100 の新価値を（1 労働日＝8 労働時間では、800 の新価値を）創造するものとする。
⑥ 剰余価値率＝m／ v は、300％とする。
【説明式】

$$1000G \begin{cases} 800G\ (C)\ ——— \\ \quad\quad ——— 1000W \\ 200G\ (V)\ ——— \end{cases} \begin{cases} 800W\ (Pm) \\ \quad\quad ……P……1600W' \\ 200W\ (Ak) \end{cases} \begin{cases} 800W_1\ ——— \\ \quad\quad ——— 1600G' \\ 800W_2\ ——— \end{cases} \begin{cases} 800G_1 \\ \\ 800G_2 \end{cases}$$

【説明（1）】
① <u>新商品を生産するために</u>、1 労働日＝8 労働時間にわたって行なわれる賃労働者の<u>生きた労働</u>（……ｐ……で、<u>現に行なわれている</u>、という意味）は、<u>二重性</u>を持っていること。その場合、<u>具体的有用的労働</u>と<u>抽象的人間的労働</u>とが別々に（2 回にわたって）行なわれるのではなく、<u>8 労働時間を通して一度に、一つの労働として行なわれること</u>）。

② 800W（Pm）➡ 800W1 ➡ 800G1：生産諸手段の（旧）価値の新商品への移転部分。生きた労働は、イ）その具体的有用的労働としての属性の働きにより、新商品の使用価値を作り出すとともに、ロ）同時にそのことにより、生産諸手段（労働用具と原料）が商品として資本家によって購入された時点で有していた価値800（過去の労働＝「死んだ労働」が創造した旧価値）を、その大きさを変えずに、新商品の価値（の半分・800W1──800G1）として新商品に移転するという、二つの役割を果たしていること。

〔したがって生産諸手段の購入に投下された資本部分800Gは、生産過程の進行においてその価値を変えないことから、不変資本（C）と名づけられる。〕

③ 800W2─800G2：生産過程（……p……）で新たに創造された価値＝新価値部分。また生きた労働は、ハ）その抽象的人間的労働としての属性の働きにより新しい価値800G2を創造する役割を果たしていること。

〔したがって、労働力商品の購入に投下された資本部分200Gは、その価値の大きさを800G2に変えると見なされることから、可変資本（V）と名づけられる。〕

④ 新商品の価値：1600W' ─1600G'。
生産諸手段の移転した旧価値800G1＋創造された新価値800G2＝1600 W'─1600 G'

⑤ 剰余価値：労働力商品の購入のために投じた200 G（V）は回収できないため、資本家は新価値800G2から200G（V）を補填する ➡ 8000G2─200G（V）＝600Gが剰余価値（M）となる。➡資本の価値増殖＝剰余価値の源泉は、生きた労働が創出した新価値にあること。剰余価値率は、600 M／200 V＝300%

⑥ 1労働日の構成＝必要労働時間（2時間）＋剰余労働時間（6時間）

⑦ 以上、労働力と労働の範疇としての区別、商品を生産する労働の二重性の発見が、労働過程と価値形成・増殖過程という資本の生産過程の二側面の分析、そして資本による剰余価値生産の仕組みの分析にとって、「決定的な点」とされる所以である。

労働力商品の二要因と労働の二重性の働き＝役割

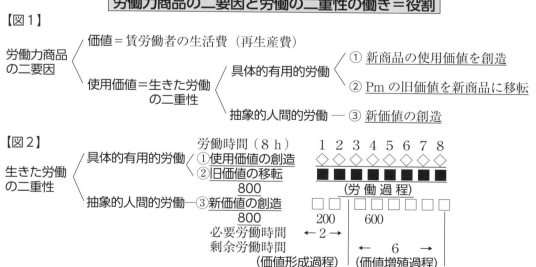

【図1】

労働力商品の二要因
　価値＝賃労働者の生活費（再生産費）
　使用価値＝生きた労働の二重性
　　具体的有用的労働
　　　① 新商品の使用価値を創造
　　　② Pmの旧価値を新商品に移転
　　抽象的人間的労働 ─ ③ 新価値の創造

【図2】

生きた労働の二重性
　具体的有用的労働
　　① 使用価値の創造
　　② 旧価値の移転　800
　抽象的人間的労働 ─ ③ 新価値の創造　800

労働時間（8h）　1 2 3 4 5 6 7 8
（労働過程）
200　600
必要労働時間　← 2 →
剰余労働時間　← 6 →
（価値形成過程）｜（価値増殖過程）

【説明（2）】
【説明（1）】の内容を、少し視点を変えて再説明しておきます。

① ある資本家（A）が、新商品を生産するためにまず行うことは、必要な労働手段（機械）と原材料を、他の資本家（BとC）から購入し（800 G―800 W）、労働力商品（日価値200）を賃労働者から購入することでした（200 G―200 W）。

仮に 800 W の内訳を、機械の価値 640、原材料の価値 160 とすると、それらはBとCの下で、既に行われた賃労働者の労働によって創り出されていたものです。それは、過去の・死んだ労働によって創り出されていたという意味で「旧価値」と規定され、Aの下での新商品生産のための、「現在の生きた労働」（その抽象的人間的労働としての属性の働き）によって創り出された「新価値（800G2）」と区別されることに留意して下さい。

② 投下資本 1000 G は、資本家の日常意識においては、「元手」・「経費」を意味するものとして観念され、あるいはまた 1600 の価値を有する新商品（W'）にとっての「原価」として扱われますが*、そのように捉えたのでは、800G は不変資本（C）、200G は可変資本（V）として、 資本の生産過程で果たすそれぞれの役割の相違が消し去られてしまいます。

　　──
　　　* 800 G（C）+ 200 G（V）は、第Ⅲ部に至ると「費用価格」と呼ばれるものに「転化」します。
　　　それに伴い、剰余価値（M）も利潤（p）に、剰余価値率（M'）も利潤率（p'＝M／（C＋V）
　　　に「転化」します。
　　──

③ 労働力商品の日価値 200 は、差し当たり、労働力商品の「売買契約」が結ばれた時点で賃労働者に支払われる（前払い）と前提されることになっていました（第4章第3節、297／188）。したがって資本家Aは、次回の生産のために、この 200 G（V）を新価値 800G2 から「補填」しなければならず、その結果Aが最終的に取得する剰余価値は、800G2 ― 200G（V）＝ 600（M）となっています。

しかし 200G（V）の実際の支払いは、（8労働時間の）労働がすべて終了した時点（労働力商品の使用価値＝生きた労働の引きわたしが終了した時点）で行われます（後払い）。この点は第Ⅵ篇「労賃」ではじめて説明されることに留意して下さい。➡労働力商品の形式的譲渡と現実的譲渡の時間的分離（296 ～ 297／188）の記述で確認して下さい。

質問への回答

Q 質問1

　第5章第2節、（332 ／ 209）に、「それは3シリングの剰余価値を生んだ。手品がついに成功した。貨幣は資本に転化した。問題のすべての条件が解決されており、<u>商品交換の法則は少しもそこなわれていない。等価物どうしが交換された</u>」とありますが（だから不当行為ではないというのでしょうが）、<u>労働力の日価値（賃金）とそれ以上の価値を生み出す労働力の量と交換することが、どうして「等価」と言えるのでしょうか。</u>

回答1

　問題の文章で、「商品交換の法則は少しもそこなわれていない。等価物どうしが交換された」というばあい、<u>なにとなにとの等価交換について述べているのか</u>を再度（330 ～ 333 ／ 207 ～ 209 の記述全体によって）正確に捉えることが肝要です。

　「等価交換」は、流通過程での、<u>労働力商品の売買</u>（賃労働者が<u>労働力商品を売り</u>、資本家がその労働力商品の価値通りに<u>貨幣を支払いそれを買う</u>という）<u>商品と貨幣の交換</u>を指しています。<u>その上で</u>、資本家は、買い取った「労働力商品の使用価値（生きた労働）の消費」という、「商品の買い手がだれも行なうことを」行ないます。すなわち、新商品の生産過程で、買い取った商品＝労働力商品の使用価値を消費する（労働者に労働させる）ことです。<u>その結果</u>、労働（抽象的人間的労働という属性での労働）によって創造された新価値は、労働力商品の価値より大きな額になる、ということが<u>必然的に生じる仕組みになっている</u>ことを『資本論』は解明しているのです。

　<u>したがって、「労働力の（日）価値」と、「労働によって生み出された（日価値より大きな）新価値」との「交換」がなされているのではない、という点が重要なポイントです。</u>「補足説明②」の「大学での講義例」で用いた数字例でいえば、① <u>労働力の日価値（200）</u>と、② <u>創造された新価値（800）</u>との間には、「交換関係」はないのです。①と②の数字が、①＜②と違っていても、これを「不等価交換」とは呼びません。

　労働力商品は、その使用価値の消費によって、自らの（日）価値以上の（剰余価値を含む）新価値を創造すること、<u>剰余価値の源泉は唯一この点にのみ存在するということ</u>、またこのような仕組み（資本・賃労働の関係）があるからこそ、資本主義は資本主義なのであって、それがなくなれば、資本主義は資本主義ではなくなるということになります。労働力の（日）価値＝創造された新価値では、剰余価値は0であり、ましてや労働力の（日）価値＞創造された新価値、ということであれば、だれも貨幣を資本として投じません。$G—W—G'（G + \Delta g）$が成立してこその資本主義なのです。——<u>資本家は、賃労働者にたいして、支払うべきものはきちんと支払った上で、なおかつ支払ったものよりも多額の価値を取得する仕組みがある</u>、ということです。

Ｑ　質問2

　搾取をなくすためには、<u>必要労働時間だけ働けばよい</u>（自由の王国のための労働日短縮）ということになる（シーニアの最後の一時間に似た思い込み？）<u>のでしょうか</u>。あるいは<u>剰余価値自体は不可欠であり</u>、労働者の生活や地球環境を破壊しない範囲で生み出すべきであり、<u>再生産準備の原資等、その配分方法こそが問題だということでしょうか</u>。

回答2

　（1）新価値（800）の、ＶとＭへの「配分」は、労働力商品の再生産費の増減、労働時間の短縮などにより可変的であり、また国家による租税の徴収とそれを原資とした「所得の再配分」、「社会保険制度」による「所得の再配分」などによっても変わり得ます。しかし、注意して欲しいのは、<u>資本主義が資本主義である限り</u>、「必要労働時間だけ働けばよい」ということはありえず、したがってまた、剰余価値はゼロにはならないこと、資本家の取得する剰余価値を「<u>社会全体の富</u>」に変換するためには、資本主義的生産諸関係の変革が不可欠です。

　<u>富の分配諸関係は、生産手段の所有関係を軸とした生産諸関係の「裏面」であり</u>、したがって、<u>生産諸関係をそのままにして、分配諸関係のみを変えることは、基本的にできない</u>と考えるのが、『資本論』の考え方です。（この点は、第Ⅲ部の第51章で詳述されます。）

　（2）『資本論』第Ⅲ部の終わり近く、質問にある「自由の王国、労働日の短縮」が論じられる直前に次のような叙述があります。──「<u>剰余労働一般は、所与の欲求の程度を超える労働として、つねに実存しなければならない</u>。〔しかし〕……資本主義制度において、……一定量の剰余労働は、<u>不慮の出来事にたいする保険のためにも必要</u>であり、<u>諸欲求の発達と人口の増加とに照応する</u>、<u>再生産過程の必然的な累進的な拡張</u>……のためにも、必要である。

　資本がこの剰余労働を、奴隷制・農奴制などの以前の諸形態のもとでよりも、生産諸力の発展にとって、社会的諸関係の発展にとって、またより高度の新たな社会形態のための諸要素の創造にとって、いっそう有利な様式と諸条件とのもとで強制するということは資本の文明化的側面のひとつである。<u>こうして資本は、一方では</u>、社会の一部分による、他の部分を犠牲にしての、強制と社会的発展……の独占化とが見られなくなる一段階をもたらす。<u>他方では</u>、この段階は、<u>社会のいっそうの高度な一形態において、この剰余労働を物質的労働一般にあてられる時間のいっそう大きな制限と結びつけることを可能にする諸関係のための、物質的諸手段、およびその萌芽をつくりだす</u>。」（第Ⅲ部、1433〜1434／827）──<u>国民全体の生活諸欲求を充足するという意味での「必要労働時間」を越える「剰余労働時間」と「一定量の剰余労働」</u>は、生活欲求そのものの拡大、人口の増大等に対応するための富の拡大再生産を図る原資として、あるいは「社会保険」の原資として必要であること、ただしそれは私有の対象としてではなく、「<u>社会全体の・公共的な富</u>」を創造するものとして必要である、ということです。

♫コーヒー・ブレイク：「地獄への道はよき意図で舗装されている」

　（326 ／ 206）の末尾に次のような件があります。「俗流経済学に精通している資本家はおそらくこう言うであろう——自分は自分の貨幣をより多くの貨幣にする意図をもって前貸ししたのである、と。とはいえ、地獄への道はよき意図で舗装されている＊１のであって、彼は同じように、生産しないで金もうけをする意図をもつこともできたのである。」

　「地獄への道はよき意図で舗装されている」——この言葉には、新書版では次のような訳注が付けられています。——（329 ／ 207）＊１〔エレサレムのイエス・シラクの金言に由来し、サミュエル・ジョンスン、とくにウォルター・スコットが『ラマムアの花嫁』第一巻、第七章で、イギリスの神学者の言として引用し、一般にイギリス、ドイツの諺となった。〕

　これが新書版を補正した、ハードカバー（上製）版（330 ／ 207）では次のように改訳されています。——〔「罪人の歩む道は平坦な石畳であるが、その行き着く先は、陰府（よみ）の淵である」（旧約聖書続編、シラ、21 — 10）に由来し、のちにイギリス、ドイツの諺となった言い回し〕。——「地獄への道」にせよ、「罪人の歩む道」にせよ、いずれにしてもこれは、マルクス自身の（作った）文言ではありません。

　この文言が、引用符をつけ「地獄への……ている」（マルクス）、というように、マルクス自身の文言として、某全国紙 2008 年 3 月 12 日付け夕刊の一面「コラム」に引用されていたことがありました。その"誤り"を書簡で指摘したところ、早速「ご指摘のとおりです。まことに迂闊でした。」との返信が届きました。コラムの筆者（論説委員）は、おそらくかつて『資本論』（長谷部文雄訳、青木書店版）を読んだことのある方でしょう。しかし、引用の際にはモトをしっかり確かめるべし、"疎覚え"に基づいて書いてはいけない、という戒めを、私自身あらためて胸に刻んだ出来事でした。ところがこれにはまた後日談が生じました。

　最初の「事件」（!?）は、上記のとおり、2008 年 3 月のことでしたが、類似の問題が、同じ某全国紙、2012 年 4 月 11 日朝刊 1 面の看板「コラム」に再登場しました。今度は、引用している「地獄への……」が、マルクス作の文言としてではなく、（新書版にあった）「18 世紀の英国の文人サミュエル・ジョンスン博士の言葉といわれる」と記されていたのです。先の夕刊「コラム」の執筆者と、今回の朝刊の「コラム」の執筆者は、同じ新聞の「論説室」メンバーであることは間違いありません。今度の「朝刊」コラムの執筆者からは、次のようなハガキが届きました。

　「ボズウェルの著の邦訳『ジョンスン博士の言葉』（みすず書房）に、1775 年頃の博士の言葉として記述されていたので、それに先立つ出典があるかどうか分からず、そこに書かれているままに、《……いわれる》と記した、と。

　上製版で改訳された新書版の旧訳注は、このボズウェルの著作に依拠したのかも知れませんが、それをわざわざ改訳したについては理由があったはずです。改訳にいたる経緯を訳者にお聞きしたいところです。

第6章　不変資本と可変資本

◎ 本章の課題

> 剰余価値を含んだ商品の生産過程に投下された資本は、不変資本（C）と可変資本（V）に分かれ、それぞれ異なった役割をはたすことを明らかにします。

❶ 生産物価値の形成

（340／214）「労働過程のさまざまな諸要因は、生産物価値の形成にさまざまな関与を行なう。」

❷ 旧価値の維持（移転）と新価値の創造

> （340〜341／214）「労働者は同じ時間内に二重に労働するのではない。……彼が加工する綿花の価値と彼が労働するのに用いる紡錘の価値とを、生産物すなわち糸に移転するために──労働するのではない。むしろ、単に新価値をつけ加えることによって、労働者は旧価値を維持するのである。しかし、労働対象にたいする新価値のつけ加えと生産物における旧価値の維持とは、労働者が同じ時間内に一度しか労働しないのにその同じ時間内に生み出す二つのまったく相異なる諸結果なのであるから、結果のこの二面性は明らかに彼の労働そのものの二面性からのみ説明されうる。
> 　同じ時点において、彼の労働は、一方の属性（抽象的人間的労働としての属性）では価値を創造し、他方の属性（具体的有用的労働としての属性）では価値を維持または移転しなければならない。」
> （342／215〜216）「紡績工の労働は、その抽象的一般的属性においては、すなわち人間的労働力の支出としては、綿花と紡錘との価値に新価値をつけ加え、紡績過程としてのその具体的、特殊的、有用的属性においては、（新商品の使用価値を作り出すとともに……）これらの生産手段の価値を生産物に移転し、こうしてそれらの価値を生産物に維持する。そこから、同じ時点における労働の結果の二面性が生ずる。……労働の二面的性格の結果として生じる同じ労働のこの二面的作用は、さまざまな現象において手に取るように示される。」

❸ 生産手段の価値移転

（347〜348／219）「労働過程の一要因である生産手段は、労働過程へは全体としてはいり込むが、価値増殖過程＊へは部分的にはいり込むだけということがわかる。ここでは、労働過程と価値増殖過程との区別は、同じ生産手段が同じ生産過程において、労働過程の要素としては全体として計算にはいり、価値形成の要素としては一部分ずつ計算に

はいるにすぎないということによって、それらの過程の対象的諸要因に反映する。」

（349／219）「他方では、その反対に、ある生産手段は、部分的に労働過程にはいり込むだけであるにもかかわらず、価値増殖過程＊には全体としてはいり込むことがありうる。」

＊を付したこの２箇所の「価値増殖過程」は、のちに仏語版、英語版等において、「価値形成過程」と改められた旨、（349／219と、350／220）の訳注１に記されているが、第13章第2節では改められていない（670／408）。この点については、末尾の〔補足説明〕を参照。

（350／220）「生産諸手段は、それらが労働過程中にそれらのもとの使用価値の姿態で実存した価値を失う限りにおいてのみ、生産物の新たな姿態に価値を移転する。」

（353〜354／222）「生産諸手段の価値は生産物のなかに再現するのであるが、しかし厳密に言えば、それは再生産されるのではない。生産されるのは、新たな使用価値であり、そのなかで旧交換価値が再現するのである。」

❹ 労働力の発現としての労働➡新価値を形成

（354〜355／223）「労働過程の主体的要因、自己を発現している労働力の場合は、事情が違う。労働は、その合目的的な形態によって生産諸手段の価値を生産物に移転し維持するあいだに、その運動の各瞬間に、付加的価値すなわち新価値を形成する。……（中略）……（労働力商品の日価値として）支出された３シリングとの関連で見ると、３シリングの新価値は再生産としてのみ現われる。」

（355／223）「とはいえ、すでに述べたように、労働過程は、労働力の価値の単なる等価物が再生産され、労働対象につけ加えられる点を超えて続行される。この等価物のために十分である６時間ではなく、この過程はたとえば12時間続けられる。したがって、労働力の発現により、それ自身の価値が再生産されるだけでなく、ある超過価値が生産される。この剰余価値は、生産物価値のうち、消耗された生産物形成者──すなわち生産諸手段および労働力──の価値を超える超過分をなす。」

❺ 不変資本と可変資本

（356／223〜224）「資本のうち、生産諸手段すなわち原料、補助材料、および労働手段に転換される部分は、生産過程でその価値の大きさを変えない。それゆえ私は、これを不変資本部分、または簡単に不変資本（C）と名づける。」

（356／224）「これに反して、資本のうち、労働力に転換される部分は、生産過程でその価値〔の大きさ〕を変える。この部分は、それ自身の等価物と、これを超えるある超過分である剰余価値とを再生産するのであり、……それゆえ私は、これを可変資本部分、または簡単に可変資本（V）と名づける。」

> （356／224）「労働過程の立場からは客体的要因および主体的要因として、また生産諸手段および労働力として、区別される同じ資本構成諸部分が、価値増殖過程の立場からは不変資本および可変資本として区別される。」

補足説明：生産手段の価値の新商品への移転は価値形成過程に属するか？

① ❸「生産手段の価値移転」での、（347 〜 348 ／ 219）からの引用文と（349 ／ 219）からの引用文の末尾に付した注記で、生産手段の価値の新商品への移転は、独語版では価値増殖過程に「部分的」もしくは「全体としてはいり込む」とされていたが、後に公刊された仏語版、英語版等においては、価値増殖過程が価値形成過程に修正された旨が、（349 ／ 219）と（350 ／ 220）の各訳注１にあることを指摘しました。ところが第 13 章第 2 節「生産物への機械設備の価値移転」では、訳注による修正はなく、価値増殖過程のままになっています（670 ／ 408）。これは訳者の不用意な見落としと言わねばなりません。

② それはさて置くとして、この説明には内容上重要な問題が伏在していると思われます。——価値増殖過程を価値形成過程に修正したとしても、生産手段の価値の新商品への移転を、資本の価値形成過程に属するものと把握することそれ自体の妥当性が問われるのではないか、という点です。
　生産手段の価値移転は、商品を生産する（二重性を持った）労働の、具体的有用的労働としての属性の働きによって行なわれるとされています。

　価値形成過程は、—— a）第 5 章第 2 節❹の中の、（333 〜 334 ／ 209）小見出し「価値増殖過程」、b）本章の（340 ／ 214）❷「旧価値の維持（移転）と新価値の創造」、c）本章の（354 ／ 223）（355 ／ 223）❹「労働力の発現としての労働→新価値を形成」、に見られるとおり、労働の抽象的人間的労働としての属性の働きによる新価値創造の過程が、労働力商品の価値を補塡・再生産するまでの過程を意味しています。
　そして、新価値の創造が、さらにその「点を超えて続行される」過程が、剰余価値を生み出し、投下資本価値を増殖させる過程＝価値増殖過程であること、したがって「価値形成」・「価値増殖」なる範疇は、ともに抽象的人間的労働による新価値の創造過程に係わる範疇であり、具体的有用的労働による生産手段の旧価値の新商品へ移転を、「価値形成過程」に含まれるものとしている『資本論』の記述は、妥当性を欠くと言わねばなりません。

　もし生産手段の価値の移転を、価値形成過程に属するものとして扱うと、価値形成過程は、a）1 労働日全体を通して行なわれる、（生産手段の旧価値移転を担う）具体的有用的労働の過程と、b）1 労働日の一部分において行なわれる、抽象的人間的労働による、労働力商品の価値の補塡・再生産のための過程、この両者を「合算」したものになってしまいます。

❸「生産手段の価値移転」の二つの引用文のなかの、生産手段が「労働過程」に「部分的」に、もしくは「全体的」に「はいり込む」という捉え方は妥当としても、価値形成（価値増殖）過程にも「部分的」に、もしくは「全体としてはいり込む」という捉え方は、上記

の「合算」の説明のような誤解を生ぜしめるように思われます。➡前章への〔補足説明❷〕に示した、〔大学の講義で用いていた説明例〕の末尾にある、「労働力商品の二要因と労働の二重性の働き＝役割」の図1と図2を再確認して下さい。

質問への回答

Q 質問1

　第6章の中に次の文章があります（352／221の末尾）。――「資本家は金もうけに没頭しきっていて、① 労働のこの無償の贈り物には気がつかない。② 労働過程の強力的中断すなわち恐慌は、彼にこのことを痛切に感じさせる。」――①と②の説明をしてください。

回答1

　① の、「この無償の贈り物」の意味をまず確認する必要があります。352頁の引用された文章の少し手前にこうあります。――「(新) 価値をつけ加えることによって (生産諸手段の旧) 価値を維持するということは、自己を発現している労働力すなわち生きた労働の天性というべきものである。この天性は、労働者にはなんの費用もかからないが、資本家には現存資本価値 (生産諸手段の価値) の維持という多大の利益をもたらす天性なのである。」

　「この無償の贈り物」とは、労働者の「生きた労働」の「天性」が新価値の創造と同時に、「生産諸手段の旧価値」を新商品に移転し維持する働きをしていること、を意味していることが、上記の文章には示されています。

　② の、「労働過程の中断」＝恐慌について。――恐慌の勃発によって、「労働過程の中断」が生じると、操業が停止すること、しかもそういう事態になった場合にも、資本家は「工場」や「機械」等を維持するために、多額の「操業中断費」の「失費」を余儀なくされることが、質問で引用されたテキストの文章の末尾に付された〔原注23〕（353／221）で述べられています。

　操業停止・中断という事態に直面した時に、初めて資本家は、工場が順調に操業できているときにはその有難みが分からなかった、労働者の「生きた労働」がもたらしてくれる「無償の贈り物」の有難みを、思い知られることになる、ということを問題の文章は述べています。

第7章　剰余価値率

◎ 本章の主題

　　資本による賃労働の搾取の度合いを示す剰余価値率という概念の説明が主題となっています。その際、関連して労働日を構成する必要労働時間・剰余労働時間、必要労働・剰余労働の区分、剰余価値率と搾取度の概念の微妙な異同、についても留意して下さい。

第1節　労働力の搾取度

❶ 剰余価値

（360／226）「資本Ｃは、生産諸手段に支出される一つの貨幣額Ｃと、労働力に支出されるもう一つの貨幣額Ｖとの二つの部分に分解する。Ｃは不変資本に転化される価値部分を、Ｖは可変資本に転化される価値部分を表わす。……生産過程の終わりには（新）商品が現われてくるが、その（新商品の）価値は（Ｃ＋Ｖ）＋Ｍであって、このＭは剰余価値である。」

❷ 労働諸手段の価値移転

（361／226〜227）「充用された不変資本のうち労働諸手段から成り立つ部分は、その価値の一部分のみを生産物に引き渡すのであるが、残りの部分は……価値形成おいてなんの役割も演じないのであるから、ここではこの部分は度外視しなければならない。」

（361〜362／227）「それゆえ、価値生産のために前貸しされた不変資本と言うとき、われわれは……生産において消耗された生産諸手段の価値という意味にのみ解する。」

◎ 剰余価値は可変資本の価値変化の結果

（363／228）「剰余価値は、Ｖすなわち労働力に転換された資本部分に生じる価値変化の結果であるにすぎず、したがって、Ｖ＋Ｍ＝Ｖ＋ΔＶ（ＶプラスＶの増加分）である。……したがって、過程を純粋に分析するためには、生産物価値のうち不変的資本価値が再現するにすぎない部分を完全に度外視すること、すなわち、不変資本Ｃ＝０とすること、……が必要である。」

（365〜366／229）「……それゆえ、前貸資本はＣ＋ＶからＶに、生産物価値（Ｃ＋Ｖ）＋Ｍは価値生産物（Ｖ＋Ｍ）に、なる。」

◎ 剰余価値率

（366／230）剰余価値の「比率的な大きさ、したがって可変資本価値が価値増殖した割合は、明らかに可変資本にたいする剰余価値の割合によって規定され、またはＭ／Ｖで表現される。……可変資本のこの比率的増殖または剰余価値の比率的大きさを、私は剰余価値率と名づける。」

---

❸ 必要労働時間と剰余労働時間

（367／230〜231）「……労働日のうち労働者が労働力の日価値たとえば３シリングを
　　生産する部分においては、……新たに創造された価値によって前貸可変資本価値を
　　補填するだけなのであるから、価値のこの生産は単なる再生産として現われる。し
　　たがって私は、労働日のうち、この再生産が行なわれる部分を**必要労働時間**と名づけ、
　　この時間中に支出される労働を**必要労働**と名づける。それは労働者にとって必要で
　　ある。　　　　　　　　　　　　　　　　＊〔原注 29〕「必要労働時間」の説明に留意。

（368／231）「労働者が必要労働の限界を超えて苦役する労働過程の第二の期間は、
　　……彼のためにはなんらの価値も形成しない。それは、無からなにかを創り出すと
　　いう魅力をいっぱいたたえながら資本家を魅惑する剰余価値を形成する。私は、労
　　働日のこの部分を**剰余労働時間**と名づけ、この時間中に支出される労働を**剰余労働**
　　と名づける。」

❹ 剰余労働の搾取形態と経済的社会構成体の区分

（368／231）「<u>剰余価値の認識にとっては、それを剰余労働時間の単なる凝固として、単な</u>
　　<u>る対象化された剰余労働として把握することが決定的である。この剰余労働が、直接生</u>
　　<u>産者すなわち労働者からしぼり取られる形態だけが、もろもろの経済的社会構成体を区</u>
　　<u>別する</u>のであり、たとえば奴隷制の社会を賃労働の社会から区別するのである。」

◎ **搾取度**

（369／231〜2）「剰余価値の可変資本にたいする比は、剰余労働の必要労働に対
　　する比と等しい。すなわち

$$剰余価値率 = \frac{m}{v} = \frac{剰余労働}{必要労働}\ である。$$

　　両方の比率は、同じ関係を相異なる形態で表現するのであって、一方は対象化さ
れた労働の形態で、他方は流動的な労働の形態で、表現する。それゆえ、<u>剰余価値率は、</u>
<u>資本による労働力の、また資本家による労働者の、搾取度の正確な表現である。</u>」
　　【留意点】資本による賃労働に対する「搾取度の正確な表現」（369／232）、これが
剰余価値率M'である。この捉え方には階級的立場が如実に表明されていること
に留意してください。（但し、これには「<u>搾取の絶対的な大きさの表現ではない</u>」と
の〔原注 30a〕が付いています（369〜370／232）。その趣旨は〔質問への回答〕で確
認してください。）
　　剰余価値率は、<u>M／Vであり、M／C＋Vではないこと、後者は前貸資本（投下資本）</u>
<u>全体の価値増殖の割合を示す</u>もので、いわば「<u>投下した資本に対してどれだけの利益</u>
<u>が得られたか</u>」という、資本家にとっての最大の関心事の視点から事態を捉えた場
合に成立する分数式である、ということです。その意味で、それは資本家階級の
視点に立った事態の捉え方といえます。➡後者は、<u>利潤率（P'）</u>と呼ばれるもので、
『資本論』では第Ⅲ部で取り扱われます。

（372／233）〔原注31〕の「本文にあげたまったく正確なデータはマンチェスターの一工場主によって私に提供されたものである。」➡この「工場主」はエンゲルス。

第2節　生産物の比率的諸部分での生産物価値の表現

◎ 本節は次節でのシーニア批判の前提をなす。

❶ 生産物の比率的諸成分での生産物価値の表現

（375／235）「20ポンドの糸の総価値は次のような構成になっている。

　　30シリングの糸価値＝24シリング（C）＋{3シリング（V）＋3シリング（M)}

この総価値は20ポンドの糸という総生産物において表現されているのであるから、さまざまな価値要素もまた当然、生産物の比率的諸部分で表現しうるはずである。」

（376／235）「生産物の8/10、すなわち16ポンドの糸は、……綿花、紡錘、石炭など（生産諸手段）の変装したものにすぎないことが明らかになる。」

　　16ポンドの糸（24シリングの価値）

　　　・そのうち13＋1/3ポンドの糸は、20シリングの原料の価値

　　　・また2＋2/3ポンドの糸は、4シリングの労働手段と補助材料の価値

（376／236）「……あとに残っている生産物の2/10 すなわち4ポンドの糸は、……12時間の紡績過程で生産された6シリングの新価値以外のものはなにも表現しない。」

（377／236）「こうして、日々の紡績過程の全価値生産物は4ポンドの糸のうちに実存するのであるが、この4ポンドの糸のうち、半分はただ消費された労働力の補填価値を、したがって3シリングの可変資本を表現するのみであり、他の2ポンドの糸は3シリングの剰余価値を表現するのみである。」

❷ 労働時間への換算

（377／236）

　　20ポンドの糸（30シリングの価値）← 60労働時間が対象化

　　　・16ポンドの糸（24シリングの価値）← 48労働時間が対象化

　　　・4ポンドの糸（6シリングの価値）← 12労働時間が対象化

❸ イギリスの工場主の「常用の計算の仕方」

（378〜379／236〜237）

　　12時間で20ポンドの糸を生産

　　・1時間で1＋2/3ポンドの糸を生産→8時間には13＋1/3ポンドの糸＝綿花（原料）の総価値（20シリング）に相当する生産物を生産

　　・1時間36分で2＋2/3ポンドの糸＝消耗された労働諸手段の価値（4シリング）を表現

・1時間 12分で**2ポンドの糸**＝可変資本分3シリングに相当する生産物を生産
・最後の1時間 12分で**2ポンドの糸**＝剰余価値3シリングに相当する生産物を生産

　「<u>この計算の仕方は、……はじめの定式を、生産物の諸部分が完成してならべられている空間から、それらが相次いでたどる時間に翻訳したものにすぎないことがわかる</u>。しかし、<u>この定式はまた、きわめて無知な観念をともなうことがありうる</u>のであって、実践的には価値増殖過程に利害関係をもつとともに、理論的には<u>この過程を曲解</u>することに関心をもつ人々の頭脳にあっては、ことにそうである。<u>そこで次のように思い込まれることがありうる</u>。すなわち、わが紡績工は、たとえば彼の労働日の<u>最初の8時間</u>には綿花の価値を、次の<u>1時間 36 分</u>には消耗された労働諸手段の価値を、<u>次の1時間 12 分</u>には、労賃の価値を、生産または補填するのであり、そしてかの有名な（シーニアの）<u>『最後の1時間』</u>＊だけを<u>工場主</u>に、すなわち剰余価値の生産にささげるのである、と。」
　───

＊「最後の1時間」は、厳密には1時間 12分（→合計 12時間）

❹ しかし実際は（正しくは）以下のようであった。
<u>生産された糸商品（重量 20 ポンド）の価値＝30 シリング← 60 労働時間（1労働日＝12 労働時間→5労働日）の労働が対象化</u>

・原料（綿花 20 ポンド）の価値＝20 シリング← 過去の 40 労働時間の労働が対象化
・労働手段（紡錘 1／2錘）の価値＝4シリング← 過去の8労働時間の労働が対象化
・労働力の日価値（補填）＝3シリング← 現在の生きた6労働時間の労働が対象化
・剰余価値＝3シリング← 現在の生きた6労働時間の労働が対象化

➡現在の1労働日（12 労働時間）の（二面性を持つ）生きた労働が、新価値6シリングを創出するとともに、生産諸手段の旧価値（24 シリング）を新商品に移転➡価値が30 シリングの新商品（糸）を生産。

第3節　シーニアの「最後の1時間」

● 数字は異なるが、前節末尾の「最後の1時間（12 分）」が剰余価値を生む、という「曲解」と同じ内容の主張。

（379 〜 380 ／ 238）「1836 年のある日、その経済学と名文とをもって聞こえた、……ナッソー・W・シーニアは、オックスフォードからマンチェスターに呼び出された。これはオックスフォードで経済学を教える代わりに、マンチェスターで経済学を学ぶためであった。工場主たちは、近ごろ公布された工場法（1833 年の）と、それを乗り越えてさらに進もうとしている <u>10 時間運動とに対抗する、懸賞試合の闘士として</u>

彼を選んだのである。」

シーニアの主張と『資本論』でのシーニア批判の意義

①　利潤＝「**節欲に対する報酬**」──節欲とは、「自分の支配しうるものを不生産的に使用することを差し控え（る）行為」を意味する。シーニアによれば、このような「節欲に対する報酬」が利潤であった。←→しかし、剰余価値は剰余労働時間中の労働者の「生きた労働」によって新たに創造されたもの、であった。

②　剰余価値は「最後の1時間」によって生み出される、という主張の批判
シーニアは、「工場主の〈純利得〉全体は、〈最後の1時間〉の労働から流れ出るのであり、したがって、労働日を1時間短縮すれば純利得が全く無くなってしまうと主張し、当時の労働時間短縮運動、〈10時間労働法〉成立への運動に対する反対意見を表明した。
シーニアのこうした主張は、全く科学的根拠のない俗説にすぎないが、しかしそれは、労働時間の大いさ、1労働日の長さが、利潤ないし剰余価値の大いさと密接な関係をもっていることを──彼の利潤＝節欲説に反して──〈語るに落ちる〉形で表明したもの、と見ることができよう。」（富塚良三『経済原論』有斐閣、1976年、97ならびに102頁）

＊大学在籍中、「経済原論」という科目の「定期試験」に、「シーニアの〈最後の1時間〉説を批判せよ」と出題したところ、思いもかけぬ「変化球」の出題に、合格点に届かず単位を取得できない学生が続出したことがありました。「鬼の〇〇」と言われた若い時代のほろ苦い思い出です。

第4節　剰余生産物

❶ 剰余生産物
（390／243）「生産物のうち剰余価値を表わしている部分（第2節の例では20ポンドの糸の1/10すなわち2ポンドの糸）を、われわれは**剰余生産物**（surplus produce, produit net）と名づける。」
（390／243）「**剰余価値率**が、資本の総額にたいする剰余価値の比率によってではなく、資本の可変的構成部分にたいする剰余価値の比率によって規定されるのと同じように、**剰余生産物の水準**も、総生産物の残部にたいする剰余生産物の比率によってではなく、必要労働を表わしている生産物部分にたいする剰余生産物の比率によって規定される。」

❷ 労働日（working day）
（391／244）「労働者が彼の労働力の補填価値を生産する時間と剰余価値を生産する時間との合計は、**彼の労働時間の絶対的大きさ──労働日**（working day）**を形成する。**」

質問への回答

 **質問1**

剰余価値率と労働力の搾取度というように、率と度と表記が違うのはなぜでしょうか。

回答1

　第７章のタイトルは、剰余価値率（Die Rate des Mehrwerts）であり、その第１節のタイトルは、労働力の搾取度（Der Exploitationsgrad der Arbeitskraft）です。
　この問題を考える際、（369／231～232）の以下の文章が重要です。——「剰余価値の可変資本にたいする比は剰余労働の必要労働にたいする比と等しい。……両方の比率は、同じ関係を相異なる形態で表現するのであって、一方は対象化された労働の形態で、他方は流動的な労働の形態で、表現する。それゆえ、剰余価値率は、資本による労働力の、資本家による労働者の、搾取度の正確な表現である。」

　以上から見ると、率と度は、原語が異なるとはいえ、ほぼ同一の内容であり、特に意味の相違はないと理解できます。第16章「剰余価値率を表す種々の定式」中の（909／555）では「搾取率」と表記されています。また経済学の辞典には、搾取度を搾取率と表記しているものもあります＊。研究書のばあいも然りです。ただ、（369～370／232）〔原注30ａ〕第二版への注、には留意してください。「剰余価値率は、労働力の搾取度の正確な表現であるとはいえ、搾取の絶対的な大きさの表現ではけっしてない。たとえば、必要労働が５時間で剰余労働が５時間であれば、搾取度は100％である。ここでは搾取の大きさは５時間ではかられる。これに対して、必要労働が６時間で剰余労働が６時間であれば、100％という搾取度は不変のままであるが、他方、搾取の大きさは５時間から６時間に20％だけ増大する。」

　＊一例をあげれば、『社会科学総合辞典』（新日本出版社、1992年）のばあい、項目として「搾取度」
　　はなく、〔項目〕搾取率は⇒〔項目〕剰余価値率を見よ、と扱われ、「剰余価値率」については、「搾
　　取率ともいい、資本家による労働者の搾取の程度をあらわしたもので、つぎの式でしめされ、ふ
　　つうパーセントであらわされる。

$$剰余価値率＝\frac{剰余価値}{可変資本}＝\frac{剰余価値}{労働力の価値}＝\frac{剰余労働時間}{必要労働時間}＝\frac{剰余労働}{必要労働}$$

　　とのみ説明されています。

第8章　労働日

◎ 解題・主題の提示と説明

　　第8章は、第Ⅰ部では第13章に次いで長い章ですが、「理論篇」というよりは、機械制大工業の下での「労働時間」（労働日）をめぐる労働者と資本の攻防を「実証的」に考察していて、読み易い章です。マルクス自身、第7章までが難渋な叙述になっていることを承知していたためでしょうか、第1章から読み始めるのが大変なようなら、第8章「労働日」から読み始めることを（またそれに続けて、11章協業、12章分業とマニュファクチュア、13章機械設備と大工業、24章いわゆる本源的蓄積、を読み進めることを）勧めています（友人の医師・クーゲルマン宛書簡）。

　　そこには世界の労働者階級の波濤に立つ、19世紀イギリス労働者階級の状態（労働時間、労働環境、生活状態等）＊が資料＊＊に基づいて明らかにされ、資本家階級に対する労働者階級の闘争が活写されています。労働と生活の実態は、労働者自身がもっともよく知ることができる問題であるからです。時代が異なるとはいえ、今日の日本における労働者階級の闘い＊＊＊にも多くの示唆と教訓を与えてくれるでしょう。

　　＊第8章は、盟友F・エンゲルスを抜きにしては語ることができません。青年期、「第一バイオリンを弾いたのは（マルクスではなく）エンゲルス」と言われるぐらいです。この点については、後述（第2節）の（408／254）〔原注48〕参照。また第9章末尾の〔コーヒー・ブレイク　青年エンゲルス〕参照。

　　＊＊「資料」として、「工場監督官報告書」が多く活用されています。「工場監督官」とはどういう人たちなのか、この点についても章末の〔補足説明❶〕を参照して下さい。

　　＊＊＊「労働基準法」における「労働時間規制」について〔補足説明❷〕を用意しました。

（394 ～ 398 ／ 247 ～ 249）に、資本（家）の本性＝自己増殖欲求と労働者の「標準労働日」の要求と対抗関係が主題となることについての説明あり。

第1節　労働日の諸限界

❶ 労働日の可変性と諸制限

（392 ～ 393 ／ 245 ～ 246）「労働日（working day）」＝1日のうち、労働（必要労働＋剰余労働）に充てられる時間（必要労働時間＋剰余労働時間）であり、それは「不変量ではなく可変量である。」

（394 ／ 246）「労働日は固定的な大きさではなく流動的な大きさであるとはいえ、他方、それは一定の制限内でのみ変化しうる。」

（394 ／ 246）「資本主義的生産様式の基礎上においては、必要労働はつねに彼の労働日の一部分をなしうるのみであり、したがって労働日がこの最小限度の制限まで短縮

されることは決してありえない。これに反して、労働日は一つの最大限度の制限を
もっている。それは一定の限界を超えては延長されえない。この最大限度の制限は
二重に規定されている。第一に、労働力の肉体的な制限によって。……これらの純粋
に肉体的な制限のほかにも、労働日の延長は社会慣行的な諸制限に突きあたる。労
働者は、知的および社会的な諸欲求の充足のために時間を必要とするのであり、そ
れら諸欲求の範囲と数は、一般的な文化水準によって規定されている。 それゆえ、
労働日の変化は、肉体的および社会的な諸制限の内部で行なわれる。しかし、この二
つの制限はきわめて弾力性に富むものであって、変動の余地はきわめて大きい。」

❷ 労働日の諸制限をめぐる闘争

（398 〜 399 ／ 249）「このように、まったく弾力的な諸制限を度外視すれば、商品交換
そのものの本性からは、労働日の限界、したがって、剰余労働の限界はなんら生じ
ない……。資本家が労働日をできる限り延長……しようとする場合……買い手とし
ての彼の権利を主張する。他方、売られた商品の独特な本性は、買い手がこの商品
を消費することへのある制限を含んでいるのであって、労働者が、労働日を一定の
標準的な大きさに制限しようとする場合には、彼は売り手としての権利を主張する。
したがって、ここでは、どちらも等しく商品交換の法則によって確認された権利対権
利という一つの二律背反が生じる。同等な権利と権利とのあいだでは強力がことを決す
る。こうして、資本主義的生産の歴史においては、労働日の標準化は、労働日の諸制限
をめぐる闘争——総資本家すなわち資本家階級と、総労働者すなわち労働者階級とのあ
いだの一闘争——として現われる。」

第2節　剰余労働に対する渇望。工場主とボヤール

❶ 前近代社会における「過度労働（剰余労働）」

（399 ／ 249）「資本が剰余労働を発明したのではない。社会の一部の者が生産諸手段を独
占しているところではどこにおいても、労働者は……生産諸手段の所有者のための
生活諸手段を生産するために、自分の自己維持のために必要な労働時間に余分な労働
時間をつけ加えなければならない。」

（400 ／ 250）「その生産がまだ奴隷労働、夫役労働などというより低い諸形態で行なわれ
ている諸民族が、資本主義的生産様式によって支配されている世界市場に引き込ま
れ、この世界市場によって諸民族の生産物を外国へ販売することが、主要な関心事
にまで発展させられるようになると、奴隷制、農奴制などの野蛮な残酷さの上に、過
度労働の文明化された残虐さが接木される。」

（403 〜 404 ／ 252）〔原注 44a〕ドイツ農民戦争（1524 〜 26 年）による「自由な」農民
の敗北➡再び農奴化➡エンゲルス「ドイツ農民戦争」（『マルクス・エンゲルス全集』第7巻）。
なお以下参照。＊

＊「農奴（農民）の手元に、余剰を生ずる段階になると、従来の自給自足経済が漸次、崩壊して、
……余剰生産物を販売して貨幣を入手することもできるし、また生産物地代に代えて、貨幣地

代を、領主に納入することもできるようになり、こうして農奴は、生産物・貨幣地代を納める隷農となる。

　　隷農は、前記農奴と異なって、賦役労働＝強制労働を脱却しているかぎり、農奴に比べて、人格的自由へ、一歩前進しているばかりでなく、……自ら商品生産をも行なうことによって、自己の自立性をますます高めていくものであって、……土地占有という点からみても、所有権に近いものに近づいていく。」（小林良正『日本資本主義論争の回顧』白石書店、1976年、38〜39頁）

（402〜403／251〜252）本源的な生産様式＝共同所有を基礎
　　共同体については、第1章にあげた大塚久雄『欧州経済史』からの引用文、同氏の著書『共同体の基礎理論』（岩波書店、単行本のほか『大塚久雄著作集』第7巻にも所収）参照。
（408／254）〔原注48〕「イギリスにおける大工業の発展から1845年までの期間については、私はところどころでふれるだけにとどめ……読者にフリードリヒ・エンゲルスの『イギリスにおける労働者階級の状態』（1845年）を参照していただくことにする。」

第3節　搾取の法的制限のないイギリスの産業諸部門

❶ 諸事例
（415／258）「これまでわれわれが労働日の延長を求める衝動……を観察したのは、……無制限な不法行為のために、資本がついに法律的取り締りの鎖につながれるようになった領域においてである。そしてこんどは、労働力のしぼり取りがこんにちにおいてもなお無拘束であるか、きのうまではまだそうであった二、三の部門に目を向けよう。」
◇　（415〜416／258）「ノッティンガム市のレース製造業」から（432〜434／267〜268）「スコットランドの農業労働者」「ロンドンの鉄道労働者」までの記述は省略。
（434／268）〔訳注3〕〔救貧法は、イギリスの貧民救済と取り締まりを目的とした、16世紀（最初の救貧法が制定された1601年は17世紀──中川）にはじまる法律。貧民に救済を与える一方で、労働能力のある者を強制労働させる労役場（救貧院 working houses. バスティーユ、とフランスでは呼んでいた）を教区に設け、そこで働かぬ者は浮浪者として苛酷に取り締まった。〕

第4節　昼間労働と夜間労働。交替制

❶ 昼夜労働の交替制
（440／271）「生産諸手段は、……それらが使用されないでいる時間中は、……無用な資本前貸し」となる。「それゆえ、1日の24時間全部にわたって労働をわがものとすることが、資本主義的生産の内在的衝動なのである。しかし、同じ労働力が昼夜連続的にしぼり取られるなどということは肉体的に不可能であるから、この肉体的障害を克服するために、昼間食い尽くされる労働力と夜間に食い尽くされる労働力との交替が必要となる。」

（440 ～ 441 ／ 272）「この<u>交替制</u>、この<u>輪番制</u>は、<u>イギリス綿業などの血気さかんな小壮</u><u>期に支配的に行なわれていた</u>のであり、……大ブリテンのいまもって〈自由な〉多くの産業諸部門、とりわけイングランド、ウェイルズ、およびスコットランドの溶鉱炉、鍛冶工場、圧延工場その他の冶金工場において、こんにちもなお制度として実存している。」

（446 ／ 275）「資本家自身がこの 24 時間制度をどう解しているかを聞くことにしよう。<u>資本は</u>、もちろん、この制度の度の過ぎたやり方、《<u>残酷で信じがたいほどの》労働日</u><u>の延長を生み出すこの制度の濫用を黙過する</u>。」

◇（446 ～ 447 ／ 275 ～ 276）「製鋼工場主」から（449 ～ 454 ／ 277 ～ 278）「サンダースン兄弟会社」までの記述は省略。

第5節　標準労働日獲得のための闘争。14 世紀中葉から 17 世紀末までの労働日延長のための強制法

❶ 資本は労働者の健康と寿命を問題としない

（455 ～ 456 ／ 279 ～ 281）「労働日とはなにか？ ……（資本は答える。）<u>労働日とは、毎</u><u>日のまる 24 時間から労働力が新たな役に立つために絶対欠かせないわずかばかりの休</u><u>息時間を差し引いたものである</u>、と。……（長文中略）……<u>資本は労働力の寿命を問題</u><u>にはしない。それが関心をもつのは、ただ一つ、1 労働日中に流動化させられうる労働</u><u>力の最大限のみである。資本は、労働力の寿命を短縮することによってこの目的を達成</u><u>する</u>のであって、それは、貪欲な農業経営者が土地の豊度の略奪によって収穫を増大させるのと同じである。」

（457 ／ 281）「<u>したがって、本質的に剰余価値の生産であり剰余労働の吸収である資本主義</u><u>的生産は、労働日の延長によって、人間的労働力の正常な精神的および肉体的発達と活</u><u>動との諸条件を奪い去るような人間的労働力の萎縮を生み出すだけではない。それは労</u><u>働力そのもののあまりにも早い消耗と死亡とを生み出す</u>。」

（457 ～ 458 ／ 281）「しかし、……資本が自己増殖をめざすその無制限な衝動のなかで必然的に追求する労働日の反自然的延長が、個々の労働者の生存期間、したがって彼らの労働力の持続期間を短縮するならば、<u>消耗した労働力のより急速な補填が必要</u><u>になり</u>、したがって、<u>労働力の再生産により大きな消耗費を計上する必要があるので</u><u>あって</u>、……<u>それゆえ、資本はそれ自身の利害によって一つの標準労働日を指向させら</u><u>れているかのように見える</u>。」

❷ （相対的）過剰人口

（463 ／ 284 ～ 245）「経験が資本家一般に示すものは、<u>絶えざる過剰人口</u>、すなわち<u>資本の</u><u>当面の増殖欲に比較しての過剰人口（相対的過剰人口）</u>である＊。……経験は、他面では、歴史的に言えばやっときのう始まったばかりの資本主義的生産が、いかに急速にかつ深く人民の力の生命源をおかしてしまったか……を賢明な観察者に示している。」

――――
　　＊「相対的過剰人口」の意味については第Ⅶ篇第23章第3節（1081／657）で説明される。

❸ "大洪水よ、わが亡きあとにきたれ！"
（464／285〜286）「"大洪水よ、わが亡きあとにきたれ！"これがすべての資本家およびすべての資本家国民のスローガンである。それゆえ、<u>資本は、社会によって強制されるのでなければ、労働者の健康と寿命にたいし、なんらの顧慮も払わない。</u>」

❹ 標準労働日の確立をめぐる闘争
（466／286）「<u>標準労働日の確立は、資本家と労働者とのあいだの数世紀にわたる闘争の成果である。しかし、この闘争の歴史は二つの対立する流れを示している。</u>」
（466／286）
　　・「われわれの時代のイギリスの労働者規制法――労働日を強制的に短縮する。」
　　・「14世紀から18世紀中葉すぎまでの諸法――<u>労働日を強制的に延長しようとする。</u>」

　　◇（468／287）「最初の『労働者規制法』（1349年、エドワード三世治下）」
　　◇（468／288）「1496年の法（ヘンリー7世治下）」
　　◇（469／288）「エリザベスの法（1562年）」
　　◇（469〜470／288〜289）「ウィリアム・ペティ」と「アンドルー・ユア」の見解
　　＊「労働者規制法」については、第Ⅰ部第Ⅶ篇にて再論→④分冊（1264／766）以下参照。

（472／290）「18世紀の大部分のあいだ、大工業の時代にいたるまでには、資本はまだ、イギリスで、労働力の週価値を支払うことにより労働者の一週間をまるまる領有することには成功していなかった。」
（477／292）〔原注124〕「<u>プロタスタント</u>は、伝統的な休日のほとんどすべてを仕事日に転化したことだけですでに、資本の発生史において一つの重要な役割を演じている。」
　➡ **マックス・ウェーバー『プロテスタンティズムの倫理と資本主義の精神』**（大塚久雄訳、岩波文庫、訳者解説参照）
（479／293）「資本の魂が1770年にはまだ夢として描いていた受救貧民のための「恐怖の家（Houses of Terror）は、数年後に、<u>マニュファクチュア労働者たちそのもののための巨大な「労役場」として出現した。それは工場と呼ばれた。そしてこんどは、理想が現実の前に生色を失った。</u>」

> **第6節　標準労働日獲得のための闘争。法律による労働時間の強制的制限。**
> **1833―1864年のイギリスの工場立法**

❶ 大工業の誕生と労働日
（480／294）「資本が労働日をその標準的な最大限界まで延長し、次いでこれを超えて12時間という<u>自然日</u>の限界にまで延長するのに数世紀を要したが、そのあとこんど

は、18 世紀の最後の三分の一期に大工業が誕生して以来、なだれのように強力で無制限な突進が生じた。風習と自然、年齢と性、昼と夜とのあらゆる制限が粉砕された。」

＊自然日＝日の出から日没まで。

（481 ～ 482 ／ 294 ～ 295）「……<u>彼ら（労働者階級）の抵抗が</u>、まずもって大工業の生国である<u>イギリスで始まった</u>。とはいえ、30 年間は、彼らによってかちとられた譲歩は<u>純粋に名目的なものにとどまった</u>。議会は、1802 年から 1833 年まで<u>五つの労働法</u>＊を公布したが、しかしきわめて狡猾にも、その強制施行や必要な官公吏などのために要する経費としてびた一文も可決しなかった。<u>それらは死文にとどまった</u>。」

〔原注 133〕フランスのばあい。1841 年 3 月 22 日の工場法が唯一のもの➡但し、実行されず。

＊五つの労働法──1802 年法、1819 年法、1825 年法、1831 年法、1833 年法

❷ 1833 年法〜 1864 年法

（482 ／ 295）「<u>1833 年の工場法</u>──木綿工場、羊毛工場、亜麻工場、および絹工場（以上主な輸出産業）を包括する──以後、近代産業にとって一つの標準労働日がようやく始まる。1833 年から 1864 年までのイギリスの工場立法の歴史以上に、資本の精神をみごとに特徴づけるものはない！」

（485 ／ 297）「この法がはじめは部分的に、次いで全面的に工場労働を規制した 10 年の間、<u>工場監督官たちの公式報告書</u>は、法の実施不可能にかんする苦情で満ちあふれている。」

❸ 人民憲章と 10 時間法

（486 ／ 297 ～ 298）「しかし、そのあいだに、情勢はすでにおおいに変化していた。とくに 1838 年以来、<u>工場労働者たちは、憲章（チャーター）を彼らの政治的な選挙スローガン</u>にするとともに、<u>10 時間法案を彼らの経済的な選挙スローガンにしていた</u>。」

（487 ／ 298）〔訳注＊ 1 〕「人民憲章」に留意➡〔補足説明❹〕。

❹ 工場主側の対応と事情・追加工場法成立（1844 年）

（486 ～ 487 ／ 298）

・違反者への対応
・穀物法廃止の援軍の必要 →〔訳注＊ 3 〕参照
・10 時間法採択の約束

（487 ～ 489 ／ 298 ～ 299）

・婦人労働者の保護
・リレー制度の細則
・工場児童の追加供給の保証措置

❺ 1846 ― 47 年の歴史的位置

（490 ／ 300）「1846 ― 47 年は、イギリス経済史で新紀元を画する年である。穀物法が撤廃され、綿花その他の原料にたいする輸入関税が撤廃され、自由貿易が立法の導きの星と宣言された！ 要するに、千年王国＊が始まった。他方、同じこれらの年にチャーティスト運動と 10 時間法運動とがその頂点に達した。……長らく熱望された 10 時間法案が議会を通過した。」

＊千年王国（千年説）＝『新約聖書』ヨハネ黙示録第 20 章「千年の支配」とその要旨 ――

　　わたしはまた、一人の天使が、底なしの淵の鍵と大きな鎖を手にして、天から降って来るのを見た。この天使は、悪魔でもサタンでもある、年を経たあの蛇、つまり竜を取り押さえ、千年の間縛っておき、底なしの淵に投げ入れ、鍵をかけ、その上に封印して、千年が終わるまで、もうそれ以上、諸国の民を惑わさないようにした。その後で、竜はしばらくの間、解放されたはずである。

　　わたしはまた、多くの座を見た。その上に座っている者たちがおり、彼らには裁くことが許されていた。わたしはまた、イエスの証と神の言葉のために、首をはねられた者たちの魂を見た。この者たちは、あの獣もその像も拝まず、額や手に獣の刻印を受けなかった。彼らは生き返って、キリストと共に千年の間統治した。その他の死者は、千年たつまで生き返らなかった。これが第一の復活である。第一の復活にあずかる者は、幸いな者である。この死者たちに対して、第二の死は何の力もない。彼らは神とキリストの祭司となって、千年の間キリストと共に統治する。」➡「キリスト再来の日に死んだ義人が復活して、地上の平和の国（千年王国）が建設され、一千年間キリストがこの国に君臨し、その後一般人の復活があって、最後に審判があるという信仰。」（『広辞苑』、岩波書店）

❻ 1847 年 6 月 8 日の新工場法

（490 ／ 300）
　　・「年少者」「婦人」の労働日を、48 年 5 月 1 日に 10 時間に制限。
　　・その他の点では、1833、1844 年の法の修正的追加でしかなかった。
（490 ／ 300）「資本は、1848 年 5 月 1 日におけるこの法の完全実施をさまたげるために、予備戦役を企てた。」

❼ 資本の側の「公然たる反乱」

（493 ～ 494 ／ 302）「資本の予備戦役は失敗に終わり、10 時間法は 1848 年 5 月 1 日に発効した。とはいえ、そうするあいだにも、チャーティスト党の大失敗……は、すでにイギリス労働者階級の自信を動揺させていた。その後まもなく、パリの 6 月蜂起と、その血ぬられた圧殺は、ヨーロッパ大陸においてもイギリスにおいても、支配階級のあらゆる分派……を、財産、宗教、家族、社会を救え！ という共同の叫びのもとに糾合した。労働者階級はいたるところで法の保護の外におかれ、破門され、『"容疑者逮捕法"』のもとにおかれた。したがって、工場主諸氏は気がねする必要はなかった。

彼らは、単に<u>10時間法にたいしてだけでなく、……全立法にたいしても公然たる反乱</u>
<u>を起こした</u>。それは"奴隷制擁護の反乱"の縮図であり、恥知らずな仮借なさをもって、
恐怖政治的な精力をもって、2年以上にわたって行なわれたのであった。」

――

〔訳注＊1〕1848年6月下旬のパリの蜂起とその後の推移については、マルクス『フランスにおける
　階級闘争――1848年より1850年まで』（『マルクス・エンゲルス全集』第7巻）参照。

❽ 工場法の効力

（494／302）「以下に述べることを理解するためには、<u>1833年</u>、<u>1844年</u>、および
　<u>1847年の工場法</u>は、そのうちの一つが他のものを修正しない限り、三つとも法律
　としての効力をもつということ、① それらはいずれも18歳以上の男子労働者の労
　働日を制限してはいないということ、さらに、② 1833年以来、朝の5時半から晩
　の8時半までの15時間の時限がずっと法律上の『昼間』であったのであり、③ こ
　の範囲内で、はじめは12時間、のちには10時間の年少者および婦人の労働が規定
　の諸条件のもとで行なわれるものとされたこと、そうしたことが想起されなければ
　ならない。」

❾ 資本の側の反逆

（496／303）「これらの楽しい示威運動ののち、<u>資本は</u>、1844年の法の条文に合致した、
　すなわち合法的な措置によって、<u>その反逆を開始した</u>。」
　　　　・児童労働と婦人労働の扱い――<u>1844年法の「制約」</u>
（499／305）「彼らはきわめて平然と、<u>法律の条文を飛び越え、彼らの一存でかつての制</u>
　<u>度をふたたび実施するであろうと工場監督官たちに通告した</u>。」
（501～506／306～308）「<u>州治安判事たち</u>」の法廷における力→〔原注157〕「州治安判事」
　＝「諸州の名士たち」「彼らは、事実上の領主裁判所を形成している。」
（506／308）「<u>2年間にわたる資本の反逆</u>は、イギリスの四つの最高裁判所の一つである
　"財務裁判所"の判決によってついに勝利の栄冠を与えられた。……《この判決をもっ
　て10時間法は廃止された。》これまでまだ年少者と婦人労働者たちにたいするリレー
　制度の適用をためらっていた多数の工場主も、いまやこれにとびついた。」

❿ 労働者側の反撃

（506～507／309）「しかし、資本のこの外観上の決定的な勝利とともに、ただちに一
　つの転換が起こった。<u>労働者たちは……公然たる威嚇的集会を開いて抗議した</u>。」
（507～508／309）「こうした事態のもとで、工場主たちと労働者たちとのあいだに<u>妥</u>
　<u>協が成立し、それが1850年8月5日の追加新工場法</u>のなかで議会により承認された。
　……（内容略）……これによって、リレー制度にきっぱりと結末がつけられた。児
　童労働については、1844年の法律が依然として有効であった。」
（508～509／309～311）「以前と同じように、こんどもある部類の工場主たちは、プ
　ロレタリア児童にたいする特殊な領主権を確保した。」➡絹工場主たち。

（511 ／ 311 ～ 312）「<u>1850 年の法</u>は、ついに 1853 年に、……<u>補完された</u>。このとき以来、わずかの例外をのぞいて、1850 年の工場法は、その適用を受ける産業諸部門において、<u>すべての労働者の労働日を規制した</u>。最初の工場法の発布以来、いまや半世紀が流れ去っていた。」

（513 ／ 313）「工場実力者たちが不可避的なものに順応し、それにたてつかなくなってから、資本の反抗力はしだいに弱まり、同時に他方では、直接には利害関係のない社会階層のなかで労働者階級の同盟者の数が増大するとともに彼らの攻撃力が増大した。<u>1860 年以来の比較的速い進歩は、そこから生じた</u>。」——

　　　　　　　　＊具体的内容は、（513 ～ 517 ／ 313 ～ 315）で注を含め要確認。

第7節　標準労働日獲得のための闘争。イギリスの工場立法が他国におよぼした反作用

❶ 歴史的事実から得られる結論

（517 ～ 518 ／ 315 ～ 316）「……これから先の展開を先回りして述べないでも、<u>単なる歴史的諸事実の連関から、次のような結論が引き出される</u>。

　　<u>第一に</u>、……変化した物質的生産様式と、それに照応して変化した生産者たちの社会諸的諸関係とは、<u>はじめには</u>〔労働日の長さの〕無制限な逸脱をつくり出し、次にはこれとは反対に、休憩時間を含めた労働日を法律によって制限し、規制し、画一化する社会的な抑制を呼び起こす。それゆえ、この抑制は、19 世紀の前半中は単に例外的立法としてのみ現われる。」

（519 ～ 520 ／ 316 ～ 317）「<u>第二に</u>——孤立した労働者、自分の労働力の『自由な』販売者としての労働者が、資本主義的生産がある一定の成熟段階に達すると抵抗できずに屈服するということ、……それゆえ、<u>標準労働日の創造は、資本家階級と労働者階級とのあいだの、長期にわたる、多かれ少なかれ隠されている内乱の産物なのである</u>。……<u>それは、まずもって、近代産業の祖国であるイギリスで演じられる。イギリスの工場労働者たちは、単にイギリスの労働者階級ばかりでなく近代的労働者階級一般の戦士であったのであり、同じくまた彼らの理論家たちも資本の理論に最初に挑戦したものである</u>。」

■ 解説　（520 ／ 317）〔原注 191〕「ロバート・オウエン評価」について

　「第一の空想」「第二の空想」「第三の空想」は、それぞれ、① 労働日の制限、② <u>生産的労働と児童の教育</u>、③ オウエンによって創設された「労働者の協同組合」を指していますが、その中で③については、「反動的なぺてんの仮面として役立っている」と述べられています。これは一見すると、オウエンに対する否定的・批判的評価のように読めるのですが、そうではありません。

　取り上げられているオウエンの主張は、それが世に登場した1820年代当初こそ「空想」と「嘲笑」され、批判が投げかけられていたものの、『資本論』第Ⅰ部が刊行された、約40年後の1860年代頃には、そうしたオウエンの主張は実現されており、<u>マルクスはオウエンの先見性を認めているのがこの原注の内容です</u>。

　それは、第13章第3節（697／425）の〔原注143〕、第9節（832／508）の本文、そして、（864〜865／526）の〔原注322〕の指摘等によって裏付けられます。

――――

　「第三の空想」の「反動的なぺてんの仮面として役立っている」に直接係わるのは上記の〔原注322〕です。まずこの〔原注322〕が付されている本文を確認しておきます。――――工場立法の一般化は、生産過程の物質的諸条件および社会的結合とともに、生産過程の資本主義的形態の諸矛盾と諸敵対とを、それゆえ同時に、新しい社会の形成要素と古い社会の変革契機とを成熟させる。」

　〔原注322〕そのものは以下の通りです。――――「ロバート・オウエンは協同組合工場と協同組合売店の父であるが、それでも、すでに述べたように、この孤立的な転換要素の意義について彼の追随者たちがもっていた幻想などを決してもっていなかったのであって、彼は自分の試みにおいて実際に工場制度から出発しただけでなく、理論的にも工場制度を社会革命の出発点であると宣言した。」

　「反動的なぺてんの仮面として役立っている」の文意は、オウエンの主張自体を「反動的なぺてん」と言っているのではなく、それが「仮面」として悪用されるほどまでに影響力を持っていることを述べたものです。マルクスは、オウエン自身と「彼の追随者たち」とを分けて評価していました。「追随者たち」とは、たとえば第Ⅵ篇第19章の冒頭部、（943／574）〔原注45〕で取り上げられ、批判されているジョン・ウォッツなどです。

　『共産党宣言』（1848年）での、オウエン等の「批判的・空想的な社会主義および共産主義」の評価には、手厳しいものがありました。しかし、当時のマルクスの資本主義経済についての研究は、緒についたばかりの未成熟なものであり、資本主義が胎内に育てる新しい社会の諸契機についての認識はまだ獲得されていませんでした。1840年代の諸文献は、この点を念頭において読む必要があるでしょう。マルクスの経済学研究は、ロンドン亡命後の1850年代から本格的に進められます。

❷ 他国への影響――8時間運動

（521／317〜318）「フランス」――イギリスとの比較

（522〜523／318）「北アメリカ合衆国」――「奴隷制の死から若返った新しい生命がすぐさま芽生えた。南北戦争の最初の成果は、7マイル長靴のような機関車の速さで、大西洋から太平洋まで、ニューイングランドからカリフォルニアまで広がった8時間運動であった。」➡ ボルティモア全国労働者大会（1866年8月）の「宣言」➡ （524／319）〔訳注＊2〕要参照。

（523／319）ジュネーヴにおける『国際労働者大会』（1866年9月）の決議――「われわれは、労働日の制限が、それなしには他のすべての〔改善と〕解放の試みが失敗に終わらざるをえない先決条件であると言明する。……われわれは、労働日の法定の限度として8労働時間を提案する。」

❸ 労働日を明確にする意義

（524 〜 525 ／ 319 〜 320）「わが労働者は生産過程にはいったときとは違うものとなって、そこから出てくるということをわれわれは認めなければならない…… (中略) ……《譲ることのできない人権》のはでな目録に代わって、法律によって規制された労働日というつつましい、"大憲章"が登場する。それは、《労働者が販売する時間がいつ終わり、彼ら自身のものとなる時間がいつ始まるかをついに明瞭にする》。なんとひどく変わったことか！」

（526 ／ 320）〔原注 201〕「労働者自身に属する時間と彼の事業主に属する時間がついにはっきり区別されたことは、さらにいっそう大きな利益である。いまや労働者は、彼が販売する時間がいつ終了し、自分自身の時間がいつ始まるかを知っている。そして、彼はこのことをまえもって正確に知っているのであるから、自分自身の時間を自分自身の目的のために予定することができる。」(『工場監督官報告書。1859 年 10 月 31 日』、52 頁)。

　「それら」(工場法)「は、彼ら〔労働者たち〕を自分自身の時間の主人にすることによって、彼らがいつかは政治権力を掌握するにいたることを可能にする精神的エネルギーを彼らに与えた」(同上、47 頁)。抑えた皮肉ときわめて慎重な表現を用いて、工場監督官たちは、現在の 10 時間法は、資本家をも、資本の単なる化身として彼に固有な生来の野蛮性からある程度解放し、彼に若干の「教養」のための時間を与えたということをほのめかしている。以前には、「事業主は貨幣以外のための時間はまったく持たなかったし、労働者は労働以外のための時間はまったく持たなかった」と (同上、48 頁)。

——

＊　なお以下を参照。「時間は人間の発達の場である。思うままに使える自由時間をもたない人間、睡眠や食事などをとる純然たる中断時間は別として、その全生涯が資本家のための労働に吸い取られている人間は、けだものにも劣るものである。」(「賃金・価格・利潤」『マルクス・エンゲルス全集』第 16 巻、145 頁。『賃労働と資本／賃金、価格および利潤』新日本出版社〈科学的社会主義の古典選書〉、170 〜 171 頁)

＊＊　W.　シェイクスピア (1564 〜 1616)『ハムレット』第 4 幕第 4 場での、ハムレツトの独白——「人間とは一体、なんだ。食っては寝るだけが人生の能だとしたら？　畜生とどこが違う？　前を見、後ろを見、それで物事を考え計画する、そんな知力をふんだんに人間に授けてくださった方は、この能力、神のごとき理性が、まさに使われずに黴を生やすなどとは、思ってもいらっしゃらなかったに違いない。……」(野島秀勝訳、岩波文庫、225 頁)

♬コーヒー・ブレイク：マルクス一家のシェイクスピア好き

マルクスとその家族のシェイクスピア好きはよく知られています。──①「シェイクスピアがマルクスの家族のバイブルであったこと」（大塚金之助『人類文化の遺産について』所収、1974年、極東書店刊のニュース別冊『新しいメガ』）、② 1860年代のマルクスの「告白」中の「好きな詩人」に、**シェイクピア**、アイスキュロス、ゲーテを挙げていること、③『シカゴ・トリビューン』の通信員が1878年12月にマルクスに会見した際の「報道文」の一節＝「私は、目にちょっと触れたマルクスの書棚の本を読者諸君にお伝えする……すなわち、シェイクスピア、ゲーテ、ディケンズ、モリエール等々」がそのことを示しています。＊──（エンゲルスを含め）『資本論』でも多くの箇所でシェイクスピアの作品に言及しています。以下はその一覧。──

＊江夏美千穂『「資本論」の中の引用文献にかんする研究』（第三出版、2003年、262～263頁）

①　第Ⅰ部「**第4版への序文**」（エンゲルス）（53／45）「彼は、〈巧みな攻撃〉において、このように身がまえ、このようにその剣の尖をつきつけたが、＊」＊（『**ヘンリー四世**』第一部、第二幕、第四場）

②　**第Ⅰ部第Ⅰ篇第1章第3節**（81／62）「商品の価値対称性は、どうつかまえたらいいかわからないことによって、寡婦のクィックリーと区別される。」（**同上、第一部、第三幕、第三場**）

③　**同上、第4節**（142／98）「ここで、あのお人よしのドッグベリーを思い出さない人があろうか。彼は夜番のシーコウルに教えて語る──〈……〉」＊（『**から騒ぎ**』第三幕、第三場）。
➡第1章第4節❽の【余話】参照。

④　**同上、第3章第2節（a）「商品の変態」**（183／122）「商品は貨幣を恋い慕うが、まことの恋が平穏無事に進んだためしはない。」（『**夏の夜の夢**』第一幕、第一場）

⑤　**同章第3節(a)「蓄蔵貨幣」**（223～224／147）〔原注91〕（『**アセンズのタイモン**』第四幕、第三場）

⑥　**同上、第Ⅱ篇第4章「貨幣の資本への転化」**（288～289／183）「人間は、地上に現れた最初の日と同じように……しなければならない。」（『**お気に召すまま**』第二幕第七場）

⑦　**同上、第Ⅲ篇第8章「労働日」第5節「標準労働日のための闘争……」**（473／290）〔原注121〕中の、「話にならぬほどひどい統計的おしゃべり屋であるポロウニアス・アーサー・ヤング……」（『**ハムレット**』に出てくるおしゃべりな侍従長）

⑧　**同章第6節「標準労働日のための闘争……」**（497／304）「……証文どおりの違背金をお願い申し上げておるんです」（『**ヴェニスの商人**』第四幕、第一場、シャイロックの台詞。）

⑨　**同章、同節**（497～498／304）同上、「さよう、その胸だ。ちゃんとそう証文にある。」シャイロックの台詞。

⑩　**第Ⅳ篇第13章機械と大工業第4節工場**（734～737／447）〔原注190〕「この判決は、〈"偉大な無給者"〉である地方のドッグベリーたちによってではなく、ロンドンで、最高法廷の一つによってくだされたのである。」（『**から騒ぎ**』）

⑪　**同章9節「工場立法……」**（840／513）〔原注307〕「生命をつなぐ私の財産をお取りになるんじゃ、私の生命をお取りになるのも同じことよ」（『**ヴェニスの商人**』第四幕、第一場。シャイロックの台詞）

⑫ 第Ⅲ部第Ⅴ篇「利子と企業者利得への…」第 26 章「貨幣資本の蓄積。……」（730 ～ 731 ／ 437 ～ 438）「富は奢侈の原因であるが、奢侈は富に破壊的に作用する。このずる賢いやつめ！　この塵あくた貴族である……」（『ジョン王』第四幕、第三場）

⑬ フランス語版第Ⅷ篇「本源的蓄積」第 27 章「農村民からの収奪」フランス語版 405 頁「独立農民階級であり、シェイクスピアの〈誇り高き農民〉であるヨーマンリーは……」（『リチャード三世』・『ヘンリー五世』に使用されている表現）

⑭ 第Ⅰ部第Ⅶ篇第 24 章「いわゆる本源的蓄積」第 4 節「資本家的借地農業者の生成」（1273 ／ 772）〔原注 228〕『……W・S という頭文字のジェントルマン著』。この著作は……久しくシェイクスピアの著とされ……彼の名で刊行された。」が別人と判明。

⑮ 同上、第Ⅲ篇第 7 章「剰余価値率」第 3 節「シーニア……」（389 ／ 242 ～ 243）「いつか諸君の〈最後とき〉が現実にやってくるとき、オックスフォードの教授のことを思いたまえ。では、あの世でもっとおつき合いを深めよう。"さようなら！"……と。」（『お気に召すまま』第一幕、第二場の台詞の意訳）

⑯ 同上、第 8 章「労働日」第 6 節「標準労働日のための闘争」（498 ～ 499 ／ 304）上記⑧⑨の文言の後の〔原注 152〕の中に「十銅板表のシャイロック的な法律はここに由来する！……」と記し、それに続く本文「児童労働を規制する限りで、……シャイロック的に固執することは……」と述べている。（『ベニスの商人』）

＊ちなみに、『資本論』で引用されているゲーテの作品は以下の 7 点です。――『ズライカへ』、『魔王』、『ファウスト』、『教理問答』、『クルゥデネル』、『私たちのもたらすもの』、『ヴィルヘルム・マイスターの徒弟時代』。以上は、福留久大「『資本論』の沙翁引用」（九州大学『経済学研究』84 巻、2・3 号 2017 年 9 月）に拠る。

補足説明❶：「工場監督官」について

（1）工場監督官制度の導入

1833 年工場法――「この法律の正式名称は、『連合王国の工場の児童および年少者の労働を規制する法律』といい、綿工場のみでなく繊維関係の工場すべてに規制範囲を拡大し、18 歳未満の者の 1 日 12 時間以上、1 週 69 時間以上の労働と夜業（午後 8 時半から午前 5 時半）を禁止し、絹工場以外での 9 歳未満の児童の就業禁止と、11 歳未満の児童の 1 日 9 時間、1 週 48 時間以上の労働禁止を定めました。

しかしこの法律がそれ以前の法律ともっとも大きく異なっている点は、工場監督官という制度を設けたことで、これまで治安判事＊の片手間仕事であった工場査察を、工場監督官という有給の専門職にゆだね、これに大きな権限をあたえたことでした。

「この法律（工場法）の特別の番人である内務大臣直属の工場監督官たちが任命されていて、その報告書が半年ごとに議会の名によって公表される。それらの報告書は、したがって剰余労働にたいする資本家の渇望の継続的かつ公式の統計を提供する。」（407 ～ 408 ／ 254）

さらにこの法律は、工場で働く児童を 1 日最低 2 時間学校にかよわせるという義務を工場主に課し、いわば義務教育制度の先駆となったことにも注目しておかねばならない。」

（浜林正夫・鈴木幹久・安川悦子共著『（古典入門）エンゲルス・イギリスにおける労働者階級の状態』有斐閣、1980 年、87 〜 88 頁）との指摘もあります。

（2） ジェントルマンであるものとないもの——ジェントルマンは「優しい紳士」ではなかった

　日本では、ジェントルマンという言葉は、「優しく気品がり、裕福そうでスマートな中高年」を意味するもののごとくに用いられています（これは一昔前の話？）。しかし、もともとは次のような意味を持つ言葉でした。——

　「近世、近代を通じて、イギリス社会を大きく二つに分かつ区分線は、ジェントルマンであるものとないものとの間にひかれてきた。ジェントルマンは、《支配する少数者》として、一貫して社会の最上層の身分を占め、地方にあっては治安判事＊として、中央においては官職保有者や両議会の議員として政治・行政にたずさわり、国教会や軍隊の枢要な地位に就いて、統治に当たってきた。」（村岡健次・川北稔編著『イギリス近代史』ミネルヴァ書房、1986 年、106 頁）

　「これらの《州治安判事》、すなわち、W・コベットの名づける《“偉大な無給者”》は、諸州の名士たちたちからなる一種の無給治安判事＊である。彼らは、事実上、支配階級の領主裁判所を形成している。」（502 ／ 306、〔原注 157〕）

　「……イングランド（とウェイルズ）の工場監督官たちは、大臣は法律を停止する独裁権はもってはいないと宣言し、“奴隷制擁護”の反乱者にたいする訴訟手続きを続行した。とはいえ、裁判官たち、すなわち“州治安判事たち”＊が無罪判決をくだしてしまうならば、いくら法廷に召喚してもなにになったろうか？　これらの法廷においては、工場主諸氏が自分自身を裁判したのである。……（中略）……《この種の裁判の茶番劇は》——と監督官ハウエルは叫んでいる——《矯正手段を切実に要求している。……一般にこのような場合には……法律をこれらの判決に適合させるか、それとも法律に適合する判決をくだすようなもっと誤りない法廷に法律を執行させるか、そのいずれかである。いかに有給治安判事が要望されることか！》」（同上、500 〜 501 ／ 305 〜 306）——

　　＊治安判事：「一般に、絶対王政の特徴として、官僚制と常備軍を国王の絶対権力の支柱とする中央集権国家があげられる。しかし、この一般論はチューダー絶対王政にはあてはまらない。中央政府には官僚が存在したが、地方には有給官僚制は成立しなかった。地方行政は、無給の治安判事あるである土着のジェントリに委ねられている。」（村岡・川北、前掲書、21 〜 22 頁）

（3） 工場監督官は労働基準監督官の前身

　「労働基準監督官の前身は工場監督官で、1833 年の工場法によって最初に有給で、専門に監督官が任命された。……（中略）……それまでの工場法は、いずれも有給の工場監督官制を設けていなかったため、使用者によって無視され、事実上死文に等しい状況にあった。この（新たな）監督官は、工場法の違反を防止し、摘発するために工場への立ち入り調査権を持ち、また、工場地域の住民の状態を調査し、その改善策を提案するために、政府に定期的に報告書を提出した。……労働条件の改善と向上に大きく貢献した。」（『ジャポニカ大百科事典』小学館、1974 年）

補足説明❷：労働基準法の労働時間規制

労働基準法での労働時間は、第4章第32条（労働時間）に次のように規定されています。

「使用者は、労働者に、休憩時間を除き一週間について40時間を超えて労働させてはならない。

2　使用者は、一週間の各日については、労働者に、休憩時間を除き一日について8時間を超えて、労働させてはならない。」

——労働時間は、このように、一週間単位、一日単位ごとに制限されています。その場合、第32条の労働時間とは、どのように規定されているのでしょうか。——それは、労働者が使用者の明示または黙示の指示によって、使用者の指揮命令下に置かれている全時間を指します。労働時間に該当するかどうかは、労働者の行為が、使用者の指揮命令系統下に置かれたと評価することができるかどうかによって客観的に定まります。労働契約、就業規則、労働協約等の定めの如何により決定されるのではありません。

たとえば、休憩時間は労働時間に含まれませんが、もし休憩時間であっても、使用者の一定の指揮命令系統下に置かれている場合は、休憩時間とは見なされず、その時間は労働時間に含まれます。休憩時間中の来客への対応、電話への対応や、いつでも労働できる待機状態にある時間（タクシー運転手の「客待ち時間」など）は、一定の場所に拘束されている以上、労働時間に含まれます。

なお、①労働基準法に定められた労働時間を法定労働時間、②就業規則などに決められた労働時間から休息時間を除いた時間を所定労働時間、③法定労働時間または所定労働時間のいずれか長い時間を超えた時間外労働の時間を法定外労働時間、④所定労働時間を超え法定労働時間未満の時間を所定外労働時間ということがあります。また、⑤就業時間は、労働時間、特に所定労働時間の意味で用いられます。そして、⑥労働時間を1日当たりに割り振った場合の1日単位を「労働日」と言います。

補足説明❸：ドイツの児童労働の実態

『関税同盟新聞』の記事から

　19世紀のドイツを代表する経済学者として**フリードリッヒ・リスト**（1789〜1846）がいます。〔先発国〕イギリスの輸出攻勢から、いかにして〔後発国〕ドイツの産業と経済を守り発展させるかに心血を注ぎ、みずから事業（炭鉱・鉄道建設）を起こすとともに、世論を喚起するためジャーナリストとしても活躍した、破天荒の人物でした。ジャーナリストとして欧米各国の新聞・雑誌に健筆をふるっただけでなく、自ら『関税同盟新聞』（1843〜49）を発行、8年間で通算339号に達しました（各号16頁）。この『関税同盟新聞』には、リストが世界中の50を優に超える新聞・雑誌から採録した「雑録」という欄が用意され、**各国の情報が満載されました**。──諸田實著『『新聞』で読む黒船前夜の世界』（日本経済評論社、2015年5月）が、当の「雑録」の内容から、「黒船前夜の世界」を知るための貴重な情報を提供しています。『間税同盟新聞』の内容の詳細が、わが国で初めて明らかになりました。

　以下では、19世紀半ばの**イギリスの「工場法」下での児童労働について、『資本論』も伝えていない過酷な実態**を報じた箇所を紹介しておきましょう。なお（　）内は『関税同盟新聞』の発行年・号数です。

──

　「**「工場の労働時間の制限に賛成する集会」**（1847年第2号）はエジンバラで開かれた大規模な集会を伝えている。この集会では労働力の酷使を憤る声が出たが、いままでに知られていなかった《2つの事実》が明らかにされた。
　一つは、両親が働いている間、家に残された幼児の《運命》である。幼児の面倒は大抵近所の年寄りが見るが、乏しい食事、わずかなミルクで餓死寸前で、泣き止まない幼児を黙らせるために《**アヘンを混ぜた水薬**》を与えて眠らせる習慣があった。両親も承知のこの習慣が幼児の肉体を蝕んだことは言うまでもない、マンチェスターのある商人は1人で毎週この《睡眠薬》を少なくとも80ガロン（1ガロンは約4.5リットル）を売っているという＊。
　もう一つは工場で働く6歳にもならない児童に与えた罰で、リーズのマーシャル氏の紡績工場での話である。監視人が眠そうな児童を働かせるために鞭を振り回し、それでも効かなければ**工場の隅にある水槽に頭をつけて眠気を冷ます**、というのである。この記事の筆者は、法律より世論の力でこれらの悪習を正すには、工場主が販路の閉塞のために操業時間の制限を考えている現在がその時だ、と《人間性》（世論）と《利益》（工場主）とが手を携えて進むことに期待を寄せている。」（諸田實、前掲書、166〜167頁）

──

　＊大量のアヘンが、アジア（特に清国）から輸入されていたことを裏付けるものです。

補足説明❹：「人民憲章（People's Charter）について」

　チャーティスト運動というと、参政権獲得のための運動＝政治運動が想起されます。それは間違いではありませんが、それに尽きる運動ではありませんでした。後に詳しく触れるように、それは《ナイフとフォーク》（よい暮らし、労働時間の短縮等）の問題を含む運動でした。運動の全体像を以下の諸資料で掴んでください。――都築忠七編『資料イギリス初期社会主義資料――オーエンとチャーティズム』（平凡社、1975年、247～265頁）に載っているものです。――

○ 議会の下院にイギリス人民の正当な代表を準備するための法律の概要。
　・普通選挙権
　・財産資格制限撤廃
　・１年制議会
　・平等代表
　・議員有給制
　・秘密投票の諸原則を採用する。
　国会議員６名、ロンドン労働者協会員６名、計12名からなる委員会により作成され、連合王国の人民に宛ててこれを発表する。……
　労働者協会から大ブリテンおよびアイルランドの急進的改革者へ。
　以下の経緯と趣旨についての説明文は略……
　（末尾）同胞諸君よ、敬意をこめて。　　労働者協会会員
　会員にかわり、委員会が以下署名する。
　12名の名前。
　1838年5月6日

○ 人民憲章（本文――項目のみ）
　前文
　・本法通過のとき以降、この国の全男子住民は、議員選挙のための投票権をもつ。ただし以下の条件に従うものとする。
　・選挙区
　・登録担当委員（選挙管理人、選挙管理人代理、登録係官等とその職務）
　・登録手続き
　・推薦手続き
　・選挙手続き
　・議会の任期
　・議員の俸給
　・辞任と死亡
　・罰則
　＊　チャーティストたちが要求した普通選挙権は、その後1867年から1918年に至る３回の改正で成人男子に実現し、婦人参政権は1928年に至ってようやく実現した。

補足説明❺：「チャーティスト運動綱領（1851 年）」──抜粋

＊都築忠七編、前掲『資料集』（461 ～ 467 頁）

1851 年 3 月 21 日月曜日に始まる数日間、ロンドンで開催されたチャーティスト会議で採択される。

チャーティスト組織の発展を助長し、他の全ての政治組織ないし混ぜ物からこの組織を区別し、力の及ぶ限りすべての階級の間に政治的社会的組織を広めることが、チャーティスト・コンベンション（国民会議）の最高の義務である。

一、そこで以下のように決議する。チャーティズムをよりよく再編成するために──

（一）現在民衆の前に提示されている参政権措置案は、そのいずれをとってみても（人民憲章に盛り込まれているものを除き）、また全体としても、……労働者階級を現在よりもさらに無力な状態におくであろう。そこで<u>憲章全体について、その獲得のために運動が展開されねばならない</u>──<u>6 カ条のどれを欠いても、残余の諸点はその効用を損なわれるだろう。</u>……

（二）（三）（四）──略

二、<u>都市や教区の権力は、民衆の手にゆだねられるべき</u>であり、地方の諸問題に関する公民権剥奪は、参政権の制限と同じく不正である。そこで以下のように決議する。……

三、さらに次のように決議する──<u>人民憲章のための運動を労働組合のあいだに展開し、相互に助け合うことにより両運動を強化すべきである。</u>

四、農業諸州は諸地区に分割され、農業経営者や農業労働者のために小冊子や提言を準備し、発行する。……

さらに国民会議は、次のような見解をとる ──チャーティスト運動に対する同情を喚起する最善の方法は、すべての苦しむ階級がチャーティズムのなかに彼らの希望達成の手段を見出すことができるように、彼らの苦情に対するチャーティズムの関係を明らかにすることである。……

国民会議は以下の見解をとる──<u>政治的変革は、社会的改革を伴うのでなければ有効ではない。</u>チャーティスト運動は、社会的知識を伴うのでなければ、完全な失敗に終わるであろう。……

したがって<u>チャーティスト組織は、非抑圧者の擁護者として前面に立つべきであり、苦労するすべての階級は、それぞれこの組織のなかに彼らの苦難を正す擁護者を見出すべきであり</u>──<u>それは、現在孤立している労働者階級の各組織を一つの共通の基盤の上に糾合する繋ぎ目の環になるべきである</u>……

このようなすべての孤立した、しかし実際には同質的な利益の統一者として立ち、<u>幾百万の人々を一つの凝縮した集団に結合させ、100 年にわたって眠れる心を呼び起こし、このようにして集積された力を正しい方向に進めることが、この人民委員の義務であり、努力すべき事柄である。</u>

国民会議は、このことの真実に深い感銘を受け、チャーティズムを政治組織として明確に 保持しながら、……同時に次の諸原則に一般の注意が向けられるよう勧告する。

　以下に追加する改良措置を、それぞれ関係する階級に提示する。チャーティスト組織に対する彼らの支持を、これらの改良を理由に懇請する。これらの改良を、継続的な運動の主題とする。

Ⅰ　土地

　本会議は、土地が全人類の不可欠の相続財産であり、したがって現在の土地と鉱物の独占は、神と自然の法に矛盾するものであると信ずる。土地の国有化が、国民的繁栄の唯一の真の基礎である。

　この究極目標に到達する目的をもって、以下の諸施策を順次、立法府に督促することを決議する。……

Ⅱ　教会

　宗教は自由たるべきこと。精神的なものとして宗教は、世俗の管理に服すべきではない。したがって会議はつぎの勧告を行なう。

　（一）　教会と国家の完全な分離
　（二）　教会の財産は、すべて世俗的目的のための国民財産である旨、宣言する。
　（三）（四）（五）──略

Ⅲ　教育

　人はすべて、その身体的生活の手段に対して権利を持つのと同じく、精神的活動の手段にも権利を持つ。……

Ⅳ　労働法

　労働は、国民の富の創造者であり、そうしたものとして国民の繁栄の最も重要な要素である。それにもかかわらず、……これまで労働が資本の奴隷であり、自由のあらゆる原則と矛盾する賃金奴隷制の下で呻吟してきた。

　低く押さえられた現状から労働を高めるために、賃金奴隷制をできるだけ速やかに廃止し、協同の原則を発展させる目的で、次の施策を提案する。……

Ⅴ　救貧法

　労働することが万人の義務であるのと同じく、万人は労働の手段に対し権利を持つ。そして病弱や老齢のため労働できない者は、国家の手から扶養を受ける権利を持つ。……

Ⅵ　課税──略
Ⅶ　国債──略
Ⅷ　陸軍──略
Ⅸ　海軍──略
Ⅹ　民兵──略
追加事項──通貨、新聞──略

補足説明❻：エンゲルスの評価（『イギリスにおける労働者階級の状態』）

　「（1）……エンゲルスはまず、……プロレタリアートの状態から、労働者は〈ブルジョアジーに対する憎悪と反抗をつうじてしか、自分の人間性を救うこと〉ができない状態にある、との総括的結論を引き出し、その反抗が、（イ）労働者個人の、犯罪という〈最初の、もっとも未熟で、もっとも無益な形態〉から始まり、（ロ）機械の導入に対する、労働者階級としての、しかし地域的・散発的な暴力的反抗（ラダイト運動）という形態を経て、（ハ）〈結社の自由〉の権利を認めた〈団結禁止法〉の撤廃（1842年）をテコとした労働組合の結成によって新しい段階を画することになったとし、労働組合とそれが行なうストライキ闘争の意義と限界について分析している。

　ここでの労働組合は、鈴木幹久氏が指摘されているように、〈徒弟制を基盤として、手工業職人が、それぞれの職業ごとに……結束した労働組合の一形態〉たる〈クラフト・ユニオン〉であったが、その目的と意義は、〈労働者をブルジョアジーの暴虐と無視〉から守り、〈力として雇主と交渉〉し、賃金水準の維持・向上、雇用の保障と失業者の救済を図ることにある、とエンゲルスは捉える。しかし同時にエンゲルスは、〈小さなばらばらに作用する〉ブルジョアジーの個別の攻撃などに対しては強力とはいえ、賃金や雇用は〈労働市場における需要供給の関係によってきまる〉という経済法則＝〈競争の法則〉の作用の貫徹を、労働組合は如何ともし難いという、労働組合とストライキ闘争の経済闘争としての限界を指摘する。その上でなおかつエンゲルスは、……そうした経済闘争レベルの意義と限界を超えた思想的・政治的意義を重視し、それを押し出していること、『状態』の分析の特徴として着目すべきである。──労働組合とストライキ闘争は、（イ）〈競争を廃止してしまおうとする労働者の最初の試み〉たる点にその〈独自の重要性〉があること、（ロ）ストライキの頻発は、両階級のあいだの〈社会戦争〉の〈決戦〉が近付いていることの確実な証拠であること、ストライキは、〈労働者の兵学校〉であり、そこで労働者は〈避けることのできない大闘争の準備〉をする、というのがすなわちそれである。

　（2）労働運動についてのおよそ以上のような考察ののち、エンゲルスは、チャーティズムと社会主義・共産主義運動の問題の考察に論歩を進める。
　まずチャーティズムについての分析と評価である。1835年（「定説」では1836年──訳者注）に発足したチャーティズムの本質について、エンゲルスは次のように明快に規定する。──チャーティズムは、〈全労働者階級〉の〈ブルジョアジーにたいする反対（の意志）を緊密に統合した形態である〉こと、すなわち〈人民憲章〔People's Charter〕〉（6ヵ条、1838年起草）の内容は、直接的には下院改革の要求を連ねた政治的運動であるが、その内容は〈ナイフとフォーク〉の問題、〈よい住宅、よい飲食物、よい暮らし、短い労働時間〉を要求する〈社会的性質〉を持った運動、〈政治的権力は……手段であり、社会的幸福が……目的であること〉を〈標語〉とする運動であったと。
　チャーティズムは、とはいえ、当初から労働者階級による、そうした社会的性質を明確にした運動であったわけではない。……運動の発展は、大きくは二段階に区分される、とエンゲルスは捉えている。すなわち、（イ）発足時の、労働者階級と急進ブルジョアジー

との連携が成立している段階から、（ロ）提携の解体＝二つの党派への分裂（1842年末と43年1月の国民集会起点）へと、という二段階である。分裂は、運動の要求実現のためには革命をも辞さないとする労働者の決意と行動……に対するブルジョアジーの恐怖、ならびに10時間法案獲得、新救貧法反対、穀物法撤廃等の、階級的利害が問われる問題での意見の分裂と対立、がその要因であり、この分裂により、チャーティズムは〈純粋な、あらゆるブルジョアジーの要素から解放された〉労働者の事業となったのに対し、急進的ブルジョアジーはその敵対者になっていった。そして到来する次の恐慌（1847年恐慌）期に、労働者階級は〈自分たちの憲章を成就するであろう〉。」――以上がエンゲルスのチャーティズム論の要諦である。

　（3）チャーティズムがここまでの内実を持った運動に到達していたとすれば、〈社会主義への接近はたちがたいいきおいにある〉と言わざるをえない。しかし、翻って〈イギリス社会主義〉の実情を顧みれば、（イ）〈国内に入植地〉において〈財産の共有制度をしだいにとりいれること〉等を〈提案〉し要求するがごとき社会主義であり、ロバート・オーエンを〈源泉〉とするそれであったこと、（ロ）この社会主義は、説得力に乏しい〈抽象的原理〉を掲げまた〈抽象的人間の発達だけしか認め〉ないため、〈現実の歴史的発展を〉を無視して国民を〈すぐさま共産主義的な状態におきたい〉と願い、（ハ）しかも〈平和的説得〉のみを手段としそれ以外を拒否する、といった〈ていたらく〉のために、労働者階級にとっての共有財産たりえない、というのがエンゲルスの評価であった。そしてこれを乗り越えるのは、プロレタリアートがチャーティズムを通り抜け、〈プロレタリア社会主義〉に到達すること、社会主義とチャーティズムが〈合同〉することによってであり、それはすでに部分的にはじまっているきわめて〈近い将来〉の問題であること、イギリスの労働者階級はまもなくイギリスの支配者となるであろう、とエンゲルスは展望する。」
（拙著『マルクス・エンゲルスの思想形成』創風社、1997年、296〜298頁）

――――

　＊「イギリスにおける労働者階級の状態」は『マルクス・エンゲルス全集』第2巻（大月書店）所収のほか、浜林正夫訳・解説『イギリスにおける労働者階級の状態』（上・下、新日本出版社、科学的社会主義の古典選書シリーズ）がある。参考文献としては、浜林正夫・鈴木幹久・安川悦子著『古典入門・イギリスにおける労働者階級の状態』（有斐閣新書、1980。のちに、学習の友社、1995）が有益。本文中の「鈴木幹久氏の指摘」もその中のもの。またチャーティスト運動の研究については、①古賀秀男著『チャーティスト運動の研究』（ミネルヴァ書房、1975）、②『チャーティスト運動の構造』（同上、1994）等がある。特にチャーティトとマルクス・エンゲルスの関係については、上掲書①第6章が詳しい。
　＊＊なお補定説明❺の「チャーティスト運動綱領」は、アーネスト・ジョーンズ（「二つの党派」に分裂した中の左派のリーダー）が起草したものであるが、マルクスがその作成・練り上げに「直接協力」していたことが明らかにされている。

質問への回答

Q 質問1

（434／268）の訳注3、「救貧法は、イギリスの<u>貧民救済と取り締まり</u>を目的とした……」とありますが、貧民救済の側面は、社会保障の始まりとなりえたのでしょうか？

回答1

まず、<u>救貧法</u>（Poor Low）から見ていきましょう。幾つかある中で、<u>1601 年の救貧法</u>と 1834 年の新救貧法がよく知られています。

（1）<u>1601 年エリザベス救貧法制定</u>（旧救貧法➡ 1834 年改正＝新救貧法）

「①救貧事業の単位を<u>教区</u>とする。②教区には<u>貧民監督官</u>をおき、彼らには、<u>救貧税</u>を徴収し労働不能者を施設に収容し、その子弟を《教区徒弟》として徒弟に出すことなどを義務づける。③また労働可能な貧民にはしかるべき素材を購入して働かせるが、これを拒否する者は矯正院または牢獄に送ることも規定されている。④救貧院、作業所等への《収容》が中心となっている点（<u>院内救助</u>）や労働可能な貧民つまり失業者や浮浪者が<u>犯罪者</u>とみなされている点に、のちの救貧思想とは相容れない部分もあるが、これが《不況の時代》に対応しようとした<u>社会政策</u>であったことはまちがいない。⑤なお、この旧救貧法体系は、失業者の離村を阻止しようとした 1662 年の<u>定住法</u>によって補完され、また産業革命期には……<u>賃金補助（院内救助）</u>制度によって、その性格をかなり変えながら、1843 年まで維持される。」（村岡健次、川北実編著『イギリス近代史』ミネルヴァ書房、1986 年、15 〜 16 頁）

———

　＊「主として中間階級に属したピューリタンは……エリザベス絶対王政批判のリーダーとなっていく。<u>救貧法は貧者に関するピューリタンの《思想革命》を背景にもっている</u>。つまり、中世カトリック、またイングランド国教会の伝統的な《清貧》、《貧乏の祝福性》の思想が捨てられ、神に《選ばれた者》の経済的繁栄と《呪われた者》の乞食という思想が、カルヴィニストのピューリタンによって主張された。修道院解散による《社会革命》とあいまって、その<u>修道院慈善の対象となってきた貧者に対する慈善思想を、ピューリタンが根本的に転換させた。労働の尊さを強調する思想体系の成立である</u>。」（同上、29 頁）

（2）<u>1834 年救貧法改正</u>（新救貧法）

「①労働可能な貧民を<u>救貧院（強制作業場）</u>に収容して救済する（<u>院内救助➡院外救助禁止、市民権剥奪</u>）方式がまた採用された。この改正が行われたのは、②一つには、救貧院の著しい増大が、地主をはじめとする納税者の大きな負担となるにいたっていたからであるが、③それと合わせてそこに、貧民階級の労働力を自由・低廉な労働市場に放出し、工業化の発展のために活用しようという<u>ブルジョア自由主義の意図</u>が働いたことによっている。④それが証拠に、この改正によって、救貧院には、《劣等処遇の原則》なるものが適用され、救貧院の生活条件は<u>扶助をうけないで自活する最下層労働者の生活</u>

条件以下の水準へと大幅に切り下げられた。……⑤この結果、貧民たちは、以後劣悪この上ない救貧院に行くのが嫌なら、自活して働かねばならない境遇に身を置くことになったのであった。⑥なお従来、イギリスの救貧制度は、教区ないし教区連合を単位にまったくの地方行政として運用されてきたが、この改正を機会に、中央に救貧法委員会なる機関が創設され、それが地方行政としての救貧制度を、中央集権的に監督することになった。この改正は、近代イギリスの特色ある自治としての地方行政が、国の監督をうけるようになった最初の例ということができる。」（同上、37〜38頁）

  ＊『イギリスにおける労働者階級の状態』におけるエンゲルスの認識は次のようでした。――

    「マルサスの人口理論（『人口論』初版、1798年）において、《問題となるのは、過剰な人口をどうしてやしなうか、ということではなくて、どうしてそれをあれやこれやの方法で、可能なかぎり制限するか、ということなのである》。したがって、実践上では、救貧基金は無意味だという結論になる。

    1832年の選挙法改正によって力を得たブルジョアジーは、さっそく1833年に、議会に委員会を設けて、救貧法の改正に着手した。1601年以来の旧救貧法は、《まだ素朴にも、貧乏人の生計について配慮するのは教区の義務である、という原則から出発していた》が、マルサス主義者の委員たちは、旧救貧法を、《工業の妨害物》、《人口の増加にたいする刺激》、《怠け者……を保護するための国家制度》、《資本の蓄積を組織的に妨げ、現存する資本を解体させ、納税者を破産させる》ものと断罪し、1834年、新救貧法が成立した。それらによって、現金または生活手段による救済はすべて廃止され、貧民労役所（workhouse）にはいらないかぎり救済を受けることができなくなった。その貧民労役所は、文字通り《救貧法バスティーユ（牢獄）》であって、そこの居住者は、ほんものの監獄にはいりたいばかりに、しばしば《故意になにかの犯行をおかす》ほどであった。エンゲルスは、その牢獄ぶりを（……）十数例取り出している。貧民が、これらのバスティーユに入るよりも餓死するほうを好む理由がそこにある。こうして新救貧法は、《無産者は、ただ有産者から搾取されるためにしか存在せず、また有産者が自分たちを利用することができなくなったら、ただ餓死するためにしか存在するにすぎない》ということを、あからさまに主張し、実践したのである。だが、そのために新救貧法はまた、労働運動、ことにチャーティズムの普及に重大な貢献もしたのである。」（浜林、鈴木、安川共著『古典入門・イギリスにおける労働者階級の状態』有斐閣、1980年、171〜172頁）

  社会保障（social security）という用語は、社会福祉＋公衆衛生を包括します。内容は国によってさまざまですが、日本の現行制度について言えば、社会保障制度の①「中核」は「各種の社会保険制度」より成り、②それを「補完」するものとして「公的扶助制度」があります。

  ①「中核」の「社会保険制度」には、年金保険、医療保険、雇用保険、労災保険、介護保険があり、財源は「税＋国民負担の保険料」です。②「公的扶助制度」としては、「生活保護制度」があります。この財源は租税のみです。「救貧法」は、財源が租税ですから、②の「公的扶助制度」にあたります。その意味では、「社会保障制度」の（貧弱な）初期形態といえるでしょう。

Q　質問2

　(524 〜 525 ／ 319 〜 320)「わが労働者は生産過程にはいったときとは違うものになって、そこから出てくるということをわれわれは認めねばならない。……なんとひどく変わったことか！」について、何がどのように変わったのか教えてください。

1．労働者が商品（労働力）所有者として、売り手として自由・対等・平等だったのが、資本に従属した奴隷状態であること、
2．労働者は自分自身の時間の主人公になること、でしょうか？

回答2

　労働力商品の売買契約を結ぶ、流通過程（労働力市場）においては、資本（買い手）と賃労働者（売り手）は、対等・平等の関係にあると見なされましたが（第4章）、契約が終わり、資本家に先導されて生産過程に入る時の賃労働者の「顔つき」は、「まるで自分の皮を売ってしまってもう革になめされるよりほかにはなんの望みもない人のように、おずおずといやいやながら」(301 〜 302 ／ 191) といってよいようなものになっていると（第4章の結びで）描写したことを、マルクスは意識していて、それとの対比で、引用されたパラグラフを第8章の結びにおいています。

　苛酷な労働条件（特に長時間労働）の下での労働に対して、労働者同士が「結集し、階級として」それに抵抗・反撃することなくしては、命と生活を守ることができないことを、闘いを通して学んだ賃労働者たちの「顔つき」は、生産過程に入る間際の（落胆した）「顔つき」とは、別人（闘う労働者！）のようになっている、と言うことを述べたのが、質問された文章（それを含んだパラグラフ）です。

第9章　剰余価値の率と総量

❶ 三つの「法則」

（529／321〜322）「**第一の法則**」——「生産される剰余価値の総量は、前貸しされる可変資本の大きさに剰余価値率を掛けたものに等しい。」

（531〜532／323）「**第二の法則**」——「労働者総数または可変資本の大きさ〔の減少〕を剰余価値率の増大または労働日の延長によって埋め合わせることには、超えることのできない制限がある。……平均労働日の絶対的制限」

（532〜535／324〜325）「**第三の法則**」——「相異なる諸資本によって生産される価値および剰余価値の総量は、労働力の価値が与えられており、労働力の搾取度が等しい大きさであるならば、これらの資本の可変的構成部分の大きさに、すなわち、生きた労働力に転換される資本構成部分の大きさに、正比例する。」——

「この法則は、外観を基礎とするすべての経験と明らかに矛盾している。……この外観上の矛盾を解決するためには、なお多くの中間項が必要なのであるが＊1……」

——

〔訳注＊1〕〔この外観上の矛盾は、とくに本著、第Ⅲ部、第Ⅱ篇「利潤の平均利潤への転化」で解決される。〕

❷ 貨幣が資本に転化しうる額

（536／326）「……貨幣または価値のどんな任意の額でも資本に転化できるわけではなく、**この転化のためには、むしろ、一定の最小限の貨幣または交換価値**が、個々の貨幣所有者または商品所有者の手にあることが前提とされる。」

＊（537／326〜327）「資本家と労働者とのあいだの中間物」＝「手工業小親方」の資本家への転化をくいとめる中世の「同職組合制度」➡第Ⅰ部第Ⅳ篇、（623／380）を参照。

（539／327）「個々の貨幣所有者または商品所有者が蛹から**一人前の資本家になるために自由に処理しえなければならない価値額の最小限**は、資本主義的生産の発展段階が異なるにつれて変化し、また一定の発展段階にあっても、生産部面が異なればその部面の特殊な技術的諸条件に応じて異なる。」

❸ 資本による賃労働の支配

（540〜541／328）「生産過程の内部では、資本は、労働に対する……指揮権にまで発展した。……資本は、さらに、……一つの強制関係にまで発展した。そして、他人（賃労働者）の勤勉の生産者として、剰余労働の汲出者および労働力の搾取者として、資本は、エネルギー、無節度、および効果の点で、直接的強制労働にもとづく従来のすべての生産体制を凌駕している。」

（541 ／ 328 〜 329）「<u>資本は、まずもって、歴史的に与えられるままの技術的諸条件をもって労働を自己に従属させる</u>＊。こうして、資本は、直接には生産様式を変化させない。それゆえ、これまでに考察した形態での、<u>労働日の単なる延長による剰余価値の生産は、生産様式そのもののいかなる変化にもかかわりなく現われた。</u>」

＊下線部のような労働の資本への従属を「<u>資本による労働の形式的包摂</u>」という。「<u>資本による労働の実質的包摂</u>」は機械制大工業のもとで可能となる➡第Ⅳ篇第13章。

❹ 生産手段（死んだ労働）と生きた労働の関係の転倒

（541 〜 542 ／ 328 〜 329）「<u>生産過程を労働過程の見地から考察すれば、労働者は資本としての生産諸手段に関係したのではなく、彼の目的に即した生産諸活動の単なる手段および材料としての生産諸手段に関係したのである。</u>……<u>生産過程を価値増殖過程の見地から考察するやいなや、事情は別になる。生産諸手段はただちに他人の労働の吸収のための手段に転化した。もはや労働者が生産諸手段を使うのではなくて、生産諸手段が労働者を使用する。</u>……（中略）……<u>貨幣の、生産過程の対象的諸要因すなわち生産諸手段への単なる転化が、生産諸手段を、他人の労働および剰余価値にたいする法律的権原および強制的権原に転化させる。</u>資本主義的生産に独自であってそれを特徴づけているこの転倒、実にこの死んだ労働と生きた労働とのあいだの、価値と価値創造力とのあいだの関係の逆転が、どのように資本家たちの意識に反映するかを、最後になお一つの例（略）で示しておこう。」

♬コーヒー・ブレイク：青年フリードリッヒ・エンゲルス

　　エンゲルスは、1820年、ドイツ・ラインラント地方のバルメンに生まれ、マルクスより2歳年下でした。マルクスの生誕地トリーアとはわずかな距離です。ギムナジウム中退（37年、17歳）後、商業都市ブレーメンで約2年半、商業見習いをし、41年〜42年兵役義務を果たしたエンゲルスは、帰途ケルンにてモーゼス・ヘスと出会い、歴史観の旋回、思想的跳躍の手がかりを得、はやくも幾つかの論文を書き上げています。42年（22歳）、父親の出資する、マンチェスターの「エルメン・エンゲルス商会（綿糸の生産・販売事業）」の仕事に就くため渡英、その途中ケルンでマルクスとはじめて顔を合わせました。マンチェスターでは、チャーティストやオーエン主義者と交わり、「産業革命」真っ只中のイギリス資本主義の矛盾の解明と、労働者階級の状態の掌握に力を注ぐようになりました。その成果が、「国民経済学批判大綱」（1844年、『独仏年誌』掲載、24歳）であり、『イギリスにおける労働者階級の状態』（1845年刊、25歳）です。45年頃から社会革命の運動に合流。47年「共産主義者同盟」の綱領草案『共産主義の信条』執筆、48年マルクスとともに（同盟の綱領）『共産党宣言』を公刊（28歳）。49年、マルクスについでロンドンに亡命。50年「エルメン・エンゲルス商会」の仕事のためマンチェスターへ移動（30歳）。── 青年エンゲルスの主な軌跡のスケッチです。

　　「国民経済学批判大綱」と『イギリスにおける労働者階級の状態』、特に後者は、『イギリスの十時間法案』とならび、『資本論』においても参照すべき文献として評価され引用もされていることは既に見てきたところです。公刊当時は、マルクスに先んじた経済学の研究として、マルクスの経済学研究の先導役を果たしたほどの内容でした。〔青年期においては、「第一バイオリン」を弾いたのはむしろエンゲルスの方だ、と評する研究者もいるほどです。〕

第Ⅳ篇　相対的剰余価値の生産

第 10 章　相対的剰余価値の概念

◎ 本章の主題

（545 〜 546 ／ 331）「労働日のうち、資本によって支払われた労働力の価値の等価物だけを生産する部分は、これまでわれわれにより不変の大きさとみなされたのであるが、それは、与えられた生産諸条件のもとでは、社会の、与えられている経済的発展段階においては、事実、不変の大きさである。労働者は、この必要労働時間を超えて、さらに2時間、3時間、4時間、6時間など、労働することができた。剰余価値率および労働日の大きさは、この延長の大きさいかんで決まった。必要労働時間は不変であったが、総労働日は反対に可変であった。

　いま1労働日をとって、その大きさと、その必要労働と剰余労働とへの分割が与えられているものと想定しよう。たとえば線分 ac、すなわち

　　　　　a—————b——c

は、12 時間労働を表わし、そのうち ab 部分は 10 時間の必要労働を表わし、ｂｃ部分は2時間の剰余労働を表わすとしよう。では、ａｃをこれ以上延長せずに、あるいはａｃのこれ以上の延長とはかかわりなしに、どのようにして剰余価値の生産が増大されうるか、すなわち剰余労働が延長されうるか？」このことを解明するのが本章の主題です。

　このテーマ迫るために、① 労働力商品の価値を低下させるための生産方法の変革（新生産方法の導入）、② 個別諸資本の「競争」による「特別剰余価値の発生と消滅のメカニズム」、③「例外的な生産力の労働は、力能を高められた労働として作用するか」、といった問題が焦点になります。➡章末にある「補足説明」をよく理解してください。

❶　労働力（商品）の価値

（546 ／ 332）「剰余労働の延長には、必要労働の短縮が対応するはずである。……変化するのは、労働日の長さではなく、必要労働と剰余労働とへの労働日の分割なのである。」

（546 〜 547 ／ 332）①「他方、剰余労働の大きさは、労働日の大きさが与えられ、労働力の価値が与えられていれば、明らかにおのずから決まる。労働力の価値、すなわち労働力の生産に要する労働時間は、労働力の価値の再生産に必要な労働時間を規定する。」

（547 ／ 332）②「生活諸手段の価値が定まれば、彼の労働力の価値が定まり、彼の労働力

の価値が定まれば、彼の**必要労働時間の大きさが定まる。**」

（547〜548／333）③「**労働者の賃銀を彼の労働力の価値以下に引き下げること**……そうなると、彼の労働力の萎縮した再生産しか行なわれない。……この方法は、……労働力もまた、まったく価値どおりに売買されるという前提に立っているので、**考察から除外されている。**」

＊上記①②③の３点の内容は、既に第Ⅱ篇第４章第第３節「労働力の購買と販売」、特に②分冊、（291〜296／185〜187）頁以下で説明されていたことの再確認です。

❷ 労働力（商品）の価値低下

（548／333）「このことが前提される以上、労働力の生産または労働力の価値の再生産に必要な労働時間が減少しうるのは、……労働力の価値そのものが低下するからにほかならない。」

（549／333）──例：**必要労働時間が10時間➡9時間に1/10低下**
「労働力の価値が1/10だけ低下するということは、……以前に10時間で生産されたのと同じ分量の生活諸手段が、いまでは９時間で生産されるということを条件とする。……**このことは労働の生産力が増大しなければ不可能である。**」

❸ 生産方法の変革

（549〜550／333〜334）「**ここで労働の生産力の増大と言うのは、一般に、ある商品を生産するために社会的に必要な労働時間が短縮され、……より少ない分量の労働がより大きな分量の使用価値を生産する力を獲得する導因となるような、労働過程でのある変化のことである。**……いままで考察した形態における剰余価値の生産にあっては、生産方法は与えられたものと想定されていたのであるが、必要労働を剰余労働に転化することによって剰余価値を生産するためには、資本が、労働過程をその歴史的に伝来した姿態または現在の姿態のままで支配下におき、ただその継続時間を延長するだけというのでは、決して十分ではない＊。……**労働の生産力の増大によって労働力の価値を低下させ、こうしてこの価値の再生産に必要な労働日部分を短縮するためには、資本は、労働過程の技術的および社会的諸条件を、したがって生産方法そのものを変革しなければならない。**」

＊「いままで……決して十分ではない」については、前章の、②分冊、（541／328〜329）３行目、「資本はまずもって、歴史的に与えられるままの技術的諸条件をもって労働を自己に従属させる。こうして資本は、直接には生産様式を変化させない」を要再確認。──これを「**資本による労働の形式的包摂**」といった。

◎ 絶対的剰余価値と相対的剰余価値

（550／334）「**労働日の延長によって生産される剰余価値を、私は絶対的剰余価値と名づける。**これにたいして、**剰余価値が、必要労働時間の短縮およびそれに対応**

> する労働日の両構成部分の大きさの割合における変化から生じる場合、これを、私は相対的剰余価値と名づける。」

❹ 労働力（商品）の価値を低下させるための生産方法の変革

（550 ～ 551 ／ 334）「労働力の価値を低下させるためには、労働力の価値を規定するような生産物、したがって慣習的な生活諸手段の範囲に属するか、さもなければそれらに代わりうるような生産物を生産する産業諸部門を、生産力の増大がとらえなければならない。」

◎ 個別諸資本の「競争」による特別剰余価値の発生と消滅のメカニズム

（552 ～ 554 ／ 335 ～ 337）「相対的剰余価値生産を理解するために、それも、われわれがすでに自分のものとした諸成果だけにもとづいて、次の点を指摘しておきたい。」

　　──以下そこに示されている計算例の要点。

Ⅰ　当初の 1 個の商品の価値

① 1 労働時間の労働➡6 ペンスの新価値を創造〔12 時間で 72 ペンス＝ 6 シリング〕
② 生産手段の旧価値移転：6 ペンス
③ 12 労働時間で生産された商品：12 個
④ 1 個の商品の価値➡①＋②＝ 6 ＋ 6 ＝ 12 ペンス（1 シリング）〔12 個で 12 シリング〕

Ⅱ　新生産方法の導入により、労働の生産力 2 倍加した場合の商品の価値

① 12 時間で生産された商品：24 個
② 1 個当たりの新価値：6 シリング÷ 24 ＝ 3 ペンス〔72 ペンス÷ 24 ＝ 3 ペンス〕
③ 生産手段の旧価値移転は不変＝ 6 ペンス
④ 1 個の商品の価値➡②＋③＝ 3 ＋ 6 ＝ 9 ペンス〔24 個だと 216 ペンス＝ 18 シリング〕

Ⅲ　特別剰余価値の発生

① 1 個の商品の個別的価値（9 ペンス）は、その社会的価値（12 ペンス⇐社会的必要労働時間数の労働の対象化）より低いが、個別的価値（9 ペンス）より 3 ペンス高い社会的価値（12 ペンス＝ 1 シリング、24 個で 24 シリング）で売られる。
② 商品の社会的価値（12 ペンス＝ 1 シリング）と個別的価値（9 ペンス）の差額の 3 ペンスが、商品 1 個当たりの特別剰余価値として取得される。
　➡特別剰余価値総額は 3 ペンス× 24 ＝ 72 ペンス（6 シリング）
③ 24 個の商品の「市場圏」の制約から 1 個 10 ペンスで販売。
　➡この場合の特別剰余価値は 1 ペンス
　➡特別剰余価値総額は、1 ペンス× 24 ＝ 24 ペンス（2 シリング）
④ このことが、個々の資本家をして、それぞれの労働の生産力を高め、商品をより安くしようとする「競争」に駆り立てる「推進的動機」となる（競争の強制法則の貫徹！）ことに留意。

（554 〜 556 ／ 336 〜 338）「（このように）個々の資本家にとっては、労働の生産力を高めることによって商品を安くしようとする動機が実存する。それにもかかわらず、この場合でさえも、剰余価値の増大は必要労働時間の短縮とこれに対応する剰余労働の延長とから生じる。」──以下そこでの計算例の要点。

Ⅰ．当初の想定

① 必要労働時間 10 ──労働力商品の価値＝ 5 シリング（60 ペンス）
② 剰余労働時間　2 ── 剰余価値＝ 1 シリング（12 ペンス）
③ 新価値＝①＋②＝ 6 シリング（⇐ 12 労働時間の労働が対象化）

Ⅱ．新生産方法の導入

① 24 個の商品× 10 ペンス＝ 240 ペンス（240 ÷ 12 ＝ 20 シリング）で販売
　　・生産手段の旧価値移転 12 シリング（⇐ 1 個当たり 6 ペンス× 24 ＝ 144 ペンス÷ 12）
　　・新価値＝ 8 シリング（⇐ 12 労働時間の労働が対象化）
② 新価値の 8 シリングは、労働力商品の価値 5 シリング＋剰余価値 3 シリング（⇐ 1 シリングの m ＋ 2 シリングの特別 m）の構成に変化（v：m ＝ 5：3）
③ 12 労働時間のうち、必要労働時間は、10 時間から 7.5 時間に減少し、剰余労働時間は 2 時間から 4.5 時間に増加する（7.5 時間：4.5 時間＝ 5：3）

Ⅲ．特別剰余価値の消滅

（555 〜 556 ／ 337 〜 338）①「例外的な生産力の労働は、力能を高められた労働として作用する──すなわち、同じ時間内に、同じ種類の社会的平均労働よりも大きい価値をつくりだす。……（中略）……そのため、改良された生産方法を用いる資本家は、同業の他の資本家たちよりも、労働日のより大きい部分を剰余労働として取得する。彼は、資本が相対的剰余価値の生産にさいして一般的に行なうことを、個別的に行なうのである。しかし他面、この新しい生産方法が普及し、それにともなって、より安く生産された諸商品の個別的価値とその社会的価値との差が消滅するやいなや、右の特別剰余価値も消滅する。

　　② 労働時間による価値規定の法則は、新しい方法を用いる資本家には、彼の商品を社会的価値以下で売らなければならないという形態で感知されるのだが、この同じ法則が、競争の強制法則として、彼の競争者たちを新しい生産方法の採用にかり立てる。したがって、一般的剰余価値率が、結局、全過程を通じて影響を受けるのは、労働の生産力の向上が、生活必需品の生産諸部門をとらえた場合、すなわち、生活必需品の範囲に属し、それゆえ労働力の価値の諸要素を形成している諸商品を安くした場合に限られる。」

（557 ／ 338）「……商品を安くするために、そして商品を安くすることによって労働者そのものを安くするために、労働の生産力を増大させることは、資本の内在的な衝動であり、不断の傾向である。」

補足説明：労働の生産力の発展と相対的剰余価値の生産について

　労働の生産力の発展と相対的剰余価値の生産に関して、留意しておくべき点について補足の説明を行っておきます。──

　① 労働の生産力の発展が賃労働者の生活必需品を生産する生産諸部門において行われる場合は、<u>直接に労働力商品の価値低下に作用し</u>、それらの消費財生産諸部門に、原料・機械等の生産手段を提供している生産諸部門において行われる場合は、<u>間接に労働力商品の価値低下に作用します</u>。

　② このように、労働の生産力の発展が労働力商品の価値低下に、したがってまた相対的剰余価値の増大に寄与する仕方と度合いは、生産諸部門によって異なりますが、これらの生産諸部門のそれぞれにおける併行的な労働の生産力発展の総和により、労働力商品の価値低下➡相対的剰余価値の増大が図られていきます。

　③ 特別剰余価値の獲得をなしえている限り、その資本家は、「<u>資本が相対的剰余価値の生産において一般的に行うことを、個別的に行うのである</u>」（555／337）ことについて、以下の例示を確認して下さい。

【例示：同一産業部門に五つの個別資本がある場合】
資本A　個別的価値（１個９ペンス）＜社会的価値（12ペンス）との差額３ペンスを
　　　　プラスの特別剰余価値として取得する➡３ペンス×24個＝72ペンス（＋6
　　　　シリング）
資本B　<u>個別的価値＝社会的価値（12ペンス＝１シリング）の商品を12個生産</u>
資本C　個別的価値（１個15ペンス）＞社会的価値（12ペンス）の差額３ペンスの
　　　　<u>マイナスの特別剰余価値を負う。</u>（－３）×８個＝－24ペンス（－２シリング）
資本D　資本Cと同じ　　　　　　　　　　　　　　－24ペンス（－２シリング）
資本E　資本Cと同じ　　　　　　　　　　　　　　－24ペンス（－２シリング）

【以上において留意すべきこと】
　① 新しい生産方法の導入により「例外的な生産力をもつ労働は、力能を高められた労働として作用する」ことにより、それを導入した個別資本（上の例ではA）は特別剰余価値（１個当たり３ペンス➡24個で72ペンス＝6シリング）を取得するが、しかし、その特別剰余価値の分だけ<u>社会的総価値の増加があるわけではないこと</u>。

　② 当該個別資本（A）は、社会的価値（新生産方法導入以前の旧い社会的価値よりも低下した新たな社会的価値）と、新生産方法導入による個別的価値との差額を特別剰余価値（ΔM＝6シリング）として取得する反面、旧生産方法のままの他の個別諸資本（C、D、E）は、旧い社会的価値と等しいそれらの商品を個別的価値と、新たな社会的価値との差額だけの、<u>剰余価値の減少（－ΔM＝6シリング）</u>を負うことを余儀なくされている、という<u>個別諸資本間の（プラスのΔMと、マイナスのΔMの相殺という）相互関係が成立していること</u>。

　③ 『資本論』の叙述が、「……<u>より大きい価値を作り出す</u>」「<u>彼によって生産される剰余</u>

価値」という表現になっているため、社会的総価値の「純増」があるようにも読めるのですが、しかし、そのように読んでしまうと、生産力が社会的標準以下の（旧い生産方法のままの）資本の生産する商品の、社会的価値以上の個別的価値が社会的価値水準に「引き下げられた分の価値を失う」という問題の処理ができなくなること。——『資本論』のこの叙述はそうした解釈を誘発する問題を含んでいるといわざるを得ないこと。

　以上の三点ですが、<u>以下、例示に即してより具体的な説明をしておきます</u>。

　ⓐ「生産力優位」の資本Aが、24個の商品（価値18シリング）を生産➡商品1個10ペンスの価格での販売を経て、<u>最終的に取得する販売代金は</u>、10ペンス×24個＝240ペンス➡<u>20シリングになります</u>。20シリングの内訳：生産諸手段から移転した<u>旧価値</u>＝12シリング、<u>新価値</u>＝8シリング。
　ⓑ この結果から、次の諸点が導き出されます。——
　㋑ 1日の労働時間12時間と労働力商品の日価値5シリングは<u>不変</u>と前提されていることから、<u>剰余価値は、新価値8シリング－労働力商品の日価値5シリング＝3シリング</u>となること（<u>V：M＝5：3</u>）⇐資本Aが「生産力優位」になる前は、新価値6シリング＝労働力商品の日価値5シリング＋剰余価値1シリング（<u>V：M＝5：1</u>）
　㋺ V：Mの比は、労働時間の構成と表裏一体の関係があり、<u>V：Mの比の変化は労働時間の構成の変化を規定します</u>。➡12労働時間中、必要労働時間10＋剰余労働時間2（5：1の比）であったものが、必要労働時間7.5＋剰余労働時間4.5（5：3の比）に変化します。➡第Ⅲ篇第7章参照。

1労働日＝12労働時間、新たに創り出された新価値は、<u>旧では6シリング、新では8シリング</u>

　ⓒ「生産力優位」の資本Aは、そのことによって「生産力劣位」の他資本（C、D、E）が作り出した剰余価値の一部を<u>△特別剰余価値（Extramehrwert）</u>として「<u>市場</u>」を通<u>じて取得する</u>という関係が、個別諸資本間にあること、そのため、「生産力優位」に立つための、新生産方法の導入をめぐる、熾烈な・死活的な競争を個別諸資本は「強制」されていることを、『資本論』は明らかにしています。
　資本Aが取得する新価値の増、剰余価値の増、その結果としてのV：Mの比の変化、それに規定された必要労働時間と剰余労働時間の比の変化＊は現実のものとなります。

＊上述したように、必要労働時間の短縮は、労働者の生活諸手段の価値が、それらを生産する諸企業において生産力が向上したことにより低下した結果であることは言うまでもありませんが、「改良された生産方法を用いる資本家は、同業の他の資本家たちよりも、労働日のより大きい部分を剰余労働として取得する。彼は、資本が相対的剰余価値の生産にさいして一般的に行なうことを、個別的に行なうのである」（555／337）ことを再度確認してください。

　ⓓ　この点について、「力能を高められた労働」は、資本Ａが24個の商品を生産できるようするだけで、資本Ａが「より大きな価値を作り出す」とする根拠にはならないし、資本Ａの必要労働時間の短縮をもたらすわけではないのでは、という「批判」（疑問）が寄せられています。これについては、『資本論』の叙述にも原因があるように思われます。
　「例外的な生産力は、力能を高められた労働（potenzierte Arbeit）として作用する」➡「同じ時間内に社会的平均労働よりも大きな価値を作りだす。」——この文章を読む限りでは、質問者の懐く疑問はもっともなことと思われますが、「生産力劣位」の資本Ｃ、Ｄ、Ｅの方には、社会的価値（gesellshaftlicher Wert）よりも大きな個別的価値（individueller Wert）を持った商品を生産しながらも、その価値をそのまま取得することができず、価値の一部が減じられ喪失してしまう（−Δ特別剰余価値・欠損価値）という問題が生じており、資本ＡによるΔ特別剰余価値の取得と、資本Ｃ、Ｄ、Ｅの側の−Δ特別剰余価値の発生とは、ワンセットで整合的な説明が求められる関係の問題になっています。

　五つの資本全体が生産した商品の価値総額が、資本Ａの獲得したΔ特別剰余価値の分だけ「純増」したと理解することは、ⓘ五つの資本全体の生産した商品の価値総額もその分増大し、社会的（平均）価値の数字もふくらむという結果を招くとともに、ⓥ資本Ｃ、Ｄ、Ｅの減じられ喪失した価値部分の行先が分からなくなります。
　——「例外的な生産力」は、その下での労働を、「力能を高められた労働として作用」させ、「同じ時間内に社会的平均労働よりも大きな価値を作り出す」という記述は、「躓きの石」にもなりかねない「危うさ」を孕んでいる、と言わざるを得ません。「例外的な生産力」の下での、「力能を高められた労働は、（その具体的有用的労働としての属性の働きによって）、生産される商品の数量を12➡24と増大させるべく作用することを示すのであり、「社会的平均労働よりも大きな価値（純増）を作り出す」と捉えることは誤解を生じさせます。この点、要注意です。

第11章　協業

◎ <u>主題の提示</u>（10章最末尾）

（560／340）「労働の生産力の発展は、資本主義的生産の内部では、労働日のうち労働者が自分自身のために労働しなければならない部分を短縮し、まさにそのことによって、労働日のうち労働者が資本家のためにただで労働することのできる他の部分を延長することを、目的としている。<u>このような結果が、諸商品を安くしないでもどの程度達成されうるかは、相対的剰余価値の特殊な生産諸方法において示されるであろう。いまやわれわれは、その生産諸方法の考察に移ることにする。</u>」

❶ 資本主義的生産の出発点

（561／341）<u>「より多数の労働者が、①同時に、②同じ場所で（同じ作業場でと言ってもよい）、③同じ種類の商品を生産するために、④同じ資本家の指揮のもとで働くということが、歴史的に概念的にも資本主義的生産の出発点をなしている。生産方法そのものについて言うと</u>、たとえば初期のマニュファクチュアは、……同職組合的な手工業的工業と区別されるものはほとんどない。同職組合の親方の仕事場が拡張されているだけである。したがって、区別はさしあたり単に量的である。」

（562〜564／341〜343）「それにもかかわらず、ある限度内では、変化が生じる。価値に対象化されている労働は、社会的平均的な質の労働であり、したがって、平均的労働力の発揮である。……（中略）……<u>個々の生産者が資本家として生産し、多くの労働者を同時に使用し、こうしてはじめから社会的平均労働を動かすようになるときに、はじめて価値増殖の法則が、一般に、個々の生産者にたいし、完全に実現されるのである。</u>」

❷ 共同で消費される生産諸手段➡生産諸手段の節約

（565〜566／343〜344）「労働様式が変わらない場合でも、より多数の労働者を同時に使用することは、労働過程の対象的諸条件における<u>一つの革命を引き起こす</u>。……生産諸手段の一部分は、いまや労働過程で共同で消費される。……<u>共同で消費される生産諸手段は、個々の生産物に、より少ない価値構成部分を引き渡す</u>。なぜなら、<u>一つには</u>、それらの生産諸手段が引き渡す総価値は、より多量の生産物に同時に配分されるからであり、<u>また一つには</u>、それらの生産諸手段は、個々別々に使用される生産諸手段に比べれば、確かに絶対的にはより大きな価値をもって生産過程にはいるのであるが、しかし、それらの作用範囲を考えれば、相対的にはより小さい価値をもって生産過程にはいるからである。そのために、<u>不変資本の価値構成部分は低下し</u>、したがってこの価値構成部分の大きさに比例して、<u>商品の総価値もまた低下する</u>。……生産諸手段の使用におけるこの節約は、多くの人々が労働過程で生産諸手

195

段を共同で消費することからのみ生じる。」

◎ 協業

（567／344）「同じ生産過程において、あるいは、異なっているが連関している生産諸
　　過程において、肩をならべ一緒になって計画的に労働する多くの人々の労働の形
　　態が、協業と呼ばれる。」

❸ 協業の生産力
（567／345）「個々別々の労働者の力の機械的な合計は、多数の働き手が、分割されて
　　いない同じ作業で同時に働く場合……に展開される社会的力能とは、本質的に違っ
　　ている。……ここで問題なのは、協業による個別的生産力の増大だけではなくて、そ
　　れ自体として集団力であるべき生産力の創造である。」
（568／345〜346）「多くの力が一つの総力に融合することから生じる新しい力能は別
　　としても、たいていの生産的諸労働の場合には、単なる社会的接触によって、生気（“動
　　物精気”）の独自な興奮と競争心とが生み出され、それらが個々人の個別的作業能力
　　を高める……このことは、人間は生まれながらにして、……社会的動物であるとい
　　うことに由来している。」
（570／347）「労働過程が複雑であれば、一般に労働する人々が多数であるというだけで、
　　さまざまな作業を異なった人手のあいだに配分することができ、それゆえ諸作業を同時
　　に行ない、これで総生産物の生産に必要な労働時間を短縮することができる。」

❹ 結合労働日とその独特の生産力
（571／347）「多くの生産部門には、決定的な瞬間、すなわち、労働過程そのものの本
　　性によって規定された時期があり、その間に一定の労働成果が達成されなければな
　　らない。……（例示略）……この場合、効果が適時のものとなるかどうかは、多くの結
　　合労働日が同時に使用されるかどうかにかかっており、……。」
（572／348）「一方で、協業は、労働の空間的部面の拡大を可能にする。……他方、協業は、
　　生産の規模に比べて、生産の場を空間的に縮小することができる。このように、労
　　働の作用部面を拡大しながら同時に労働の空間部面を縮小することによって多額の空費
　　が節約されるのであるが、この縮小は、労働者の結集、さまざまな労働過程の集結、お
　　よび生産諸手段の集中から生じる。」

（573／348〜349）「結合労働日は、それと同じ大きさの、個々別々の個別的労働
　　日の総和と比較すると、より大量の使用価値を生産し、それゆえ一定の有用効
　　果を生産するのに必要な労働時間を減少させる。……（中略）……いずれの場合
　　にも、結合労働日の独特な生産力は、労働の社会的生産力または社会的労働の生
　　産力である。それは、協業そのものから生じる。労働者は、他の労働者たちとの
　　計画的協力のなかで、彼の個人的諸制限を脱して、彼の類的能力を発展させる。」

❺ 個別資本の最小限の大きさ

(574 〜 575 ／ 349 〜 350)「協業する労働者の総数または協業の規模は、まず第一に、個々の資本家が労働力の購入に支出できる資本の大きさに、……依存している。さらに、不変資本についても、可変資本の場合と事情は同じである……かなり多量の生産手段が個々の資本家の手に集中することは、賃労働者たちの協業の物質的条件であり、協業の範囲または生産の規模は、この集中の範囲に依存する。……個別資本のこの最小限の大きさは、分散しかつ相互に独立する多くの個別的労働過程を一つの結合された社会的労働過程に転化させるための、物質的条件として現われる。」

❻ 資本の指揮機能＝搾取機能

(575 〜 576 ／ 350)　「多数の賃労働者の協業とともに、資本の指揮は、労働過程そのものを遂行するための必要事項に、現実的生産条件に発展する。……」

「……指揮、監督、および調整というこの機能は、資本に従属する労働が協業的なものになるやいなや、資本の機能となる。この指揮機能は、資本の独特な機能として、独特な特性を持つようになる。」

(576 ／ 350 〜 351)「資本家の指揮は、……社会的労働過程の搾取の機能であり、それゆえ搾取者とその搾取原料〔労働者〕とのあいだの不可避的敵対によって条件づけられている。同様に他人の所有物として賃労働者に対立する生産諸手段の範囲が増大するとともに、生産諸手段の適切な使用を管理する必要も増大する。さらに、賃労働者たちの協業は、資本が彼らを同時に使用することの単なる結果である。……それゆえ、彼らの労働の連関は、観念的には資本家の計画として、実際的には資本家の権威として、彼らの行為を自己の目的に従わせる他人の意志の力として、彼らに対立する。」

〔原注 21〕と〔訳注＊1〕ロッチデイル協同組合に留意。→第Ⅲ部（656 〜 659 ／ 401 〜 402）頁参照。マルクスによる「協同組合」論は、労働者自身が「経営」の主人公になるという点で、資本主義の内部における、資本主義の「止揚」という意味を持つものとしてさまざまに論議されてきた。また「協同組合型社会主義」は、ヨーロッパ各地で「運動」としても取り組まれてきた歴史がある。

❼ 監督労働者

(577 〜 578 ／ 351)「それゆえ、資本家の指揮は、内容から見れば二面的である——それは、指揮される生産過程そのものが、一面では生産物の生産のための社会的労働過程であり、他面では資本の価値増殖過程であるという二面性をそなえているためである——とすれば、形式から見れば専制的である。協業がいっそう大規模に発展するにつれて、この専制は、それ独自な諸形態を発展させる。資本家は、……いまや彼は、個々の労働者および労働者群そのものを直接にかつ間断なく監督する機能を、ふたたび特殊な種類の労働者に譲り渡す。軍隊と同様に、……労働者大衆は、労働過程のあいだに資本の名において指揮する産業将校（支配人、マネージャー）および産業下士官（職長、"監督"）を必要とする。監督の労働が、彼ら専有の機能に固定される。」

◎ 労働の社会的生産力➡資本の内在的生産力

（580／353）「……労働者が社会的労働者として展開する生産力は、資本の生産力である。労働の社会的生産力は、

　① 労働者たちが一定の諸条件のもとにおかれるやいなや無償で展開されるのであり、……資本にとってなんの費用も要しないのであるから、

　② また他方、労働者の労働そのものが資本のものになる以前には労働者によっては展開されないのであるから、

　③ この労働の社会的生産力は、資本が生まれながらにしてもっている生産力として、資本の内在的な生産力として、現われる。」

◎ 前近代の協業と協業の資本主義的形態

（581〜582／354）「労働過程における協業は、

　① 人類文化の初期に、狩猟民族において、またはたとえばインド的共同体の農業において、支配的であるが、この協業は、一方では、生産諸条件の共同所有にもとづいており、他方では、……各個人が部族または共同体の臍帯から切り離されていないことにもとづいている。この二つのことによって、この協業が資本主義的協業から区別される。古代世界、中世、および近代的植民地で大規模な協業があちこちに散在して行なわれているが、これらは、直接的な支配隷属関係に、多くの場合は奴隷制に、もとづいている。

　② これにたいし〔協業の〕資本主義的形態は、最初から、自分の労働力を資本に売る 自由な賃労働者を前提している。とはいえ歴史的には、この形態は、農民経営に対立して、また独立手工業経営……に対立して、発展する。これらと向かい合って……協業そのものが、資本主義的生産過程に固有な、かつこの過程を独特なものとして区別する歴史的形態として現われる。」

（582／354）〔原注24〕「小農民経済および独立手工業経営」についての指摘に留意。
　➡なお第Ⅰ部第Ⅶ篇、原書789〜790頁をあわせ参照。

◎ 協業は資本主義的生産様式の基本形態

（584／355）「協業は──その単純な姿態そのものが、いっそう発展した諸形態とならぶ特殊な形態として現われはするが──資本主義的生産様式の基本形態である。」

第12章　分業とマニュファクチュア

◎ 本章の主題

> 　前章から、剰余価値生産の増大を目指した生産諸方法の変革の考察が主題となっ
> ていましたが、本章は前章の「協業」に続いて、協業の中に「分業」が持ち込まれ
> るマニュアファクチュアという生産形態が考察されます。労働手段が「道具」であ
> る「手工業」としてのマニュファクチュアにおける労働者の「部分労働者」化＝「不
> 具」化等について、補足説明を併せ理解を深めて下さい。

第1節 マニュファクチュアの二重の起源

❶ 本来的マニュファクチュア時代

（585 ／ 356）「分業にもとづく協業は、マニュファクチュアにおいて、その典型的な姿
　　態をつくり出す。それが、資本主義的生産過程の特徴的形態として支配的なのは、お
　　およそ16世紀中葉から18世紀最後の三分の一期にいたる本来的マニュファクチュア
　　時代（イギリスの場合で、1550年から1770年の約200年間）のあいだである。」

＊以下マニュファクチュアについての説明が続きますが、具体的イメージが描けない、という声が
　寄せられることが多いので、大塚久雄「論文」を〔補足説明〕として章末に載せました。それを
　先に読んでから、『資本論』の記述を読み進めるという読み方をするのも一計と思われます。

❷ マニュファクチュアの発生

（585 〜 586 ／ 356 〜 357）「マニュファクチュアは、二重の仕方で発生する。」
　　「① さまざまな種類の自立的手工業の労働者たちが、同じ資本家の指揮のもとで一
　　つの作業場に結合され、一つ生産物がこれら労働者の手を通って最終的に完成され
　　ることになる。」➡「徐々に」、労働の「特殊的諸作業」への「分割」と各労働者の「専
　　門的職能」化──「その全体が、これら部分労働者の結合によって遂行される」──
　　──例：客馬車生産

（587 〜 588 ／ 357 〜 358）「② 同一または同種の作業をする……多数の手工業者たちが、
　　同じ資本により同じ作業場で同時に就業させられる。」➡「労働が分割され、……
　　しだいに系統的な分業に骨化していく」──例：製紙・製針

❸ マニュファクチュアの「二重の発生の仕方」

（588 ／ 358）「一方で、マニュファクチュアは、種類を異にする自立的な諸手工業の結合

から出発するのであって、これらの手工業は、自立性を奪われ、一面化され、同一商品の生産過程における相互補足的な部分作業をなすにすぎないところにまで到達する。他方で、マニュファクチュアは、同じ種類の手工業者たちの協業から出発するのであって、同じ個別的手工業をさまざまな特殊的作業に分解し、これらの作業を分立化させ、自立化させ、それぞれの作業が一人の特殊的労働者の専門的職能になるところまでもっていく。」

❹ マニュファクチュアの分業の重要点
(589 ／ 358 ～ 359)「マニュファクチュアにおける分業を正しく理解するには、次の諸点をしっかりとらえておくことが重要である。」（以下の①～③は中川による）
　　①「生産過程をその特殊な諸局面に分割すること」＝「一つの手工業的活動をそのさまざまな部分作業に分解すること」、その作業は「手工業的」➡「手工業が依然として基礎である。この狭い技術的基盤は、生産過程の真に科学的な分割を排除する＊。」
＊「生産過程の真に科学的分割」➡「道具と手作業」に拠らない「機械制大工業の成立」で可能となる。
　➡この点は、第 13 章で論述される。
　　②「手工業的熟練が依然として生産過程の基礎であるからこそ、各労働者はもっぱら一つの部分機能に適応させられ、彼の労働力はこの部分機能の終生にわたる器官に転化される。」
　　③「最後に、この分業は協業の特殊な種類であって、その利点の多くは協業の一般的本質から発生するのであり、協業のこの特殊な形態から発生するのではない。」

第2節　部分労働者とその道具

❶ 個々の労働者の一面的な部分労働者化
(590 ／ 359)「……マニュファクチュアの生きた機構を形成している結合された全体労働者は、……一面的な部分労働者たちから成り立っている。それゆえ、自立的手工業に比べると、…………労働の生産力が高められる。また、部分労働の方法も、それが一人の人の専門的機能に自立化されたのちに、さらに完成される。……獲得された技術上のコツは、やがて固定され、堆積され、伝達される。」
(591 ／ 359)「マニュファクチュアは、……細目労働者の熟練技を生み出す。……部分労働をある人の終身の職業に転化させる……。」

第3節　マニュファクチュアの二つの基本形態
──異種的マニュファクチュアと有機的マニュファクチュア

❶ 二つの基本形態
(595 ～ 600 ／ 362 ～ 364)「マニュファクチュアの編制には、二つの基本形態があり、……マニファクチュアが機械経営の大工業に転化するさいに、まったく異なる役割を

演じる*。この二重性は、製品そのものの本性から生じる。

　① この製品は、独立した部分諸生産物を単に機械的に組み合わせることによって形成されるか、――<u>異種的マニュファクチュア</u>――例：時計

　② または、一系列の関連する諸過程および諸操作によってその完成した姿態が得られるか、――<u>有機的マニュファクチュア</u>――例：縫針、のいずれかである。」

■ 解説　マニュファクチュアの「二つの発生経路」と「二つの基本形態」

　「〈発生経路〉は、既存の社会的分業との関連で規定され、〈<u>基本形態</u>〉は製品そのものの性質、あるいはその工程の技術的性格によって規定されている。既存の社会的分業が他の諸事情と並んで製造工程の技術的性格に規定されている限りでは、発生経路と基本形態は ある程度までは関連する面を持つであろう。しかし、その関連は直接的ではないし、全面的でもない。<u>前者は</u>分業に基づく協業の出発点を規定する条件の問題であり、<u>後者は</u>分業に基づく協業の<u>その後の発展を規定する条件の問題</u>*である。」（樋口徹「原典解説」『資本論体系』3、有斐閣、1985年、53頁）

　*<u>この点は、『資本論』では次のように述べられています。</u>――例えば時計製造のような「<u>異種マニュファクチュア</u>」の場合、「ただ組み立てられるだけの製品の生産が諸過程に分裂し、これらの過程に連関がないことは、それ自体として、このようなマニュファクチュアが大工業の機械経営に転化することをきわめて困難にしている」（597／364）の〔原注32〕。これに対し、<u>有機的マニュファクチュア</u>の場合（例えば、針製造）は、（598／364）の半ばから始まる「マニュファクチュアの第二の種類、すなわちマニュファクチュアの完成された形態」についての叙述にあるように、この形態は「機械経営の大工業への転化」を準備するものと捉えられています。

❷ マニュファクチュアの結合

（604〜605／368）「マニュファクチュアは、その一部がさまざまな手工業の結合から生じるように、<u>さまざまなマニュファクチュアの結合に発展する</u>。……（中略）……この結合されたマニュファクチュアは、多くの利点をもたらすとはいえ、<u>それ自身の基礎上では、真の技術的統一をなんら達成しない。この統一は、結合されたマニュファクチュアが機械的経営に転化するときにはじめて生じる。</u>」

❸ 部分労働者の労働

（608／370）「習慣としてある<u>一面的機能を営むことにより、部分労働者は、この機能の自然に確実に作動する器官に転化させられ、他方、全機構の連関により、部分労働者は機械の一部がもつ規則正しさで作業するように強制される</u>。」

❹ 諸労働力の等級制・熟練労働者と不熟練労働者の区分

（608〜609／370）「<u>全体労働者</u>のさまざまな機能は、簡単なものや複雑なもの、低級なものや高級なものがあるので、その諸器官すなわち個別的諸労働力は、まったく

程度の違う訓練を必要とし、それゆえ、まったく違う価値をもつ。したがって**マニュ
ファクチュアは、諸労働力の等級制を発展させ、それに労賃の等級が対応する。**」

(610 ／ 371)「**等級制的区分とならんで、労働者が熟練労働者と不熟練労働者とに単純に区
分される。** 後者にとっては修業費はまったく不要になり、前者にとっては、機能の
単純化により、手工業の場合に比べて修業費は減少する。**どちらの場合にも、労働力
の価値は低下する。**……修業費が不要になるか、または減少することから、労働力の
相対的な価値減少が生じるが、**これは資本のより高い価値増殖を直接に含んでいる。**」

第4節　マニュファクチュア内部の分業と社会内部の分業

◎ 主題の提示

(610 〜 611 ／ 371)「**マニュファクチュア的分業と、すべての商品生産の一般的基礎をなす
社会的分業とのあいだの関係**」が解明される。

❶ 社会的分業の発展

(611 〜 613 ／ 372 〜 373)「**社会内部の分業、**およびこれに照応する特殊な職業領域への
個人の拘束は、マニュファクチュア内部の分業と同じく、**相対立する出発点から発
展する。**

① 「一家族内部、一部族内部での、（性や年齢の相違に基づく）自然発生的な分業の
発生」➡「共同体の拡大、人口の増加」等で拡大。
② 「自然発生的な相違」をもつ「諸家族、諸部族、諸共同体」間での「相互の生産物
の交換」➡「生産物の商品へのゆるやかな転化を、引き起こす。」

〔原注 50 a〕家族→部族への発展ではなく、部族の解体→家族の発生、であることに留意。

❷ 都市と農村の分離・対立

(613 ／ 373)「**あらゆる発展した、商品交換によって媒介された、分業の基礎は、都市と農
村との分離である。社会の全経済史はこの対立の運動に要約されると言える**のであ
るが、ここでは、この対立については、これ以上立ち入らないことにする。」

〔原注 51〕「**サー・ジェイムズ・スチュアト**は、この点をまったくみごとに論じた。『諸国民の富』
の 10 年前に出た彼の著作（『経済学原理の研究』）……」に留意。➡「**都市と農村との分離・対立**」
についての『資本論』での記述としては、第Ⅰ部第Ⅳ篇（867 〜 868 ／ 528 〜 529）頁、第Ⅲ部第
Ⅵ篇（1143 ／ 664）、（1398 ／ 809）頁参照。
　また「**社会の全経済史はこの対立と運動に要約されると言える**」に関わっては、『ドイツ・イデオ
ロギー』に、「**物質的労働と精神的労働との最大の分割は、都市と農村との分離である。都市と農村
との対立は、**未開から文明への、部族制から国家への、局地性から国民への移行とともにはじまり、

そして、<u>文明の歴史全体を今日（反穀物同盟）にいたるまでつらぬいている</u>……都市と農村との分離は、<u>資本と土地所有との分離として、資本</u>——すなわち労働との交換のうちにだけその基礎をもつ所有——の、<u>土地所有から独立した存在と発展のはじまりとしてもとらえられる。</u>」というパラグラフから始まる長い記述がある（服部文男訳『ドイツ・イデオロギー』新日本出版社、1996 年、66 〜 80 頁。渋谷正編・訳『草稿完全復元、ドイツ・イデオロギー』新日本出版社、1998 年、116 〜 138 頁）。➡但し、この論点の含意についての論究はあまり見られない。

❸ 社会的分業とマニュファクチュア的分業の関係

（614 ／ 374）「商品生産および商品流通は、資本主義的生産様式の<u>一般的前提</u>であるから、マニュファクチュア的分業は、すでに一定の発展度にまで成熟した、社会の内部における分業を必要とする。その反対に、マニュファクチュア的分業は、あの社会的分業に反作用し、これを発展させ何倍にもする。」

❹ 社会的分業とマニュファクチュア的分業の相異

（616 〜 617 ／ 375 〜 376）「……社会の内部における分業と作業場内部の分業……の両者は、ただ程度が異なるだけでなく、本質的にも異なっている。……（中略）……<u>社会的分業の場合には</u>、……彼らのそれぞれの生産物が商品として定在していることである。それにたいし、<u>マニュファクチュア的分業を特徴づけるものはなにか？</u>　それは、部分労働者が商品を生産しないということである。部分労働者たちの共同生産物が、はじめて、商品に転化する。」

（618 ／ 377）「<u>作業場の内部における分業にあっては</u>、"先天的"に計画的に守られる規則が、<u>社会の内部における分業にあっては</u>、市場価格のバロメーター的変動において知覚されうる、商品生産者たちの無規則な恣意を圧倒する、内的な、無言の、自然必然性として、ただ"後天的"にのみ作用する。<u>マニュファクチュア的分業は</u>、資本家に所属する全機構の単なる分岐をなすに過ぎない人々にたいし、その資本家が無条件的な権威をもつことを想定する。<u>社会的分業は</u>、独立の商品生産者たちを互いに対立させるのであるが、彼らは、競争の権威すなわち彼らの相互的利害の圧迫が彼らにおよぼす強制以外に、どのような権威をも認めない。」

❺ 自給自足的な共同体＝生産有機体

（621 ／ 378）「部分的にはいまなお存続しているあの<u>太古的な小さいインド共同体</u>は、土地の共同所有と、農業と手工業との直接的結合と固定的小さい分業とを基礎としており……<u>自給自足的な総生産体をなしており</u>、……<u>生産物の余剰だけが商品に転化される</u>のであり、この余剰の一部もまた、太昔から一定分量が<u>現物地代として流入する国家の手によって、はじめて商品に転化する。</u>」➡商品経済の担い手は「前期的商業資本」

（622 ／ 379）「この自給自足的な共同体の単純な生産有機体は、アジア諸国家の絶え間

のない崩壊と再建ならびに絶え間のない王朝交替といちじるしい対照をなしている<u>アジア諸社会の不変性の秘密をとく鍵を提供する。</u>」

➡「アジア的停滞論」については、本著の始めの箇所「第Ⅰ篇が〈商品と貨幣〉から始まるのはなぜか」の末尾に載せた〔補足説明〕を参照。

❻ 資本主義の独自の創造物としてのマニュファクチュア

(624／380)「一社会全体のなかでの分業は、商品交換によって媒介されていてもいなくても、きわめてさまざま経済的社会構成体に存在するのであるが、<u>マニュファクチュア的分業は、資本主義的生産様式のまったく独自な創造物である。</u>」

第5節　マニュファクチュアの資本主義的性格

❶ 労働者数・資本の最低の大きさの増大

(624 ～ 625／380 ～ 381)「使用労働者数の増大＝技術的必然」➡可変資本と不変資本の増大➡「個々の資本家の手における資本の最低の大きさの増大」――「マニュファクチュアの技術的性格から生じる一法則である。」

❷ 労働様式の革命・労働者の不具化

(626／381)「<u>個々人の労働様式を</u>……<u>徹底的に革命し、個別的労働力の根底を襲う</u>。それは、生産的な衝動および素質のいっさいを抑圧し、労働者の細目熟練を温室的に助長することによって、<u>労働者を不具にし奇形者にしてしまう</u>……。」

❸ 資本の所有物としての労働者

(626／382)「マニュファクチュア労働者は、……資本家の作業場への付属物として生産的活動を展開するにすぎない。……<u>分業はマニュファクチュア労働者に、彼が資本の所有物だということを示す刻印を押す</u>のである。」

❹ 精神的諸力能の部分労働者からの分離過程

(627／382)「<u>生産上の精神的諸能力</u>（＝部分労働者が失うもの）は、……<u>彼らに対立して資本に集中される。</u>」

(628／382)（このことは）「単純作業において<u>始まる</u>。……マニュファクチュアにおいて<u>発展する</u>。……大工業において<u>完成する</u>。」

➡なお第13章第4節（730 ～ 731／445 ～ 446）に関連した記述あり。

◎ マニュファクチュア的分業の歴史的意義・役割の総括

(633 ～ 634 ／ 386)「**マニュファクチュア的分業**は、手工業的活動の分解、労働諸用具の専門化、部分労働者たちの形成、一つの全体機構のなかにおける彼らの群分けと結合とによって、社会的生産諸過程の質的編制および量的比例性、すなわち社会的労働の一定の組織をつくり出し、それによって同時に**労働の新しい生産力を発展させる**。マニュファクチュア的分業は、……**相対的剰余価値を生み出すための、または資本……の自己増殖を労働者の犠牲において高めるための、一つの特殊な方法でしかない。**」

(634 ／ 386)「それゆえマニュファクチュア的分業は、**一方では**、社会の経済的形成過程における**歴史的進歩および必然的発展契機**として現われるとすれば、**他方では、文明化され洗練された搾取の一手段**として現われる。

❺ マニュファクチュアの限界
(639 ～ 640 ／ 389 ～ 390)「本来的なマニュファクチュア時代、……**マニュファクチュア独自の諸傾向の十分な展開は多面的な障害に突きあたる。**
① 熟練労働者の優秀な影響力による、不熟練労働者の数の限定
② 婦人・児童労働の登用の、男子労働者の反抗による挫折
③ 比較的長い修業期間（育成費かかる）
④ 労働者たちの不服従 ⇐ 全機構は、**労働者そのものから独立した客観的骨格を保っていないので、資本は、絶えず労働者たちの不従順と格闘する。**」

❻ マニュファクチュアの限界の超克
(641 ～ 642 ／ 390)「① **マニュファクチュアは、社会的生産をその全範囲においてとらえることもできず、またそれを深部において変革することもできなかった。マニュファクチュアは、都市手工業と農村家内工業との広範な基礎の上に、経済的作品としてそびえ立っていた。**
　② **マニュファクチュア自身の狭い技術的基盤は、ある一定の発展度に達すると、それ自身によってつくり出された生産諸要求と矛盾するにいたった。**
　③ **マニュファクチュアのもっとも完成された形成物の一つ**は、労働諸用具そのものおよびことにまたすでに充用されていた**複雑な機械的装置を生産するための作業場**であった。……**マニュファクチュア的分業のこの生産物そのものが機械を生産した。**
　④ **この機械は、社会的生産の規制的原理としての手工業的活動を排除する。こ**うして、一方では、**一つの部分機能への労働者の終身的合体の技術的基礎が除去される。他方では、同じ原理が資本の支配にたいしてなお課していた諸制限がなくなる。**」

補足説明：マニュファクチュアとはどういうものか

『資本論』で論じられている**マニュファクチュアとはどういうものか、具体的なイメージが湧かない、具体的な姿を思い描けない**、という声をたびたび耳にします。

　そこで今回は、マニュファクチュアについて経済史研究の成果を紹介しましょう。これまでも紹介した大塚久雄さんの筆によるものです。（大塚久雄「欧州経済史」『著作集』第4巻、岩波書店、1969年、文中（1）（2）……①②の区分は中川による。イタリックは原文では傍点部分。原文では改行していない箇所も、読み易くするため改行を施した。）

———◇———

　（1）「産業革命といえば、その発端をなした国はいうまでもなくイギリスで、<u>18世紀の60年代あたりから</u>、諸種の機械の発明とその経営的応用が俄然いきおいよく進行しはじめ、<u>ほぼ19世紀の3～40年代まで</u>にそうした《工場》制度の一般的な普及によって国民経済の相貌が一変するにいたった。さらに、このイギリスに雁行して、フランス、ドイツ、アメリカ合衆国なども19世紀中葉ないし後半のうちに同様な産業革命を経過している。歴史上、《工場》制度はこのような産業革命の過程ではじめて姿を現したのである。」（21頁）

　（2）「それでは、<u>産業革命の以前には、《工業資本》はいったいどのような姿をとっていたのか。実は、それがマニュファクチュアなのである</u>。イギリス史に即していうと、16世紀半頃から18世紀末葉、つまり産業革命にいたるまでの<u>約2世紀</u>にわたって、このマニュファクチュアが<u>経営形態</u>としてほぼ支配的な地位を占めていたとされるのであるが（いわゆる<u>マニュファクチュア期</u>）、のちにも見るように、それは実証的にほぼまちがいのないところと思われる。」（同上）

　（3）「マニュファクチュアとは、大ざっぱにいえば<u>《機械の基礎をもたぬ工場》</u>、そうした職場経営にほかならぬが、とくに工場制度と比較したばあい、どのような相違点をもっているのであろうか。さしあたって次の二、三の点を指摘することから始めることにしよう。

　（一）まず、マニュファクチュアにおいては賃金労働者たちの手で使用される生産手段はもちろん、**機械ではなくて、《道具》**Werkzeug、tool である。産業資本特有のあの労働生産性の上昇にもとづく競争力の増大（経済学に即していえば相対的剰余価値の生産）をもたらすものは、工場のばあいすぐれて機械組織であるのと異なって、マニュファクチュアのばあいには何よりもまず、<u>労働自体の組織化</u>であり、賃金労働者たちによってとりおこなわれるところの<u>分業にもとづく協業</u>である。したがって、賃金労働者たちの《協業》Kooperation（共同作業）とその土台の上に展開される経営内《分業》Arbeitsteilung がマニュファクチュアを、一方では《工場》制度から、他方では単純な小経営（小商品生産）から区別するところの<u>基本的な特徴</u>となる。

　（二）つぎに、マニュファクチュアはその経営規模が一般に工場よりも小さいばかりでなく、また、とくに小規模のばあいには、<u>経営主（資本家）自身も</u>その家族たちも、<u>労働者たちに立ち交ざって働くのが通例</u>となっている。

　（三）さらに、マニュファクチュアは、工場と比べたばあい、現実には種々な点で複

雑な姿をとっている。たとえば、しばしば、<u>半農半工の経営</u>として片足を農業のうえにおいている。また、やや規模が大きくなってくると、単一の職場ではなく、いくつかの職場の集合体として現れてくるばあいが特徴的に多い。それにまた、後述するように、《<u>問屋制度</u>》Verlagssystem と<u>よばれる商人の小生産者支配の形式</u>といろいろな形で複雑に絡まりあっている。それのみでなく、一般にマニュファクチュアが支配的だとされているような状態のもとでも、同時に単純な小経営があるいは独立に、あるいは問屋制度の支配下に組織されつつ、おびただしく残存している、むしろ両者が並立しているのが特徴的だとさえいうことができるであろう。」(21〜22頁)

（４）「マニュファクチュアとよばれる経営形態の基本的な特徴はだいたいこのようなものであるが、しかし、ひとくちにマニュファクチュアとよばれているもののうちにも、歴史上いろいろな変型が見出されうることは、以上の説明からだけでもわかるであろう。ここではそのうち、《資本主義》の発達という問題的観点から重要な意味をもつものとして、さしあたって次の二つの型を指摘しておくことにしよう。」(23頁)

　「① <u>巨大マニュファクチュア</u>　西ヨーロッパの国々では、いわゆる《マニュファクチュア期》の全体を通じて相当な規模の巨大マニュファクチュアが、その数は必ずしも多くはなく、むしろ例外的ではあるが、あちらこちらに見出される。たとえば、16世紀後半のイギリスにはそうした巨大な<u>毛織物マニュファクチュア</u>が数例知られている。そのうちもっとも有名なのは、ニューベリーのジョン・ウィンチコム（ニューベリーのジャックともよばれる）の経営で、当時のある叙事詩のなかでは次のようにうたわれている。……（中略）……

　このウィンチコムのものを始め、当時の毛織物巨大マニュファクチュアは、いずれも、同時に多かれ少なかれ広汎な小生産者たちのうえに<u>商人的な問屋制前貸支配の網</u>をひろげていた。ところで、こうした巨大マニュファクチュの典型的なまた生き生きした姿が見いだされるのは、何といっても、<u>ブルボン絶対王政下のフランス</u>であろう。王権と巨商の協力のもとに《上から》創設されたいわゆる《<u>特権マニュファクチュール</u>》は、全体としてみれば、広汎な小生産者層に対するおそろしく大規模な商人的問屋制前貸支配の体系ともいうべきものであるが、その中心にはしばしば相当な規模の巨大マニュファクチュアが聳立していた。……（中略）……」(23〜24頁)

　「② <u>中小マニュファクチュア</u>　ところで、いわゆる《<u>マニュファクチュア期</u>》を特徴づけたのは、実は上述したような巨大マニュファクチュアではなく、むしろ、広汎にひろがる小経営（＝小商品生産）のあいだから、それに絡まりあいつつ、いたるところに姿を現していた、<u>中小規模のマニュファクチュアであった</u>。そうしたものは、（一）おびただしい数の小経営と同様、通常農村地域を立地として広がっており、経営内容も<u>半農半工</u>という姿をとっていたし、（二）また、経営規模は、きわめてまちまちで、小規模なものは、その境目がどこにあるかわからないような形で、広汎な小経営層のなかに姿を没していた。そのうち、<u>波頭に立っていたともいうべき中規模のマニュファクチュア</u>の姿を生き生きと示すために、ここでは、《マニュファクチュア期》の開始を告げる16世紀半頃のイギリス、とくに上述のような中小マニュファクチュアの発達が典型的であったとされるヨークシャー西部の事情をみることにしよう。当時リーズ近傍の農村にみられ

た中小規模の毛織物マニュファクチュアの姿はだいたい次のようなものであったとされている。

――

　経営者たる《織元》たちは、簡素だが何不足ない生活を営んでいた。彼らの家々のまわりには畑地か果樹園があり、さらに小さい囲い込み地をいくつか所有あるいは賃貸していて、それらを合わせると多数の家畜を飼うことができた。牡牛、馬あるいは驢馬、豚、家禽はつねに飼われており、冬には牛か豚の一匹が屠られて塩漬とされ、霜雪の数ヶ月間食肉の貯えとなった。毛織物製造のための道具は残りなく揃えられていた。ノーザン・ダズンという大幅物を織る広幅織機、羊毛を染める染色桶、縮絨したあと毛織物の表面を剪毛してきめ細かくなめらかにする剪毛鋏とその台などは、すべて機織場あるいは職場のなかで見ることができた。戸外の囲い込み地のなかには、羊毛を染めた後で広げて乾かすための生垣、それから、縮絨のさいすっかり縮んでからまた所定の長さに引き伸ばして乾かす、長い木製の張物枠があった。

　たいていのばあい、《織元》clothier たち（この地方では中小毛織物マニュファクチュアの経営主はこうよばれていた）は、雇主であるとともに働き手でもあった。彼らは《徒弟》apprentices たちをおいていたが、この徒弟たちは長年雇主のもとで働いているうちに毛織物製造のいろいろな工程を習い覚えた。また《雇職人》journeymen や婦人たちもやとっており、この人たちは雇主の職場でなり、自宅なりで、織糸を紡いだり、織物を織ったりした。《織元》たちは織り上がった毛織物をもって縮絨用の水車場へいき、十分に水をとおし、水車にかけてから、家にもちかえって剪毛し、仕上げし、張物枠ではって、それがすむと自分で市場へ運ぶか、人にもたせてやるかした。」（25〜26頁）

　「上にみたような中小マニュファクチュア、とくにその上限をなす中規模のものは、だいたいどのくらいの数の賃銀労働者を雇っていたのだろうか。いろいろの点からみて、中心をなしている職場には、雇主およびその家族の労働を別としても、準備・職布・染色・仕上げなどの幾種類かの工程の働き手がほぼ20人に近く、それにさきの説明にもみられたような下請の人々を合わせると、少なくとも2〜30人程度以上の賃銀労働者が集中されていたのではないかと推測される。

　時代を下って18世紀に入ると、同じヨークシャー西部地域におけるそうしたマニュファクチュアの規模がしだいに拡大されてきているのが認められるが、基本的な形は産業革命にいたるまで結局変わることがなかったと言ってよい。ただ、下請の、たとえば職布工や染色工たちの職場が拡張されて、そこにも協業が形成され、それらが雇主直属の職場を中心に結び合わされて、全体として一個のマニュファクチュアが形成されるようなばあいも見出されるようになる。たとえば、イギリスでいえば西部の《織元》たちがそうした経営形態をとっていたようである。」（27頁）

第13章　機械設備と大工業

◎ **本章の主題**

　「産業革命」による資本主義経済の生産力基盤である機械制大工業の確立と、その下での労働者の労働の「過酷」化、資本による労働者支配の確立、それに対する労働者の反抗と闘い、「全体的に発達した個人」形成の諸条件の形成等が、ダイナミックな筆致で捉えられています。第8章「労働日」の章とあわせて、マルクスが、最初に読むことをすすめた章でもあります。

第1節　機械設備の発展

❶ **機械は剰余価値生産の手段**

（643／391）「労働の生産力の他のどの発展とも同じように、機械設備は、商品を安くして、労働日のうち労働者が自分自身のために費やす部分を短縮し、彼が資本家に無償で与える労働日の他の部分を延長するはずのものである。<u>機械設備（マシーン）は、剰余価値の生産のための手段である</u>。」

❷ **道具から機械へ**

（643〜644／391）「<u>生産様式の変革は、……大工業では労働手段を出発点とする</u>。したがって、<u>まず研究しなければならないことは、なにによって労働手段は道具（トゥール）から機械に転化されるのか、または、なにによって機械は手工業用具と区別されるのか、である</u>。ここで取り扱われるのは、大きな一般的な諸特徴だけである。」

◎ **機械は三つの構成部分から成る**

（646〜647／393）「すべての発展した機械設備は、三つの本質的に異なる部分、すなわち、原動機、伝動機構、最後に道具機または作業機から、成り立っている。
　① <u>原動機（モーター）</u>──全機構の原動力として作用する。
　② <u>伝動機構（トランスミッティング・メカニズム）</u>──<u>運動を調節し、……運動を道具機に配分し伝達する</u>。
　③ <u>道具機（作業機──ワーキング・マシーン）</u>──労働対象をとらえ、目的に応じてそれを変化させる。……<u>道具機こそが、18世紀産業革命の出発点をなすものである</u>。」

❸ **機構の出現**

（648／394）「<u>本来的な道具が人間から一つの機構（メカニズム）に移されたときから、単</u>

なる道具に代わって機械が現われる。……（中略）……同じ道具機が同時に働かせる道具の総数は、最初から、一人の労働者の手工業道具を限られたものにする器官的制限から解放されている。」

〔原注91〕イギリスで、作業機用道具のうち機械によって……製造される部分が絶えず増えるのは、ようやく1850年ごろからである。」──機械制大工業への移行・確立期＝（1760〜1850）
　➡「イギリスの産業革命」については、章末の〔補足説明❶〕参照。

（655／398）「はじめに道具が人間有機体の道具から一つの機械的装置……に転化したのちに、いまや原動機も、一つの自立した、人間力の制限から完全に解放された形態をとるようになった。それとともに、……個々の道具機は、機械制生産の単なる一要素に低下する。いまや、一つの原動機が、多数の作業機を同時に動かすことができた。同時に動かされる作業機の数が増えるにつれて、この原動機がますます大きくなり、そして伝動機構は広大な装置に拡大される。」
（655／399）「多数の同種の機械の協業と機械体系との二種のものが区別されなければならない。」

❹ 自動装置の出現
（659〜660／401〜402）「機械設備の体系は、……それが自動的な原動機によって運転されるようになるやいなや、それ自体として一つの大きな自動装置を形成する。……作業機が、原料の加工に必要なすべての運動を人間の関与なしに行ない……人間の調整を必要とするにすぎなくなるやいなや、機械設備の自動的体系が現われる。」

❺ 機械による機械の生産＝大工業の自立
（665／405）「大工業は、その特徴的生産手段である機械そのものを掌握し、機械によって機械を生産しなければならなかった。こうしてはじめて大工業は、それにふさわしい技術的基礎をつくり出し、自分自身の足で立った。」
　➡この点が、各国の産業資本確立期の「指標」をなすことに留意。

◎ 総括

（667〜668／407）「労働手段は、機械設備として、人間力に置き換えるに自然諸力をもってし、経験的熟練に置き換えるに自然科学の意識的応用をもってすることを必須にする、一つの物質的実存様式をとるようになる。……機械体系では、大工業は、一つのまったく客観的な生産有機体をもっているのであって、労働者は、それを既成の物質的生産条件として見いだすのである。……機械設備は、……直接的に社会化された、または共同的な、労働によってのみ機能する。したがって、いまや、労働過程の協業的性格が、労働手段そのものの本性によって厳命された技術的必然となる。」

＊オートメーションについては、北村洋基論文「現代資本主義の生産過程」（『資本論体系』3所収）参照。――「発達した機械が原動機、伝導機構、作業機という三つの要素から成る体系であるのに対して、**オートメーションは、第四の要素として自動制御装置がつけ加わり**、しかもこの装置は、記憶・選択・計算・情報処理などの機能を有し、作業中の機械や原料の不正常を検知して、自己修正しつつ、機械体系を操作して生産を継続することを可能にしている（フィードバック機能）。**オートメーションは**、機械発達の基本的な方向である制御の自動化を飛躍的に前進させ、……制御労働を不要にし、**原理的に生産過程において、直接労働手段について働く労働を必要としないまでに高度化された労働手段なのである**。（339〜340頁）

第2節　生産物への機械設備の価値移転

❶ 機械の価値移転

（669／408）「不変資本の他のどの構成部分とも同じように、**機械設備はなんら価値を創造しはせず**、自分が、その生産の役に立つ生産物に自分自身の価値を引き渡す。機械設備が価値をもち、それゆえ価値を生産物に引き渡す限りでは、**機械設備は生産物の一つの価値構成部分をなす**。機械設備は、生産物を安くするのではなく、自分自身の価値に比例して生産物を高くする。……手工業経営およびマニュファクチュア経営の労働手段に比べて、比較にならないほどその価値が膨張しているということは明白である。」

❷ 機械の利用と消耗価値を区別すること

（670／408）「注意しておかなければならないことは、**機械設備は労働過程にはいつも全部的にはいり込むが、価値増殖過程にはつねに部分的にのみはいり込む**、ということである。」

（670／408〜409）「……価値増殖過程にはつねに部分的にのみ、すなわち**その日々の平均的摩滅に比例してはいり込む**にすぎない。とはいえ、**利用と消耗とのあいだのこの差**は、機械設備においては道具におけるよりもはるかに大きい。」

（670〜671／409）「機械設備と道具とから、**それらの日々の平均費用を**……差し引くならば、機械設備と道具は、人間の労働の関与なしに現存する自然諸力とまったく同じに無償で作用する。」　　　➡この項目❷の問題点については第6章の〔補足説明〕参照。

❸ 機械の移転価値の絶対的・相対的大きさ

（674〜675／411）「手工業的またはマニュファクチュア的に生産される商品の価格と、機械の生産物としての同じ商品の価格との比較分析から、一般的には、**機械の生産物の場合、労働手段に帰着する価値構成部分（C）は相対的には増加するが絶対的には減少する、という結論が生じる**。すなわち、この価値構成部分の絶対的大きさは減少するが、……生産物の総価値に比べてのこの価値構成部分の大きさは増加する。」

❹ 機械使用の「条件」➡機械の価値と労働力の価値の差

（679／414）「生産物を安くするための手段としてのみ考察すれば、<u>機械設備の使用の限界は、機械自身の生産に要する労働がその充用によって置き換えられる労働より少ない、という点にある。</u>とはいえ、資本にとっては、この限界はもっと狭く表わされる。<u>資本は、充用された労働を支払うのではなく、充用された労働力の価値を支払うの</u>であるから、資本にとっては、機械の使用は、機械の価値と機械によって置き換えられる労働力の価値との差によって限界づけられる。」

第3節　労働者におよぼす機械経営の直接的影響

◎ 主題の提示

（682／416）「大工業の出発点をなすものは労働手段の革命であり、……その革命が労働者そのものにおよぼすいくつかの一般的反作用を考察しよう。」

a 資本による補助的労働力の取得。婦人労働および児童労働

❶ 労働者家族全成員の動員

（683〜684／417）「労働力の価値は、個々の成年男子労働者の生活維持に必要な労働時間によって規定されただけでなく、労働者家族の生活維持に必要な労働時間によっても規定された。<u>機械設備は、労働者家族の全成員を労働市場に投げ込むことによって、夫の労働力の価値を彼の全家族が分担するようになる。</u>……（中略）……一家族が生活するためには、いまや四人が、資本のために、労働だけでなく剰余労働をも提供しなければならない。」

（684〜685／417〜418）「機械設備はまた、資本関係の形式的媒介、すなわち労働者と資本家のあいだの契約を根底から変革する。……（中略）……以前には、労働者は、彼が形式的に自由な人格として処分できる自分自身の労働力を売った。いまや労働者は、妻子を売る。彼は奴隷商人となる。」

（691／421）「<u>婦人労働および児童労働の資本主義的搾取から生じる精神的な萎縮</u>は、……それを指摘するにとどめる。しかし、未成熟な人間を単なる剰余価値製造機械に転化することによって人為的につくり出された<u>知的荒廃</u>……は、ついにイギリス議会をさえ強制して、工場法の適用を受けるすべての産業において、初等教育を14歳未満の児童の〈生産的〉消費のための法定の条件にさせるにいたった。」➡以下学校教育の悲惨さの説明。

（695／424）「<u>結合された労働人員に圧倒的多数の児童および婦人をつけ加えることにより、機械設備は、マニュファクチュアにおいて男子労働者が資本の専制に対抗してなお行なっていた抵抗を、ついに打ちくだく。</u>」　➡児童労働については第8章の〔補足説明❸〕参照。

b 労働日の延長

❷ 機械＝労働日延長の強力な手段

（696〜697／425）「資本の担い手としての機械設備は、それが直接的にとらえる諸産業では、まず第一に、労働日をあらゆる自然的制限を超えて延長するもっとも強力な手段になる。機械設備は、一方では、資本がこのような資本の不断の傾向にほしいままに従うことができるようにする新しい諸条件をつくり出し、他方では、他人の労働にたいする資本の渇望を鋭くする新しい諸動機をつくり出す。」

（699〜700／426〜427）「機械の物質的摩滅は二重である。一方の摩滅は、……機械の使用から生じ、他方の摩滅は、……機械の非使用（自然力による機械の消耗）から生じる。……（中略）……しかし機械は、物質的摩滅のほか、いわゆる社会基準上の摩滅をもこうむる。機械は、同じ構造の機械がより安く生産されうるようになるか、より優れた機械が現われそれと競争するようになれば、その程度に応じて交換価値を失う。……（中略）……それゆえ、機械設備の初期の生存期間には、労働日延長へのこの特殊な動機（早期の摩滅への恐れ）がもっとも強く作用する。」

❸ 労働の力能を高める機械の採用

（702〜703／428〜429）「機械は、それが直接的に労働力の価値を減少させること、また、労働力の再生産にはいり込む諸商品を安くして労働力を間接的に安くすることによってのみ相対的剰余価値を生産するのではなく、また、機械がはじめて散発的に採用されるさいに、機械所有者によって使用される労働を、力能を高められた労働に転化し＊、機械生産物の社会的価値をその個別的価値以上に高め、こうして資本家が一日の生産物のより少ない価値部分で労働力の日価値を補塡することができるようにすることによっても、相対的剰余価値を生産する。それゆえ、機械経営が、一種の独占状態にあるこの過渡期のあいだには、利得は途方もなく大きく……利得の大きいことが、いっそう多くの利得への渇望を激しくする。」

＊この点については、第10章末の〔補足説明〕参照。

❹ 機械の使用の内在的矛盾➡労働日の延長

（704／429〜430）「剰余価値の生産のための機械設備の充用には、一つの内在的矛盾がある。というのは、機械設備は、与えられた大きさの資本が与える剰余価値の二つの要因のうち、一方の要因、すなわち労働者数を減少させることによってのみ、他方の要因、すなわち剰余価値率を増加させるからである。……この矛盾が、搾取される労働者の相対的総数の減少を、相対的剰余労働の増加のみならず絶対的剰余労働の増加によっても埋め合わせるために、労働日のこのうえない乱暴な延長へと資本をまたもやかり立てる。」

（705／430）「したがって、機械設備の資本主義的充用は、一方では、労働日の無際限な延長の新しい強力な動機をつくり出し、この傾向にたいする抵抗を打ちくだくような仕方で労働様式そのものと社会的労働体の性格とを変革するとすれば、他方では、一部は、労働者階級のうち、以前には資本の手の届かなかった階層を編入することによって、一部は、機械に駆逐された労働者を遊離することによって、資本の法則の

命令に従わざるをえない過剰人口を生み出す。そこから、機械は労働日のあらゆる社会基準的および自然的な諸制限をくつがえす（労働日の延長）という、近代産業の歴史における注目すべき現象が生まれる。……」

ｃ　労働の強化

◎ 主題の提示

> （707／431）「絶対的剰余価値の分析にさいしては、まず第一に、労働の外延的大きさ（労働日の長さ）が問題になり、労働の強度の程度は与えられたものとして前提されていた。いまや、われわれは、外延的大きさから内包的大きさ（労働の強度）または大きさの程度への転換を考察しなければならない。」

❺ 労働の速度＝労働の強度増大と労働日の長さの関係

（708／432）「機械制度の進歩と、機械労働者という独自な一階級の経験の積み上げとにつれて、労働の速度、したがってまた労働の強度が、自然発生的に増大することは自明である。……とはいえ、一時的な発作でなく毎日繰り返される規則的な画一性が重要である労働にあっては、……労働日の延長が労働の強度の弱化とのみ両立し、また、その逆に、強度の増加が労働日の短縮とのみ両立する結節点が、確かに生じるに違いない。労働者階級のしだいに増大する反抗が、国家に強制して、労働時間を強権によって短縮させ、まず第一に本来的工場に標準労働日を命令させるやいなや、……資本は、あらゆる力と意識とをもって、機械体系の加速的発展による相対的剰余価値の生産に没頭した。」

❻ 労働時間の密度・その尺度

（709／432～433）「〈外延的大きさ〉としての労働時間の尺度とならんで、いまや、労働時間の密度（強度）の尺度が現われる。」

（709／433）「そこで、労働はどのようにして強化されるのか？　が問題となる。」

（712／434～435）「二通りの仕方がある——すなわち、①機械の速度の増大と、②同じ労働者によって監視される機械設備の範囲または労働者の作業場面の範囲の拡大とによってである。」

❼ 1848 年来のイギリス工業の前進⇐労働密度の強化

（722／440）「まったく疑う余地のないことであるが、労働日の延長が法律によってきっぱりと禁止されるやいなや、労働の強度の系統的な引き上げによってその埋め合わせをつけ、また機械設備のすべての改良を労働力のより大きな吸収のための手段に転じようとする資本の傾向は、やがてまた労働時間の再度の減少が不可避となる一つの転換点に到達せざるをえない。

　　他方、1848 年から現在までの、すなわち 10 時間労働日の時代中の、イギリス工業

の嵐のような前進が、1833年から1837年までの時代すなわち12時間労働日の時代〔の前進〕をしのいだ程度は、後者の12時間労働日の時代〔の前進〕が、工場制度実施以来の半世紀すなわち無制限労働日の時代〔の前進〕をしのいだ程度よりも、はるかに大きい。」

第4節　工場

◎ 主題の提示

> （724〜725／441）本節の冒頭部分に、第1節から第3節までの内容の要点の確認あり。そのうえで、以下の主題を提示。
> 「いまや、工場全体、しかもそのもっとも完成された姿態における工場全体に、目を転じよう。」

❶ 機械助手の労働の均等化と年齢・性による区別

（726／442）「自動化工場では、マニュファクチュア的分業を特徴づけている専門化された労働者たちの等級制に代わって、機械設備の助手たちが行なわなければならない諸労働の均等化または平準化の傾向が現われ、部分労働者たちの人為的につくり出された区別に代わって、年齢および性の自然的区別が主要なものとして現われる。」

❷ 自動化工場における分業

（726〜727／443）「マニュファクチュアの編制された群に代わって、主要労働者と少数の助手との連関が現われる。本質的区別は、現実に道具機について働いている労働者（……）と、これら機械労働者の単なる下働き（ほとんど児童ばかりである）との区別である。……これらの主要部類のほかに、技師、機械専門工、指物職などのような、機械設備全体の管理とその不断の修理とに従事している数的には取るに足りない人員がいる。」

❸ 中断なき過程とリレー制度

（727〜728／443〜444）「機械経営は、同じ労働者に同じ職能を持続的に担当させることによって、この配分をマニュファクチュア式に固定化するという必要をなくしてしまう。工場の全運動が、労働者からでなく、機械から出発するのであるから、労働過程を中断することなしに、絶えず人員交替が行なわれうる。これについてのもっとも適切な証明を提供するのは、……リレー制度である。」

◎ 工場全体＝資本への労働者の従属の完成

> （730〜731／445〜446）「……① 工場では労働者が機械に奉仕する。……工場では労働手段の運動に労働者がつき従わなければならない。……工場では、死んだ一機構が労働者たちから独立して実存し、労働者たちは生きた付属物としてこの機構に合体される。

②　機械労働は、神経系統を極度に疲れさせるが、他方では、それは筋肉の多面的な働きを抑圧し、いっさいの自由な肉体的および精神的活動を奪い去る。労働の軽減さえも責め苦の手段となる。というのは、機械は労働者を労働から解放するのではなく、彼の労働を内容から解放する〔内容のないものにする〕からである。……

③　労働条件が労働者を使用するという……この転倒は、機械とともにはじめて技術的な一目瞭然の現実性をもつものとなる。労働手段は、自動装置に転化することによって、労働過程そのもののあいだ、資本として、生きた労働力を支配し吸い尽くす死んだ労働として、労働者に相対する。生産過程の精神的諸力能が手の労働から分離すること、および、これらの力能が労働にたいする資本の権力に転化することは、……機械を基礎として構築された大工業において完成される。

④　内容を抜き取られた個別的機械労働者の細目的熟練は、機械体系のなかに体化し、この体系とともに〈雇い主〉の権力を形成している科学や巨大な自然諸力や社会的集団労働の前では、取るに足りない些細事として消えうせる。」

❹ 兵営的規律

（732／447）「労働手段の画一的な運動への労働者の技術的従属と、男女両性および種々さまざまな年齢の諸個人からなる労働体の独自な構成とは、一つの兵営的規律をつくり出し、この規律が、完全な工場体制に仕上がっていき、また……産業兵卒と産業下士官とへの──労働者の分割を、完全に発展させる。」

❺ 劣悪な労働環境

（737／449〜450）「工場制度のなかではじめて温室的に成熟した社会的生産手段の節約は、資本の手のなかでは、同時に、労働中の労働者の生存諸条件、すなわち空間、空気、光の組織的強奪、また労働者の慰安設備については論外としても、生産過程での人命に危険な、または健康に有害な諸事情にたいする人的保護手段の組織的強奪となる。フリエが工場を〈緩和された徒刑場〉と呼んでいるのは、不当であろうか？」

第5節　労働者と機械との闘争

❶ 労働者の労働手段にたいするたたかい

（740／451）「資本家と賃労働者とのあいだの闘争は、資本関係そのものとともに始まる。それは、全マニュファクチュア時代を通じて荒れ続ける。しかし機械の採用以後にはじめて、労働者は、資本の物質的な実存様式である労働手段そのものにたいしてたたかう。労働者は、資本主義的生産様式の物質的基礎としての、生産手段のこの特定の形態にたいして反逆する。」

（741／452）「19世紀の最初の15年間にイギリスの製造業地帯に生じた諸機械の大量の破壊……は、ラダイト運動の名で知られ、……弾圧を行なう口実を与えた。労働者が、機械設備をその資本主義的充用から区別し、それゆえ彼の攻撃を物質的生産手段そのも

のからその社会的利用形態に移すことを学ぶまでには、時間と経験が必要であった。」

〔訳注＊1〕「ラダイト運動」の名の由来——ラッド将軍 General ludd、ラッド王 Ned Ludd——Ned
＝ Edward、Edmond の愛称。

（747 ／ 455）「資本主義的生産様式が一般に、<u>労働者に相対する労働条件および労働生産
物に与える、独立化され疎外された形態</u>は、こうして<u>機械とともに完全な対立にまで
発展する</u>。それゆえに機械とともに、はじめて、労働手段にたいする労働者の粗暴
な反逆が現われてくる。」

（748 ／ 455）「<u>労働手段が労働者を打ち殺す。この直接的対立は</u>、確かに、新しく採用さ
れた機械設備が、伝来の手工業的またはマニュファクチュア的経営と競争するたび
に、もっとも明白に現われる。しかし、<u>大工業そのものの内部においても、機械設備
の絶え間のない改良および自動体系の発達とは、類似の作用をする</u>。」

◇（749 ／ 457）　イギリスの工場監督官の公式引用からの二、三の例
◇（752 ／ 458）　イギリス綿業における、アメリカ南北戦争にもとづく機械の諸改良の
　　　　　　　　総結果
◇（753 〜 754 ／ 459）　労働者の暴動にたいする資本の武器としてのみ生み出された
　　　　　　　　1830 年以降の諸発明の全歴史を書くこともできよう。
◇（756 ／ 460）　ユア『工場の哲学』から——「ユアの著作は、……工場精神の典型的
　　　　　　　　な表現」

第6節　機械によって駆逐された労働者にかんする補償説

❶ ブルジョア経済学者の主張とそれへの批判

（757 〜 758 ／ 461）「ジェイムズ・ミル……などのような一連のブルジョア経済学者た
　　　ちは、いずれも、<u>労働者たちを駆逐するすべての機械設備が、いつの場合も同時にま
　　　た必然的に、まったく同じ労働者たちを就業させるのに十分な資本を遊離させる、と主
　　　張している</u>。」

（758 ／ 462）「<u>ここで生じているのは</u>（事例が示しているのは）、資本の遊離ではなく、
　　　労働力と交換されることをやめる一形態に資本が拘束されること、すなわち、<u>可変
　　　資本から不変資本への転化である</u>。」

（759 ／ 462）「さらにまた、新しい機械設備の製作がかなり多くの機械工を就業させる、
　　　と仮定しよう。このことは、街頭に投げ出された壁紙製造工にたいする補償となる
　　　だろうか？　<u>機械の製作は、せいぜいのところ、機械設備の使用が駆逐するよりも少
　　　ない労働者しか雇用しない（雇用労働者の減）</u>。」

（762／464）「経済学的楽観主義によって歪曲された現実の事実は、こうである——<u>機械によって駆逐される労働者たち</u>は、作業場から労働市場へ投げ出され、そこで、すでに<u>資本主義的搾取のために自由に利用できる状態にある労働力の数を増加させる。</u>機械設備のこの作用は、ここでは労働者階級にたいする補償としてわれわれに示されるが、反対に、それは非常に恐ろしい鞭として労働者を苦しめるのであって、<u>そのことは、第Ⅶ編で示されるであろう。</u>ここでは、次のことだけを言っておこう。……」

❷ 非生産的「家内奴隷」の増加

（771／469）「大工業の諸領域で異常に高められた生産力は、他のすべての生産領域における労働力の搾取の内包的および外延的増大を現実にともないながら、労働者階級のますます大きな部分を非生産的に使用することを可能にし、……昔からの家内労働を、絶えず大量に再生産することを可能にする。」

—— 1861年の国勢調査によるイングランドとウェイルズの数字。

第7節　機械経営の発展にともなう労働者の反発と吸引。綿業恐慌

❶ 突発的で飛躍的な生産拡大能力の獲得

（779／474）「工場制度がある程度まで普及し一定の成熟度に達するやいなや、……全体として、大工業に照応する一般的生産諸条件が形成されるやいなや、<u>この経営様式は、ある弾力性を、すなわち突発的で飛躍的な拡大能力を獲得する</u>のであって、この拡大能力はただ原料と販売市場にかんしてのみ制限を受けるにすぎない。」

❷ 新しい国際分業

（779／474〜475）「機械設備は、一面では、……<u>原料の直接的増加を引き起こす。</u>他面……外国の諸市場を征服するための武器である。外国市場の手工業的生産物を破滅させることによって、<u>機械経営は、外国市場を強制的に自分の原料の生産地に転化させる。</u>……（中略）……<u>機械経営の主要立地に照応する新しい国際的分業がつくり出され、それが、地球の一部を、工業を主とする生産地である他の部分のために、農業を主とする生産地に転化させる。</u>」

◎ 産業の生活＝産業循環

（782〜783／476）「工場制度の巨大な飛躍的な拡張可能性と世界市場への工場制度の依存性とは、必然的に、<u>熱病的な生産とそれに続く市場の過充をつくり出す</u>が、この市場の収縮とともに麻痺が現われる。<u>産業の生活は、中位の活気、繁栄、過剰生産、恐慌、停滞という諸時期の一系列に転化する。</u>機械経営が労働者の就業に、それとともにその生活状態に押しつける不確実性と不安定性とは、産業循環の諸時期のこのような変動にともなう正常なものとなる。」

（789／481）「<u>これらすべてのことよりも特徴的なのは、生産諸過程の変革が労働者を</u>

犠牲にして進行した点である。

❸ イギリス綿工業の歴史と労働者の状態

(792 〜 793 ／ 482)「このように、**イギリス綿工業の最初の 45 年間、1770 〜 1815 年には、恐慌と沈滞は 5 年しかなかった**が、これは、**イギリス綿工業の世界独占の時代**であった。**1815 〜 1863 年の 48 年間の第二期**は、不況と沈滞の 28 年にたいして回復と好況は 20 年を数えるにすぎない。**1815 〜 1830 年には、ヨーロッパ大陸およびアメリカ合衆国との競争が始まる。1833 年以来、アジアの諸市場の拡大が〈人種の絶滅〉とさえ言われたやり方をもって強行される。**穀物法の撤廃以来、1846 〜 1863 年には、中位の活気と繁栄の 8 年にたいして、不況と沈滞は 9 年である。**繁栄期でさえも、成年男子の綿業労働者の状態がどのようなものであったかは、付記した注からも判断される。**

➡〔原注 245〕の末尾参照。

　「……もっとも繁栄した時期においてさえ、成年男子の大きな割合が、どのような条件であれ、いかなる種類の仕事をも工場に見出すことができないでいる。」(『工場監督官報告書』1863 年 4 月 30 日)

第 8 節　大工業によるマニュファクチュア、手工業、および家内労働の変革

a　手工業と分業にもとづく協業の廃除

(794 ／ 483)「すでに見たように、**機械設備は、手工業にもとづく協業と手工業的分業にもとづくマニュファクチュアとを廃除する。**第一の種類の一例は草刈機……第二の種類の適切な例は縫針製造用の機械である。」➡アダム・スミスの時代の例。

b　マニュファクチュアおよび家内労働におよぼした工場制度の反作用

❶ 近代的家内工業の外業部化

(797 〜 798 ／ 485 〜 486)「いわゆる近代的家内工業は、……いまでは、工場、マニュファクチュア、または問屋の外業部に転化している。資本は、……大都市のなかや農村に散在している家内労働者の別の一軍を見えない糸で動かしている。」

❷ 安くて未成熟な諸労働力の搾取

(798 ／ 486)「安くて未成熟な諸労働力の搾取は、近代的マニュファクチュアでは本来の工場におけるよりもいっそう恥知らずなものとなる。……（中略）……この搾取は、いわゆる家内労働においては、マニュファクチュアにおけるよりもさらに恥知らずなものとなる。」

❸ 体系的に完成された生産手段の節約の敵対的で殺人的な側面

(798 〜 799 ／ 486)「機械経営によってはじめて体系的に完成された生産手段の節約は、……ある生産部門において労働の社会的生産力と結合された労働過程の技術的基礎とが未発達であればあるほど、その敵対的で殺人的な側面をますますあらわにする。」

c　近代的マニュファクチュア

（799／486）「いくつかの例によって前述の諸命題を説明しよう。」

d　近代的家内労働

（804／490）「<u>大工業の背後でつくりあげられた資本のこの搾取部面およびその恐ろしい状態</u>について想像するためには、……レース製造工場と麦わら編み工場のうち、……から、二、三の例をあげるだけで十分である。」

（811／493）「これまで述べてきた産業諸部門では、労賃は一般にみじめなものであるが、……とくにレース地域で広く行なわれている<u>現物支給制度</u>（トラック・システム）によって、<u>その名目額よりさらに低く押し下げられる</u>。」

e　近代的マニュファクチュアおよび近代的家内労働の大工業への移行。それらの経営諸様式への工場法の適用によるこの変革の促進

❹　大規模な実例——衣料品生産

（811〜812／494）「この運動の大規模な実例を、〈"服装品"〉（衣服の付属品）の生産が示している。……この産業が包括するものは、……のような多数の小部門である。」

（813／495）「この生産はもっとも広範に、いわゆる<u>家内労働者</u>によって営まれているが、この家内労働者は、マニュファクチュア、問屋、……の<u>外業部</u>をなしている。」

（813〜814／495）「<u>機械の時代を告げる鐘が鳴った</u>。……これらの生産部面の無数の部門全体を一様にとらえた<u>決定的に革命的な機械</u>——それは、<u>ミシン</u>である。」

❺　社会的経営様式の変革

（815〜816／496〜497）「<u>社会的経営様式の変革</u>という、生産手段の変化のこの必然的産物は、<u>過渡的諸形態が多様に錯綜する</u>なかで遂行される。これらの過渡的形態は、……（種々の事情によって）……違ってくる。たとえば……」

❻　自然発生的に進行する産業革命の人為的促進

（819／498〜499）「<u>この自然発生的に進行する産業革命は</u>、婦人、年少者、児童が労働しているあらゆる産業部門に<u>工場法が拡張されることによって、人為的に促進される</u>。」

❼　工場法の下での工場経営の本質的条件

（820／499）「<u>工場経営の本質的条件は</u>、とくに労働日の規制を受けてからは、結果の正常な確実性、すなわち、与えられた時間内に一定分量の商品または所期の有用効果を生産することである。さらに、規制された労働日の<u>法定の休憩</u>は、労働が突然に、または周期的に休止されても、生産過程内にある製品は損害を受けないとみなしている。（結果の確実性・休憩と食事による労働の中断可能性の達成）

（826／504）「……<u>資本</u>は、……労働日を強制法的に規制する〈<u>一般的な議会制定法の圧</u>

力の下でのみ〉、このような変革に同意するのである。」

第9節　工場立法（保健および教育条項）。イギリスにおけるそれの一般化

❶ 大工業の必然的産物としての工場立法

（828 ／ 504 ～ 505）「工場立法、すなわち社会が、その生産過程の自然成長的姿態に与えたこの最初の意識的かつ計画的な反作用は、……大工業の必然的産物である。われわれは、……イギリスの工場法のなかの労働日の時間数には関係のないいくつかの条項について、簡単に述べなければならない。」

❷ 保健条項と教育条項

（828 ／ 505）「保健条項は、……きわめて貧弱なものであり、……二、三の清潔措置、換気、および危険な機械設備にたいする保護のための諸規定に限られている。」➡第Ⅲ部（第Ⅰ篇第5章第2節）で論及。

（831 ／ 506）「保健関係当局……たちは、500 立方フィートの必要性とそれを資本に強制することの不可能とを、再三にわたって繰り返している。彼らは、……労働〔者〕の肺結核その他の肺疾患が資本の生活条件であると宣言しているのである。」

（831 ／ 507）「教育条項は、全体として貧弱に見えるとはいえ、初等教育を労働の強制的条件として宣言している。」

❸ 全面的に発達した人間をつくるための教育

（832 ／ 508）「ロバート・オウエンを詳しく研究すればわかるように、工場制度から未来の教育の萌芽が芽ばえたのであり、この未来の教育は、社会的生産を増大させるための一方法としてだけでなく、全面的に発達した人間をつくるための唯一の方法として、一定の年齢以上のすべての児童にたいして、生産的労働を知育および体育と結びつけるであろう。」

❹ 奇怪な形での分業

（834 ／ 508 ～ 509）「すでに見たように、大工業は、……マニュファクチュア的分業を技術的に廃除するが、同時に、大工業の資本主義的形態は、この分業をいっそう奇怪なかたちで再生産する。この再生産は、本来の工場では、労働者を一つの部分機械の自己意識をもった付属物に転化することによって行なわれ、……一部は分業の新しい基礎として婦人労働、児童労働、および不熟練労働を採用することによって行なわれる。」

❺ 秘伝技から技術学へ

（836 ～ 837 ／ 510）「18 世紀までは特殊な生業が"秘伝技"と呼ばれ、その神秘の世界には、経験的かつ職業的に秘伝を伝授された者のみがはいることができたということ

は、特徴的であった。……各生産過程を、それ自体として、さしあたりは人間の手
をなんら考慮することなく、その構成諸要素に分解するという<u>大工業の原理は、"技
術学"というまったく近代的な科学をつくり出した。</u>」

◎ <u>全体的に発達した個人形成の必然性</u>

(837 ～ 839 ／ 511 ～ 513)
　「① <u>近代的工業の技術的基盤は、革命的である</u>──これまでの生産様式の技術的基
盤はすべて本質的に保守的であったが (306)。<u>近代的工業は、機械設備、化学的工程、
その他の方法によって、生産の技術的基礎とともに、労働者の諸機能および労働過程
の社会的諸結合を絶えず変革する。</u>➡〔原注 306〕参照

　② <u>近代的工業は、それとともに社会の内部における分業も絶えず変革し、大量の資
本および大量の労働者をある生産部門から他の生産部門へ間断なく投げ入れる。それ
ゆえ大工業の本性は、労働の転換、機能の流動、労働者の全面的可動性を条件づける。</u>

　③ <u>他方、大工業は、その資本主義的形態においては、古い分業をその骨化した分立
性とともに再生産する。</u>すでに見たように、<u>この絶対的矛盾が、</u>……労働者階級の
絶え間ない犠牲の祭典、諸労働力の際限のない浪費、および社会的無政府性の荒
廃状態のなかで、<u>暴れ回る。これは、否定的側面である。</u>

　④ <u>しかし、労働の転換がいまや、ただ圧倒的な自然法則として</u>……<u>実現されるな
らば、大工業は、労働の転換、それゆえ労働者の可能な限りの多面性を一般的な社会
的生産法則として承認し、そしてこの法則の正常な実現に諸関係を適合させることを、
自己の破局そのものを通じて、死活の問題とする。</u>

　⑤ <u>大工業は、</u>資本の変転する搾取欲求のために予備として保有され自由に使用
されうる窮乏した労働者人口という奇怪事の代わりに、変転する労働需要のため
の人間の絶対的な使用可能性をもってくることを──<u>すなわち、一つの社会的な細
部機能の単なる担い手にすぎない部分個人の代わりに、さまざまな社会的機能をかわ
るがわる行なうような活動様式をもった、全体的に発達した個人をもってくることを、
死活の問題とする。</u>

　⑥ 大工業を基礎として自然発生的に発展した一契機は、総合技術および農学の
学校であり、もう一つの契機は、……〈"職業学校"〉である。……

　⑦ <u>労働者階級による政治権力の不可避的な獲得</u>が、理論的および実践的な技術学
的教育のためにも、労働者学校においてその占めるべき席を獲得するであろうこ
とは、疑う余地がない。また、生産の資本主義的形態とそれに照応する経済的な

労働者の諸関係とが、そのような変革の酵素とも、また古い分業の止揚というその目的とも真正面から矛盾することは、同じように疑う余地がない。**しかし、一つの歴史的な生産形態の諸矛盾の発展は、その解体と新たな形成との唯一の歴史的な道である。……」**　➡〔原注309〕参照

■ 解説　「全体的に発達した個人の形成」論の見取り図

　以上①〜⑦の内容は、次の諸点を明らかにしています。

　①「**大工業の本性は、労働の転換、機能の流動、労働者の全面的可動性を条件づける**」が、他方で大工業の「**資本主義的形態**」は、「古い分業をその骨化した分立性とともに再生産する」という「**絶対的矛盾**」を生みだすこと、しかし、「**労働の転換**」が「**圧倒的な自然法則**」として実現されるならば、「**一つの社会的な細目機能の単なる担い手にすぎない部分個人の代わりに、さまざまな社会的機能をかわるがわる行うような活動様式をもった、全体的に発達した個人をもってくることを、死活の問題とする**」というこの洞察は、

　② 第Ⅰ篇第1章第4節でみた、「共同的生産手段で労働し自分たちの**多くの個人的労働力を自覚的に一つの社会的労働力として支出する自由な人々の連合体**」（①分冊、133／92）という**未来社会の担い手**、

　③ 第Ⅶ篇第24章第7節でみる、「資本主義時代の成果──すなわち、**協業と、土地の共有**ならびに労働そのものによって生産された**生産手段の共有**──を基礎とする**個人的所有**」（④分冊、1306／791）の**当事者**が、

　④ **資本主義の胎内に、大工業自身によって育まれることを物語っている意味で重要な箇所です**＊。

　＊現存するものの中に生まれる矛盾によって、現存するものが止揚され、新たなものがそこから生まれる、という「弁証法」の要諦が語られています。──なお、以上については、章末の〔補足説明❹「全体的に発達した個人の形成」論の意義と限度〕参照。

❻ 古い家族関係の解体・家族と両性関係のより高度な形態

（842／513）「……事実の力は、ついに、**大工業が古い家族制度とそれに照応する家族労働との経済的基礎とともに、その古い家族関係そのものを解体するということを**、いやおうなく認めさせた。児童の権利が宣言されなければならなかった。」

（842〜843／514）「大工業は、家事の領域のかなたにある社会的に組織された生産過程において、婦人、年少者、および児童に決定的な役割を割り当てることによって**家族と男女両性関係とのより高度な形態のための新しい経済的基礎をつくり出す**＊。」

───

＊産業革命は「一大社会変革」であった点は〔補足説明❶〕参照。家族＝労働組織➡労働力の供給源＝

消費生活の単位へ、という家族の役割の変化についての言及に留意。

（843／514）「きわめて<u>さまざまな年齢層にある男女両性の諸個人が結合された労働人員を構成していること</u>は、……自然成長的で野蛮な資本主義的形態においては、退廃と奴隷状態との害毒の源泉であるとはいえ、<u>適当な諸関係のもとでは、逆に、人間的発展の源泉に急変するに違いない。</u>」

❼ 工場法の一般化とその歴史的意義

（844／514～515）「工場法を、……例外法からすべての社会的生産の法律に一般化する必要性は、すでに見たように、大工業の歴史的な発展行程から生じる。……（内容略）……」

（864／526）「<u>工場立法の一般化</u>は、生産過程の物質的諸条件および社会的結合とともに、<u>生産過程の資本主義的形態の諸矛盾と諸敵対とを、それゆえ同時に、新しい社会の形成要素と古い社会の変革契機とを成熟させる。</u>」　　　➡〔原注 322〕オウエン評価に留意。

第 10 節　大工業と農業

❶ 大工業が農業に引き起こす革命

（866／527）「<u>大工業が、農業およびその生産当事者たちの社会的関係に引き起こす革命</u>は、もっとあとになってはじめて述べることができる。ここでは、二、三の結果を先取りして簡単に示唆するだけで十分である。」
➡第Ⅰ部第Ⅶ篇第 24 章「いわゆる本源的蓄積」第 5 節へ。

（867／528）「<u>農業の部面において、大工業は、それが古い社会の堡塁である〈農民〉を破滅させ、彼らを賃労働者と置き換える限りにおいて、もっとも革命的に作用する。</u>……陳腐きわまる、また非合理きわまる経営に代わって、<u>科学の意識的な技術学的応用が現われる。</u>」

（867／528）「資本主義的生産様式は、同時に、農業と工業との対立的に形成された姿態を基礎とする、<u>両者の新しいより高い総合、両者の結合の物質的諸前提をつくり出す。</u>」

（868／528）「……資本主義的生産様式は、都市労働者の肉体的健康と農村労働者の精神生活とを、同時に破壊する。<u>しかしそれは同時に、あの物質代謝の単に自然発生的に生じた諸状態を破壊することを通じて、その物質代謝を、社会的生産の規制的法則として、また完全な人間の発展に適合した形態において、体系的に再建することを強制する。</u>」　➡日・英・仏三国の「土地所有制」の比較については、〔補足説明❸〕参照。

補足説明❶：社会革命としての産業革命

　産業革命は、人類史において、人間社会のあり方に一大変革をもたらした特筆すべき出来事でした。それは単に道具から機械へという生産技術の発展を意味するだけでなく、政治体制や家族のあり方までを含んだ社会のあり方全体を包括する変革でした。

　産業革命は、『資本論』第Ⅰ部第13章「機械と大工業」で解明されている内容だけではその全容が掴めません。マルクス以降に発掘された新たな史料等に基づき、産業革命史研究は多くの成果を我々に提供してくれています。以下では、イギリス経済史の専門家・吉岡昭彦さんによる「社会革命としての産業革命」（『資本論体系』第3巻、有斐閣、1985年）を紹介しておきます。イギリスは、そのようなものとしての産業革命を人類史上最初に成し遂げた、資本主義の最先進国でした。専門的用語や説明が散見されますが、『資本論』に比べれば平易な文章です。イギリス産業革命の推移と全容を、じっくり学習してください。

　ただしかなりの長文のため、（論旨の理解を損なわない範囲で）一部省略していることをお断りしておきます。（『資本論』からの引用文「　」の頁表記は原典の頁、①②、〔　〕等は中川が挿入、ゴチック体で実線のアンダーラインの部分は、著者の付した傍点部分であることを示します。）

―――――◇―――――

　「マルクスは、『資本論』第一部第四篇第13章「機械と大工業」において、「18世紀の産業革命」という用語を使用し、産業革命をもって、機械の発明と導入による「工業および農業上の生産様式における革命」、それに伴うところの「マニュファクチュア、手工業、および家内労働の変革」「旧社会の堡塁たる『農民』の滅亡」（404、483、528頁）という社会革命として捉えている。……本稿においては、機械の発明と導入による生産過程の変革およびそれに伴う社会的諸関係の編成替えにしぼって、産業革命の問題点を検討してゆくこととしよう。

A　技術革新と生産旋回

　一般的に言えば、産業革命は、①小生産者層の経営様式を根底から変革し分解するような作業機の導入を起点として開始され、その国の基軸的な衣料生産部門において、「生産過程の革命化」「生産様式の変革」を推進しつつ、次第に機械制大工業の成立と資本の賃労働把握を実現してゆくものであるが、かかる変革過程は同時に、②生産手段の一般的素材である鉄の生産体系の成立、原動機および製鉄用燃料である石炭の採掘体系の成立、食糧および原料確保のための農業の技術的・制度的変革というふうに、諸他の生産部門にも連鎖反応を惹き起こし、最終的には、「大工業の技術的基礎」をなす工作機械の生産体系が確立することによって完了する。③以上のような変革過程の完了によって、小生産者層の両極分解が完了するとともに、産業資本の自律的な再生産の機構が確立することとなる。以下では、こうした一連の技術変革と生産旋回を第一部第13章の叙述と関連せしめつつ検討することとしたい。

　生産様式の変革は、マニュファクチュアでは労働力を出発点とし、大工業では労働手段を出発点とする」（391頁）。①16世紀前半ばから18世紀半ばに至る「本来的なマニュ

ファクチュア時代」においては、相対的剰余価値の生産は、単純協業および分業に基づく協業を基礎としており、従って作業場内に集中された労働者は、相並んで同一の商品を生産するために資本家の指揮の下で労働するか、もしくは労働過程が分割され、個々の労働者は部分労働者として、特殊化された道具をもって部分工程を担当しつつ、資本家の指揮の下で労働していた。……　②　<u>産業革命の出発点たる機械</u>は、一個の道具を使用する労働者のかわりに、多数の同一または同種の道具を一度に操縦しつつ単一の動力──その形態は問わない──によって運転される機構」(392頁)であった。

〔産業革命の基軸＝綿紡績業〕

イギリス産業革命の基軸となった<u>綿紡績業</u>の場合、マルクスが定義したような、機械の最も簡単にして本質的な要素を具備しており、かつ緯糸生産に適用されるが故に、それを生産していた小生産者層の経営様式を根底から変革する可能性をもっていたのは、ハーグリーヴズの「<u>ジェニー紡績機</u>」(1760年代発明)であった。……ジェニー工場の成立によって、旧来の紡車は完全に駆逐され、小生産者の両極分解が決定的に推し進められたのである。

他方、ジェニー紡績機とほぼ時を同じくして、アークライトの「<u>水力紡績機</u>」が発明され(1769年特許)、1780年代ともなれば、クロンプトンの「<u>ミュール紡績機</u>」が導入され始めた。前者は……生産様式を根底から変革しえなかったのに対して、後者は、良質にして強靭な経糸・緯糸双方の生産を可能ならしめるものであり、<u>紡績機としては最終的な発明であった</u>が故に、きわめて急速に普及し、新興工業都市においてミュール工場を成立せしめたのである。

このミュール機は、改良と大型化とによって忽ち人力・水力で運転しうる限界を超え、<u>動力としてのワットの蒸気機関を必要とする</u>に至った。蒸気機関は「石炭と水を食って自己の動力をみずから生み出す」こと、「可動的である」こと、「水車のように生産を田園に分散させないで都市に集中せしめる」こと、「その技術学的応用において普遍的である」こと、以上の点でまさしく<u>大工業の一般的能因</u>(398頁)であったといえよう。さらにミュール工場の成立とそこへの紡績機の集中ならびに蒸気機関の設置は、<u>伝動装置の導入</u>を必要ならしめた。

かくして、<u>作業機→原動機→伝導装置</u>という序列に従って「<u>本来的な機械体系</u>」、すなわち、種類を異にする作業機が一定の比率を以って編成され、相互補足的に機能しつつ、共通の原動機から、伝導装置を介して心臓の鼓動を同時にかつ均等に伝えられるような、客観的な「自動装置」が完成するに至った(393〜401頁)。そこでは、<u>自動化された機械体系</u>が、「労働者にたいして資本として、生きた労働力を支配し吸収する死んだ労働として対応する」こととなり、また、「生産過程の<u>精神的力能</u>が手労働から分離され」「労働に対する<u>資本の権力</u>に転化する」(446頁)こととなる。<u>ここに、厳密な意味における工場が成立する</u>。

〔綿織物業〕

他方、綿織物業においては、カートライトが1785年に「<u>力織機</u>」を発明したにもかかわらず、織物製品の多様性と手工業的性格のゆえに、その経営的実現は遅々として進まず、……1825年恐慌後、ようやく紡績資本家が自己の工場に「織布工場」を併設す

る形で工場制度が成立した。

〔羊毛工業〕

　綿業に並ぶ衣料生産部門である羊毛工業は、重商主義時代における「国民的産業」であったが、産業革命期に入ると、原料羊毛の相対的高値、生産過程の機械化の困難、衣料品需要における綿製品との競合などの理由によって、その技術革命が遅れ、生産旋回においても副次的・従属的な役割しか果たしていないうえ、『資本論』理解のうえでも重要な意味をもっていないので、……を指摘するに留めたい。

〔他部門への波及〕

　これまで述べたように、イギリス産業革命の生産旋回は綿工業を基軸として進行したのであるが、それは当然、工場建設資材、機械、燃料などに対する需要を創出することによって、生産手段生産部門にも波及していった。

　①〔鉄の生産〕まず、生産手段の一般的素材である鉄の生産においては、すでに18世紀初頭、ダービーⅠ世のコークス精錬法によって、石炭を燃料とする銑鉄の生産が可能になっていたが、18世紀の第4四半期にワットの蒸気機関が「溶鉱炉」の送風に利用されるに至って、生産能力は飛躍的に増大した。さらにそれに対応して、1784年にはコートにより「反射炉」の中で銑鉄から錬鉄を生産する「攪拌法」が発明され、イギリス製鉄業の技術的基礎が据えられるに至った。以後製鉄業は、戦争＝兵器生産、機械生産、工場建設、交通運輸手段整備、消費用金属加工などに刺激されながら急速な発展を遂げ、1825年恐慌までには、溶鉱炉、錬鉄工場、圧延工場を併設した銑鉄一貫経営（統合経営）として工場の姿を整えるに至った。……

　②〔石炭産業〕いま一つの基本原料生産部門である石炭産業においては、生産過程が機械化されることなく、採炭および運搬は肉体磨消的な手労働によって行なわれるに留まった。……

　③〔機械製作〕次に、労働手段生産部門としての機械工業の技術革新と生産旋回もまた、綿業の発展と不可分の関係にある。機械製作は……19世紀に入って機械に対する需要の増大とともに工場の形態をとりつつ紡績工場から分離・独立していった。その技術的基礎になったのは、モーズリーによる「送り台」と「ネジ切り旋盤」の発明であった。この両者によって、機械製作もまた人間の手から自動機械に移され、……規則正しく素材を加工しうるようになった。

　また、1825年にはいま一つの基本的な「工作機械」である「平削盤」が発明された。これらにより、「線・平面・円・円筒・円錐・球、というふうな、個々の機械部分に必要な厳密に幾何学的形態」を、機械によって、しかも手工業的労働とは比較にならない「容易さと正確さと敏速さをもって生産すること」が可能となった。かくして大工業は、「機械によって機械を生産」することにより、「それにふさわしい技術的基盤を創造し、自分自身の足で立った」（405～406頁）のである。

〔農業部門〕

　産業革命に平行しながらその一環として展開した「農業革命」は、何よりもまず、旧来の「開放耕地制度」＝「三圃制度」の廃棄の過程であった。すでに18世紀半ば、産業革命の開始・人口の増大とともに、イギリスは穀物輸出国から輸入国に転化したので

あるが、増大してゆく食料需要を賄うために、農業における技術改良が推進され、それらは「ノーフォーク農法」として体系化された。この農法は、人口肥料の使用、カブ（飼料作物）の導入、合理的な四輪作および家畜の畜舎飼育などを特徴とし、個人による土地の直接的な地力維持を志向するものであったから、土地の共同占取に基づく共同放牧と作物＝圃場循環により、共同的かつ間接的に地力を維持する開放耕地制度と矛盾し、その廃棄・囲い込みを推進することとなる。かくして、18世紀後半以降、国家権力にバック・アップされた「議会的囲い込み」が進行し、全イギリスの農村は根底から変革されるに至った。……

　ノーフォーク農法と議会的囲い込みは、分散的耕地の集合化、大規模な協業を促進することにより、大経営と小経営との格差を押し広げ、農民層分解を決定的に進行せしめることとなった。このような農業経営の集積・集中はまた、土地所有の集積・集中と借地農制度の普及を促進したことはいうまでもない。マルクスは、『資本論』第一部第24章第二節「農村民からの土地収奪」において、「この農業革命の純経済的動機を度外視して、その暴力的槓桿を問題」としているが（751頁）、農業革命の純経済的動機と内容とは、簡単にいえば以上の如きものであった。

B　社会的編成の変革

（1）小生産者層の没落
　工場制度の確立により没落の危機に直面したのは、いうまでもなく旧社会の基礎をなしていた小生産者層であった。その典型は、衣料品生産部門の「手織工」である。19世紀初頭、問屋制職布資本の支配下にあった手織工は、……一時的には「織布工の黄金時代」すら経験したのであるが、……徐々に没落して行くこととなる。「イギリス木綿手織工たちの漸次的な、数十年にわたって、ついに1838年に完結した破滅以上に恐ろしい光景は、世界史上に類をみないところ」（454頁）であった。

　この過程において、彼らはまず、「資本の物質的実存様式たる労働手段そのものと抗争する」（451頁）。19世紀の最初の15年間に頻発した「機械打ちこわし運動」は、「労働者と機械との闘争」のあらわれであり、その後も1830年代まで断続的に発生した。「労働者が機械をその資本制的充用から区別し、従って彼らの攻撃を物質的生産手段そのものから、それの社会的利用形態に移すことを学ぶには、時間と経験とが必要だったのである」（452頁）。……

　1830年代以後も手織工は依然として存続していたが、彼らはもはや、小生産者層としての規定性と資本家への上昇の可能性を喪失し、高級綿布を生産する近代的問屋制度のうちに「近代的家内労働者」として再編されていたのである（以上の点は、『資本論』第1部第13章第8節「大工業によるマニュファクチュア、手工業、および家内労働の変革」において示されている）。

（2）工場労働力の再編と陶冶
　工場制度の成立によって、その中に集中され資本の下に服属せしめられた労働者群についても、再編成と陶冶が進展した。

　まず第一に、初期の工場労働者はその多くが成人男子熟練工であったが、機械の進歩が筋力と熟練とを不用にしたため、次第に「筋力なき労働者」が使用されることとなった。「婦人＝児童労働というのが、機械の資本制的充用の最初の言葉であった！」（416 頁）

　①精紡過程——成人男子、②糸紡工・清掃工（補助労働）——13 歳未満の児童、③織布および 紡績・織布の準備工程——不熟練労働の成人女子と年少者（13 〜 18 歳）という労働力編成。

　かくして、機械と工場制度は、「資本の固有の搾取領域たる人間的搾取材料と同時に搾取度を拡大する」（417 頁）こととなった。

——

　第二に、工場制度の成立は、労働日の延長と労働強化をもたらすことになる。何故ならば、機械は物質的ならびに道徳的磨損を蒙るため、資本家としては、可能なかぎり労働日を延長して剰余価値量を増大しようとする衝動にかられたからであり、……また、蒸気機関の改良と機械の大型化は「機械の速度の増大と同じ労働者が見張るべき機械・または彼の作業部面の範囲の拡大」（434 頁）をもたらし、労働の搾取度を内包的に強化したからである。

　以上述べたように、工場制度の成立は、婦人＝児童労働の追加により工場労働力群を再編するとともに、労働日の延長と労働の強化により搾取度を拡大したのであるが、それらは、①「消耗した労働力の急速な補填」「より大きい消耗費」（281 頁）を必要ならしめるが故に、また②「労働日の延長と労働の強度とが排除しあう」ような「一つの結節点」が生ずるが故に、「国家が余儀なく労働時間を短縮し、さしあたり本来的工場に標準労働日をおしつける」（432 頁）こととなる。

　産業革命期においては、1802 年の最初の「工場法」以来、数次にわたって工場法が制定されてきたが、いずれもその執行機関を欠如していたため死文に等しかった。ようやく 1833 年に至って、繊維工業全体を規制対象とするところの本格的な工場法が成立したのである。同法は、9 歳未満の児童の雇用禁止、9 〜 13 歳の児童の労働時間の 9 時間への短縮、1 日最低 2 時間の児童教育、「工場監督官」制度の導入を規定した。同法において児童の労働時間の短縮と教育の実施が規定されたのは、大工業が、「ある社会的細目機能の単なる担い手たる部分個人に置き換えるに、その者にとっては様々な社会的諸機能が相交替する活動様式であるような全体的に発達した個人をもってすることを、死活問題たらしめる」（512 頁）からである。このようにして、工場法により、工場制度に適合的な児童・年少者労働力を保全し陶冶する政策が確立するに至ったのである。

　以後、工場法は、婦人労働者をも規制しつつ次第に対象産業部門を拡大していったのであるが、かかる一般化は、やがて、「小経営および家内労働の領域とともに《過剰人口》の最後の逃避場を、したがってまた全社会機構の従来の安全弁を破壊し」「生産過程の資本制的形態の諸矛盾および諸敵対を熟させ、したがって同時に新社会の形成要素と旧社会の変革諸契機とを成熟させる」（526 頁）ことになるであろう。

（3）産業予備軍の形成と再生産

（産業予備軍の存在諸形態の説明は省略 ➡ 第Ⅶ編にて扱う。）

　<u>産業予備軍</u>を積極的に資本制的蓄積の槓杆たらしめるとともに、労働力の全国的規模における流動化を図り、安価にして陶冶された不熟練労働を大工業に供給する体制が創出されたといえよう。

補足説明❷：日本の産業革命と資本主義の確立

　補足説明❶では、イギリスの産業革命の進展を学習しましたが、「後発国」だった日本について、以下では、大石嘉一郎著『日本資本主義百年の歩み』（東京大学出版会、2005 年）から要点のみ摘録しておきましょう。

（1）日本の産業革命

　①「日本の産業革命は、<u>松方デフレによる資本の原始的（本源的）蓄積</u>を前提に、1886 〜 89（明治 19 〜 22）年の〈企業勃興〉で始まり、日清・日露戦争を経て急速に進展し、<u>ほぼ 1900 〜 10（同 33 〜 43）年頃に終了し、資本主義社会の確立をみるに至った</u>。」（51 頁）

　②「後発国の産業革命は多かれ少なかれ先進国の影響を受け、それぞれ独自の特徴をもつが、19 世紀末から 20 世紀初頭の日本の産業革命は、もっとも遅れた（ただしアジアで唯一の）産業革命として展開しただけでなく、資本主義世界体制が成熟して帝国主義体制へ転化する時期に展開したため、<u>産業革命による日本資本主義の確立が、同時に東アジアにおける帝国主義体制形成の主要な契機となった</u>。」（52 頁）

（2）確立期日本資本主義の構造的特質

① 国家主導的・軍事的性格

　「日本における産業資本確立過程の特徴は、自生的な生産力発展が〈本来的マニュファクチュア時代〉を明確に形成することなく、小商品生産の広範な展開が地主制・問屋制を随伴せざるをえないような段階に、すでに帝国主義段階への移行期にあった資本主義世界の国際的契機に規定されて展開したこと、そのために、先進資本主義への依存・従属的性格をもつとともに、その従属からの自立化を課題とする天皇制国家の主導のもとに、朝鮮・中国への軍事的侵略（日清・日露戦争）に支えられて推進されたことである。このような確立過程の特徴のために、日本資本主義は、国家主導的・軍事的性格をもつことになった。」（86 頁）

② 半封建的・前近代的性格

　「繊維工業（とくに綿業の紡績業と絹業の製糸業）が工場制工業発達の主導的地位を占め、それが日本資本主義それ自体の基軸を構成するにいたるが、その繊維工業の発展にとって、……半封建的地主制の下の零細農家から不断に大量に供給される出稼ぎ型低賃金労働の存在が不可欠の条件であった。」（87 頁）

　「高率小作料の支払いが家計補充的低賃金収入によって可能とされ、また逆に家計補充的であるために低賃金となる、いわゆる〈高率小作料と低賃金の相互規定関係〉が一般的に成立した。また同時に、大地主層による小作料収入の農業外有価証券への投資（小

作料の資本転化）も一般化し、こうして資本制と地主制は、資本と賃労働の二側面において構造的に結びつくにいたった。」(同上)

「日本資本主義は、地主制をその不可欠の構造的一環として定置することによって、確立の基礎を得たが、そのことは日本資本主義に半封建的・前近代的性格を刻印することとなった。」(88頁)　　　　　　　　　　➡「地主制」については、次の〔補足説明❸〕参照。

③ 産業発展の不均等性と産業構造の分断性

「以上のような産業資本確立過程の特徴のために、いろいろな産業部門の発展が極端に不均等なかたちをとり、……大工業・マニュファクチュア・独立小営業・家内工業など、発展段階が異なるさまざまな生産諸形態が重層的に存在するにいたった。」(同上)

「このような産業構造の分断性に応じて、賃労働の編成も分断的であったし、産業＝貿易構造の分断性と対外依存性は、日本の支配的資本である財閥の形態をも規定していた。」(88〜89頁)

補足説明❸：土地所有制の比較──日・英・仏

　第13章は、「大工業がイギリスの農業に引き起こす革命」で、締めくくられていましたが、日本やフランスの農業の場合とは事情が異なります。そこで、この三国の農業における土地所有制を比較しておきましょう。

（1）戦前の日本の地主制

　山田盛太郎著『日本資本主義分析』は、内容はもとより、「難解な叙述」である点においても、右にでる著作はないと言われるほど著名なもので、戦前に公刊された著作です。叙述を難解にしたのは、厳しい官憲の検閲による弾圧を回避するためであったとも言われていますが真偽のほどは不明です。それでも山田さんは牢獄に繋がれましたが。

　戦後昭和20年代から30年代に、大学で経済学、就中マルクスの経済学を学んだ学生にとっては、必読の書、座右の書でした。戦前の日本の資本主義の特異な「構造」は、農業における「半農奴制的零細農耕」が基底としてそれを支えていたと述べています。この「半農奴制的零細農耕」とはどんな内容のものなのか、戦前の地主制の特徴をなすものとしてきちんと理解しておくことが必要でしょう。この地主制は、戦後の農地解放によって解体されていくことはご承知のとおりです。

　この問題については多くの研究がありますが、ここでは大石嘉一郎氏による説明を紹介しておきます。『日本資本主義百年の歩み』(前掲、補足説明❷)の、84〜85頁です。

「米作の発展を基礎に地主制も拡大した。地主制は松方デフレ期（原始的蓄積期）に全国的に拡大するが、その後も拡大を続けている。全国的統計でみると、松方デフレ期の1883〜84(明治16〜17)年から資本主義確立期の1908(明治41)年にかけて、自作農は37.3%から32.9%へ減少し、自小作農も41.8%から39.9%へ微減し、小作農が20.9%から27.2%に増大している。この間に小作地率は、35.5%から45.5%へかなりの増大を示している。つまり、地主制は松方デフレ期に成立し、そして産業革命期に確立したのである。……

　地主制の確立過程において小作地の集中がすすみ、巨大地主および大地主が全国的に

発生した。全国の<u>耕地50町歩以上所有の地主</u>の戸数は 1923（大正 12）年までかなり急速に増大し、5078 戸のピークに達し、以後減少した。また<u>10－50 町歩地主</u>は、1908（明治 41）年の約 4 万戸から 1928（昭和 3）年の 4 万 8503 戸へ漸増し、以後減少したのち、また増加に転じて 1934（昭和 9）年に 4 万 6416 戸の第二のピークを形成した。……

　一方、<u>農家経営規模からみると</u>、1888（明治 21）年から 1908（明治 41）年にかけて、全体として経営規模の零細化が進展している。……<u>多数の農家経営の零細経営の集積・固定化の基礎のうえに、家計補充的低賃金収入の補充なしには再生産不可能な零細農家群が大量に生み出され、こうして《高率小作料と低賃金の相互規定関係》が一般的に成立し、この基本構成成立を基礎に日本地主制が最終的に確立するのである</u>。」

　以上のような、戦前の日本の地主制を、『資本論』が分析対象とした<u>近代イギリスの「大土地所有制」</u>に基づく地主制、ならびにフランスの「自営農＝分割地農民」と比較してみましょう。戦前の日本の、地主制の下での<u>農業の発展水準がいかに低位であったか</u>が、それらとの比較で歴然とします。

（2）近代イギリスの土地所有制

　イギリスの場合、次のように推移しました（村岡健次・川北稔共著『イギリス近代史』ミネルヴァ書房、1989 年、に拠る）。

　「<u>近世・近代のイギリス社会の特徴の一つは、（大土地所有者である）貴族の数の少なさ</u>である。……イングランドおよびウェールズの聖俗貴族あわせて <u>186 家族に過ぎない</u>。人口が 4 倍以上に増加した <u>1871 年になっても、その数は約 400 でしかなかった</u>。アンシャン・レジュウム期に約 2 万もの貴族がいたというフランスをはじめ大陸諸国と比して、この数は極めて少ないといえる。」（107 頁）

　「<u>18 世紀の農業革命の過程で成立したこの国の大土地所有制が 19 世紀の 70 年代までほとんどそのまま生き残った</u>、ということである。19 世紀においてジェントリーといわれた人は、通常少なくとも <u>1000 エーカー</u>（1 エーカーは 0.405 ヘクタール＝約 1200 坪× 1000 ＝約 120 万坪）の土地をもっており、<u>貴族</u>となると <u>1 万エーカー（約 1200 万坪）</u>以上の土地所有が普通であった。74 ～ 76 年にかけて行なわれた全国土地調査によると、イングランドとウェールズにおける<u>貴族、ジェントリークラスの土地所有者の総数は約 4,200 人、全土地所有者の 0.4％</u>を占めたにすぎなかったが、<u>彼らが実にイングランドとウェールズの優に半分以上の土地を所有していた</u>。……これらの所有地の多くの部分は、農業のために借地農に貸し出されたが、……（地代収入は）最低でも年 1,000 ポンド程度の収入が期待されえた。……<u>貴族・ジェントリーは、普通のブルジョア階級をはるかに凌駕する大資産階級であったのである</u>。……1870 年代に至るまで、貴族の要件は土地所有であり、上院議員はすべて土地所有者の<u>地主貴族</u>であった。」（146 ～ 147 頁）

　「この農業部門の繁栄も <u>1870 年代中頃に突然終わりを告げた</u>。（アメリカ合衆国等からの、莫大な量の安価な食料品がヨーロッパ市場を席巻しはじめたことによる。）……<u>利潤と地代の低下で、農場経営者の多くは耕地を変えて、牧畜農業および酪農業に転換せざるをえなくなった</u>。……<u>地主階級の経済的衰退の兆候が目立ち始める</u>が、それに付随して彼らの社会的・政治的地位もまた後退した。」（192 ～ 193 頁）

「（第一次大戦後）ノルマン征服あるいは宗教改革期の修道院解体以来と表現されるような土地所有の大規模な移動がみられた。……これらの土地の多くは自作農の手に移った。」（254 頁）

（3）フランスの土地所有
フランスについては、山田盛太郎さんの『日本資本主義分析』の「序言」では、次のように述べられていました。──

「17 世紀初葉以降の絶対主義に対する 1789 年の大革命を起点とし 7 月革命（1830 年）、2 月革命「1848 年」の後とくにボナパルティズム（1851 ～ 70 年）の形態の下に構成を整えるに至りし所の、零細土地所有農民の関係をもつフランス資本主義。」（岩波文庫版、8 頁）

ナポレオンⅠ世（1769 ～ 1821）は、大革命（1792 年）によって領主（大土地所有者）の土地を占拠した農民に土地の所有権を保証し、自作農＝分割地農民を成立させました。（1799 年にクーデターにより第一統領となり、1804 年に第一帝政を樹立した）ナポレオンは、多数派を形成するに至る「分割地農民」の「守護神」に自らを任じます。封建的土地所有制の解体の波及を怖れたドイツ（プロイセン）等の周辺諸国は、分割地農民を中核とするナポレオン軍打倒で結束、ナポレオンを敗北に至らしめますが、分割地農民制度まで駆逐することはできず、1848 年の「2 月革命」を経て、甥のナポレオンⅢ世の第二帝政期（1851 ～ 70 年）に、分割地農民制度は「構成を整えるに至りし所」となります。
マルクスは「分割地農民」の経営の性格について、『ルイ・ボナパルトのブリュメール 18 日』（第 1 版 1851 ～ 1852 年、第 2 版 1869 年、第 3 版 1885 年、村田陽一訳、国民文庫）のなかで次のように述べていました。──

「分割地農民はおびただしい大衆である。その成員たちは、同様な事情のもとで生活していながら、おたがいのあいだに多面的な関係を結ぶということがない。彼らの生産様式は、彼らをたがいに連絡させないで、たがいに孤立させる。……彼らの生産の場である分割地は、その耕作に分業を適用したり、科学を応用したりする余地がなく、……。どの農家も、ほとんどみな自給自足していて、自分の消費する物質の大部分を直接自分で生産しており、したがって、その生活資料を社会との交易によって得るよりも、むしろ自然との交換によって得ている。」（147 頁）

「ボナパルト王朝が代表するのは、革命的農民ではなく、保守的農民である。自分の社会的生存条件である分割地をこえてすすむ農民ではなく、むしろそれを固めようとする農民である。都市と結んで自分のエネルギーで古い秩序をくつがえそうとする農村民ではなく、逆に、この古い秩序のなかで無感覚に閉じこもって、自分の分割地もろとも帝政の亡霊の手で救ってもらいたい、その恩顧にあずかりたいと望む農村民である。」（149 頁）

しかし 19 世紀前半期は、産業革命の時期でもありました。資本主義的大工業の確立は、分割地農民にとってその命運をどのように変えていったのでしょうか。マルクスは、分割地農民の歴史的存在意義と限界について、同じ上掲書において次のように述べています。──

「第一革命が半隷農的な農民を自由な土地所有者にかえたあとで、ナポレオンは、農民がいましがた手に入れたフランスの土地を自由に利用し、その若々しい所有欲をみたすことのできるような諸条件を確立し、ととのえた。ところが、現在フランスの農民を没落させて

いるものは、彼らの分割地そのものであり、土地の分割であり、ナポレオンがフランスに確立した所有形態である。まさにこれらこそ、フランスの封建的農民を分割地農民にし、ナポレオンを皇帝にした、その物質的条件である。農業の日を追っての悪化、農耕者の負債の日を追っての累積——こういう不可避の結果を生み出すには、二世代で十分であった。19世紀のはじめにフランスの農村民を解放し豊かにするための条件であった《ナポレオン的》所有形態は、この世紀がすすむにつれて、彼らを奴隷化し窮民とする法則になりかわった。……

　分割地所有の経済的発展は、他の社会諸階級にたいする農民の関係を根本的に一変させた。ナポレオンのもとでは、農村における土地の分割は、都市における自由競争や、始まりかけた大工業を補足するものであった。……しかし、19世紀がすすむにつれて、封建領主に代わって都市の高利貸が、土地の封建的義務に代わって抵当権が、貴族の土地所有に代わってブルジョアの資本が現われてきた。……資本の奴隷となった分割地所有——分割地所有が発展すれば、どうしてもそうならざるをえないのだが——は、フランス国民の大多数を穴居民に変えてしまった。……

　こうして、いまでは農民の利益は、もはやナポレオンの治下でのように、ブルジョアジーの利益と、資本と調和せずに、それと対立している。そこで、農民は、ブルジョア的秩序をくつがえすことを任務とする都市のプロレタリアートを、自分の本来の同盟者かつ指導者とみるのである。」(151～153頁)

（4）戦後日本の自営農民と保守政党

　日本においては、先に見たとおり、戦後の農地解放により、ようやくにして地主制の解体＝自作農の創出が行なわれました。土地をみずから所有できるようになったこの自営農民層は、フランスの「分割地を固めようとする農民」＝「保守的農民」と性格が類似しています。日本の自営農民層は、事実、保守政党の「保塁」となり「金城湯池」を形成しました。また工業の再建と昭和30～40年代の高度経済成長のための労働力の供給源を形成してきました。

　しかし、高度経済成長が終焉して以降、保守政党の農民保護政策もそれまでのようには維持することができなくなり、「保塁」が壊れ始め、「保塁」としての力を失いつつあります。自営農民層の将来を展望する上で、（19世紀と21世紀という、資本主義の発展段階の相違に留意が必要ですが）フランスの「分割地農民」の辿った経路は示唆を与えてくれるように思われます。

補足説明❹：「全体的に発達した個人の形成」論の意義と限度

　この問題について、かつて私が、「『資本論』における《将来社会》の《生産形態》像と《人間解放》論」（『講座・資本論の研究』第1巻・資本論の形成、青木書店、1981年）において論及していた内容を以下に紹介しておきます。なお傍点を付した箇所は下線に変えてあります。——

　「《生産諸条件の共有》という点では、共通性をもちながらも、〈人類文化の初期〉にみられる直接生産者の社会的結合が、その圧倒的な低生産力水準＝自然制約性への拝跪という条件の下で、やむなく入り込まざるをえなかった結合（「共同体」への〈個人〉の埋没＝〈個人〉の未形成）であったという意味で、原生的＝自発生的結合であり、その結合の範囲も〈偏狭〉で局地的なものに過ぎなかったのに対し、〈近代ブルジョア社会〉をくぐり抜け出た地平に展望される〈将来社会〉における直接生産者の社会的結合は、高度に発展した社会的生産力と、〈個人〉としての〈人格的独立〉・〈個体性の自由な発展〉を基礎とする、〈自由人〉の自覚的な結合であり、その結合範囲も〈偏狭〉な局地性を脱した・全社会的な広がりをもった普遍的な結合となること、その意味でこれは、直接生産者たちの原生的＝自然発生的な社会的結合の、原生的＝自然発生的という性格を完全に否定＝揚棄したその高次再建とよばれるにふさわしい、質的飛躍を内包した社会的結合である、とおさえることがここでの枢要点であろう。

　（しかし）「全体的に発達した個人」の形成を論じようとするとき、それをこれまでのように、〈労働の転変・機能の流動・労働者の全面的可動性〉を要求する〈大工業の本性〉に規定づけられ、〈自由時間〉における〈個体性の自由な発展〉をとおして達成されていくものとして把握するだけでは、この問題についての十全なアプローチとはかならずしもならない、という点に目配りする必要があることを、指摘しなければならない。

　『ゴータ綱領批判』が、〈個人が分業に奴隷的に従属する〉ことの廃絶とともに、〈精神労働と肉体労働との対立〉が廃絶されていくことと関連せしめて、そうした視角から、〈個人の全面的な発展〉の問題を捉えようとしていることが、ここで想起されねばならない（マルクス・エンゲルス全集⑲、21頁）。あるいはまた（レーニン）『国家と革命』が〈共産主義の高い段階〉における、〈国家の完全な死滅の経済的基礎〉として、〈精神労働と肉体労働との対立が消滅するほど……共産主義が高度の発展をとげること〉（レーニン全集㉕、506頁）をあげていること、〈社会の全成員、少なくともその圧倒的多数が、自分で国家を統治することを学び〉（同上、512頁）、それを軌道にのせうるようになったとき、〈あらゆる統治一般の必要もなくなりはじめる〉（同上）と指摘していることが、想起されねばならない。

　このことは、〈精神労働と肉体労働との対立〉という最大の〈分業〉が、支配階級による〈社会〉の総括機能の独占（それに媒介されての階級支配の貫徹）＝被支配階級からのそれの横奪として自己を実現している関係を揚棄することによって、万人がその総括機能をわがものとし、やがては〈共同生活の基本的な規制をまもる習慣を十分にもつ〉（同上、507頁）ようになってこそ、個人が〈全体的に発達した個人〉として真に形成されるものであることを示唆している、と解される。すなわち、〈全体的に発達した個人〉の形成とは、それが〈分業〉全般の廃棄との関連で捉えられねばならない問題であるとすれば、それをたんに〈本来の物質的生産の部面〉における〈大工業の本性〉が要求する〈傾向〉との関連でのみ捉えるのでは十全とはいえず、視野は、〈国家の完全な死滅〉＝〈統治一般〉の〈死滅〉に至るまでに、〈社会〉に対する〈総括〉＝〈統治〉の能力を高めていく万人の自己形成という問題次元にまで押し拡げられねばならない、ということを、そのことはわれわれに示唆していると思われるのである。」（102〜104頁）

質問への回答

Q　質問1

（670／408）「機械設備は労働過程にはいつも全部的にはいり込むが、価値増殖過程にはつねに部分的にのみはいり込む」とありますが、これは労働の二重性の適用例ですか？

回答1

　資本の生産過程は、商品の使用価値を創造する過程としての労働過程と、価値を創造する過程としての価値形成・増殖過程という、二つの側面を併せ持っています。この点について、『資本論』は次のように述べていました。——「こうしてわかるように、以前に商品の分析から得られた、① 使用価値を創造する限りでの労働（具体的有用的労働）と、② 価値を創造する限りでの同じ労働（抽象的人間的労働）とのあいだの区別は、いまや、生産過程の異なる二側面の区別として表れた」（337／211）。したがってご質問のとおりの理解でよろしいのです。但し、『資本論』の説明の細部の「問題点」については、第6章末尾の〔補足説明〕を参照してください。

Q　質問2

（681／415）〔原注116ａ〕「第2版への注。それゆえ、共産主義社会では、機械設備はブルジョア社会とはまったく異なった活動範囲を持つであろう」とありますが、どのように異なるのでしょうか？

回答2

　この注が付けられている、2頁前（679／414）中段以下の説明をご覧下さい。
　①「生産物を安くするための手段としてのみ考察すれば、機械設備の使用の限界は、イ）機械自身の生産に要する労働が、ロ）その充用によって置き換えられる労働よりも少ない、という点にある。」（イ＜ロ）
　②「とはいえ、資本にとっては、この限界は、もっと狭く表わされる。資本は、充用された労働を支払うのではなく、充用された労働力の価値を支払うのであるから、資本にとっては、機械の使用は、ハ）機械の価値と、ニ）機械によって置き換えられる労働力の価値との差によって限界づけられる。」
　③「……であるから、ホ）機械設備の価格と、ヘ）それによって置き換えられる労働力の価格との差は、たとえ機械の生産に必要な労働分量と、機械によって置き換えられる労働の総分量との差が同じであっても、はなはだしく変化することがありうる。」

　①は、労働の生産性の向上により、単位あたり商品の価値が低下することを述べています。②と③は、「機械が資本主義的に充用される場合の限界」についての説明です。
　——労働力商品の価値よりも機械の価値が小さくなった時に、機械は導入されること、すなわち、人手にとって代わる機械が導入されるのは、人件費よりも安い機械がある場合

であり、しかも人手を代替する機械による生産が、前と変わらない生産量を達成する場合、ということです。逆に、機械の導入コストより賃金の方が安ければ、資本家は機械の導入は見送るでしょう。そうした例として、『資本論』は、イギリスの鉱山、馬に代わる婦人による運河船の曳航、に言及しています（680 ～ 681 ／ 415 ～ 416）。

　共産主義社会の場合は、それが、ａ）労働の生産性を向上させ、社会的な必要労働時間を短縮し、社会的労働全体を「節約」し、生産物を低廉化すること、ｂ）労働者の労働を軽減すること（労働時間の短縮）等が、機械導入の基準となり目的となりますから、②や③のような、労働力商品の価値＝「人件費」との高低の比較という制約からは、解放されることになります。なお②の箇所は、次の質問３で、数字を用いて説明します。

Ｑ　質問３

　（679 ／ 414）８行目「……とはいえ、資本にとっては、この限界はもっと狭く表わされる。資本は、充用された労働を支払うのではなく、充用された労働力の価値を支払うのであるから、資本にとっては、機械の使用は、機械の価値と機械によって置き換えられる労働力の価値との差によって限界づけられる。」というところの理解ですが、私は次のように考えますが、正しいでしょうか？

　――新しく導入しようとしている機械の価値（費用）が1200万円、償却期間１年とすると、１カ月当たり100万円の減価償却（費用）を要する。労働者の月給20万円で、従来10人で作業していたとすると、年間の労務費1200万円となる。この工場で労働者を10人以上解雇しても従来と同様の生産量が維持できる場合、新機械を導入する意味、即ち、資本家としての利益が出るという意味に解釈していいでしょうか？

回答３

　この質問で引用されている「……とはいえ……限界づけられる。」は、質問２への〔回答〕部分の②の箇所と同じです。

　① 質問の中の数字は、＠ 月給20万円× 10人× 12カ月ですから「年間の労務費」は、1200万円ではなく2400万円になりますね。また、10人の労働者ですから、10人以上の解雇を想定することはできませんね。

　② そこで例えば、新しく導入する機械の価値が、1500万円だとしても、その導入によって、旧い機械では10人の労働者を必要としていたのが、7人で同量の商品の生産が維持されるならば、「年間の労務費」は月給20万円× 7人× 12カ月＝ 1680万円となり、機械が1200万円→ 1500万円と300万円高くなっても、「年間の労務費」の方が、2400万円➡ 1680万円と720万円少なくて済むことになりますから、720万 − 300万で、差し引き420万円の資本の節約が可能となります〔原料を度外視すれば、1200 C ＋ 2400 V ＝ 3600 → 1500 C ＋ 1680V ＝ 3180、420万円の資本の節約〕。資本家はこのような結果が出るような場合に、旧い機械の代わりに新しい機械の導入に踏み切ります。剰余価値率の数字は示されていませんが、Ｍ’＝Ｍ／Ｖの、分母Ｖが、2400 → 1680になっていますから、剰余価値率はアップするでしょう。

Q　質問4

（703／429）後ろから5行目（1）「**必要労働の犠牲**」とはどういう意味ですか（労働力の日価値を下げるということですか）？（2）また、「その結果（＝剰余労働の拡大？）をもたらすのは、……**労働者の総数を減少させる**ことによってだけであることは明らかである」とありますが、どのように明らかなのですか？〔（1）（2）の区分は中川による〕

回答4

① 引用された文章の少し手前の記述の確認から始めましょう。「剰余価値は資本の可変部分からのみ生まれるのであり、……**剰余価値の総量は剰余価値率**と同時に**労働者の総数（n）**という二つの要因によって規定される。」──〔これを次のように表記します。M'×n人〕

②「労働日の長さが与えられている場合には、剰余価値率は、労働日が必要労働と剰余労働とに分かれる比率によって規定される。

③ また、同時に働かされる労働者の総数のほうは、不変資本部分（C）にたいする可変資本部分（V）の割合（V／C）に依存している。」

④ **このあとに質問の文章が続きます。**「ところで機械経営は、たとえそれが労働の生産力を増大させることにより**必要労働の犠牲**において剰余労働を拡大するにしても、この成果をもたらすのは、与えられた資本によって**働かされる労働者の総数（n人）を減少させることによってだけであることは、明らかである。**」
　──

（1）は、ご指摘のとおり、②からも明らかなように、**労働日の長さが与えられていますから**、必要労働部分の「犠牲」＝短縮は、剰余労働部分の拡大をもたらします。必要労働部分の短縮は、「労働力の日価値が低下すること」を**一般的には**意味します。

（2）ただし、問題の文章において、そうした「成果」をもたらすのが、**労働者数の総数（n）の減少だけである**、と述べられています。これは①で、剰余価値の総量＝M'×n人が前提されているからです。『資本論』は問題の文章のあとにこう続けています。

（703～704／429）「機械経営は、資本のうちの以前には可変的であった部分、すなわち生きた労働力に転化されていた部分（V）を、機械設備に、すなわちなんらの剰余価値をも生産しない不変資本（C）に転化する。（**Vを犠牲としたCの増加**、これを**資本の有機的構成＝C／Vの高度化**、と呼びます➡詳しくは第23章で説明されます）。

たとえば、2人の労働者から24人の労働者からしぼり出すのと同じ量の剰余価値をしぼり出すことは、不可能である。24人の労働者のそれぞれが12時間で1時間の剰余労働しか提供しないとしても、彼らは合計で**24時間の剰余労働**を提供するが、2人の労働者の総労働は24時間にしかならない。したがって、**剰余価値の生産のための機械設備の充用には、一つの内在的矛盾がある。**というのは、**機械設備**は、与えられた大きさの資本が与える**剰余価値の二つの要因**のうち、**一方の要因、すなわち労働者数を減少させる**ことによってのみ、**他方の要因すなわち剰余価値率を増加させる**からである。」すなわち、

$M' = \dfrac{M}{V}$ において、労働者数の減少はVの減少となり、その結果M'は増大することに

なります。「労働日の長さが与えられて」いますから（②）、剰余価値率の増大は、Mの増・Vの減、すなわち剰余労働部分の増・必要労働部分の減、をもたらすことになります。これが④の文章の意味です。

Ｑ　質問5

（704／429）8行目「労働者の相対的総数」とは何ですか？

回答5

　これは、上記質問4への回答の（2）で引用した、「一方の要因……他方の要因……」に続く次の文章の中に出てくるものです。（704／429〜430）「この内在的矛盾は、一つの産業部門における機械設備の普及につれて、機械で生産される商品の価値が同種のすべての商品の規制的な社会的価値になるや、ただちに現われてくる。そしてこの矛盾が、搾取される労働者の相対的総数の減少を、相対的剰余労働の増加のみならず絶対的剰余労働の増加によっても埋め合わせるために、労働日のこのうえない乱暴な延長へと資本をまたもかり立てる──資本自身は、このことを意識していないのであるが。」

　①「内在的矛盾」の意味は、質問4への回答で確認して下さい。相対的という語は、例えば、あるものAを、他のものBと比べた時、Bとの関係でのAの状態を示すために用いられます。

　② したがって、ここで「搾取される労働者の相対的総数の減少」というように用いられている「相対的総数」（A）と比べられているのは、それ以前の状態での労働者の（減少する前の）総数（B）です。AはBと比較した時、A＜Bである、という関係を示す言い方と理解できます。この説明に続く、（705／430）での、「したがって、機械設備の資本主義的充用は、一方では、……他方では、……」のパラグラフ全体＝「経済学的逆説」の叙述は、大事な部分です。再度目を通して下さい。これが後の質問7の内容把握に繋がっていきます。

Ｑ　質問6

（706／431）1行目「キリスト教についてはなにも理解しなかった」とはどういうたとえですか？

回答6

　これは質問5への回答の末尾で、その重要性に注意を喚起した「経済学的逆説」に関する叙述の後に登場してきます。アリストテレスが「夢想」し、ギリシャの詩人アンティ

パトスが「歓迎」したことが、「りこうな」バスティア、「賢い」マカロックが発見した
ように、「彼ら〔古典古代人たち〕は、経済学とキリスト教についてはなにも理解しなかった。
①彼らはとりわけ機械が労働日延長のためのもっとも確かな手段であることを理解しな
かった。② 彼らは、たぶん、一方の人の奴隷状態を、他方の人の完全な人間的発達の
ための手段として容認したのであろう。③しかし、幾人かの粗野な、または教育の浅い
成り上がり者を《"優れた紡績業者"》や《"大規模なソーセージ製造業者"》や《"有力
な靴墨商人"》にするために、大衆の奴隷化を説教するには、やはりまだ、彼らには、特
殊なキリスト教的な器官が欠けていた。」（706／431、①〜③は中川による）

　①は、「古典古代人たち」の「経済学」に対する「無理解」への批判であることは、
容易に理解できます。問題は「キリスト教」についての「無理解」を「批判」している
と思われる部分です。②は「奴隷制」容認の指摘、③の「大衆の奴隷化」に向けての説
教をするためには、「キリスト教的な器官（フランス語版では《キリスト教的慈善の才》）」
が欠けていた」との「批判」は、一見する限りではキリスト教（的慈善の才）を肯定的
に評価しているかのように読めますが、しかしこれは、キリスト教に対するマルクス流
の痛烈な皮肉を述べている件と読むべきであろうと理解します。

Ｑ　質問7

　（748／455）「大工業そのものの内部においても、機械設備の絶え間のない改良およ
び自動体系の発達とは、類似の作用をする」とありますが、類似の作用とはどういうこ
とですか？

回答7

　ここでなにが問題となっているかは、テキストの前の頁（747／455）の本文末尾か
ら読み進めてくるとわかります。そこではこう述べられています。――
　①「資本主義的生産様式が一般に、労働者に相対する労働条件および労働生産物に与え
る、独立化され疎外された姿態は、こうして機械とともに完全な対立にまで発展する。そ
れゆえに機械とともに、はじめて、労働手段にたいする労働者の粗暴な反逆が現れてく
る。」（747／455）
　②「労働手段が労働者を打ち殺す。この直接的対立は、イ）確かに、新しく採用された
機械設備が、伝来の手工業的またはマニュファクチュア的経営と競争するたびに、もっ
とも明白に現われる。ロ）しかし、大工業そのものの内部においても、……類似の作用
をする。」（748／455）
　労働諸条件（生産諸手段）と労働の生産物が、労働者から「疎外」された物になる＊、
という関係は、「機械とともに完全な対立にまで発展する」と、①では述べられています。
　それが②の冒頭で、「労働手段が労働者を打ち殺す」に繋がります。これは、伝来の
道具に代わる機械の導入で労働者が仕事を失うことを意味します（イ）。失業は、「機械設
備の絶え間のない改良および自動体系の発達」で加速されます（ロ）。これが「類似の作

用」の意味であると理解されます。

　＊この「疎外」という用語は、「初期マルクス」（若い時代）の文献に頻出するもので、差し当たり、
　　生産諸手段も、生産物も、資本の所有物となり、労働者はそれらと疎遠な状態に置かれるだけ
　　でなく、それらによって支配されることになる、といった事態を表現する用語、と考えておけ
　　ばよろしいでしょう。

Q　質問8

　講義の際に出された質問は、以下の下線部をどのように理解するか、ということでした。
（842〜843／514）「大工業は、① 家事の領域のかなたにある社会的に組織された生
産過程において、婦人、年少者、および児童に決定的な役割を割り当てることによって、
② 家族と男女両性関係とのより高度な形態のための新しい経済的基礎をつくり出す。家族
のキリスト教的ゲルマン的形態を絶対的なものと考えることは、……もちろんばかげて
いる。」（①②は中川による）

回答8

　① の部分は、生産の場で、婦人、年少者、児童が、それぞれ「決定的な役割」の担
い手となることを述べていることは明らかです。ただし、これは、19世紀の半ばとい
う時代の大工業を前提にしていますから、年少者や児童の労働に対する見方は、現代と
は異なるでしょう。

　② の部分の「高度な形態」の理解、しかも抽象的レベルでではない理解を得ようと
するためためには、エンゲルス『家族、私有財産および国家の起源』を読んでみる必要が
あると思います。婚姻形態の歴史的発展史の考察を踏まえ、階級社会の「一夫一婦制」
から社会主義社会の「一夫一婦制」への発展を論じています。『マルクス・エンゲルス
全集』では第21巻にありますが、新日本出版社刊の科学的社会主義の古典選書にも入っ
ています。また、学習を手引きしてくれる文献としては、不破哲三『講座「家族、私有
財産および国家の起源」入門』（新日本出版社）があります。この『入門』は、日本におけ
る国家と家族形態の発展史にも多くの頁を割いていますから、歴史の学習にとっても有
益でしょう。

　なお経済的諸関係の歴史的発展に規定された家族形態の発展という捉え方や、児童労
働と学校教育の結合という点は、マルクス、エンゲルスの若い時代（20歳代末）の以
下の著作にも見られます。

　①「共産主義の信条表明草案」（エンゲルス筆、1847年）第18、19、20問（服部文男訳『共産
党宣言・共産主義の諸原理』大月書店、154頁）

　②「共産主義の諸原理」（エンゲルス、1847年）第21問「共産主義的社会は、家族にどの
ような影響を及ぼすであろうか？──答……」（同上、139〜140頁）

　③「共産党宣言」（マルクス、エンゲルス、1848年）のⅡ（同上、79〜81、86頁）

♬コーヒー・ブレイク：点描「横浜の資本論講座」

　以下は、神奈川県労働者学習協会主催の「資本論講座」を、雑誌『経済』（2013年5月号）に紹介した内容の短縮版です。執筆者は、講座運営委員長の鈴本伊左雄さんです。──

　講座は、1967年に『資本論』発刊100年を記念してスタートしました。今期で27期を迎えます。14期以前は、平日の夜の2時間という時間帯でしたが、労働者や女性も参加しやすいように95年の15期から、日曜講座として再デビューしました。

　受講生は毎年40～50名ほど。年齢層は20歳代から80歳代までと広く、現役労働者やリタイア組、教員など多彩です。毎月第2日曜日の午後1時から5時まで、間に受講生が自己アピールする休憩をはさんで、60分、3コマの講義です。最後の30分は口頭での質疑応答時間として使っています。この時間に出せなかった質問は、文書で提出してもらっています。また、後日、メールの質問も受け付け、講師の先生に丁寧な回答をしていただいています。……（中略）……

　毎月、講義の感想や受講の動機などを載せた「資本論ニュース」を発行しています。3カ月に1回、「土曜学習会」と銘打って、補講を開催します。進行役は運営委員が担当し、昼の1時から5時まで、びっしりと熱い討論が続きます。「講師の先生の言わんとしたことがこの学習会を通じて、やっと理解できた」とか、「もう一度、テキストを読みなおすよいチャンスだ」とか、前向きに学習を深めようとする姿勢が感じられます。

　講師の一人中川弘さんには、講義のレジュメとともに、副読本として『前歯を折らないために』を作成していただき、『資本論』にアタックする時の心構えや注意事項が細部にわたって丁寧に書かれています。受講生からも「わかりやすい」と評判ですが、なかには「もう、前歯はボロボロです。よい歯医者さんがあったら紹介してほしい」との声も出ます。ベテランからの「前歯がだめなら、奥歯があるさ、前歯は噛みつくだけで、よぉーく理解するためには、奥歯でゆっくり、噛みしめながら、味わうことが大事」との冷静な指摘には、講師の先生もニンマリです。

　講義終了後は喫茶店で講師を囲んでの茶話会を1時間ほど催し、講義で聴けなかったウラ話や、受講生の率直な感想を述べあう機会としていました。喫茶店の閉店に伴い、やむなく中止となっていましたが、今期は横浜・野毛の街へ繰り出し、中華料理を食べながらの「しゃべり場」として、受講生同士の交流を深めています。

　毎年9月には、一泊の修学旅行を企画しています。これまで「秩父事件」「松川事件」「足尾鉱毒事件」などの場所をめぐり、歴史の探索と学習の場となっています。……（中略）……

　受講生からの感想の一部を紹介します。

　「今回は予習をしていて、ついに前歯が折れたかなと思いました。講義内容は日本語だけれど、とても日本語には思えないくらいチンプンカンプンでした。しかし自分がどこで躓いているのかをわからせてくれる話でした。とても丁寧に話していただいてありがたいです。」

　「再生産の仕組みや恐慌による消費減退など、とても興味深いお話だと思いました。理解はまだまだですが、このお話は資本主義の根本についてのお話だったのだと思いました。では

どうすれば皆がと幸せになれるのでしょうか、皆で幸せになりたいですよね。」

　「企業の内部留保の仕組みが分かった。資本を循環・回転させることで、増殖される仕組みが、記号だけではよく理解できなかったのです。土曜学習会に参加して、少し分かった気持ちになれました。」……（中略）……

　「『前歯を折らないために』の資料は、大変興味深いものです。先生は解釈を 2 回、3 回と繰り返し説明されるので、頭の整理ができます。マルクスは古いという人がいますが、私たちが学習している内容は、現代の社会にも通じることが沢山あります。この点に確信をもちつつも労働組合運動にも生かしていきたいところです。」

　これらの貴重な意見一つひとつを大事にしながら、今期も修了にむけて頑張るつもりです。

第Ⅴ篇　絶対的および相対的剰余価値の生産

◎ 本章の主題

第Ⅴ篇は、第Ⅲ篇と第Ⅳ篇を総括しその内容を補足することを課題としている。

第14章
　　１．生産的労働の概念の再規定
　　２．絶対的および相対的剰余価値生産の方法
　　３．剰余価値の自然的基礎

第15章
　　４．労働力の価格と剰余価値の大きさの変動
　　５．誤った学説の批判──D．リカードゥ、リカードゥ学派とＪ．Ｓ．ミル批判

第16章
　　６．剰余価値率を表わす種々の定式

第14章　絶対的および相対的剰余価値

❶ 生産的労働の概念（本源的規定）

（871／531）「(第５章では) 次のように述べられている──《もし労働過程全体を、その結果の、すなわち生産物の立場から考察するならば、労働手段と労働対象の両者は生産手段として、労働そのものは生産的労働として現われる。》……生産的労働のこの規定は、単純な労働過程の立場から生じるのであって、資本主義的生産過程にとっては決して十分なものではない。」

（871〜872／531）「労働過程が純粋に個人的な労働過程（単純な労働過程）である限りは、のちに分離されるすべての機能を同じ労働者が結合している。彼は、自分の生活目的のために自然対象を個人的に取得するにあたって、自分自身を管理している。のちには、彼が管理される。個々の人間は、彼自身の頭脳の管理のもとで彼自身の筋肉を働かすことなしには、自然に働きかけることはできない。自然体系〔生来の人体〕では頭と手が一組になっているように、労働過程では、頭の労働と手の労働とが結合されている。のちには(資本の生産過程では)、この二つは分離して、敵対的に対立するようになる。」

（872／531）「生産物は、一般に、個人的生産者の直接的生産物から一つの社会的

生産物に、一つの総労働者、すなわち一つの結合された労働人員——その成員は労働対象の処理に直接または間接にかかわっている——の共同生産物に、転化する。」

（872 ／ 531）「そのため<u>労働過程そのものの協業的性格とともに、生産的労働の概念</u>や、その担い手である<u>生産的労働者の概念も、必然的に拡大される。</u>生産的に労働するためには、みずから手をくだすことはもはや必要でない。総労働者の器官となって、そのなんらかの部分機能を果たせば十分である。」

（872 ／ 532）「生産的労働にかんする前述の<u>本源的な規定は、物質的生産そのものの性質から導き出されたものであり、全体として見た場合の総労働者にとっては依然として真実である。しかし、その規定は、個々にとり上げられたその各成員にとっては、もはやあてはまらない。</u>」

❷ 生産的労働の概念（歴史的規定）

（872 ／ 532）「しかし<u>他面、生産的労働の概念がせばめられる。</u>」
（872 ～ 873 ／ 532）「<u>資本主義的生産</u>は商品の生産であるだけでなく、<u>本質的には剰余価値の生産である。</u>労働者は自分のためにではなく、資本のために生産する。それゆえ、彼が一般的に生産を行なうということだけでは、もはや十分でない。彼は剰余価値を生産しなければならない。<u>資本家のために剰余価値を生産する、すなわち資本の自己増殖に役立つ労働者だけが、生産的ある</u>。……それゆえ、<u>生産的労働者の概念</u>は、決して単に活動と有用効果との、労働者と労働生産物との関係を含むだけでなく、<u>労働者を資本の直接的増殖手段とする、特殊に社会的な、歴史的に成立した生産関係をも含んでいる。</u>それゆえ、生産的労働者であるということは、幸福ではなく、むしろ不運である。」
➡章末の〔補足説明〕参照。

＊「……第四（Ⅳ）部で古典派経済学はずっと以前から剰余価値の生産を生産的労働者の決定的な性格としたことが、詳細に示されるであろう。それゆえ、古典派経済学が剰余価値の本性をどう理解するかによって、生産的労働者についてのその定義も変わってくる。たとえば重農主義者は、……農耕労働だけが生産的である、と説明している。」（873 ／ 532）

❸ 絶対的剰余価値の生産
（873 ／ 532）「労働者がその労働力の価値の等価だけを生産する点を超えて労働日が延長されること、そして資本によってこの剰余労働の取得が行なわれること——これは<u>絶対的剰余価値の生産である。それは資本主義制度の一般的基礎をなし、また相対的剰余価値の生産の出発点をなしている。</u>」

❹ 相対的剰余価値の生産
（873 ～ 874 ／ 533）「<u>相対的剰余価値の生産の場合には、労働日ははじめから二つの部分に</u>

──すなわち必要労働と剰余労働とに分かれている。剰余労働を延長するためには、労賃の等価がより短時間で生産される諸方法によって、必要労働が短縮される。絶対的剰余価値の生産では労働日の長さだけが問題である。相対的剰余価値の生産は労働の技術的諸過程および社会的諸編成を徹底的に変革する。

したがって、相対的剰余価値の生産は、一つの特殊な資本主義的な生産様式を想定するのであって、この生産様式は、その方法、手段、および条件そのものとともに、最初は、資本のもとへの労働の形式的包摂を基礎として、自然発生的に成立し、発展させられる。形式的包摂に代わって、資本のもとへの労働の実質的包摂が現われる。」

❺ 両者の区別と関連（1）

（874～875／533）「絶対的剰余価値の生産のためには、資本のもとへの労働の単なる形式的包摂だけで……十分であるとしても、他面では相対的剰余価値の生産のための方法は、同時に絶対的剰余価値の生産のための方法でもあることが明らかとなった。それどころか、労働日の無際限な延長は、大工業のもっとも独自な産物として現われた。一般に、特殊な資本主義的生産様式は、それが一つの生産部門全体を征服してしまえば、ましてすべての決定的な生産諸部門を征服してしまえば、相対的剰余価値の生産のための単なる手段ではなくなる。それは、いまや、生産過程の一般的な、社会的に支配的な、形態となる。それが相対的剰余価値生産のための特殊な方法として作用するのは、第一には、それが、従来はただ形式的にのみ資本に従属していた諸産業をとらえる限りにおいてであり、したがってその普及の場合である。第二には、すでにそれにとらえられた諸産業が、生産方法の変化によって絶えず変革される限りにおいてである。」

❻ 両者の区別と関連（2）

（875／533～534）「特定の観点からすれば、絶対的剰余価値と相対的剰余価値との区別は、一般に幻想的に見える。相対的剰余価値は絶対的である。というのは、労働者自身の生存に必要な労働時間を超える労働日の絶対的延長を、それは条件としているからである。　絶対的剰余価値は相対的である。というのは、必要労働時間を労働日のうちの一部分に限定することを可能にするような労働生産性の発展を、それは条件としているからである。＊」──

　＊両者は、より多くの剰余価値の獲得のため、一体となって行なわれるという意味に解される。

（875～876／534）「しかし剰余価値の運動に注目すると、同一性のこの外観は消えうせてしまう。資本主義的生産様式がひとたび確立されて、一般的な生産様式になってしまえば、剰余価値率を一般に高めることが問題となる限り、絶対的剰余価値と相対的剰余価値との区別は感知されうるものとなる。労働力がその価値どおりに支払われるものと前提すれば、われわれは次の二者択一を迫られる──労働の生産力および労働の標準的な強度が与えられているならば、剰余価値率は労働日の絶対的延長によってのみ高められうる。他方、労働日の限界が与えられているならば、剰余価値率は、

必要労働および剰余労働という労働日の構成部分の大きさの相対的変動によってのみ高められ、この変動はまた、賃金が労働力の価値以下に低落しないとすれば、労働の生産性または強度における変動を前提している。」

◎ 剰余価値の自然的基礎

〔剰余価値の発生が一定程度の労働の生産性を前提としているという「自然的基礎」をもつことから、それを理由に「搾取の仕組み」を神秘化する謬説を批判していることが、以下での眼目〕

❼ 人間と自然との関係（1）
（877 ～ 878 ／ 535）「資本関係は、長い発展過程の産物である経済的基礎の上に発生する。資本関係が生まれる基礎である労働の既存の生産性は、自然の賜物ではなくて、幾十万年にもわたる歴史の賜物である。……社会的生産の姿態がどの程度に発展しているかということを別にすると、労働の生産性はやはり自然的諸条件に結びつけられている。この自然的諸条件は、……人間そのものの自然と、人間を取り巻く自然とに、還元される。外的な自然的諸条件は、経済学的には、生活手段の自然的豊かさ、……と、労働手段の自然的豊かさ……との、二大部類に分かれる。」

❽ 人間と自然との関係（2）
（879 ～ 880 ／ 536 ～ 537）「資本主義的生産がすでに前提されていて、ほかの事情が不変であり、また労働日の長さも与えられていれば、剰余労働の大きさは、労働の自然的条件によって、ことに土地の肥沃度＊によって、変動するであろう。しかしその反対に、もっとも肥沃な土地が、資本主義的生産様式の成長にもっとも適している土地だということには決してならない。資本主義的生産様式は、自然に対する人間の支配を前提としている。あまりに豊かな自然は《幼な子を歩みのひもで支えるように、人間をその手で支える》。このような自然は、自然必然的に人間自身の発展をもたらさない。資本の母国は、植物の繁茂している熱帯風土ではなく、むしろ温帯地域である。社会的分業の自然的基礎をなし、そして、人間が居住している自然的環境の変化によって、人間自身の諸欲求や諸能力、労働手段、および労働様式を多様化するように、人間を刺激するのは、土地の絶対的な肥沃度ではなく、その分化、その自然的産物の多様性である。自然力を社会的に管理し、それを節約し、それを人間の手になる工事によって大規模にまず自分のものにする、すなわち馴らす必要性が、産業史においてもっとも決定的な役割を演じている。」
　　　　＊土地の肥沃度と農業生産力の問題は、第Ⅲ部第Ⅵ篇のテーマであるが、第5章への〔補足説明
　　　　　❶労働過程論が語る社会発展史〕を併せ参照。

❾ 自然的条件と剰余労働
（881 ／ 537）「自然的諸条件の恵みは、つねに、剰余労働の、したがって剰余価値また

は剰余生産物の、**可能性**を与えるにすぎないのであって、その**現実性**を与えるのでは決してない。労働の自然的諸条件が異なることによって、同じ量の労働が、異なる国々において、異なる欲求量を充足するのであり、……自然的諸条件は、自然的制限としてのみ、すなわち、他人のための労働が開始できる時点を規定することによってのみ、剰余労働に作用するのである。」

(883／538)「歴史的に発展した社会的な労働の生産諸力と同じように、<u>自然に制約された労働の生産諸力も、労働が合体される資本の生産諸力として現われる。</u>」

❿ 誤った学説の批判

(883〜884／539)「① リカードゥは、剰余価値の源泉には無関心である。彼は、剰余価値を、彼から見れば社会的生産の自然的な形態である資本主義的生産様式に内在する一つのことがらのように、取り扱っている。労働の生産性について語る場合、彼は、そこに剰余価値の定在の原因を求めるのではなく、ただ、剰余価値の大きさを規定する原因を求めているにすぎない。

　② これにたいして、<u>彼の学派</u>は、労働の生産力を利潤（剰余価値と読め）の発生原因として声高く宣言した。いずれにしても、<u>重商主義者</u>——彼らの方では、生産物の価格がその生産費を超える超過分を、交換から、生産物をその価値以上に販売することから、導き出している——<u>よりは、一つの前進である</u>＊。

　③ とはいえ、<u>リカードゥ学派も、この問題を回避しただけであって解決しはしなかった</u>。実際、これらのブルジョア経済学者たちは、<u>剰余価値の源泉にかんする焦眉の問題をあまり深く究明することは非常に危険である、という正しい本能をもっていた</u>。」

➡ このあとに、<u>J. S. ミルへの批判</u>——剰余価値の自然的基礎と、それを現実のものとする経済的社会的条件（資本・賃労働関係）の区別をしない学説への批判、が続いている。(884〜888／539〜541)
　　　　　　　　　　　　　　　　　　　　　　＊重商主義については章末の〔質問への回答〕参照。

補足説明：生産的労働と不生産的労働

　第Ⅲ篇第5章では、生産的労働の「本源的規定」が述べられ、第Ⅳ篇第14章ではその「歴史的規定」が述べられています。生産的労働とは言えない労働は、不生産的労働と言われますが、ある労働が、生産的労働か不生産的労働かを見定める際には、『資本論』での上記の「本源的規定」「歴史的規定」の内容の捉え方が密接に関わってきます。そこで、この二つの規定とその異同について論じた、金子ハルオさんの論文の一節を紹介しておきましょう。

――――――◇――――――

　「マルクスは、1850年代における古典派経済学の批判的研究をとおして、はじめて科学的な生産的労働の概念を明らかにした。それは、『剰余価値学説史』、『直接的生産過程の諸結果』などの手稿において展開され、『資本論』第1巻第5章および第14章において生産的労働の二つの規定、すなわち本源的規定および資本主義的形態規定として定式化されている。

　生産的労働の本源的規定とは、労働過程の成果の立場から与えられる規定であって、《物質的財貨（使用価値）を生産する労働》を生産的労働とする規定である。すなわち、労働過程の諸契機をその過程全体の成果である物質的生産物からみれば、労働対象と労働手段はともに生産手段として現われ、労働そのものは生産的労働として現われる。この規定は、その労働の特殊的・歴史的形態にはなんのかかわりもない、すべての社会形態に等しく共通した一般的規定であって、人間と自然とのあいだの素材変換の一般的条件である合目的的な人間労働を意味している。

　ところで、①資本主義的生産のような一定の規模に達した生産過程では、現実の労働過程は多くの労働者の協業によって行なわれている。そこでは、生産物は総じて、一個の全体労働者の共同的生産物に転化している。そうなると、監督、技師などの労働のように、労働対象に直接に働きかけない労働も、それらが全体労働者の一器官となってそのなんらかの細目機能を遂行するかぎりでは、生産的労働である。②また資本主義的生産のような一定の生産力および発達した分業にもとづく社会的生産過程では、運輸、保管などの労働のように、感性的には直接に対象物を生まないが、やはり社会的には物質的財貨の生産過程に属する労働がある。これらのいわゆる流通過程の内部に延長された生産過程を遂行する労働も、生産的労働である。

　生産的労働の資本主義的形態規定（いわゆる歴史的規定）とは、価値増殖過程の成果の立場から与えられる規定であって、《剰余価値を生産する労働》すなわち《資本の自己増殖に役立つ労働》を生産的労働とする規定である。すなわち、資本主義的生産はいうまでもなく剰余価値＝利潤をその直接的目的および推進的動機とする生産であるから、剰余価値＝利潤を追求する資本にとっては、労働者は物質的財貨または商品を生産するだけではもはやまったく十分ではなく、資本にたいして剰余価値＝利潤を生産する労働のみが生産的労働として現われる。この規定は、その労働の素材的内容、特殊な有用性とはなんのかかわりもない、特殊的・歴史的形態規定であって、直接に資本の増殖のために生産

的に消費される労働（本来の賃労働）を意味している。

　ところで、資本主義的生産の発展とともに社会の全領域が資本に直接に包摂されていくにつれて、物質的財貨である商品の生産部門だけではなく、商業、信用などの<u>商品の流通にかんする領域</u>、および医療、教育、理容、ホテルなどの<u>いわゆるサービスにかんする領域</u>にも資本が投下され、それらの資本はそれぞれの仕方で<u>剰余価値の分配に参加し、利潤を獲得する</u>。そうなると、それらの<u>非生産部門の資本に包摂された賃金労働者の労働は</u>、《資本の自己増殖の要因》として《<u>直接に資本に奉仕する労働</u>》であり、資本にとって生産的労働である。こうして結局、資本主義的形態規定の意味での生産的労働と不生産的労働との区別は、その労働が<u>資本（資本としての貨幣）</u>と交換されるのか、<u>所得（貨幣としての貨幣）</u>と交換されるのかという点にあるにすぎない。」（金子ハルオ「生産的労働と不生産的労働」『資本論体系』第7巻、有斐閣、1984年、416～417頁）

質問への回答

Q　質問1

　輸出産業の国際競争力の強化➡国際収支の大きな黒字という、<u>現代の日本資本主義のビヘイビアと「重商主義」の相違</u>について、説明してください。

回答1

　重商主義については、第Ⅰ部に限っていえば、次の頁で言及されています。
①分冊（104／75）、（137～138／96）〔原注32〕、（244～245／158）〔原注109〕、②分冊（265／170）、③分冊（883～885／539）――おもな記述内容は下記の通りです。

　① **分冊（244～245）**〔第3節貨幣、C世界貨幣〕
　「世界貨幣は、一般的支払手段、一般的購買手段、および、富一般（"普遍的富"）の絶対的社会的物質化として機能する国際収支の差額を決済するための、支払手段としての機能が〔他の機能〕に優先する。それゆえに、<u>重商主義者のスローガンは言う――貿易差額！と。</u>」
　〔原注109〕「<u>重商主義は、金銀による貿易差額の超過分の決済が世界貿易の目的であると論じたが</u>、
　　その反対者は……。」――

　② **分冊（265）**〔第4章第1節、資本の一般的定式〕
　「したがって、<u>価値は</u>、過程を進みつつある<u>価値</u>、過程を進みつつある<u>貨幣</u>になり、そしてこのようなものとして<u>資本</u>になる。価値は、流通から出てきてふたたび流通にはいり込み、流通のなかで自己を維持しかつ幾倍にもし、増大して流通からもどってくるのであり、そしてこの同じ循環を絶えず繰り返し新たに始めるのである。<u>G―G'、貨幣を生む貨幣</u>―― money which begets money ――<u>これが、資本の最初の代弁者である重商主義者たちの語った資本の記述である。</u>」――

③ 分冊（883 ～ 884）〔第 14 章、絶対的および相対的剰余価値〕
「リカードゥは、剰余価値の源泉には無関心である。……これにたいして、彼の学派は、労働の生産力を利潤（剰余価値と読め）の発生原因として声高く宣言した。いずれにしても、重商主義者——彼らの方では、生産物の価格がその生産費を超える超過分を、交換から、生産物をその価値以上に販売することから、導き出している——よりは、一つの前進である。とはいえ、リカードゥ学派も、この問題を回避しただけであって解決はしなかった。」

以上の叙述、特に①分冊と③分冊の叙述からわかることは、次の２点です。
（１）貿易差額の「金銀決済」による国の富の増大。
（２）貿易差額は、弱小国や植民地への「価値以上」での商品の販売により獲得されること。
すなわち、重商主義は、商業資本を担い手として、利潤は流通過程から生まれる、と見なしていました。生産過程での剰余価値の創出は問題として浮上していません。
重商主義は、16 ～ 18 世紀にわたる、「資本の本源的蓄積」期に現われた、小ブルジョアジーやマニュファクチュア経営の、近代的産業資本への成長を支援する経済政策・経済理論（思想）の総称です。

重商主義がこのようなものだとすれば、現代の輸出産業による貿易黒字の拡大は、価値法則を前提とした商品の輸出、生産過程で創造された剰余価値を含む商品の輸出にもとづくものですから、「貿易差額」という現象面だけを切り取って比べれば、重商主義段階との類似性があるとしても、前提となる生産様式が異なることを見なければならないでしょう。

Q 質問 2

（876 ～ 877 ／ 534 ～ 535）「よく行われることであるが、労働のこの自然発生的な生産性に神秘的な諸観念を結びつけることを、決してしてはならない。人間がその最初の動物的状態からようやく脱出し、したがって人間の労働そのものがすでに一定程度まで社会化されているときにのみ、ある人の剰余労働が他の人の生存条件となるような諸関係が生じる」というときの、神秘的な観念とはどのような意味ですか。

回答 2

この言葉を含んだ、パラグラフ全体が述べているのは、剰余労働・剰余生産物を生み出すほどの生産性は、自然の賜物ではなく、人間の長いあいだの労働の「歴史の賜物」である、ということです。このことは、次のようにも述べられています。——「自然的諸条件の恵みは、つねに、剰余労働の、したがって剰余価値または剰余生産物の、可能性を与えるにすぎないのであって、その現実性を与えるのでは決してない。」（881 ／ 537）
そうした捉え方をしないで、剰余生産物は、例えば、自然の創造主である神からの人間への賜物であるというような観念＝「神秘的な諸観念」に結びつけるようなことがあってはならない、と警鐘を鳴らしているのが問題の文章です。

第15章　労働力の価格と剰余価値との大きさの変動

❶ 労働力の価値

（889／542）「労働力の価値は、平均労働者が慣習的に必要とする生活手段の価値によって規定されている。」――この価値は「変動」する。

＊労働力とその価値規定については、第Ⅱ篇第4章第3節での説明が前提となっているので、その復習をしてください。

（889／542）「さらに二つの他の要因が、労働力の価値規定のなかにはいり込む。」

①「生産様式とともに変化する労働力の育成費」

②「労働力の自然的相違」（男・女、成年・未成年）

――「この二つの要因は、以下の研究では……除外されている。」

❷ 二つの想定

（889／542）「われわれは次のように想定する。（一）商品は、その価値どおりに売られる。（二）労働力の価格は、ときにはその価値以上に高くなることはあっても、その価値以下に低くなることはない。」

❸ 労働力の価値と剰余価値との相対的な大きさを「制約」する「三つの事情」

（889〜890／542〜543）

「① 労働日の長さ、すなわち労働の外延的大きさ」

「② 労働の標準的強度、すなわち労働の内包的大きさ」

「③ 労働の生産力、……生産諸条件の発展によって、同分量の労働が同じ時間内に、より大きいまたはより小さい分量の生産物を提供するということ」

➡以下の第1節〜第4節で「三つの事情」の「主要な組み合わせ」についての記述が続く。

第1節　労働日の大きさおよび労働の強度が不変で（与えられて）労働の生産力が可変である場合

（890／543）「この前提のもとでは、労働力の価値と剰余価値とは、《三つの法則》によって規定されている。」

❶ 第一法則

（890／543）「与えられた大きさの労働日は、たとえ労働の生産性が、またそれとともに生産物総量が、それゆえまた個々の商品の価格がどのように変動しようとも、つねに同じ価値生産物（新価値＝V＋M）で表される。」

例）12労働時間の価値生産物（V＋M）＝6シリング

❷ 第二法則

（891 ／ 543）「労働力の価値と剰余価値とは、互いに反対の方向に変動する。労働の生産力における変動、それの増加または減少は、労働力の価値には逆の方向に作用し、剰余価値には同じ方向に作用する。」

例）３Ｖ＋３Ｍが、３Ｍ→２Ｍ の時３Ｖ→４Ｖ、あるいは３Ｖ→２Ｖの時３Ｍ→４Ｍ、となりうる。

（892 ／ 544）「このことから、次のような結論が出てくる。すなわち、労働の生産性の増加は、労働力の価値を低落させ、したがってまた剰余価値を上昇させるが、他方では、逆に、（労働の）生産性の減少は、労働力の価値を上昇させ、剰余価値を低落させる。」

❸ 第三法則

（893 ／ 544）「剰余価値の増加または減少は、つねに労働力の価値のそれに照応する減少または増加の結果であって、決してその原因ではない。」

（893 〜 894 ／ 545）「剰余価値の大きさの変動は、どの場合でも労働力の価値の大きさの逆の変動から生じるということになる。それゆえ、すでに見たように、労働力の価値と剰余価値とにおける絶対的な大きさの変動は、それらの相対的な大きさの変動なしには不可能であるが、いまや、その二つの相対的な価値の大きさの変動は、労働力の絶対的な価値の大きさにおける変動なしには不可能であるということになる。」

（894 ／ 545）「剰余価値の変動の限界は、労働力の新たな価値限界によって与えられている。しかし、諸事情がこの法則の作用を可能にする場合にも、中間的諸運動が起こりうる。」

（895 ／ 546）「……だから労働の生産力が上昇する場合には、労働者の生活手段総量が同時に持続して増大しながら、労働力の価格は絶えず低下するということがありうる。しかし、相対的には、すなわち剰余価値と比較するならば、労働力の価値は絶えず低落するであろうし、したがって労働者の生活状態と資本家の生活状態のあいだの隔たりは拡大されるであろう。」

● リカードゥの「欠陥」二点

（895 〜 896 ／ 546）

①「彼は労働日の長さの変動にも、労働の強度の変動にも気づかないので、……労働の生産性がおのずから唯一の可変的要因となる。」

②「剰余価値をそれ自体としては、すなわち利潤や地代などのような剰余価値の特殊的諸形態から独立させては、研究したことがない。それゆえ彼は、剰余価値率にかんする諸法則を、直接に利潤率の諸法則と混同している。」➡例確認。

第2節　労働日と労働の生産力とが不変で労働の強度が可変である場合

❶ 労働の強度の増大は、同一時間内での労働支出を増加させる

（897／547）「強度のより大きい労働日は、同じ時間数の強度のより小さい労働日よりも、より多くの生産物にみずからを体化する。」この場合、

（897／547）「生産物の数は増加するが、生産物の価格は低下しない。」

（897／547）「時間数が同じままであれば、強度のより大きい労働日は、より高い価値生産物にみずからを体化し、したがって、貨幣の価値が同じであるならば、より多くの貨幣にみずからを体化する。」

❷ 強度の社会的標準度

（897〜898／547）「強度のより大きい労働日の価値生産物は、その強度が社会的標準度からどれほど背離するかによって、変化する。したがって、同一の労働日は、以前のように不変の価値生産物にではなく、可変の価値生産物で表される。……１労働日の価値生産物が、たとえば６シリングから８シリングに変化すると、この価値生産物の二つの部分、すなわち労働力の価格と剰余価値とが、程度が等しいか等しくないかはともかく、同時に増大しうるということは明らかである。」

（898／548）「労働の強度が、すべての産業部門において同時にまた同じ程度に増加すると、この新しいより高い強度は通常の社会的標準度となり、したがって、外延的（内包的？──中川）な大きさ＊として数えられなくなるであろう。」

    ＊ cf.（889〜890／542〜543）の項目❸の②では、「内包的大きさ」と捉えられていた。

❸「平均的強度」の諸国民間の相異

（898〜899／548）「労働の平均的な強度は国民が異なれば異なっており、それゆえ相異なる国民的諸労働日への価値法則の適用を修正するだろう。ある国民の強度のより大きい労働日、他の国民の強度のより小さい労働日よりも、より大きな貨幣表現で表わされる。」

    ➡ 〔原注12〕参照

第3節　労働の生産力と強度とが不変で労働日が可変である場合

❶ 労働日の二つの方向への変化＝短縮 or 延長

（900／548）①労働の生産力・強度不変のばあい、「労働日の短縮は、労働力の価値を、それゆえ必要労働時間を、不変のままでおく。それは、剰余労働すなわち剰余価値を縮小させる。……資本家は、労働力の価格をその価値以下に押し下げることによってのみ、損失を埋め合わせることができるであろう。」

（900／549）②**労働日の延長**（12時間＋2時間、労働力の価格は不変）→「剰余価値の
絶対的大きさとともに、その**相対的大きさも増大する。労働力の価値の大きさ**は、絶
対的には不変のままであるが、**相対的には低下する**。……（この場合は）労働力の
価値における相対的な大きさの変動は、剰余価値の絶対的な大きさの変動の結果で
ある。」

➡第Ⅲ篇「絶対的剰余価値の生産」を再確認

（901／549）「**労働日が延長されると、労働力の価格**は、名目的には不変のままかまたは
上昇する場合でも、**労働力の価値以下に低下することがある**。……（中略）……**労働日
の延長と不可分な労働力の消耗の増大は、一定の点までは、代償の増大によってつぐ**
なわれうる。この点を超えると、労働力の消耗は幾何級数的に増大し、同時に労働
力のすべての正常な再生産の諸条件と活動諸条件が破壊される。」

第4節　労働の持続、生産力、および強度が同時に変動する場合

❶ 多くの組み合わせが可能➡二つの重要な場合（①②）を検討

（902／550）①「**労働の生産力が減少し、同時に労働日が延長される場合**」
（902／550）「**たとえば**、土地の不毛度の増加に伴って労働の生産力が減少し、それに
照応して土地生産物が騰貴するような場合についてである。」
（903／550）「（**先立つ事例を踏まえて**）したがって、労働の生産力が減少し、同時に労
働日が延長される場合には、剰余価値の大きさの比率が低下しても、剰余価値の絶
対的大きさは不変のままでありうる。また、剰余価値の絶対的大きさが増加しても、
その大きさの比率は不変のままでありうる。また労働日の延長の程度によっては、
剰余価値の絶対的大きさも、その大きさの比率も、両方とも増大しうる。」
（903～904／551）1799年から1815年までのイギリスの状態——
「労働の強度の増大と労働時間の強制的な延長とのおかげで、剰余価値は、そのころ、
絶対的にも相対的にも増大していた。当時は、労働日の無際限な延長が市民権を獲
得した時代であり、また、一方では資本の、他方では大衆の貧窮の、急速な増加に
よって、とくに特徴づけられた時代であった。」

（905／552）②「**労働の強度と生産力が増加し、同時に労働日が短縮される場合**」
（905／552）「労働の生産力の上昇とその強度の増大は、一面では一様に作用する。両
方とも、それぞれの期間内に得られる生産物の総量を増加させる。したがって両方
とも、労働日のうち、労働者が自分の生活手段またはその等価を生産するのに要す
る部分を、短縮させる。」
（905／552）「労働日の絶対的な最小限度」——剰余価値ゼロまでの短縮は「資本の支
配体制下では不可能。」
（905～906／552）「**資本主義的生産形態が廃止**されれば、労働日を必要労働に限定す
ることが可能となる。**とはいえ、必要労働**は、他の事情が同じままであれば、**その範**

囲を拡大するであろう。なぜなら、<u>一面では</u>、労働者の生活諸条件がもっと豊かになり、また彼の生活上の諸要求がもっと大きくなるからである。<u>他面では</u>、こんにちの剰余労働の一部は、必要労働に、すなわち<u>社会的な予備元本および蓄積元本の獲得に必要な労働に、算入されるであろう。</u>」

❷「労働日の短縮」と「自由な時間の拡大」

（906／552）「労働の強度と生産力が与えられているならば、そして① 労働が社会のすべての労働能力のある成員のあいだに均等に配分されていればいるほど、また、② ある社会層が労働の自然的必要性を自分から他の社会層に転嫁することができなくなればなるほど、<u>社会の労働日のうちで物質的生産のために必要な部分がそれだけ短くなり、したがって、諸個人の自由な精神的および社会的な活動のために獲得される時間部分がそれだけ大きくなる。</u>

③ 労働日短縮のための絶対的限界は、この面からすれば、<u>労働の普遍性</u>である。
④ 資本主義社会においては、<u>一階級（資本家階級）の自由な時間</u>は、大衆（労働者階級）の<u>すべての生活時間を労働時間へ転化する</u>ことによって生み出される。」
➡この問題は、第Ⅲ部第Ⅶ篇第48章で再論される（⑬分冊、1434 〜 1435／828）

第16章 剰余価値率を表わす種々の定式

❶（907／553）剰余価値率の定式―〔Ⅰ〕

$$\frac{剰余価値（M）}{可変資本（V）}=\frac{剰余価値}{労働力の価値}=\frac{剰余労働}{必要労働}$$

（908／553）
$$\frac{6時間の剰余労働}{6時間の必要労働}=\frac{3シリングの剰余価値}{3シリングの可変資本}=100\%$$

❷（907／553）古典派経済学の「派生的な定式」―〔Ⅱ〕

$$\frac{剰余労働}{労働日}=\frac{剰余価値}{生産物価値}=\frac{剰余生産物}{総生産物}$$

「（古典派経済学が）生産物の価値というのは、（正しくは）ただ労働日の価値生産物（V＋M）だけをさすと理解すべきであり、生産物価値（C＋V＋M）の不変部分（C）は除外されているものと想定されている。」

（908／554）「これらすべての定式においては、労働の現実の搾取度または剰余価値率は、まちがって表現されている。」

$$\frac{6時間の剰余労働}{12時間の労働日}=\frac{3シリングの剰余価値}{6シリングの価値生産物}=50\%$$

（911／555）「剰余価値と労働力の価値とを価値生産物の分割部分として表わすことは、……資本関係の特殊な性格、すなわち、可変資本と生きた労働力との交換、およびそれに照応した生産物からの労働者の排除をおおい隠す。

➡それに代わって、労働者と資本家とが生産物をそのさまざまな形成諸要因の割合にもとづいて配分するある協同関係、という偽りの外観が現われる。」

❸（911／556）「すでにときおり先取りしていた」定式―〔Ⅲ〕

$$\frac{剰余価値}{労働力の価値} = \frac{剰余労働}{必要労働} = \frac{不払労働}{支払労働}$$

（912／556）

「定式 $\frac{不払労働}{支払労働}$ は、資本家が支払うのは、労働にであって、労働力にではないという<u>誤解を招くかもしれないが</u>、この誤解は先に与えられた説明によって解消する。

$\frac{不払労働}{支払労働}$ は、$\frac{剰余労働}{必要労働}$ の<u>通俗的な表現にすぎない</u>。」

❹ 資本の「不払労働」に対する指揮権・処分権

（912／556）「<u>資本家は、労働力の価値……を支払って、それと引き換えに生きた労働力そのものの処分権を受け取る</u>。資本家によるこの労働力の利用は、二つの期間に分かれる。

一つの期間（必要労働時間）では、労働者は、一つの価値＝彼の労働力の価値、したがって等価を生産するだけである。……それにたいして<u>剰余労働の期間では</u>、労働力の利用は、資本家のために価値を形成するのであるが、それは資本家には価値の代償を要しない。<u>資本家は労働力のこの流動化を無償で手に入れる。この意味において、剰余労働は不払労働と呼ばれうる</u>。」

（912〜913／556）「<u>資本は、……本質的に不払労働にたいする指揮権である。すべての剰余価値は</u>、それがのちに利潤、利子、地代などのどのような特殊な姿態に結晶化しようとも、その実体からすれば、<u>不払労働時間の体化物である。資本の自己増殖についての秘密は、解いてみれば、資本が他人の一定分量の不払労働にたいし処分権をもつということである</u>。」

➡詳細は第Ⅶ篇で再論される。

第Ⅵ篇　労　賃

◎ 本篇の主題

　　第Ⅵ篇は、労賃の本質が「労働力の価値」であるという解明済みの問題について、「労働力の価値」が「労働の価格」として現われる労賃形態の秘密を、労賃の具体的形態に即して解明することが課題となる。
　　＊第4章第3節の末尾近くで断られていたように、第Ⅲ篇から第Ⅴ篇までは、労働力商品の価値は、労働力商品の売買契約時に「前払い」されるものと前提されていた。しかし実際は「後払い」されるのが原則である。「後払い」された労働力商品の価値が「労賃」であり、そのことによって生じる幻想が「本質的関係」を見誤らせる結果を生むことを、「時間賃金」（第18章）、「出来高賃金」（第19章）に即して解明している。第20章は「労賃」を国際比較する際の留意点を述べている。

第17章　労働力の価値または価格の労賃への転化

❶ 労働力商品の価値と「労働の価値」

（915／557）「ブルジョア社会の表面（労働力市場）では、労働者の賃銀は、労働の価格、すなわち一定分量の労働にたいして支払われる一定分量の貨幣として現われる。この場合には、人は＊、労働の価値について語り、この価値の貨幣表現を労働の必要価格または自然価格と名づける。他方、人は、労働の市場価格、すなわち必要価格の上下に変動する価格について語る。」

────

　＊人：古典派経済学、必要価格：重農主義者、自然価格：アダム・スミス➡（921／560）を参照。

（918／559）「商品市場で貨幣所有者に直接に相対するのは、実際には労働でなくて労働者である。労働者が売るものは彼の労働力である。彼の労働が現実に始まるやいなや、彼の労働はすでに彼のものではなくなっており、したがってもはや彼によっては売られえない。労働は（商品の）価値の実体であり、価値の内在的尺度であるが（第Ⅰ篇第1章第2節等参照）、労働そのものはなんらの価値ももたない。」

（919／559）「《労働の価値》という表現においては、価値概念が完全に消し去られているだけでなく、その反対物に変えられている。この表現は、……一つの想像上の表現である。

とはいえ、これらの想像上の表現は、生産諸関係から発生する。<u>それらは、本質的諸関係の現象形態を表わすカテゴリーである</u>。現象においては物がしばしばさかさまに見えるということは、経済学以外のすべての科学ではかなり知られている。」

❷ 古典派経済学批判

(920 ／ 560)「古典派経済学は、日常生活から無批判に《労働の価格》というカテゴリーを借用し、そのあとで、この価格がどのように規定されるか？　と自問した。……」

(921 ／ 561)「(古典派) 経済学が労働の価値と名づけるものは、実際には労働力の価値であり、この<u>労働力は、労働者の人身のうちに実存するのであって、それがその機能である労働とは別のもの</u>であることは、機械がその作動とは別のものであるのと同じである。」

❸ 労働力の価値および価格が、労賃という転化形態にどのように表わされるか

(923 ／ 561)「労働の価値とは労働力の価値を表わす<u>不合理な表現</u>にすぎない……<u>6 シリングの (新) 価値をつくり出す労働が、3 シリングの価値 (V＝3 シリング) をもつという、一見ばかげた結論が得られる。</u>」

(923 〜 924 ／ 562)「(労賃という、労働力商品の価値の現象形態においては) さらに明らかなように、<u>労働日の支払部分すなわち 6 時間の労働を表わしている 3 シリングの価値が、6 不払労働時間を含む 12 時間の総労働日の価値または価格 (12 時間の労働への対価・報酬) として現われる。</u>したがって、労賃の形態は、必要労働と剰余労働とへの、支払労働と不払労働とへの労働日の分割のあらゆる痕跡を消してしまう。すべての労働が支払労働 (労賃は全労働に対する支払い) <u>として現われる。</u>

◆ <u>夫役労働</u>では、自分自身のための夫役者の労働と領主のための彼の強制労働とは、空間的にも、時間的にも、はっきり感性的に区別される。

◆ <u>奴隷労働</u>では、労働日のうち、奴隷が自分自身の生活手段の価値を補填するにすぎない部分、したがって、彼が実際に自分自身のために労働する部分さえも、彼の主人のための労働として現われる。

◆ <u>賃労働</u>では、剰余労働または<u>不払労働さえも支払労働</u>として現われる。奴隷労働の場合には所有関係が、奴隷の自分自身のための労働を隠蔽し、<u>賃労働の場合には貨幣関係が、賃労働者の無償労働を隠蔽する</u>。」

(924 ／ 562)「<u>それゆえ、労働力の価値および価格を労賃の形態に……転化することの決定的重要性</u>が、いまや理解される。現実的関係を見えなくさせ、まさにその関係の逆を示すこの現象形態は、労働者および資本家のもつあらゆる<u>法律観念</u>、資本主義的生産様式のあらゆる<u>神秘化</u>、この生産様式のあらゆる<u>自由の幻想</u>、俗流経済学のあらゆる弁護論的たわごとの、基礎である。

◎ 以上についての留意点

① 労働者が受け取る３シリング（６時間の抽象的人間的労働が創造）と、資本家が取得する新価値６シリング（12時間の抽象的人間的労働が創造）の「交換」は、価値が不等量のものの交換＝「不等価交換」であり、価値法則に基づく等価交換＝商品交換の法則と矛盾する不合理な説明であるという指摘は、<u>労働者と資本家の間の「交換」を「不等価交換」であると論難したもの（道義的批判）ではなく、両者の間で、労働力商品の価値どおりの売買（等価交換）がなされた上で、なお剰余価値（３シリング＝新価値の１／２）を資本家が取得する客観的仕組み（資本・賃労働関係の本質）を、経済学的に解明し批判したものである点</u>に留意。

② <u>日本の労働基準法第11条「賃金」</u>において、「<u>賃金とは</u>、賃金、給料、手当、賞与その他名称の如何を問わず、<u>労働の対償として使用者が労働者に支払うすべてのものをいう</u>」と謳っている。⇐前述の（924／562）「労働者および資本家のもつあらゆる法律観念」の例。

❹ 労働力商品の価値の後払い

（925／563）「<u>労働者は、労働を提供したあとに支払いを受ける。</u>そして貨幣は、支払い手段としてのその機能において、提供された物品の価値または価格、すなわちこの場合では<u>提供された労働の価値または価格を、事後において実現する</u>のである。」

（925〜926／563）「最後に、労働者が資本家に提供する《使用価値》は、実際には彼の労働力ではなく、<u>労働力の機能、すなわち裁縫労働、製靴労働、紡績労働など</u>というある特定の有用的労働である。<u>この同じ労働が、他方では、一般的な価値形成要素であるということは、労働（力？）が他のすべての商品から区別される属性</u>（商品を生産する人間の労働の二重性）、<u>であるが、普通の意識の領域からは抜け落ちる。</u>」

◎ 以上についての留意点

労働力商品の使用価値（有用性――労働すること）の資本家への「譲渡」は12時間の労働が全て終了したところで完了する（<u>実質的譲渡の完了</u>）。<u>資本家は労働力商品の使用価値の完全な譲渡を見届けてから、労働力商品の価値の支払いを行なう（後払いの理由）</u>。賃労働者は、12時間の労働を行なっている間、受け取るべき労働力商品の価値を資本家に「<u>信用貸し</u>」している状態にある。生産過程が始動するに先立つ労働力商品の売買契約（所謂雇用契約）の成立は、労働力商品の<u>形式的譲渡</u>にとどまる＊。――<u>この「後払い」という支払い方法が、労賃が「全労働への対価・報酬」という、本質的関係を見誤らせる一因となっている点</u>に留意。

＊第4章「貨幣の資本への転化」（②分冊（296 〜 297 ／ 188）（297 ／ 188）参照。そこでは、労働力商品の「形式的譲渡」と「実質的譲渡」の時間的分離について説明した後、「とはいえ、関係を純粋につかむためには、さしあたり、労働力の所有者はいつでもそれを売ればすぐに契約によって定まっている価格を受け取る、と前提するのが便宜である。」と述べていた。そして第Ⅲ篇から第Ⅴ篇までは、そのとおり「前払い」を前提とした説明がなされていた。

❺ 労賃の現実的運動の示す諸現象も本質を隠蔽

（927 〜 928 ／ 564）「第一に、労働日の長さの変動にともなう労賃の変動。……第二に、同じ機能を果たす異なる労働者たちの労賃における個人的な違い。」

❻ 古典派経済学の限界

（928 ／ 564）「真の事態にほぼふれてはいるが、しかしそれを意識的に定式化してはいない。古典派経済学は、そのブルジョア的な皮をまとっている限り、それはやれない。」

質問への回答

Q　質問1

（919 ／ 559）「〈労働の価値〉という表現においては、価値概念が完全に消し去られているだけでなく、その反対物に変えられている。」とありますが、その反対物とは何ですか？

回答1

　「価値」は、商品がもつ二つの要因のうちの一つです。価値の（社会的）実体は、「抽象的人間的労働」の対象化➡結晶・凝固物でした。労働は「商品」として売買されるものではありませんから、「価値」という属性をもっていません。したがって「労働の価値」という表現は、「想像上の表現」であり、「ありえないもの」を「あるもの」としていることになります。「ない」と「ある」は正反対の関係にあることになります。
　この「想像上の表現」は、資本主義的生産諸関係そのものから「発生」するものであり、「本質的諸関係の現象形態を表わすカテゴリーである」と指摘されている点にも留意してください。この問題は、第Ⅲ部の第Ⅶ篇第48章「三位一体的定式」（資本─利潤、土地─地代、労働─労賃）のところで、改めて論じられます。

Q　質問2

（924 ／ 562）「現実的関係を見えなくさせ、まさにその関係の逆を示すこの現象形態は、①労働者および資本家のもつあらゆる法律観念、②資本主義的生産様式のあらゆる神秘化、③この生産様式のあらゆる自由の幻想、④俗流経済学のあらゆる弁護論的たわごとの、基礎である。」とありますが、これらの具体的事例を教えてください。（①〜④は中川による）

　回答2

　まず最後の「基礎である」の主語を確認して下さい。——質問文に先立つ「労働力の価値および価格を労賃の形態に——または労働そのものの価値および価格に——転化すること」、すなわち「現実的関係を見えなくさせ、まさにその関係の逆を示すこの現象形態は」が、「基礎である」の主語であり、そのなかで下線部がキィ・ポイントです。

　①と③について。——なによりもまず思い起こされるのは、第Ⅱ篇第4章の末尾近くの「労働力の売買がその枠内で行なわれる流通または商品交換の部面は、実際、天賦人権の真の楽園であった。ここで支配しているのは、自由、平等、所有、およびベンサムだけである」（300／189）から以下の文章をご覧ください。——「流通または商品交換の部面で行われる労働力商品の売買」は、「自由で法律上対等な人格」を持つ者同士の「契約」（法的表現）に基づいて交わされる、とあります。しかし、資本の生産過程では、対等・平等の関係は、「幻想」以外のなにものでもないことが明らかにされます。
　このことは、後続の第Ⅶ篇第21章❼新しく見えてくる内容（5）と◎まとめ、でダメ押しされていますし〔「契約」（法的表現）は、「契約」（法的擬制）と改定〕、より徹底した内容で再確認されます。

　②の「あらゆる神秘化」については、第Ⅲ部で総括的に論じられますが、「あらゆる神秘化」の発端は、第1章第4節「商品の物神的性格とその秘密」において、「商品生産の基礎上で労働生産物を霧に包む商品世界のいっさいの神秘化、いっさいの魔法妖術」（129／90）として論じられていました。またその中の〔原注32〕（137～138／96）では、「俗流経済学」の「弁護論的たわごと」とはどういう問題の捉え方や主張をさしているのか、が示されていました。第1章第4節全体を再読願います。

第 18 章　時間賃銀

❶ 時間賃銀とは

(929 ／ 565)「労賃そのものは、また、きわめて多様な形態をとるが……（ここでは）二つの支配的な基本形態を簡単に展開しなければならない。」

(929 ／ 565)「労働力の販売は、……つねに一定の時間を基準にして行なわれる。それゆえ、労働力の日価値、週価値などを直接に表示する転化形態は、《時間賃銀》の形態、すなわち日賃銀などである。」

❷ 労働の平均価格

(930 ／ 565)「労働者が自分の日労働、週労働などと引き換えに受け取る貨幣額は、彼の名目的労賃、すなわち価値で計算された労賃の額を形成する。」

＊名目賃銀：「労働力の交換価値」→貨幣で表示

　実質賃銀：「この価値が転化する生活手段の総量」（以上 929 ／ 565）

(930 ／ 566)「労働の平均的価格は、労働力の平均的日価値を平均的労働日の時間数で除することによって得られる。たとえば労働力の日価値が 6 労働時間の価値生産物である 3 シリングであり、労働日が 12 時間であるとすれば、1 労働時間の価格は、$\frac{3\text{シリング}}{12}$ ＝ 3 ペンスである。こうして見いだされた 1 労働時間の価格 (時間賃銀率) が、労働の価格の尺度単位として用いられる。」

❸ 一般法則

(932 ／ 567)「一般的法則としては次のようになる。——

① 日労働、週労働などの量が与えられているならば、日賃銀または週賃銀は、労働の価格によって決まるのであり、

② 労働の価格そのものは、労働力の価値とともに変動するか、さもなければ労働力の価値から価格の背離とともに変動する。

③ これに反して、労働の価格が与えられているならば、日賃銀または週賃銀は、日労働または週労働の量によって決まる、と。」

◎ 以上についての留意点

はじめに、労働の価格の尺度単位＝ 1 労働時間当たりの労働の価格 （時間賃銀率） が労働力の日価値を労働時間数で除して算定され、次にそれに労働時間数を乗じて賃銀総額（労働力の日価値と同額になる）を算定する、という手順となっている。／これにより、そもそもは労働力商品の日価値であるものを、1 労働時間当たりの数字に置き換え、その上で、その数字に 1 日の労働時間数を乗じて計算し、労働力商品の日価値を示す数字の意味を、それに似て非なる「労働の価値」＝労賃に変換していることに留意。

❹「過少就業」と労働者の生活苦

（933 〜 934 ／ 568）「もし資本家が日賃銀または週賃銀を支払う義務がなく、自分の好きなだけ労働者を就業させその労働時間にたいしてのみ支払う義務をおうという仕方で、……もともと時間賃銀または労働の価格の<u>度量単位の計算の基礎となっている時間</u>（標準的な労働時間・12 時間）よりも少なく、労働者を就業させることができる。……（中略）……資本家は、就業のどのような規則正しさをも打ちこわし、まったく自己の都合、恣意、および眼前の利害に従って、法外このうえない過度労働と相対的または全部的失業とを、かわるがわる生じさせることができる。」

◎ <u>以上についての留意点</u>

> 　ここでいう「過少就業」とは、「標準的労働時間」就業するところを、操業短縮により短時間しか就業できず賃銀が減額されるケース。⇔労働力の価値が保証されての労働日の短縮（時短）による短時間就業のケースと異なる。

❺ 低賃金と長時間労働

（935 ／ 569）「労働時間は、この限界（標準労働日・正規労働時間）を超えると、超過時間を形成し、時間を度量単位にして、より多く支払われる（"割増給"）—— ただし、<u>その率は、しばしば、笑止なほど小さいのであるが</u>。」

（935 ／ 569）「ある一定の標準限界を超える労働日の延長（超過時間）による労働の価格の増大（割増給による）は、……いわゆる<u>標準時間内での労働の価格が低いために、労働者が一般に十分な労賃をかせごうと思うならば、より多く支払われる超過時間の労働を余儀なくされる</u>。」

（935 〜 937 ／ 570）〔原注 35 〜 38〕**イギリスの状態**——『工場監督官報告書』等から

〔原注 35〕「長時間労働にたいする支払率（レース製造業における）はきわめて低く、……。」

〔原注 36〕壁紙印刷業

〔原注 37〕「標準時間だけ働いた男子は……超過時間なしでは、賃銀は足りなかった。」「超過時間にたいする割増給は、労働者のさからいえない誘惑である。」（スコットランドの漂白業）

〔原注 38〕「建築業で働くロンドンの労働者たちは、この事態をまったく正しく批判し、1860 年の大ストライキおよびロック・アウト中に、次の二つの条件のもとでのみ時間賃銀を受け入れるであろうと宣言した。（一）……（二）標準労働日を超える各時間を超過時間として、比較的に高く支払うこと。」

❻ 労働日が長ければ長いほど労賃はそれだけ低い

（938 ／ 570）「<u>労働の価格が低ければ低いほど、労働者がみじめな平均賃銀だけでも確保するためには、労働分量はそれだけ大きくなければならない、または労働日はそれだけ長くなければならない</u>、という結論が出てくる。」

（938／571）「<u>その逆に、労働時間の延長そのものがまた、労働価格の低落</u>、したがって<u>日賃銀、週賃銀の低落を生み出す</u>。」——その理由は以下のとおり。

（939／571）「二つの事情を指摘するだけで十分である。
　① もし一人が一人半または二人分の仕事をするならば、……労働の供給は増大する。こうして労働者のあいだに引き起こされる競争が、資本家に、労働の価格を切り下げることを可能にするのであり、
　② 他方では、また逆に、この労働の価格の低落が、資本家に、労働時間をさらにいっそう引き延ばすことを、可能にする。」

（939／571）「とはいえ、この異常な、すなわち<u>社会的平均水準を超え出る不払労働分量を自由に利用する力が、やがて資本家たち自身のあいだの競争手段になる</u>。」

➡低価格競争（中川）

（939／571）「商品の異常に低い販売価格が、まず散在的に形成され、しだいに固定されて、それ以後は、<u>過度な労働時間のもとでのみじめな労賃の恒常的基礎となる</u>。」

第19章　出来高賃銀

❶ 出来高賃銀

(943／574)「出来高賃銀は時間賃銀の転化形態」

(943／574)「<u>出来高賃銀では、一見したところ、労働者によって売られる使用価値は、</u>
<u>彼の労働力の機能、すなわち生きた労働ではなく、すでに生産物に対象化されている労</u>
働であるかのように見え、……<u>生産者の作業能力によって規定されているかのように見</u>
<u>える</u>。」

(946／576)「<u>ここで問題となるのは、……労働者によって支出された労働を、彼によって</u>
<u>生産された個数によってはかることである</u>。時間賃銀では、労働は、その直接的持続
時間によってはかられ、<u>出来高賃銀では、労働は、労働が一定の持続時間中にそのな</u>
<u>かに凝縮される生産物量によってはかられる</u>。」

➡標準的出来高 12 W、3 シリング／12 個＝3 ペンス／1 個（出来高賃銀率）

❷ 出来高賃銀の特徴的な独自性

(947／576)「<u>出来高賃銀は、資本家たちに、労働の強度をはかるまったく確かな尺度を与</u>
<u>える</u>。予め定められかつ経験によって確定されたある商品分量に体化される労働時
間のみが、社会的に必要な労働時間とみなされ、そのようなものとして支払われる。」

(948／577)「<u>出来高賃銀は、一方では、資本家と賃労働者とのあいだへの寄生者の介</u>
<u>入、仕事の下請けを容易にする。……イギリスでは……《苦汗制度（sweating</u>
<u>system）》と呼ばれている。</u>／<u>他方では</u>出来高賃銀は、資本家に、班長労働者と
……一個あたりいくらというある価格で契約を結ぶことを可能にし、班長労働者自
身がその価格で自分の補助労働者の募集と支払いを引き受ける。この場合には、資
本家による労働者の搾取は、労働者による労働者の搾取を介して実現される。」

❸ 出来高賃銀は労働強度の標準をたかめる

(949／577)「出来高賃銀がひとたび行われるようになれば、労働者が自分の労働力を
できる限り強度に緊張させることは、もちろん労働者の個人的な利益であるが、そ
のことは、<u>資本家が労働強度の標準度を高めるのを容易にする</u>。」

❹ 出来高賃銀は、労賃を平均水準に引き上げる一方、水準そのものを低下させる

(950／578)「時間賃銀では、ほとんど例外なく、同一の機能にたいする同一の労賃が
支配しているが、<u>出来高賃銀では、……労働者個人の熟練、力、精力、持久力などの</u>
<u>相違に応じて、大きな差が生じてくる</u>。」

(950 〜 951 ／ 579)「出来高賃銀が個性にまかせるより大きな活動の余地は、一方では、労働者たちの個性、したがって自由感、自立性、および自制を発展させる傾向があり、他方では、彼ら相互の競争を発展させることになる。それゆえ出来高賃銀は、個人の労賃を平均水準以上に引き上げる一方で、この水準そのものを低下させる傾向をもつ。」

➡下記の (955 ／ 581 〜 582) 参照。

(952 ／ 580)「出来高賃銀は、資本主義的生産様式にもっとも適応した労賃形態であること」➡成果主義賃銀制度

(954 ／ 581)「工場法の適用を受けた作業場では、出来高賃銀が一般的通則となる。なぜなら、そこでは資本はもう労働日を内包的に拡大できるにすぎないからである。」

---

❺ 労働の生産性と出来高賃銀の変動

(955 ／ 581)「労働の生産性が変動するにつれて、同分量の生産物によって表わされる労働時間が変動する。したがって、出来高賃銀も変動する。」

(955 ／ 581 〜 582)「出来高賃銀は、同じ時間内に生産される出来高の数が増加する──したがって同じ一個の出来高に費やされる労働時間が減少する──のと同じ割合で、引き下げられる。出来高賃銀のこの変動は、……資本家と労働者との間の絶え間ない闘争を呼び起こす。」

第 20 章　労賃の国民的相違

❶ 国民的諸労賃の比較の方法

（958 ／ 583）「<u>国民的諸労賃の比較にあたっては、労働力の価値の大きさの変動を規定する</u><u>すべての契機</u>——すなわち自然的な、および歴史的に発展してきた、第一次的生活必要品の価格と範囲、労働者の教育費、婦人労働および児童労働の役割、労働の生産性、労働の外延的および内包的大きさ——が、<u>考慮されなければならない。</u>」

（958 ／ 583）「きわめて表面的な比較でさえも、まず、異なる諸国における同じ職業の平均的日賃銀を、同じ長さの労働日に換算することを必要とする。日賃銀のこのような均等化ののちに、時間賃銀は、ふたたび出来高賃銀に置き換えられなければならない。というのは、<u>労働の生産性および労働の内包的大きさの測定器になるのは出</u><u>来高賃銀だけであるから</u>である。」

❷ 中位の労働強度は国々により変動

（959 ／ 584）「どの国においても、一定の中位の労働強度というものがあり、……。<u>中位の</u><u>労働強度は、国々よって変動する</u>。それは、ある国ではより大きいが、他の国ではより小さい。……強度の高い国民的労働は、強度の低いそれに比べて、同じ時間内に、より多くの貨幣で表現されるより多くの価値を生産する。」

（959 ／ 584）「<u>価値法則は、国際的に適用される場合には、次のことによってさらに修正さ</u><u>れる</u>——すなわち、世界市場では、より生産的な国民的労働は、このより生産的な国民が競争によってその商品の販売価格をその価値にまで引き下げることを余儀なくされない限り、やはり、強度のより大きい国民的労働として計算されるということによって。」

❸ 相対的労働価格の高低

（960 ／ 584）「日賃銀、週賃銀などは、第一の国民（資本主義的生産様式のより発展した国民）のもとでは第二の国民（発展の低い国民）のもとでよりも高いが、相対的労働価格、すなわち剰余価値や生産物価値との割合から見た労働価格は、第二の国民のもとでは第一の国民のもとでよりも高いということである。」➡〔原注 65〕を参照。

➡なお次頁の〔補足説明〕を参照。

補足説明：労賃の国民的相違──深めるべき論点

　この問題について、『資本論』は第20章と「章」を立てていますが、7頁という短い紙幅しか割いていません。そのため説明は簡略なものに止まり、かつ「難解?!」な部分もあって、内容の理解をめぐる論議がいまだ収束していません。またリカードゥやケアリの主張の内容をベースに置かないと十分な理解が得にくい、といった問題も伏在しています。

　各国の労賃を比較するという問題は、それぞれの国で生産される商品（特に労賃を規定する生活必需品）の価値の国際比較、貨幣価値の国際比較という問題を不可避的に伴い、「価値法則の修正」といった問題が生じることは、『資本論』自身が述べているとおりです。講義資料では、重要と思われる3箇所の叙述部分のみを拾うにとどめています。

　問題の所在を掴んでいくために有益と思われる「説明」を以下に紹介しておきます。いずれも『経済学辞典』（大月書店）所収のものです（括弧つきの数字、①②などは中川による）。

　「（1）国内の賃金〈運動のなかで変動する組合わせとして現われるものは、相異なる国々については、《国民的労賃の同時的相違》として現われうる〉から、賃金の国際比較にさいしては、労働力の価値の大きさを規定するあらゆる要因、すなわち、a）自然的な、また歴史的に発達した第一次生活必需品の価格と範囲、b）労働者の養成費、c）婦人・児童労働の役割、d）労働の生産性、e）労働の強度、f）労働日の長さ、などが考量されなければならない。

　（2）賃金の国際比較は、1）時間賃金や、出来高賃金の比較、2）貨幣の相対的価値の国民的相違にもとづく名目賃金（あるいは実質賃金）の相違・比較、3）相対的賃金の比較、の三つに分けられる。

　（3）──① まったく表面的な賃金比較であっても、各国の同じ産業の平均日賃金を同じ長さの労働日に還元して時間賃金をもとめ、そのうえで時間賃金を出来高賃金に換算しなければならない。出来高賃金は労働の生産性と強度の最もたしかな測度器になるからである。

　② より厳密な賃金比較のためには、貨幣の相対的価値の国民的相違を考慮しなければならない。国際間では各国民のもとにある価値法則は労働の強度および生産性の相違によって修正される。国際間では諸商品の価値は世界的労働の対象的形態であり、その大きさは世界的または国際社会的に必要な労働時間によって規定されるからである＊。
　資本主義的生産の発達している国では、国民的労働の強度も生産性も国際水準より高い。だから国際間では、同じ労働時間に同種商品の相異なる量が生産され、これらの相

異なる量は、不等な国際価値をもち、これらの価値は相異なる価格すなわち国際価値の相違にしたがい相異なる貨幣額で表現される。

　したがって貨幣の相対的価値すなわち一定量の貨幣が購買または支配する国民的労働の量は、先進国での方が後進国よりも小さい。したがって名目賃金（貨幣で表現された労働力の等価）は、先進国での方が後進国より高くなるが、このことは、実質賃金（労働者が自由に処分しうる生活手段）もそうなるということではない。実質賃金も先進国での方が後進国より高いが、名目賃金ほどには高くならないからである。

　③ 国際間での貨幣の相対的価値の相違を別としても、次のような賃金の相違、すなわち日賃金や週賃金などは先進国での方が後進国より高いが、相対的賃金（剰余価値または生産物の価値とくらべての労働の価格）は後進国での方が先進国より高いということが見られる。このように賃金の国際比較にあたっては、時間賃金や出来高賃金の比較はもちろん、名目賃金、実質賃金または〈絶対的賃金〉、相対的賃金の比較＊＊も同時におこなわなければならない。」（667頁、中川信義）

　＊ 国民的労働の交換比率
「① 各国民経済を構成部分とする世界市場では、国民的労働そのものが直接的な形態で交換されるのではなく、国際価値法則に規定された商品交換が現実の形態である。各国民経済は歴史的発展段階を異にし、生産力、経済構造も異なっている。個々の国における労働の強度、労働の生産性は、一国内では必ずしも同一ではないが、それらを国民的労働強度、国民的労働生産性として国民経済単位で平均的に表わすことができる。それを国民的労働あるいは国民的平均労働と呼んで国際間の比較の対象としている。

　② 国内では中位の労働強度が平均労働によって与えられており、労働時間による価値規定がそのまま妥当する。世界市場ではこれと異なって、相異なる諸国の中位の労働強度のすべてが段階状をなしていて、その諸平均を測るのが世界労働の平均単位である。ただし世界的平均労働なる価値規定労働があるのではない。したがってより強度の大きい国民的労働はより強度の小さい国民的労働に比して、同一時間内により多くの価値を生産し、より多くの貨幣表現をうける。

　③ さらに世界市場では資本主義生産の発展段階に応じての労働の生産力の相違によって、より進んだ国ではより後れた国よりも個々の商品の生産に要する労働時間は小さく、その国民的価値は小さい。したがってより生産的な国民資本が、競争の強制によって国民的価値にまで引き下げられないかぎり、世界市場ではその商品を国民的価値以上に販売し《国際的特別剰余価値》を取得しうる。

　④ 価値法則はその国際的適用において、一国内の価値法則がそのままの形で妥当するものではなく一定の修正をうける。それを《価値法則の修正》と呼んでいる。たとえばある一国の１労働日が他国の３労働日と等しいというように、世界的労働の平均単位は中位の通常の強度を基準にする。これを世界的必要労働時間とすれば、国民的労働は世界的必要労働時間の分量に応じて交換比率が決定される。」（309頁、磐田勝雄）

＊＊ 絶対的賃金と相対的賃金

　「賃金の高さを問題とするとき、剰余価値または価値生産物（V＋M）にくらべての賃金の高さを<u>相対的賃金</u>といい、これにたいして、他のどんな要因ともくらべることをしない、賃金の高さそのものを<u>絶対的賃金</u>という。（——例えば、　）1 日 8 労働時間働き、4,500 円支払われる場合と、3,200 円支払われる場合、<u>絶対的賃金</u>は前の場合の方が高いということになるが、もし前の場合、15,000 円という価格であらわされる価値生産物をつくりだしているが、後の場合、8,000 円という価格で表わされる価値生産物しかつくりだしていない、とすれば、<u>前の場合</u>、価値生産物（15,000）にくらべて、30％（4,500）の賃金が支払われ、<u>後の場合</u>、価値生産物（8,000）にくらべて 40％（3,200）の賃金が支払われていることになるから、後の場合のほうが<u>相対的賃金</u>は高いということになる。」
（585 頁、黒川俊雄）

第Ⅶ篇　資本の蓄積過程

◎ 課題と考察の前提条件

（967／589）「資本による商品の生産過程➡販売過程（資本の流通過程）➡再び商品の生産過程➡……の考察」

（967／589）「<u>資本がその流通過程を正常に通過することが前提</u>」（第一の条件）

（968／590）「<u>資本主義的生産者を全剰余価値の所有者・彼と獲物を分け合うすべての仲間の代表者とみなす</u>」（第二の条件）

（968～969／590）「<u>われわれは、さしあたり蓄積を抽象的に、すなわち直接的生産過程の単なる契機として考察する</u>。……剰余価値の分割と流通の媒介運動とは、蓄積過程の単純な基本形態をあいまいにする。それゆえ、<u>蓄積過程を純粋に分析するためには、蓄積過程の機構の内的作用をおおい隠すいっさいの現象をしばらく度外視することが必要である。</u>」

第 21 章　単純再生産

◎　本章の主題

　剰余価値を蓄積せず、生産の規模を同じままにして進行する「再生産」の過程＝「単純再生産」においても、一回で完結する資本の生産過程の考察では見えてこなかった新しい変化の内容を5項目にわたって剔抉^{てっけつ}する。

❶ 単純再生産を示す範式（中川）

【第一回目】

$$1{,}000\ G \begin{cases} 800G\ (C) \\ \qquad\quad —— 1{,}000W \\ 200G\ (V) \end{cases} \begin{cases} 800W\ (Pm) \\ \quad \cdots\cdots P \cdots\cdots 1{,}600W' \\ 200W\ (Ak) \end{cases} \begin{cases} 800W_1 \\ \qquad —— 1{,}600G' \\ 800W_2 \end{cases} \begin{cases} 800G_1 \\ \\ 800G_2 \end{cases}$$

【第二回目】

$$1,000\,G\left\{\begin{array}{l}800G\ (C)\\[2pt]200G\ (V)\end{array}\right.\!\!\!\!-\!\!\!\!-\!\!\!\!-\,1,000W\left\{\begin{array}{l}800W\ (Pm)\\[2pt]\cdots\cdots P\cdots\cdots\\[2pt]200W\ (Ak)\end{array}\right.\!\!\!\!1,600W'\left\{\begin{array}{l}800W_1\\[2pt]-\!\!\!\!-\,1,600G'\\[2pt]800W_2\end{array}\right.\left\{\begin{array}{l}800G_1\\[8pt]800G_2\end{array}\right.$$

❷ 再生産とは

(970／591)「生産過程は、その社会的形態がどのようなものであっても、継続的でなければならない。……<u>あらゆる社会的生産過程は、その恒常的な連関のなかで、またその更新の絶えざる流れのなかで考察すれば、それは同時に再生産過程である。</u>」

(970／591)「生産の諸条件は同時に再生産の諸条件である。」

(971／591)「<u>生産が資本主義的形態をもつならば、再生産もそうである。</u>資本主義的生産様式のもとでは、労働過程が価値増殖過程のための一手段としてのみ現われるのと同じように、再生産も、前貸価値を資本、すなわち自己増殖する価値として再生産するための一手段としてのみ現われる。」

❸ 単純再生産とは

(971／592)「資本価値の周期的な増加分、……資本の周期的果実としては、剰余価値は<u>資本から生じる収入</u>という形態をとる。」

(971／592)「この収入が資本家にとって<u>消費元本としてのみ役立つ</u>とすれば、あるいは、周期的に獲得されるのと同じように<u>周期的に消費される</u>とすれば、……<u>単純再生産が行なわれる</u>。」

(971〜972／592)「ところで、この単純再生産は同じ規模での生産過程の単なる繰り返しであるとはいえ、<u>この単なる繰り返しあるいは継続は、この過程に新しい性格を刻印する。あるいはむしろその過程が単なる孤立的な過程の経過であるかのような外観上の性格を消滅させる。</u>」

───────◇───────

❹ 新しく見えてくる内容（1）──<u>可変資本について</u>

(972／592)「彼（労働者）は、剰余価値……と同じように、<u>彼自身への支払元本である可変資本を、それが労賃の形態での彼のもとに還流してくる以前に生産しているのであって、彼はこの元本を絶えず再生産する限りでのみ仕事を与えられる。</u>ここから、賃銀は生産物そのものの分け前であるとする……経済学者たちの定式が生じる。」

　　　　↓

(972〜973／592〜593)「労働者が生産手段の一部分を生産物に転化しているあいだに、彼の以前の生産物の一部分が貨幣に再転化される。きょう、あるいは今後半年間の彼の労働は、その前の週あるいはその前の半年間の彼の労働で支払われる。<u>貨幣形態が生み出す幻想は、個々の資本家や個々の労働者の代わりに資本家階級や労働者階級が考察されれば、ただちに消えてなくなる。</u>

（973／593）「**資本家階級は**、労働者階級によって生産され資本家階級によって取得される生産物の一部分を受け取りうる証書を、絶えず貨幣形態で労働者階級に与える。同じように、労働者は絶えずこの証書を資本家階級に返付し、それとともに彼自身の生産物のうちで彼自身のものになる部分を資本家階級から引き取る。**生産物の商品形態と商品の貨幣形態とはこの取引を変装させる。**」

（973／593）「**したがって、可変資本は**、労働者が彼の自己維持と再生産とのために必要とし、どのような社会的生産体制のもとでもつねにみずから生産し再生産しなければならない**生活手段の元本**、あるいは**労働元本の特殊な歴史的現象形態にすぎない。**」

↓

（975／594）「もちろん、**われわれが資本主義的生産をその更新の絶えざる流れのなかで考察するやいなや、可変資本は資本家自身の元本から前貸しされた価値であるという意義を失ってしまう。**」

❺ **新しく見えてくる内容（2）──総資本の内実について**
（975／594）「資本主義的生産過程の単なる継続、すなわち単純再生産は、まだそのほかにも、可変資本部分ばかりでなく**総資本にもおよぶ独特な変化を引き起こす。**」

（976／595）「一定の年数が経過したのちには、彼（資本家）が所有する資本価値は、同じ年数のあいだに等価なしで取得した剰余価値の総額に等しく、彼が消費した価値額は最初の資本価値に等しい。」

（977／595）「したがって、およそ蓄積というものをまったく無視しても、生産過程のたんなる継続、あるいは**単純再生産は**、長かろうと短かろうと、**ある期間ののちには、どの資本をも蓄積された資本または資本化された剰余価値に必然的に転化させる。資本は、それが生産過程にはいったときには、その充用者**（企業家──フランス語版）**がみずから働いて得た財産であったとしても、遅かれ早かれ、それは等価なしに取得された価値となる。**」

❻ **新しく見えてくる内容（3）──賃労働者の再生産・永久化**
（977／595）「**労働生産物と労働そのものとの分離、客体的な労働諸条件と主体的な労働力との分離が資本主義的生産様式の事実上与えられた基礎であり、出発点であった。**」
（977〜978／595）「しかし、はじめはただ出発点にすぎなかったもの（上記の「分離」のこと）が、過程の単なる継続、単純再生産に媒介されて、**資本主義的生産特有の成果として絶えず新たに生産され、永久化される。**」

（978／596）「**労働者自身は絶えず客体的な富を資本として、すなわち彼にとっては外**的であって彼を支配し搾取する力として生産するのであり、そして**資本家もまた絶**

えず労働力を、主体的な、それ自身の対象化および現実化の手段から切り離された、抽象的な、労働者の単なる生身のうちに実存する富の源泉として、簡単に言えば労働者を賃労働者として生産するのである。<u>労働者のこの不断の再生産あるいは永久化が、資本主義的生産の《不可欠の条件》である。</u>」

❼ 新しく見えてくる内容（4）──賃労働者の個人的消費の性格

（979／596）「労働者の消費には二種類ある。」

　　　生産的消費　　彼はその労働によって<u>生産手段を消費</u>し、その価値を生産物に転化させる。それは同時に、彼の労働力を買った資本家による彼の<u>労働力の消費</u>でもある。

　　　個人的消費　　労働力を買うために支払われた貨幣を労働者は生活手段に費やす。

（979〜980／597）「<u>労働者はしばしば自分の個人的消費を単に生産過程に付随するものにすることを余儀なくされる。</u>この場合には、彼は自分の労働力の活動を維持するために自分に生活手段を与えるのであって、それは蒸気機関に石炭や水が与えられ……るのと同じである。<u>その場合には、……彼の個人的消費は直接に生産的消費である。</u>」

（980〜981／597）「個々の資本家と個々の労働者ではなく、資本家階級と労働者階級を考察し、商品の個別的生産過程ではなく、<u>資本主義的生産過程をその流れとその社会的な広がりにおいて考察するならば、事態は異なった趣きを見せてくる。</u>

　──資本家が自分の資本の一部を労働力に転換すると、彼はそれによって自分の総資本を増殖する。彼には一石二鳥である。彼は、自分が労働者から受け取るものからだけでなく、自分が労働者に与えるものからも利益を得る。労働力と引き換えに譲渡される資本（V）は生活手段に転化され、この生活手段の消費は、現存する労働者の筋肉、神経、骨、脳髄を再生産して、新しい労働者を生み出すために役立つ。

　　それゆえ労働者階級の個人的消費は、絶対に必要なものに限って言えば、資本が労働力と引き換えに譲渡された生活手段の、資本によって新たに搾取されうる労働力への再転化である。それは、資本にとってもっとも不可欠な生産手段である労働者そのものの生産および再生産である。」

（981／598）「<u>労働者階級の不断の維持と再生産は、資本の再生産のための恒常的条件である。</u>……（その場合）彼（資本家）が心を配るのは、ただ、労働者たちの個人的消費をできる限り必要物に制限することだけであって……」

（982／598）「それゆえ、資本家とその理論的代弁者である経済学者もまた、<u>労働者の個人的消費のうちで労働者階級の永遠化のために必要な部分だけを……生産的とみなすのであり、それ以外に労働者が自分の快楽のために消費するかもしれない部分は不生産的消費なのである。</u>」

❽ 新しく見えてくる内容（5）──「見えない糸」による資本への緊縛

（983／598～599）「<u>社会的観点から見れば、労働者階級は直接的な労働過程の外部で</u><u>も、死んだ労働用具と同じように資本の付属物である。彼らの個人的消費でさえも、</u>……ただ資本の再生産過程の一契機でしかない。……<u>ローマの奴隷は鎖によって、賃労働者は見えない糸によって、その所有者につながれがれている。賃労働者の独立という外観は、個々の雇い主が絶えず替わることによって、また契約という《法的擬制》によって維持される。</u>」

（984／600）「労働力にたいする資本の所有権があからさまに表明されている二、三の特徴的な文句をあげておこう。」──略──

◎ まとめ

> （990～991／603）「<u>資本主義的生産過程は、その特有の進行によって労働力と労働条件との分離を再生産する。資本主義的生産過程は、このことによって労働者の搾取条件を再生産し永久化する。</u>……
> 　　事実上、労働者は、自分を資本家に売るまえに、すでに資本に属している。彼の経済的隷属は、彼自身の販売の周期的更新や、彼の個人的雇い主の交替や、労働〔力〕の市場価格の変動によって、媒介されると同時におおい隠されている。」
> （991～992／604）「<u>資本主義的生産過程は、その連関のなかで考察すれば、すなわち再生産過程としては、商品だけを、剰余価値だけを生産するのではなく、資本関係そのものを、一方には資本家を、他方には賃労働者を生産し、再生産するのである。</u>」

質問への回答

Ｑ 質問1

（971～972／592）「この単純再生産は同じ規模での生産過程の単なる繰り返しであるとはいえ、この単なる繰り返しあるいは継続は、この過程にある新しい性格を刻印する。あるいはむしろ<u>その過程が単なる孤立的な過程の経過であるかのような外観上の性格を消滅させる。</u>」の中で、この<u>外観上の性格</u>とはどういう性格ですか？

回答1

　資本の生産過程が、同じ規模で更新・反復される資本の再生産過程として考察されると、一回限りの資本の生産過程を考察したときには見えなかった「新しい性格」が「刻印」されることを、講義資料では「新しく見えてくる内容（1）～（5）」と区分けして説明しました。

　資本の生産過程は、① 1000 G — 1000 W……p……1600 W' — 1600 G' ➡②1000 G — 1000 W……p……1600 W' — 1600 G' ➡③……と更新・反復されるのが「現実の姿」です。その「現実の姿」から、①②③……をそれぞれ一回ごとに完結した過程としてみたときには、それぞれ繋がりのない「孤立した過程」であるように見えるわけですが、それは「現実の姿」からみれば、「外観上」のものにすぎず、①②③……は繋がりのある一連の過程であることが本当の姿であること、そしてそのようなものとして見たとき、「孤立した過程」として見たときには見えなかった、五点の「新しい性格（内容）」を内包している過程であることが判然とすることによって、「孤立した過程」として見たときの姿＝「外観」はまさに外観に他ならないことも、明瞭になると述べていると理解されます。

Q 質問2

　（980／597）末尾から３行目、「資本家が自分の資本の一部分を労働力に転換すると、彼はそれによって自分の総資本を増殖する。彼は一石二鳥である。」とありますが、この一石二鳥は何と何を手に入れるのでしょうか？

回答2　　　　　＊①②の表示は中川による

　テキストは、質問の文章に続けて次のように述べています──「彼は、① 自分が労働者から受け取るものだけからではなく、② 自分が労働者に与えるものからも利益を得る。」──この①と②が、「一石二鳥」を指しています。

　① は、資本家は、労働力商品を賃労働者から買い取り、労働力商品の使用価値＝「労働」を、生産過程で「消費」することにより、剰余価値を含んだ新商品を生産し取得することを意味しています。
　② は、「……一石二鳥である。」に続く文章「労働力と引き換えに譲渡される資本（可変資本）は生活手段に転化され、この生活手段は、……新しい労働者を生み出すために役立つ。それゆえ、労働者階級の個人的消費は、……資本が労働力と引き換えに譲渡された生活手段の、資本によって新たに搾取されうる労働力への再転化である。それは、資本にとってもっとも不可欠な生産手段である労働者そのものの生産および再生産である」（980～981／597）を指しています。

第22章　剰余価値の資本への転化

◎ 本章の主題

> 　剰余価値の資本への転化＝資本の蓄積による拡大再生産過程において看取できる「領有法則の転回」と、「剰余価値の総量を規定する諸事情」の考察の新たな観点を概括する。

第1節　拡大された規模での資本主義的生産過程。商品生産の所有法則の資本主義的取得法則への転換

❶ 資本の蓄積

（993／605）「どのように資本から剰余価値が生じるかはさきに考察したが、いまや、どのように剰余価値から資本が生じるかを考察することになる。<u>剰余価値を資本として用いること、あるいは剰余価値を資本に再転化することは、資本の蓄積と呼ばれる。</u>」

（993〜996／605〜607）「さしあたり、この経過を個別資本家の観点から考察しよう。」

＊貨幣単位：ポンド・スターリング、剰余価値率：100％、投下総資本（10,000 G）の構成：不変資本（8,000 C）：可変資本（2,000 V）＝ 4：1

【第一回目の生産】

$$10,000 \begin{cases} 8,000（C） \\ 2,000（V） \end{cases} \cdots P \cdots 12,000 \begin{cases} 8,000 \\ 4,000（2,000\,V + \boxed{2,000M}） \end{cases}$$

【第二回目の生産】

① <u>追加資本部分</u>（2,000 Mを全て追加資本として蓄積し充用）

$$\boxed{2,000} \begin{cases} 1,600（追加 Pm・C） \\ 400（追加 Ak・V） \end{cases} \cdots P \cdots 2,400 \begin{cases} 1,600 \\ 800（400\,V + \boxed{400M}） \end{cases}$$

② <u>投下総資本全体</u>（10,000 + 2,000M）

$$12,000 \begin{cases} 9,600（C） \\ 2,400（V） \end{cases} \cdots P \cdots 14,400 \begin{cases} 9,600 \\ 4,800（2,400\,V + \boxed{2,400\,M}） \end{cases}$$

＊①の追加資本 2,000 自体が生み出した 400M 部分の更なる追加資本としての運動

$$400 \begin{cases} 320 \text{（C）} \\ \qquad \cdots\cdots \text{p} \cdots\cdots 480 \\ 80 \text{（V）} \end{cases} \begin{cases} 320 \\ 160 \ (80 \text{ V} + \boxed{80 \text{ M}}) \end{cases}$$

❷ 蓄積は累進的規模での資本の再生産に帰着する

（997／607）「10,000 の最初の資本は、2,000 の剰余価値を生み、それが資本化される。2,000 の新資本は 400 の剰余価値を生み、これがふたたび資本化され、すなわち第二の追加資本に転化されて、80 の新しい剰余価値を生む、等々である。」

（998／608）「最初の資本は 10,000 の前貸しによって形成された。その所有者はどこからこれを得たのか？　彼自身の労働と彼の先祖の労働によってである！　と経済学の代弁者たちはみな一様に答える。そして実際に彼らの仮定は、商品生産の諸法則に合致する唯一のものであるかのように見える。」

（998／608）（しかし）「2,000 の追加資本については、まったく事情が異なる。……それは資本化された剰余価値である。」

（998／608）「資本家階級がこの貢物の一部で労働者階級から追加労働力を買うとすれば（400・追加 Ak、80・追加 Ak）、たとえそれが十分な価格で買われ、それで等価物どうしが交換されるとしても、それは……被征服者の商品を、被征服者から奪った貨幣で買い取るという、征服者の昔からのやり方と変わるものではない。」

（999／608）「労働者階級は、彼らの今年の剰余労働によって、次の年の追加労働を使用するであろう資本（400V、80V）をつくり出した。これがすなわち、資本によって資本を生み出すということなのである。」

（999／609）「第二の追加資本（400）は第一の追加資本（2,000）の剰余価値が資本化したものである。いまや、過去の不払労働を所有することが、生きた不払労働を絶えず増大する規模で現在取得するための唯一の条件として現われる。資本家は、すでにより多く蓄積していればいるほど、ますます多く蓄積することができる。」

————————◇————————

❸ 商品生産の諸法則の資本主義的取得諸法則への転換

（1000〜1001／609）「追加資本第一号（2,000 M）を形づくる剰余価値が、原資本（10,000）の一部分（2,000 V）による労働力の購入の成果であって、この購入が商品交換の諸法則（等価交換）に照応し……また、追加資本第二号（400 M）などが追加資本第一号の成果にすぎず……さらにまた、個々のどの取り引きも商品交換の法則に絶えず照応し、資本家はつねに労働力を買い、労働者はつねにそれを売り、しかも……

その売買は労働力の実際の価値どおりで行なわれるものと仮定する限りでは、商品生産および商品流通にもとづく取得の法則または私的所有の法則は、明らかに、それ独自の内的で不可避的な弁証法によって、その直接の対立物（資本主義的得法則）に転換する。

　最初の操作として現われた等価物どうしの交換は、一転して、外観的にのみ交換が行われるようになる。というのは、労働力と交換される資本部分そのものが、第一には、等価なしに取得された他人の労働生産物の一部分にすぎず、第二には、その生産者である労働者によって補填されなければならないだけでなく、新しい剰余をともなって補填されねばならないからである。

　したがって、資本家と労働者のあいだの交換関係は、流通過程に属する外観にすぎないものとなり、内容そのもの（剰余価値の取得によるさらなる剰余価値の無償の取得の繰り返し）とは無縁な、内容を神秘化するに過ぎない（流通過程の）単なる形式になる。労働力の不断の売買は形式である。内容は、資本家が、絶えず等価なしに取得し、すでに対象化された他人の労働の一部分を、より大きな分量の生きた他人の労働と絶えず繰り返し取り替えるということである。」

（1001／609〜610）「所有権は、最初には、自分の労働にもとづくものとして現われた。少なくとも、この仮定が妥当とされなければならなかった。なぜなら、平等な権利をもつ商品所有者だけが相対するのであって、他人の商品を取得するための手段は自分の商品を譲渡することだけであり、そして自分の商品はただ労働によってのみ生産されうるものだからである。

　（ところが）所有は、いまや、資本家の側では他人の不払労働またはその生産物（剰余生産物➡剰余価値）を取得する権利として現われ、労働者の側では自分自身の生産物を取得することの不可能性として現われる。所有と労働の分離は、外見上は両者の同一性から生じた一法則の必然的帰結となる。

　したがって、資本主義的取得様式は、商品生産の本来の諸法則とどんなに矛盾するように見えるにしても、それは決してこれらの法則の侵害から生じるのではなく、むしろ反対にその適用から生じるのである。」

❹ 取得様式・法則の歴史的転換

（1006／613）「各々の交換行為……において交換の諸法則が守られる限り、取得様式は、商品生産に適合する所有権にはなんら触れることなしに、全面的な変革をこうむることができる。この同じ所有権は、端初の時期におけると同様に資本主義時代においても有効なのであるが、端初においては、生産物は生産者のものであり、生産者は等価物どうしを交換しながら、自分の労働だけで富を得ることができるのであり、資本主義時代においては、社会の富が、絶えず増大する程度において、他人の不払労働を絶えず新たに取得する立場にある人々（資本家）の所有となるのである。」

（1006／613）「商品生産がそれ自身の内的諸法則に従って資本主義的生産に（歴史的に）成長していくのと同じ程度で、商品生産の所有諸法則は資本主義的取得の諸法則に（歴史的に）転換する。

〔注記〕この個所では、「所有・取得法則の転換」は、（自己労働に基づく・単純な）商品生産の、資本主義的商品生産への「歴史的成長」により生じる「歴史的転換」と捉えられていることに留意。流通過程の「等価交換の関係」が、生産過程では「搾取関係」という「反対物」に転換するということに即した把握とは異なる。──これはエンゲルスが第4版を編む際に、初版、第2版、フランス語版の記述を無造作に並置したために生じた。

第2節　拡大された規模での再生産にかんする経済学上の誤った見解

❶ 資本家の収入と蓄積

（1008／614）「蓄積……にかんする二、三のより詳しい規定にはいるまえに、古典派経済学によって生み出されたあいまいさをかたづけておかなければならない。」

（1008〜1009／614〜615）「……資本家は、このような商品（自分自身の消費のための商品）や労働（自分の自然的・社会的欲求を満たすための労働）の購買によっては、剰余価値を資本に転化させるのではなく、反対にそれを収入として消耗し、または支出するのである。……ぜいたくな人的サーヴィスを誇りとする旧貴族的心情とは対照的に、ブルジョア経済学にとって決定的に重要だったことは、資本蓄積を第一の市民的義務であると布告し、……収入の全部を食い尽くしてしまうのでは、蓄積はできない、と倦むことなく説教することであった。」

（1009／615）「他方、ブルジョア経済学は、通俗的偏見（資本主義的生産を貨幣蓄蔵の形成と混同）……とたたかわなければならなかった。貨幣を流通しないように秘蔵することは貨幣を資本として増殖するのと正反対であり、蓄財的意味での商品蓄積はまったく愚かなことである。」

❷ 古典派経済学の誤り

（1010／615）「古典派経済学は、不生産的労働者によってではなく生産的労働者によって剰余生産物が消費されることを蓄積過程の特徴的契機として強調する限りでは、正しい。しかしその誤りもまたここから始まる。」

（1010／615）「A・スミスは、蓄積を、単に、生産的労働者による剰余生産物の消費として、または、剰余価値の資本化を、労働力への剰余価値の単なる転換として、説明することを流行させた。

（1011／616）「リカードゥとその後のすべての人々がA・スミスの口真似をして、《収入のうち資本に追加されると言われる部分は生産的労働者によって消費される》と言っているが、これ以上に大きな誤りはない。
　この考え方によれば、資本に転化される剰余価値はすべて可変資本になるであろう。ところが、剰余価値は、最初に前貸しされた価値と同様に、（追加）不変資本と（追加）可変資本とに、（追加）生産手段と（追加）労働力とに、分かれる。」
　　➡なお（1014／617）の〔原注32〕「A・スミスのドグマ」に留意。

283

第3節　剰余価値の資本と収入とへの分割。節欲説

❶ 前提の再確認
（1015／618）「剰余価値の一部分は資本家によって“収入”として消費され、他の一部分は資本として充用または蓄積される。」

（1015／618）「剰余価値の総量が与えられている場合には、……この分割が行なわれる割合（<u>蓄積率という</u>）は蓄積の大きさを規定する。」

❷ 資本の累進的蓄積と競争の強制法則
（1015／618）「<u>資本家は、人格化された資本である限りにおいてのみ、一つの歴史的価値をもち、……歴史的存在権をもつ</u>。その限りでのみ彼自身の過渡的な必然性が、資本主義的生産様式の過渡的な必然性のうちに含まれる。」

（1015〜1016／618）「<u>使用価値と享受ではなく、交換価値とその増殖（G→G'）とが、彼の推進的動機である。価値増殖の狂信者として</u>、彼は容赦なく人類を強制して、生産のために生産させ、それゆえ<u>社会的生産諸力を発展させ</u>、そしてまた<u>個人の完全で自由な発展を基本原理とする、より高度な社会形態の唯一の現実的土台となりうる物質的生産諸条件を創造させる</u>。」

（1016／618）「貨幣蓄蔵者の場合に個人的熱狂として現われるものが、資本家の場合には<u>社会的機構の作用なのであって、この機構のなかでは彼は一個の動輪にすぎない</u>。そのうえ、資本主義的生産の発展は、一つの産業的企業に投下される資本が絶えず増大することを必然化し、そして（諸資本の）競争は個々の資本家にたいして、<u>資本主義的生産様式の内在的諸法則（不断の価値増殖）を外的な強制法則として押しつける。競争は資本家に強制して、彼の資本を維持するためには絶えず資本を拡大させるのであるが、彼は累進的蓄積によってのみそれを拡大することができる</u>。」

➡ （1017／619）〔原注34〕：M・ルターの「高利貸し資本」批判。

❸ 資本蓄積と節欲・節約
（1019〜1020／620）「資本主義的生産の進展は、<u>享楽の世界</u>を創造するだけではない。それは<u>投機</u>や<u>信用制度</u>とともに、突発的な致富の無数の源泉を開く。ある一定の発展度に達すれば、富の誇示であると同時に信用の手段でもある世間なみの<u>奢侈</u>が、むしろ《不幸な》資本家の営業上の必要となる。……彼の<u>浪費</u>は彼の蓄積につれて増大するのであって、一方が他方を中断させるわけではない。それと同時に、<u>資本家個人の気高い胸のうちでは、蓄積衝動と享楽衝動とのあいだのファウスト的葛藤＊が展開される</u>。」

――
＊ゲーテ（1749〜1832）『ファウスト』――「神と悪」といった人間に内在し、対立するもの同士の葛藤。

（1021 ／ 621）「蓄積せよ、蓄積せよ！ これがモーゼであり、予言者たちである！＊《勤勉は材料を供給し、この材料を節約が蓄積する》。だから節約せよ、節約せよ、すなわち、剰余価値または剰余生産物のうち、できる限り大きな部分を資本に再転化せよ！ 蓄積のための蓄積、生産のための生産、この定式で古典派経済学はブルジョア時代の歴史的使命を表明した。」

＊については、（1023 ／ 622）末尾の訳注＊１参照。

> **第４節　剰余価値の資本と収入とへの比例的分割から独立して蓄積の規模を規定する諸事情──労働力の搾取度、労働の生産力、充用される資本と消費される資本との差額の増大、前貸資本の大きさ**

◎ 課題

> （1029 ／ 626）「蓄積の大きさの規定にさいしては、剰余価値の総量を規定する諸事情のすべてが一緒に作用する。われわれは、ここでもう一度これらの事情を、それが蓄積にかんして新たな観点を提供する限りで、概括してみよう。」

❶ 事情①──労賃の引き下げ

（1029 ～ 1030 ／ 626）「剰余価値率はまず第一に労働力の搾取度に依存する、ということが想起される。……剰余価値の生産にかんする諸篇では、労賃は少なくとも労働力の価値に等しいということが絶えず想定されていた。けれども、実際の運動では、価値以下への労賃のこの強制的な引き下げがあまりにも重要な役割を演じているので、われわれはしばらくこの点について論じざるをえない。この引き下げは、事実上、一定の限界内で、労働者の必要消費元本を資本の蓄積元本に転化する。」

➡これに続く事例参照。

❷ 事情②──社会的労働の生産性の程度

（1038 ／ 631）「資本の蓄積におけるもう一つの重要な要因は、社会的労働の生産性の程度である。労働の生産力の上昇とともに、一定の価値を、したがってまた与えられた大きさの剰余価値を表わす生産物の総量が増大する。」

（1041 ～ 1042 ／ 633）「新価値を創造しながら（生産手段の）旧価値を維持するということは、生きた労働の天分である。それゆえ労働は、その生産手段の効果や規模や価値の増大につれて、したがって労働の生産力の発展にともなう蓄積につれて、絶えず膨張する資本価値を、つねに新しい形態で維持し、永久化する。＊」

＊古典派経済学が、この点を把握しえなかったことについての〔原注 60〕に留意。

❸ 事情③──固定資本の無償の役立ち

（1044 ～ 1045 ／ 635）「資本の増大とともに、充用された資本と消費された資本との差額が増大する。言い換えると、建物、機械（など）……繰り返される生産過程のなかで、全範囲的に機能し……漸次的にのみ摩損するにすぎず、それゆえ……一部分ずつその価値を生産物に移転する（ような）……労働手段は生産物に価値はつけ加え

ないが生産物形成者として役立つ程度に応じて、……全部的に充用されながら部分的に
しか消費されない程度に応じて……水、蒸気、空気、電気などのような自然力と同様
の無償の役立ちをするのである。過去の労働のこの無償の役立ちは、生きた労働によっ
て利用され生気を与えられるとき、蓄積の規模の増大とともに累積されていく。」

❹ 事情④──生産のすべてのばねの精力的働き

（1046／636）「継続的な蓄積によって資本が増大すればするほど、消費元本と蓄積元本と
に分かれる価値総額もそれだけ増加する。……結局、前貸資本の総量につれて生産の
規模が拡大されればされるほど、生産のすべてのばねがますます精力的に働くのである。」

第5節　いわゆる労働元本

❶ 労働元本の大きさ

（1047／636）「資本は固定的な大きさのものではなく、社会的富のうちの弾力的な一
部分であり、また剰余価値が収入と追加資本とに分割されるにつれて絶えず変動す
る。」

（1047／636）「古典派経済学は以前から、社会的資本を、固定した作用度を有する固定
した大きさのものとして把握することを好んだ。しかし、この偏見をはじめてドグ
マとして固定したのは、……ジェレミー・ベンサムであった。」

（1047〜1049／637）「このドグマは、……弁護論的な目的のために、とりわけ資本の
一部分である可変資本を、……一つの固定した大きさのものとして描くために利用さ
れた。……可変資本が労働者のために代表する生活手段の総量、またはいわゆる労働元
本は、社会的富のうちで、自然の鎖に縛られて超えることのできない特殊部分だとでっ
ち上げられた。」

（1048／638）「このドグマの根底に横たわる事実は、……一方では労働者は、非労働者
の消費手段と生産手段とへの社会的富の分割にさいして口をはさむ権利がないとい
うこと、他方では労働者は、好運な例外的場合にのみ、富者の《収入》の犠牲にお
いていわゆる《労働元本》を拡大することができるということである。」

❷ 労働元本の資本主義的制限を社会的な自然的制限につくり変へることのばかばかしさ
　とずるさ

（1050／638）「労働元本の資本主義的制限をその社会的な自然的制限につくり変えるこ
とが、どんなにばかばかしい同義反復に行きつくかを……フォーシット教授が見せ
てくれるであろう。」

（1051／638）「……最初に、実際に支払われる個別的労賃を合計し、次にこの合計が神と
自然とにより定められた《労働元本》の価値総額をなす、と主張する。最後にわれわれは、
こうして得られた総額を労働者の頭数で割って、またしても各個の労働者が平均し
てどれだけを受け取りうるかを発見する。これはとんでもないずるいやり方である。」

質問への回答

Q 質問1

（1000／610）「（労働力商品の）売買は労働力の実際の価値どおりで行なわれるものと仮定する限りでは、商品生産および商品流通にもとづく取得の法則または私的所有の法則は、明らかに、それ独自の内的で不可避的な弁証法によって、その直接の対立物に転換する」とありますが、「それ独自の内的で不可避的な弁証法によって」とはどういう意味ですか？

回答1

　AとBが「対立」する関係にある場合、A自身のなかに、Aを否定し、その結果Aは「対立」するBに「転換」を遂げることを指して、「弁証法」という用語が使われていると理解できます。これは、1000〜1001頁にかけて述べられていることに即して言えば、次のようになるでしょう。

　（1）① 資本家と労働者のあいだの交換関係＝流通過程での「労働力」商品の売買（商品と貨幣との等価物どうしの交換）の結果、② それに続く生産過程において、資本家が（「等価」なしに）「剰余価値」を取得する関係が不可避的に生まれること。

　（2）したがって、① は「流通過程に属する外観」、② の「内容を神秘化するにすぎない単なる形式」であり、しかしその「形式」をふまえて、② に言う結果＝「内容」（資本による賃労働の搾取）が不可避的に生まれる関係が示されています。──このことを指して、「それ独自の内的で不可避的な弁証法」と表現されている、と理解できます。

　（3）ところで以上のことが、さらに「所有権」の問題として、「自分の労働にもとづくもの」としての（あるいはそのように「仮定」された）「所有権」＝「所有と労働との同一性」が解体し、「所有権」は資本家にとっては、「他人の不払労働（剰余価値）」を取得する権利、労働者にとっては、「自分自身の労働の生産物を取得することの不可能性」となる（所有と労働との分離）、とも言い直されています。しかし、「自己労働にもとづく（商品の）所有」（A）の「他人の不払労働にもとづく（剰余価値を含む商品の）所有」（B）への「転換」は、AとBとを、（1）と（2）のような関係を意味する「弁証法」的な転換関係にあると説明することには、無理があるように思われます。

　「自己労働に基づく所有」（A）は、それ自体のなかに、みずからを否定・解体して、「他人の不払労働の所有」（B）に必然的に帰結する要因を含んでいる、とは必ずしも言えないからです。

　この点について、『資本論』の記述内容を吟味しておきましょう。──第22章第1節のタイトルは、「商品生産の所有法則の資本主義的取得法則への転換」ですが、何が何に「転換」するのかについては、以下のように、異なる言い方が並存しています。

① （993／605）「商品生産の所有法則」 ➡「資本主義的取得法則」
② （998／608）「商品生産の諸法則」 ➡
③ （1000／609）「商品交換の諸法則」 ➡

④　（1000／609）「商品生産および商品流通にもとづく取得の法則または私的所有の法則」
　　　　　　　　　　　　　　　　　　　➡「その直接の対立物」
⑤　（1001／610）「商品生産の本来の諸法則」➡「資本主義的取得様式」
⑥　（1006／613）「商品生産の所有諸法則」　➡「資本主義的取得の諸法則」

---

　　①から⑥は、内容から見て、次のように整理できます。
（ａ）商品生産の諸法則＝「所有（諸）法則」・「取得法則」
　　　生産過程と流通過程を通しての、商品交換者自身の労働（自己労働）に基づく（他
　　　の）商品の所有・取得
（ｂ）商品交換の諸法則＝「商品流通に基づく取得の法則または私的所有の法則」
　　　流通過程での、等価物（商品）同士の交換は、実質的には流通過程での労働
　　　力商品の売買（価値通りの売買）が依拠する法則（形式）
（ｃ）資本主義的取得（諸）法則（様式）
　　　資本の生産過程での、他人の不払労働とその生産物（剰余価値）に対する、等
　　　価なしの取得➡累積的取得

　　そこでは、何から何への「転換」かについて、二つの異なった意味での「転換」が
並存する説明がなされています。
　イ）（ａ）から（ｃ）への転換
　　　これは、「自己労働に基づく商品生産」の、「資本主義的商品生産」への転換
　を意味します。（1006／613）では、「歴史的転換」とも説明されています。
　ロ）（ｂ）から（ｃ）への転換
　　　これは、資本主義的商品生産を前提とした、その流通過程から生産過程への視
　点の移動・場面転換を意味します。
　　　上述した「内的で不可避的な弁証法」的転換の把握に合致しているのは、ロ）の（ｂ）
　から（ｃ）への転換だと理解します。

Q　質問２

　第４節の末尾、（1046／636）「こうして結局、前貸資本の総量につれて……生産のす
べてのばねがますます精力的に働くのである。」で、「生産のすべてのばね」とは具体的
にどのようなことでしょうか？

回答２

　これは、当該頁４行目、「継続的な蓄積によって資本が増大すればするほど、消費元
本と蓄積元本とに分かれる価値総額もそれだけ増加する」を受けて、「こうして結局、
前貸資本の総量につれて生産の規模が拡大されるほどに」とありますから、生産手段の
量の増加、雇用される労働者の増加、という、生産拡大の要因がともに総動員される状態
を指していると理解します。

Q　質問3

第22章第2節〜3節を通じて、古典派経済学や俗流経済学を批判していますが、いったい何を言いたいのかつかみにくいのですが、大雑把に言って、「資本の蓄積法則は資本家の主観的な動機（良心、禁欲）とは関係なく、資本間の競争をテコとした客観的法則に基づいて行なわれる」という理解でよろしいのでしょうか？

回答3

第22章で「つかみにくい」のは、第2節、第3節、第5節での「経済学」批判の部分かと思われますが、第2節は、剰余価値を蓄積し追加資本として充用する際、古典派経済学は、それが（CとVに分割されるのではなく）すべてVになると、誤って捉えたことへの批判、第3節は、「蓄積衝動と享楽衝動とのあいだ」の葛藤、第5節は、古典派が「労働元本」（V）を「固定した大きさのもの」として捉えようとしたことへの批判、を主眼としたものと理解して下さい。その上で、資本の累進的蓄積（不断の価値増殖・剰余価値の継続的無償取得）は、「競争の強制法則」にもとづく個別諸資本の運動により推進されることを述べている、との理解は言われるとおりです。

Q　質問4

資本主義社会は、資本蓄積をより進めるために資本の有機的構成を高め（不変資本の増加に対する可変資本の相対的減少）、そうすることでいわゆる急速な経済成長を歴史的に実現してきたのですが、一国におけるそれは、早晩停滞せざるを得ないと思うのです。事実、先進資本主義国の経済成長率は、年々鈍化していると聞きます。このことは、単純再生産しかできなくなるということでしょうか？

回答4

① 資本の有機的構成高度化を伴う資本の蓄積の進行は、「産業循環」という「生活行路」を辿ること、すなわち、「ひとたび膨張と収縮とを交互に行なうあの運動に投げ入れられ」、「周期性」をもった「浮き沈み」の過程を辿ります（1088〜1089／661〜662）。資本の運動は、「絶えず再生産される循環」軌道に乗り、「この循環の相次ぐ諸局面は数年間を含み、それはつねに全般的な恐慌に、一つの循環の終点でもあれば、また新たな循環の出発点でもある全般的恐慌に、帰着する。いままでは（19世紀の資本主義は）、この循環の周期の長さは10年か11年であるが、しかし、この年数を不変なものと見るべき理由はなにもない。反対に、……この年数が可変的であり、循環の周期がしだいに短くなるであろう、と推論せざるをえない」（1089／662）、──これがマルクスの展望でした。

② しかし、20世紀の資本主義は、「競争」を制限する独占資本主義の段階に入り、循環の周期は一様ではなくなり、「長期の成長・繁栄」もあれば、「長期の不況・停滞」もあるものに変容してきています。前世紀末から始まり今日に至る、世界的な規模での「長期の不況」が、今後どのような状況に至るか、予断を許しません。

第23章　資本主義的蓄積の一般的法則

◎ 本章の主題

> 　資本の蓄積＝拡大再生産が、資本の有機的構成が「不変」のまま進行する場合と、有機的構成の「高度化」を伴いつつ進行する場合の労働者階級の賃金と雇用・労働条件に及ぼす影響が考察され、「資本主義的蓄積の絶対的・一般的法則」が論定される。第5節の「例証」もしっかり読み進めてほしい章である。

第1節　資本の構成が不変な場合における、蓄積にともなう労働力需要の増大

◎ 課題

（1053／640）「本章では、資本の増大が労働者階級の運命におよぼす影響を取り扱う。」

❶ 資本の構成・技術的構成と有機的構成

（1053／640）「この研究にあたってのもっとも重要な要因は、資本の構成と、蓄積過程の進行中にそれがこうむる諸変化とである。」

（1053／640）「資本の構成は二重の意味に解されなければならない。価値の面から見れば、……不変資本すなわち生産手段の価値と、可変資本すなわち労働力の価値、労賃の総額とに分割される比率によって規定される。生産過程で機能している素材の面から見れば、……充用される生産手段の総量と、他方ではその充用に必要な労働量との、比率によって規定される。私は、第一の資本の構成を資本の価値構成と名づけ、第二のそれを資本の技術的構成と名づける。この両者のあいだには緊密な相互関連がある。この関連を表現するために、私は、資本の技術的構成によって規定され技術的構成の変化を〔自己のうちに〕反映する限りでの資本の価値構成を、資本の有機的構成と名づける。簡単に資本の構成と言う場合には、つねに資本の有機的構成と解すべきである。」

（1054／641）「（個別諸資本の異なる構成➡）諸資本の個別的構成の平均が、この生産部門の総資本の構成となる。……すべての生産諸部門の平均的構成の総平均が、一国の社会的資本の構成となるのであり、以下では結局この社会的資本の構成のみが問題にされる。」

❷ 資本の増大に伴う労賃の変動

（1054／641）「資本の増大は、資本の可変的構成部分、すなわち労働力に転換される構成部分の増加を含む。追加資本に転化される剰余価値の一部は、つねに可変資本、または追加的労働元本に再転化されなければならない。」

（1054／641）「明らかに労働にたいする需要と労働者の生活維持元本とは資本に比例して増加し、資本が急速に増加すればするほどそれだけ急速に増加する。」

（1054 〜 1055 ／ 641）「資本の蓄積欲求が労働力または労働者数の増加をしのぎ、労働
　　者にたいする需要がその供給をしのぎ、それゆえ<u>労賃が騰貴すること</u>がありうる。
　　それどころか、右の前提がそのまま持続する場合には、結局そうならざるを得ない。
　　……遅かれ早かれ、<u>蓄積の欲求が労働の普通の供給を超えて増大しはじめる時点、し
　　たがって賃銀上昇が起こる時点が到来せざるをえない。</u>」

（1055 ／ 641）「とはいえ、賃労働者が維持され増殖される事情が有利になるか不利にな
　　るかということは、資本主義的生産の基本的性格をなんら変えるものではない。」

（1055 ／ 642）「<u>労働力</u>——それは、価値増殖手段として絶えず資本に合体されなければ
　　ならず、資本から離れることができず、<u>資本へのその隷属は、それを買う個別資本
　　家の交替によって隠蔽されているにすぎない</u>——の再生産は、実際に資本そのものの
　　再生産の一契機をなす。したがって、資本の蓄積はプロレタリアートの増加である。」

❸ 労賃騰貴の意味

（1064 〜 1065 ／ 645 〜 656）「これまで想定された、労働者たちにとってもっとも有利
　　な蓄積条件のもとでは、資本への彼らの従属関係は……《気楽で自由な》諸形態を
　　まとっている。……しかし衣食や待遇が改善され“特有財産”がふえても奴隷の従
　　属関係と搾取とがなくならないのと同じように、賃銀労働のそれもなくなりはしな
　　い。<u>資本の蓄積の結果としての労働の価格の騰貴は、実際には、賃労働者がみずからす
　　でに鍛え上げた金の鎖の長さと重さが、いくらかその張りのゆるみを許す、ということ
　　を意味するにすぎない。</u>」

（1065 ／ 647）「労働力の販売の諸条件は、労働者にとって有利であると不利であるとを
　　問わず、労働力の不断の再販売の必然性と、資本としての富の不断の拡大再生産と
　　を含んでいる。……<u>労賃の増加は、せいぜい、労働者が提供しなければならない不払
　　労働の量的減少とを意味するだけで……この減少は、それが制度そのものを脅かす点ま
　　では決して進みえない。</u>」

❹ 資本蓄積➡労賃騰貴のケース

（1065 〜 1067・647 〜 648）「<u>資本の蓄積から生じる労働価格の騰貴は、次の二つの場合の
　　どちらかを想定する。その一つは、労働の価格が騰貴し続ける</u>……という場合である。
　　……この場合には、不払労働が減少しても、資本支配の拡大は決してさまたげられ
　　ないことは明白である。……<u>もう一つの場合</u>、労働価格の騰貴の結果として蓄積が
　　衰える……いう場合である。蓄積は減少する。しかしこの減少とともに、減少の原因、
　　すなわち、<u>資本と搾取されうる労働力とのあいだの不均衡（労働力商品の需給関係が、
　　D＞Ｓの状態）が消滅する……労働価格は、ふたたび資本の価値増殖欲求に照応する水
　　準にまで低下する……。</u>」

（1067 ／ 648）「<u>第一の場合には、</u>労働力または労働者人口の絶対的または比例的増大の
　　減退が資本を過剰にするのではなく、逆に、資本の増加こそが搾取されうる労働力
　　を不足にすることがわかる。<u>第二の場合には、</u>労働力または労働者人口の絶対的ま

たは比例的増大の増進が資本を不足にするのではなく、逆に、資本の減少こそが搾取されうる労働力……を過剰にする。<u>資本の蓄積におけるこの絶対的運動が、搾取されうる労働力の総量における相対的運動として反映するのであり、それゆえ、この労働力の総量の独自な運動に起因するかのように見えるのである。数学的な表現を用いれば、蓄積の大きさは独立変数であり、賃銀の大きさは従属変数であって、その逆ではない。</u>」

◎ 総括

（1069 ～ 1070 ／ 649）「① <u>資本主義的蓄積の法則は、実際には、資本主義的蓄積の本性が、資本関係の不断の再生産、およびその絶えず拡大する規模での再生産に重大な脅威を与えかねないような、労働の搾取度のあらゆる減少または労働価格のあらゆる騰貴を排除することを、表現するにすぎない。</u>

② <u>労働者が現存価値の増殖欲求のために存在するのであって、その逆に対象的富が労働者の発達欲求のために存在するのではないような生産様式においては、それ以外ではありえない。</u>

③ <u>人間は、宗教において自分自身の頭脳の産物によって支配されると同じように、資本主義的生産においては、自分自身の手の産物によって支配される。</u>＊」

———

＊「ここで人間にとって物と物との関係という幻影的形態をとるのは、人間そのものの一定の社会的関係（商品生産者としての関係）にほかならない。だから、<u>類例を見いだすためには、われわれは宗教的世界の夢幻境に逃げ込まなければならない。</u>ここでは、人間の頭脳の産物が、それ自身の生命を与えられて、相互のあいだでも人間とのあいだでも関係を結ぶ自立的姿態のように見える。商品世界では人間の手の生産物がそう見える。<u>これを、私は物神崇拝と名づけるが</u>……」（124 ／ 86）

第2節　蓄積とそれにともなう集積との進行中における可変資本部分の相対的減少

❶ 蓄積の強力な槓杆となる社会的労働の生産性の発展

（1071 ／ 650）「資本主義制度の一般的基礎がひとたび与えられれば、<u>蓄積の経過中に、社会的労働の生産性の発展が蓄積のもっとも強力な槓杆となる時点が必ず現われてくる。</u>」

（1072 ／ 651）「条件であろうと結果であろうと、<u>生産諸手段に合体される労働力に比べての生産諸手段の量的大きさの増大は、労働の生産性の増大を表現する。</u>したがって後者〔労働の生産性〕の増加は、……<u>生産諸手段の総量に比べての労働総量の減少のうちに、または労働過程の客体的諸要因に比べての主体的要因の大きさの減少のうちに現われる。</u>」

❷ 可変資本部分の相対的減少

（1072 ／ 651）「<u>資本の技術的構成におけるこの変化</u>……は、資本の価値構成に、すなわち<u>資本価値のうちの可変的構成部分を犠牲とする不変的構成部分の増加（資本の有機的構成の高度化）に反映する。</u>」

（1073 ／ 652）（しかし）「蓄積の進行は、可変資本部分の<u>相対的大きさ</u>を減少させると
しても、……<u>可変資本部分の絶対的大きさの増加を排除するわけでは決してない。</u>」

（1075 ／ 653）「資本の蓄積にともなって独自的資本主義的生産様式が発展し、また独自
的資本主義的生産様式にともなって資本の蓄積が発展する。これらの両方の経済的
要因は、それらが相互に与え合う刺激に複比例して<u>資本の技術的構成における変動を</u>
<u>生み出し</u>、この変動によって、<u>可変的構成部分が不変的構成部分に比べてますます小</u>
<u>さくなる。</u>」

❸ 資本の集積と集中

（1076 ／ 653 〜 654）「直接に蓄積にもとづく、またはむしろ蓄積と同一物であるこの種
の<u>集積</u>は、二つの点によって特徴つけられる。第一に、……第二に。……。それゆ
え蓄積は、<u>一方では</u>生産諸手段と労働にたいする指揮との集積の増大として現われ
るとすれば、<u>他方では</u>多数の個別的資本の相互反発として現われる。」

（1076 〜 1077 ／ 654）「多数の個別的資本への社会的総資本のこのような分裂、または、
社会的総資本の小部分の相互反発にたいしては、<u>それらの小部分の吸引が反作用する</u>。
……それは、<u>すでに形成されている諸資本の集積</u>であり、これら<u>資本の個別的自立性</u>
<u>の廃棄</u>であり、<u>資本家による資本家の収奪</u>であり、<u>群小の資本のより大きな少数の資</u>
<u>本への転化</u>である。……<u>これは、蓄積および集積と区別される本来的集中である。</u>」

（1078 ／ 655）「資本主義的生産とともに一つのまったく<u>新たな力である信用制度</u>が形成
され、それが、最初は蓄積の控え目な助手としてひそかに忍び込み、……散在して
いる貨幣資力を、……個々の資本家または結合資本家の手にかき集めるが、やがて
競争戦における一つの新たな恐るべき武器となって、ついには<u>諸資本集中のための</u>
<u>巨大な社会的機構に転化する。</u>」

（1079 ／ 656）「<u>集中</u>は、産業資本家たちにたいしてその作業規模を拡張できるようにす
ることによって、<u>蓄積の仕事を補完する。</u>」

＊資本の集積・集中は、<u>独占資本の形成に繋がっていく</u>。レーニン『帝国主義論』はここから始まっ
ている。

（1080 ／ 656）「<u>集中</u>は、こうして蓄積の作用を高め促進すると同時に、資本の技術的構
成における変革——<u>資本の可変部分を犠牲にして不変部分を増加させ</u>、……<u>労働にた</u>
<u>いする相対的需要を減少させる変革</u>——を促進する。」

（1081 ／ 657）「蓄積の進行中に形成される<u>追加資本は、その大きさに比べれば</u>ますます
少数の労働者を<u>吸引</u>する。他方では、<u>新たな構成で周期的に再生産される旧資本は</u>、
従来それが就業させていた労働者をますます多く<u>反発</u>する。」

＊「吸引（雇用）」・「反発（解雇）」という用語法に留意。

第3節　相対的過剰人口または産業予備軍の累進的生産

◎ 前節の結論の確認

（1081／657）「資本蓄積は、上述したように、……資本の可変的構成部分を犠牲にしての不変的構成部分の不断の増加（有機的構成高度化）のなかで、行なわれる。

（1082／657）「……労働の生産力の発展、それによって引き起こされる資本の有機的　構成における変動（高度化）は、蓄積の進行または社会的富の増大と歩調を合わせているだけではない。それらははるかに急速に進む。なぜなら、単純な蓄積または総資本の絶対的拡張が総資本の個別的諸要素の集中をともない、また追加資本の技術的変革が原資本の技術的変革をともなうからである。」

（1082～1083／658）「労働にたいする需要は、総資本の大きさに比べて相対的に低落し、しかも総資本の大きさの増大にともなって累加的に低落する。」

◎ 相対的過剰人口・資本主義的生産様式に固有な人口法則

（1083／658）「可変的構成部分のこうした相対的減少は、他面では逆に、可変資本または労働者人口の雇用手段の増大よりもつねにいっそう急速な労働者人口の絶対的増大のように見える。（しかし実際は）むしろ資本主義的蓄積が、しかもこの蓄積の活力と大きさに比例して、相対的な、すなわち資本の中位の増殖欲求にとって余分な、それゆえ過剰または余剰な労働者人口を絶えず生産するのである。」

（1084／660）「労働者人口は、それ自身によって生み出される資本の蓄積につれて、それ自身の相対的過剰化の手段をますます大規模に生み出す。これこそが、資本主義的生産様式に固有な人口法則であって、……。」

〇 資本主義的生産様式の実存条件としての産業予備軍

（1087／661）「過剰労働者人口が、蓄積の……必然的な産物であるとすれば、この過剰人口は逆に、資本主義的蓄積の槓杆、いやそれどころか資本主義的生産様式の実存条件となる。それは（過剰労働者人口は）、あたかも資本が自分自身の費用によって飼育でもしたかのようにまったく絶対的に資本に所属する、自由に処分できる、産業予備軍を形成する。それは、資本の変転する増殖欲求のために、現実的人口増加の制限にかかわりなくいつでも使える搾取可能な人間材料をつくり出す。」

(1088 ／ 661)「近代的産業の特徴的な生活行路──すなわち、比較的小さな変動によって中断されながら、中位の活気、全力をあげての生産、恐慌、および停滞の諸期間からなる10ヵ年の（産業・景気）循環という形態は、産業予備軍または過剰人口の不断の形成、大なり小なりの吸収、および再形成に立脚する。」

◎ 現役労働者の過度労働・労賃等に与える産業予備軍の影響

(1093 ／ 665)「労働者階級の就業部分の過度労働は、彼らの予備軍隊列を膨張させるが、その逆に、この予備軍隊列がその競争によって就業者に加える圧迫の増加は、就業者に過度労働と資本の命令への服従を強制する。」

(1095 ／ 666)「労賃の一般的運動は、産業循環の周期的変動に照応する産業予備軍の膨張と収縮とによってもっぱら調節される。したがってその運動（労賃の変動）は、労働者人口の絶対数の運動によってではなく、労働者階級が現役軍と予備軍とに分解する比率の変動によって、過剰人口の相対的大きさの増減によって、過剰人口があるときは吸収され、あるときは遊離される程度によって、規定されている。」

（1098 ／ 668)「産業予備軍は、停滞と中位の繁栄との期間中には現役労働者軍を圧迫し、過剰生産と興奮との期間中には現役労働者軍の要求を抑え込む。したがって、相対的過剰人口は、労働の需要供給の法則が運動する場の背景である。相対的過剰人口は、この法則の作用範囲を、資本の搾取欲および支配欲に絶対的に適合する限界内に押し込める。」

(1100 ／ 670) 労働組合──「就業者と失業者とのあいだの計画的協力を組織しようとつとめる……。」

第4節　相対的過剰人口のさまざまな実存形態。資本主義的蓄積の一般的法則

❶ 相対的過剰人口の実存形態

(1101 ／ 670)「相対的過剰人口は、ありとあらゆる色合いのもとに実存する。どの労働者も、なかば就業している期間中またはまったく就業していない期間中は、相対的過剰人口に属する。」

(1101 ／ 670)「相対的過剰人口は、産業循環の局面転換によって刻印され、周期的に反復される大きな諸形態……を度外視すれば、つねに三つの形態──流動的形態、潜在的形態、および停滞的形態をもつ。」

❷ 三つの実存形態等

① 流動的過剰人口

(1101／670)「近代的産業の中心……では、労働者が、ときには反発され、ときにはふたたびいっそう大量に吸引され、そのため、生産規模との比率ではつねに低下していくとはいえ、就業者数は一般に増加する。この場合には、過剰人口は流動的形態で実存する。」

② 潜在的過剰人口

(1103／671〜672)「農村人口の一部分は、絶えず都市プロレタリアートまたはマニュファクチュア・プロレタリアートに移行しようとし、この転化に好都合な状況がくるのを待ちかまえている。………都市へのこの人口の絶え間ない流れは、農村そのものにおいて不断の潜在的過剰人口を前提にする……。」

③ 停滞的過剰人口

(1104／672)「現役労働者軍の一部分をなすが、しかしまったく不規則な就業のもとにある。……この人口は、資本にたいして、使用可能な労働力の汲めども尽きぬ貯水池を提供する＊。……最大限の労働時間と最小限の賃銀が彼らの特徴をなす。」

－－－

＊日本の非正規労働者群（臨時工、派遣、日雇、パート等）が該当する。➡〔補足説明〕参照。

□ 受救貧民

(1105〜1106／673)「最後に、相対的過剰人口の最深の沈澱物は、受救貧民の場に住みつく。浮浪人、犯罪者、売春婦、要するに本来のルンペン・プロレタリアートを別とすれば、この社会層は三つの部類からなる……① 労働能力ある者、② 孤児および受救貧民の子供、……③ 零落者、ルンペン、労働無能力者。……受救貧民は、現役労働者軍の廃兵院を形成し、産業予備軍の死重を形成する。……」

◎ 資本主義的蓄積の絶対的・一般的法則

(1106〜1107／673〜674)「① 社会の富、機能資本、機能資本の増大の範囲と活力、したがってまたプロレタリアートの絶対的大きさおよび彼らの労働の生産力、これらが大きくなればなるほど、それだけ産業予備軍が大きくなる。……

② この予備軍が現役の労働者軍と比べて大きくなればなるほど、固定的過剰人口、すなわち彼らの労働苦がなくなるのに反比例して貧困が増大していく労働者諸層が、それだけ大量的になる。

③ 最後に、労働者階級中の貧民層と産業予備軍とが大きくなればなるほど、公認の受救貧民がそれだけ大きくなる。

④ これこそが資本主義的蓄積の絶対的・一般的な法則である。他のあらゆる法則と同じように、この法則も、その実現にあたっては多様な事情によって修正されるが、これらの事情の分析はここでの問題ではない。」

（1108／674〜675）「⑤ 剰余価値の生産のいっさいの方法は、同時に蓄積の方法であり、その逆に、蓄積のどの拡大も、右の方法の発展の手段となる。それゆえ資本が蓄積されるのにつれて、労働者の報酬がどうであろうと——高かろうと低かろうと——労働者の状態は悪化せざるをえないということになる。

⑥ 最後に、相対的過剰人口または産業予備軍を蓄積の範囲と活力とに絶えず均衡させる法則は、……労働者を資本に縛りつける。この法則は、資本の蓄積に照応する貧困の蓄積を条件づける。

⑦ したがって、一方の極における富の蓄積は、同時に、その対極における、すなわち自分自身の生産物を資本として生産する階級の側における、貧困、労働苦、奴隷状態、無知、野蛮化、および道徳的堕落の蓄積である。」

第5節　資本主義的蓄積の一般的法則の例証

（1113／677）a　1846〜1866年のイギリス→1113（研究に好都合な時期、イギリスが典型的）、1118 グラッドストン演説（労働者階級の窮乏と貧困の増加←→上流階級における富の不断の増加・資本の不断の蓄積＝社会状態のもっとも憂鬱な特徴の一つ）、1121（栄養状態、住宅状態に要注目）。

（1123／684）b　イギリスの工業労働者階級の薄給層

（1139／693）c　移動民→1139（農村出身の、工業的仕事に従事する人民層）

（1145／697）d　労働者階級中の最高給部分におよぼす恐慌の影響→1145（労働者貴族）

（1154／702）e　大ブリテンの農業プロレタリアート→1154（資本主義的生産および蓄積の敵対的性格を残忍に実証している。）

（1196／726）f　アイルランド＊

＊本章は、第1節から第4節までの「理論編」が、原典で30頁、訳本で60頁であるのに対し、第5節は、原典で63頁、訳本で108頁である。第4節までの「理論編」に関心が集まるのは当然ではあるが、その「理論」のベースには、「理論編」の分量をはるかに凌駕する、多くのデータに基づく実証的研究があることに留意したい。——特に、f．アイルランドの考察には留意したい。アイルランドは長い間イギリスの植民地でした。1649年のピューリタン革命の指導者としてその名が知られているクロムウェルは、イギリス国内では、旧勢力に対抗した革命のリーダーという、ポジティヴな評価を受けていますが、カトリック教国アイルランドにとってクロムウェルは、植民地支配を進めた最強の先兵であったため、ネガティヴに評価されています。弾圧され収奪されていたアイルランドが、まがりなりにも「独立」を果たしたのは、20世紀になってから（北東部を除いてアイルランド共和国が成立したのは1949年）です。イギリスのEU離脱問題でも、アイルランド問題が絡んでいます。

補足説明：非正規雇用の増大と新階級社会

　相対的過剰人口の存在形態の一つ、「停滞的過剰人口」とは、「資本にたいして、使用可能な労働力の汲めども尽きぬ貯水池を提供」し、「生活状態は労働階級の平均的な標準的水準以下に低下し、まさにこのために、彼らは資本の独自的搾取部門の広大な基礎となる。最大限の労働時間と最小限の賃銀が彼らの特徴をなす」(1104／672)と規定され、「労働者階級の総数増大にあずかる力は他の諸要素よりも比較的大きい」(1105／672)と『資本論』は述べていました。──「停滞的過剰人口」は、まさに現代の日本社会でいうところの「非正規労働者群（臨時工、派遣労働者、日雇い労働者、パートタイマー労働者等）」です。その増加が、今日本社会の構造を大きく変えつつあり、深刻な問題を惹起しています。以下では、橋本健二『新・日本の階級社会』（講談社現代新書、2018年）の「序に代えて」からその一部を紹介しておきます（①、②は中川）。

　「現代日本で格差拡大が始まったのは、1980年前後のことである。だから、格差拡大はもう、40年近くも続いているのである。……（それによって）日本の社会は大きく変質してしまった。
　① 貧困率＊が上昇し、膨大な貧困層が形成された。1985年に12.0％だった貧困率は、上昇を続けて2012年には16.1％に達した。人口に貧困率をかけた貧困層の数は、1400万人から2050万人にまで増えたことになる。……
　② 貧困率の上昇は、非正規労働者が増えたことによる部分が大きい。なかでも深刻なのは、……低賃金で不安定な職に就くことを余儀なくされ続けている若者たち、そして元・若者たちが激増したことである。……このことが未婚率の上昇をもたらしている＊＊。……日本は、その人口の3割もが主に経済的理由から安定した家族を形成できない社会になりつつあるのである。」（7～9頁）

──
　＊貧困率：可処分所得の多い人から少ない人までを並べたときに、中央に位置する人の所得を「中央値」とし、中央値の1/2を貧困線とみなす。貧困率は貧困線以下に属する人の割合をいう。
　＊＊生涯未婚率：50歳時点で一度も結婚したことのない人の比率。国立社会保障・人口問題研究所は、この値が2035年には、男性29.0％、女性19.2％まで上昇すると予測。

　「③ こうした意味で、現代の日本社会は、もはや〈格差社会〉などという生ぬるい言葉で形容すべきものではない。それは明らかに、「階級社会」なのである。……階級とは、収入や生活程度、そして生活の仕方や意識などの違いによって分け隔てられた、いくつかの種類の人々の集まりのことを言う。そして各階級の間の違いが大きく、その違いが大きな意味をもつような社会のことを階級社会という。今日の日本社会は、明らかに階級社会としての性格を強めている。しかもその構造は、階級社会についての従来の理論や学説が想定してきたものと異なっている。その意味では「新しい階級社会」である。」（11～12頁）

質問への回答

Q　質問 1

（1100 ／ 670）「他方では、たとえば植民地において、不愉快な諸事情が産業予備軍の創出をさまたげ、それとともに資本家階級への労働者階級の絶対的従属をさまたげるやいなや、資本は……」とありますが、この不愉快な諸事情とはどのような諸事情なのでしょうか？

回答 1

この「産業予備軍の創出をさまたげ」・「資本家階級への労働者階級の絶対的服従をさまたげる」・「不愉快な諸事情」は、資本（家階級）にとって「不愉快な事情」であることは、文脈から読み取れると思います。

それは、第Ⅰ部最終章＝第 25 章「近代的植民理論」で論じられている内容、具体的には、（1314 ～ 1317 ／ 796 ～ 798）の箇所に「答え」が書いてあるのでご覧ください。

Q　質問 2

（1102 ～ 1103 ／ 671）「また労働者児童の搾取が労働者児童の生産につけるあの褒美によって満たされる」とありますが、あの褒美とは何を意味するのでしょうか？

回答 2

児童労働に対する搾取に直接言及している箇所は、第Ⅰ部、とりわけ第 8 章「労働日」と、第 13 章「機械と第工業」にほぼ集中しています。ひと通りみてみましたが、「あの褒美」の含意を読み取れる記述、ヒントとなる記述は見当たりません。—— 問題のパラグラフは、当時の驚くべきほど短い平均寿命年齢の労働者について、資本の価値増殖欲求を満たすためは「急速な世代交替」により、あらたな若い労働者を確保して埋め合わせる必要があることを述べています。そのための「方策」として、労働者の「早婚」と並んで、質問下線部が語られていますが、その具体的意味内容は、推論不可能でした。

ちなみに、フランス語版では、「児童の搾取が彼らの生産に保証するプレミアムによって、みたされる」（江夏・上杉訳『フランス語版資本論』下巻、法政大学出版局、308 頁）となっていますが、それからも推論はできません。

Q　質問 3

（1105 ／ 673）受救貧民の説明で「浮浪人、犯罪者、売春婦、要するに本来のルンペン・プロレタリアートを別にすれば」と述べながら、受救貧民の社会層を三つの部類に分けて説明されています。そして（1106 ／ 673）で第三の社会層として、「零落者、ルンペン、労働無能力者」の例証して、その中でもルンペンを挙げています。前記の「本来のルン

ペン・プロレタリアート」と違う意味で使っているのでしょうか？

回答3

　「この社会層は三つの部類からなる」について、「第一は労働能力のある者」、「第二は──孤児および受救貧民の子供」とあり、その後の「第三は」のなかの一つとして「ルンペン」が出てきます。前者＝「本来のルンペン・プロレタリアート」が、労働する意欲（も能力）もないのに比べれば、この「ルンペン」は、すくなくとも「労働する意欲」は失っておらず、しかし職無しの状態にある者を指しているように思われます。──（1106／673）の２行目以下で、「これはことに、分業のおかげで……傷病者、病人、寡婦などである」と指摘されている内容は、「労働する意欲」を欠いた「本来のルンペン・プロレタリアート」とは異なると思われるからです。

第24章　いわゆる本源的蓄積

第1節　本源的蓄積の秘密

◎ 主題

（1221／741）「どのように……資本によって剰余価値がつくられ、また剰余価値からより多くの資本がつくられるかは、すでに考察してきた。他方、資本の蓄積は剰余価値を前提とし、剰余価値は資本主義的生産を前提とするが、しかし、資本主義的生産はまた商品生産者たちの手のなかに比較的大量の資本と労働力とが現存することを前提とする。したがって、<u>この全運動は、循環論法式にどうどうめぐりをするように見えるのであり、このどうどうめぐりから抜け出るためには、資本主義的蓄積に先行する《本源的（原始的）》蓄積……、すなわち資本主義的生産様式の結果ではなくその出発点である蓄積を、想定するよりほかはない。</u>」

❶ 原罪

（1221～1222／741～742）「<u>本源的蓄積が経済学で演じる役割は、原罪が神学で演じる役割とほぼ同じである。</u>アダムがリンゴをかじり、それとともに人類に罪が生まれた。この罪の起源は、それが過去の逸話として語られながら説明される。はるかに遠く過ぎ去ったある時代に、<u>一方には勤勉で、聡明で、とりわけ倹約な選ばれた人々がいて、他方には怠惰で、自分のものすべてを、またそれ以上を浪費し尽くす浮浪者たちがいた。</u>……前者は富を蓄積し、後者は結局自分自身の皮以外には売れるものをなにも持っていないということになった。そして<u>この原罪以来、どんなに労働しても相変わらず自分自身よりほかにはなにも売るものをもっていない大衆の貧困と、ずっと以前から労働しなくなっているにもかかわらず、なお引き続いて増大する、少数の人々の富が始まった。</u>」
➡ここまでの記述は、フランス版では書き改められている。章末の〔補足説明❶〕を参照。

❷ 本源的蓄積

（1224／742）「<u>商品市場の……両極分化とともに、資本主義的生産の基本条件は与えられる。</u>資本関係は、労働者と労働実現条件の所有との分離を前提とする。……したがって、資本関係をつくり出す過程は、労働者を自分の労働諸条件の所有から分離する過程、すなわち<u>一方では社会の生活手段および生産手段を資本に転化し、他方では直接生産者を賃労働者に転化する過程以外のなにものでもありえない。したがって、いわゆる本源的蓄積は、生産者と生産手段との歴史的分離過程にほかならない。それが《本源的なもの》として現われるのは、それが資本の、そしてまた資本に照応する生産様式の前史をなしているためである。</u>」

❸ 本源的蓄積の歴史過程

> （1224／743）「資本主義社会の経済構造は封建社会の経済構造から生まれてきた。後者の解体が前者の諸要素を遊離させたのである。
>
> （1224〜1225／743）「生産者を賃労働者に転化させる歴史的運動は、一面では、農奴的隷属と同職組合的強制からの生産者の解放として現われる。……しかし、他面では、この新たな解放された人々は、彼らからすべての生産手段が奪い取られ、古い封建的諸制度によって与えられていた彼らの生存上のすべての保証を奪い取られてしまったのちに、はじめて自分自身の売り手となる。そして、このような彼らの収奪の歴史は、血と火の文字で人類の年代記に書き込まれている。」
>
> （1225／743）「新しい主権者である産業資本家たち……の台頭は、封建的勢力とその腹立たしい特権とにたいする、また同職組合やそれが生産の自由な発展と人間による人間の自由な搾取とに課していた桎梏にたいする、闘争の勝利の成果として、現われる。」
>
> （1225〜1226／743〜744）「……資本主義時代が始まるのは、ようやく16世紀からである。……本源的蓄積の歴史において……画期的なのは……人間の大群が突如としてかつ暴力的にその生活維持手段から引き離され、鳥のように自由な、〔……〕プロレタリアとして労働市場に投げ出される瞬間である。農村の生産者である農民からの土地収奪が、この全過程の基礎をなしている。この収奪の歴史は国が違えば違った色合いをもっており、この歴史がさまざまな段階を通る順序も歴史上の時代も国によってさまざまである＊。それはイギリスにおいてのみ典型的な形態をとっており〔……〕、それゆえわれわれはイギリスを例にとるのである。」
> ＊この点については〔補足説明❷〕参照。

第2節　農村民からの土地の収奪

❶ 農奴制の消滅──自由な自営農民の誕生

（1227／745）「イギリスでは農奴制は14世紀の終わりごろには事実上消滅していた。当時は、そして15世紀にはなおいっそう、人口の大多数が自由な自営農民──たとえ彼らの所有がどのような封建的看板によって隠蔽されていたにしても──から成り立っていた。」

❷ 変革の序曲──15世紀末葉〜16世紀前葉

（1229〜1230／746）「封建家臣団の解体によって、鳥のように自由なプロレタリアの群が労働市場に投げ出された。……大封建領主が……土地にたいして彼自身と同じ封建的権利名義（下級所有権）を所有していた農民をその土地から暴力的に狩り立てることによって、また農民の共同地を横奪することによって、比較にならないほどより大きなプロレタリアートをつくり出した。」

(1230 ／ 746)「このことに直接の刺激を与えたのは、……フランドルの羊毛マニュファクチュアの繁栄とそれに照応した羊毛価格の騰貴であった。……<u>耕地の牧羊場への転化は新しい貴族の合言葉となった。</u>」

❸ 宗教改革による教会領の盗奪

(1234 ～ 1235 ／ 749)「人民大衆の暴力的収奪過程は、<u>16 世紀には</u>宗教改革によって、またそれにともなう巨大な教会領（古い土地所有諸関係の宗教的堡塁をなしていた）の盗奪によって、一つの新たな恐ろしい衝撃を受けた。<u>カトリック教会は、宗教改革の時代には、イギリスの土地の一大部分の封建的所有者であった。</u>」

❹ ヨーマンリーの盛衰

(1237 ～ 1238 ／ 750 ～ 751)「<u>17 世紀の最後の数十年間にもなお、独立農民層であるヨーマンリー</u>は、借地農場経営者の階級よりも<u>多数であった。</u>それは<u>クロムウェルの主力</u>となっていた……<u>1750 年ごろにはヨーマンリーは消滅していた</u>し、また<u>18 世紀の最後の数十年間には農耕民の共同地の最後の痕跡も消滅してしまった。</u>……われわれは<u>この農業革命の暴力的槓杆（梃子）を問題にしよう。</u>」

❺ 暴力的槓杆による農業革命の推移

(1238 ～ 1240 ／ 751 ～ 752)　<u>スチュアト王政復古</u>（1603 年ジェイムズ一世により開始➡ 1649 年清教徒革命により王政廃止➡ 1660 年チャールズ二世により王政復活）

(1239 ／ 751 ～ 752)　<u>名誉革命</u>（1688 年、立憲君主制）
　　「<u>地主的および資本家的貨殖家たちをも支配者の地位につけた。</u>彼らは……国有地の盗奪を巨大な規模で行なうことによって、新しい時代を開始した。……詐欺的に取得された国有地は、……少数貴族支配のこんにちの王侯直領地の基礎をなしている。」

(1241 ／ 752 ～ 753)　<u>共同地囲い込み法案</u>
　　「18 世紀の進歩は、法律そのものがいまでは人民共有地の盗奪の道具となるという点に、現われる。……<u>この盗奪の議会的形態は《共同地囲い込み法案》という形態であり、</u>言い換えると、<u>地主が人民共有地を私有地として自分自身に贈与する布告であり、人民収奪の布告である。</u>」

(1242 ／ 753)　<u>大借地農場の膨張</u>
　　「独立のヨーマンに代わって、“<u>任意借地農場経営者</u>”……が現われたが、他面では、<u>国有地の盗奪</u>とならんで、とくに、組織的に行なわれた<u>共同地の盗奪が 18 世紀に資本借地農場または商人借地農場と呼ばれた大借地農場の膨張</u>を助けさせ、また農村民を<u>工業のためのプロレタリアートとして《遊離させる》</u>ことを助けた。」

（1248 ／ 756）地所の清掃

　「農耕民からの土地の最後の大収奪過程は、いわゆる"地所の清掃"（実際は地所からの人間の掃き捨て）である。これまで考察してきたいっさいのイギリス的方法は、この《清掃》において頂点に達した。……本来の意味での"地所の清掃"がなにを意味するかは、近代ロマン文学の約束の地であるスコットランドの高地地方でのみ知ることができる。そこでは、この経過がその組織的な性質によって、またそれが一挙に遂行される規模の大きさによって、（……）そして最後に、横領された土地所有の特殊的形態によって、きわ立っている。」

　◎ 総括

> （1257 ／ 760 ～ 761）「教会領の略奪、国有地の詐欺的譲渡、共同地の盗奪、横領による、そして容赦のない暴行によって行なわれた封建的所有および氏族的所有の近代的な私的所有への転化、これらはみないずれも本源的蓄積の牧歌的方法であった。これらは資本主義的農業のための場面を征服し、土地を資本に合体させ、都市工業のためにそれが必要とする鳥のように自由なプロレタリアートの供給をつくり出した。

第3節　15 世紀末以来の被収奪者にたいする流血の立法。労賃引き下げのための諸法律

❶ 流血の立法

（1258 ／ 762）「15 世紀末から全 16 世紀にわたり、西ヨーロッパ全体で浮浪罪にたいする流血の立法が行なわれた。こんにちの労働者階級の祖先は、なによりもまず彼らの余儀なくされた浮浪人化とその受救貧民化のために罰せられた。」

（1258 ／ 762）「イギリスではこの立法はヘンリー 7 世の治下で始まった。」
　　　　　　　ヘンリー 8 世　1530 年ほか
（1259 ／ 763）　エドワード 6 世　1547 年
（1260 ／ 764）　エリザベス　1572 年ほか

（1262 ／ 765）「こうして、暴力的に土地を収奪され、追放され、浮浪人にされた農村民は、グロテスクで凶暴な法律によって、鞭打たれ、烙印を押され、拷問されて、賃労働制度に必要な訓練をほどこされた。」

❷ 流血の立法は本源的蓄積の本質的な一契機

（1263 ／ 765 ～ 766）「ものごとが普通に進行する場合には、労働者は……生産諸条件そのものから発生し、それらによって保証され永久化される資本への労働者の従属に、まかせておくことができる。（➡次頁上段の枠内の文章に続く。）

> 資本主義的生産の歴史的創世記中では、事情は違っていた。勃興しつつあるブルジョアジーは、労賃を《調節する》ために——すなわち、貨殖に適合する制限内に労賃を押し込めるために——また労働日を延長して労働者自身を標準的な従属度に維持するために、国家権力を必要とし、利用する。これこそは、いわゆる本源的蓄積の本質的な一契機である。」

❸ 労働者規制法

（1265／767）「法定賃銀率が、都市と農村について、出来高仕事と日ぎめ仕事について確定された。……法定賃銀よりも高く支払うことは禁固刑をもって禁止されるが、しかし法定よりも高い賃銀を受け取ることは、それを支払うことよりも重く処罰される。」

（1265／767）「労働者の団結は、14 世紀から団結禁止法が廃止された 1825 年まで、重罪として取り扱われている。」

（1267／768）「本来的マニュファクチュア時代には、資本主義的生産様式は、労賃の法律的規制を実行不可能で不要なものにするに十分な強さに達していたが、それでも、人々は非常事態にそなえて、古い兵器庫の武器（法による賃金規制）なしですませようとは望まなかった。」

（1268／768〜769）「団結を禁止する残酷な諸法律は、1825 年にプロレタリアートの威嚇的態度にあって廃止された。とはいえ廃止されたのは一部分だけであった。古い諸法規のいくつかのうるわしい残片は、1859 年になってやっと消滅した。最後に 1871 年 6 月 29 日の法律は、“労働組合”の法律承認〔……〕によって、この階級立法の最後の痕跡を除去するふりをした。しかし、同じ日付の一法律（“暴力、脅迫、妨害にかんする刑法改正法”）は、事実上、以前の状態を新しい形態で再現した。」

（1269／769〜770）フランスの場合（略）

第 4 節　資本主義的借地農場経営者の創世記

❶借地農場経営者の形成・発展

> （1271／770）「借地農場経営者の創世記……それは、緩慢な、何世紀にもわたって繰り返し続いた過程……」

（1272／771）「イギリスでは、借地農業経営者の最初の形態は、それ自身も農奴だったベイリフ〔荘園の土地管理人〕であった。……14 世紀の後半には、ベイリフは、ランドロード〔大地主〕から種子や家畜や農具を供給される借地農場経営者によって代位された。……彼はやがてメテイエ、すなわち半借地農場経営者となる。……この形態はイギリスでは急速に消滅して、本来の借地農場経営者——彼自身の資本を賃

労働者の使用によって増殖し、剰余生産物の一部分を貨幣または現物でランドロードに地代として支払う者──の形態に席を譲る。」

（1272／771）「<u>農業革命（15世紀末葉〜16世紀中葉）は、農村民を貧しくするのと同じ速さで借地農場経営者を富ませていく。</u>」

❷ 資本主義的借地農場経営者

（1273／771〜772）「16世紀には一つの決定的に重要な契機がつけ加わった。……貴金属の価値、それゆえ貨幣の価値が引き続き低落したことが、借地農場経営者に黄金の果実をもたらした。……労賃の低下、……農業生産物の価格の継続的な上昇……（旧来の貨幣価値で契約されていた）地代の低落、……<u>こうして、借地農場経営者は、彼の賃労働者と彼のランドロードとを同時に犠牲にして、自分を富ませた。</u>したがって、イギリスが16世紀末当時の事情から見れば富裕な《資本主義的借地農場経営者》という一階級をもっていたことは、少しも不思議ではない。」

➡ （1274〜1275／772）〔原注229〕の<u>フランスの歴史</u>に留意。

第5節　工業への農業革命の反作用。産業資本のための国内市場の形成

❶ 農業生産力の向上

（1276／773）「耕作者の数が減少したにもかかわらず、土地は以前と同量かまたはより多量の生産物を生み出した。なぜなら、<u>土地所有諸関係における革命が耕作方法の改良、より大きな協業、生産手段の集積などをともなっていたからであり、また、農村労働者の労働の強度が高められた</u>（から）……。」

❷ 国内市場の創出①

（1279／775）「農村民の一部分の収奪および追放は、労働者とともに彼らの生活手段と労働材料とを産業資本のために遊離させるだけでなく、<u>国内市場をつくり出す。</u>」

（1280／775）「実際、<u>小農民を賃労働者に転化して、</u>彼らの生活手段および労働手段を資本の物的要素に転化させる諸事件は、同時に資本のためにその<u>国内市場をつくり出す。</u>」

（1280／776）「このようにして、<u>以前の自営農民の収奪や彼らの生産手段からの分離とならんで、農村副業の破壊、マニュファクチュアと農業との分離過程が進行する。そして、農村家内工業の破壊のみが、一国の国内市場に、資本主義的生産様式の必要とする広さと強固な存続とを与えうるのである。</u>」

❸ 国内市場の創出②

（1281／776）「<u>とはいえ、本来的マニュファクチュア時代（1550〜1770年頃）には根本的な変化はなにも現れない。</u>……この時代には国民的生産をきわめて断片的に征服するにとどまり、つねに<u>都市の手工業と家内的・農村的副業とを広い背景としている。</u>

……それゆえ、この時代は、耕作を副業として営み、生産物をマニュファクチュアに売る……ための工業的労働を本業とする、一つの新しい小農村民の階級を生み出す。このことは、イギリス史の研究者をなによりも混乱させる現象の……一つの原因である。」　　　　*マニュファクチュアの限界は、第Ⅳ篇第 12 章の末尾、（641 〜 642 ／ 390）参照。

（1281 ／ 776 〜 777）「大工業がはじめて、機械によって資本主義的農業の恒常的な基礎を与え、農村民の巨大な大多数を徹底的に収奪し、家内的・農村的工業——紡績と織物——の根を引き抜いて、それと農業との分離を完成する。それゆえまた、大工業がはじめて、産業資本のために国内市場全体を征服する。」

第6節　産業資本家の創世記

❶ 小資本家➡文句なしの資本家への転化

（1283 ／ 777）「同職組合の多くの小親方や、さらに多くの独立した小手工業者が……小資本家に転化し、そして、賃労働の搾取の漸次的な拡大とそれに照応する蓄積とによって、“文句なし”の資本家に転化した。」

❷ （前期的）高利資本と商人資本

（1285 ／ 778）「高利と商業とによって形成された貨幣資本は、農村では封建制度によって、都市では同職組合制度によって産業資本への転化をさまたげられた。……新たなマニュファクチュアが輸出港におこされ、あるいは古い都市制度（特権都市）や同職組合制度の管理の外にある田園の諸地点におこされた（農村マニュファクチュア）。」

◎ 本源的蓄積のさまざまな契機

（1286 ／ 779）「イギリスでは、これらの契機は 17 世紀末には植民制度、国債制度、近代的租税制度、および保護貿易制度において体系的に総括される。」

◎ 植民制度

（1286 ／ 779）キリスト教的植民制度——「世界のあらゆる地域で、また彼らが征服することのできたすべての人民にたいして、演じてきた野蛮行為と無法な残虐行為とは、世界史上のどの時代にも、またそれがどの人種のもとでも、どんなに未開で無教養であり、無情で無恥であっても、その比を見ない。」

（1287 〜 1288 ／ 780）「イギリスの東インド会社は、……東インドを政治的に支配したほか、茶貿易および中国貿易一般についての、ヨーロッパとのあいだの貨物輸送についての排他的独占権をもっていた。」

（1289／781）「謹厳なプロテスタントの模範者である<u>ニュー・イングランド</u>（……）の<u>清教徒</u>（による）インディアンの頭蓋皮はぎ」……「イギリス議会は、<u>人狩り犬……と頭蓋皮はぎとは、《神と自然によりわが手に与えられた手段》だと宣言した。</u>」

（1290／781）「<u>植民制度は商業と航海とを温室的に育成した。《独占商会》は資本集積の強力な槓杆であった。</u>成長するマニュファクチュアにたいし、<u>植民地は販売市場と、市場独占によって強化された蓄積とを保障した。</u><u>ヨーロッパの外で直接に略奪、奴隷化、強盗殺人によって獲得された財宝は、本国に還流し、そこで資本に転化した。</u>」

（1290／782）「<u>こんにちでは産業的覇権が商業的覇権をともなう。これに反し、本来的マニュファクチュア時代には、商業的覇権が産業上の優勢を与える。</u>それゆえ、<u>当時には植民制度が主要な役割を演じたのである。</u>」

　　◎ 国債制度（公信用制度）
（1291／782）「マニュファクチュア時代に全ヨーロッパに普及した。」
（1291／782）「<u>公債は本源的蓄積のもっとも強力な槓杆の一つ</u>となる。それは、魔法の杖を振るかのように、不妊の貨幣に生殖力を与えてそれを資本に転化させ、そのためには貨幣は、産業的投資や高利貸的投資にさえつきものの骨折りや危険を犯す必要はない。」

　　● 中央銀行制度
（1292〜1293／783）「国家的という肩書きで飾られた<u>大銀行</u>は、その出生の当初から政府を援助して与えられた特権のおかげで政府に貨幣を前貸することができた私的投機業者たちの会社にすぎなかった。……<u>これらの銀行の十分な発展はイングランド銀行の創立（1694年）に始まる。</u>……（中略）……<u>それは、しだいに国内の蓄蔵金属の不可避的な貯蔵所になり、商業信用全体の重心となった。</u>」

　　➡この項目については、第3章第3節C「世界貨幣」の、（242〜243／157）の〔原注108〕、また第25章近代的植民理論の末尾にある〔訳注＊1〕の説明を参照。

　　◎ 近代的租税制度
（1294／784）「<u>近代的租税制度は国債制度の必然的な補足物になった。</u>」
（1294／784）「<u>生活最必需品にたいする課税</u>（したがってその騰貴）<u>を回転軸とする近代的国家財政</u>は、それ自身のうちに自動的累進の萌芽をはらんでいる。<u>過重課税は偶然事ではなく、むしろ原則である。</u>」
（1294／784）「……われわれに関係があるのは、この制度が賃労働者の状態におよぼす破壊的な影響よりも、むしろこの制度によって引き起こされる農民や手工業者の、要するに<u>下層中産階級のすべての構成部分の暴力的収奪である。</u>」

◎ 保護貿易制度

（1295／785）「保護貿易制度は、……古い生産様式から近代的生産様式への移行を強制的に短縮するための人工的な手段であった。……間接には保護関税によって、直接には輸出奨励金〔や国内の独占販売——フランス語版〕などによって、この目的達成のために自国民を誅求＊しただけではなかった。属領ではあらゆる産業が強制的に根こそぎにされた。」　　＊誅求：（税金などを）手厳しくせめつけて取り立てること。

● 大工業の幼年期

（1296／785）「植民制度、国債、重税、保護貿易、商業戦争など、本来的マニュファクチュア時代のこれらの若芽は、大工業の幼年期中に巨大に繁茂する。」

● 奴隷貿易

（1299／787）「マニュファクチュア時代を通じて資本主義的生産が発展するにつれ、ヨーロッパの世論は羞恥心や良心の最後の残りかすまで失ってしまった。諸国民は、資本蓄積の手段としてのあらゆる醜行を恥知らずにも自慢した。」

（1300／787）奴隷貿易——「一般に、ヨーロッパでの賃労働者の隠蔽された奴隷制は、その台座として、新世界での“露骨な”奴隷制を必要とした。」

◎ 総括

（1300〜1301／788）「資本主義的生産様式の《永遠の自然法則》に道を切り開き、労働者と労働諸条件との分離過程を完成し、一方の極では社会的な生産手段および生活手段を資本に転化させ、反対の極では人民大衆を賃労働者に、近代史のこの芸術作品である自由な《労働貧民》に、転化させるには、“このような骨折りを必要とした”のである。もしも貨幣が、オジエの言うように、《頬にはじめから血斑をつけてこの世に生まれてくる》のだとすれば、資本は、頭から爪先まで、あらゆる毛穴から、血と汚物とをしたたらせながらこの世に生まれてくる。」

第7節　資本主義的蓄積の歴史的傾向

◎ 本源的蓄積と小経営

（1303／789）「資本の歴史的な創生記とは……直接生産者の収奪、すなわち自分の労働にもとづく私的所有の解消を意味するにすぎない。」

（1303／789）「社会的・集団的所有の対立物としての私的所有は、労働手段と労働の外的諸条件とが私人に属する場合にのみ存立する。しかし、この私人が労働者であるか非労働者であるかに応じて、私的所有もまた異なる性格をもつ。……労働者が自分の生産手段を私的に所有していることが小経営の基礎であり、小経営は、社会的生産と労

働者自身の自由な個性との発展のための一つの必要条件である。確かに、この生産様式（小経営）は、奴隷制、農奴制、およびその他の隷属的諸関係の内部でもまた実存する。しかし、それが繁栄し、その全活力を発揮し、適合した古典的形態をとるのは、労働者が自分の使用する労働諸条件の自由な私的所有者である場合、すなわち農民は彼が耕す畑の、手工業者は練達した技能で彼が使用する用具の、自由な私的所有者である場合のみである。」　　➡フランス語版での記述は（1303 ～ 1304 ／ 789）訳注１、２参照。

◎ 小経営の限界・資本主義的私的所有による駆逐　（①～⑤の数字は中川）

（1304 ／ 789）「① この生産様式（小経営）は、土地その他の生産手段の分散を想定（意味）する。それは、……同じ生産過程のなかでの協業や分業、自然にたいする社会的な支配と規制、社会的生産諸力の自由な発展をも排除する。それは、生産および社会の狭い自然発生的な限界とのみ調和しうる。」

（1304 ～ 1305 ／ 789 ～ 790）「② 特定の高さに達すれば、この生産様式は、それ自身を破壊する物質的手段を生み出す。この瞬間から、社会の胎内ではこの生産様式を桎梏と感じる諸力と熱情とが動きだす。この生産様式は破壊されなければならないし、また破壊される。

　③ その破壊、個人的で分散的な生産手段の社会的に集積された生産手段への転化、それゆえ多数者による少量的所有の少数者による大量的所有への転化、それゆえまた広範な人民大衆からの土地、生活手段、労働用具の収奪、この恐るべき、かつ非道な人民大衆の収奪こそは、資本の前史をなしている。……（中略）……

　④ 自分の労働によって得た、いわば個々独立の労働個人とその労働諸条件との癒合（融合）にもとづく私的所有は、他人の、しかし形式的には自由な労働（賃労働）の搾取にもとづく資本主義的私的所有によって駆逐される。」

（1305 ／ 790）「⑤ この転化過程が旧社会を深さと広がりから見て十分に分解させ……資本主義的生産様式が自分の足で立つことになれば、ここに、労働のいっそうの社会化、および、土地その他の生産手段の社会的に利用される生産手段したがって共同的生産手段へのいっそうの転化、それゆえ私的所有者のいっそうの収奪が、新しい形態をとる。いまや収奪されるべきものは、もはや自営的労働者ではなく、多くの労働者を搾取する資本家である。」

◎ 資本主義的私的所有の弔鐘が鳴る・収奪者が収奪される。（①〜⑪の数字は中川）

（1305 〜 1306 ／ 790 〜 791）「こうした収奪は、資本主義的生産そのものの内在的
諸法則によって、諸資本の集中によってなしとげられる。
　① この集中、すなわち少数の資本家による多数の資本家の収奪と相ならんで、
② ますます増大する規模での労働過程の協業的形態、③ 科学の意識的な技術的
応用、④ 土地の計画的利用、⑤ 共同的にのみ使用されうる労働手段への労働手
段の転化、⑥ 結合された社会的な労働の生産手段としてのその使用によるすべ
ての生産手段の節約、⑦ 世界市場の網のなかへのすべての国民の編入、したがっ
てまた資本主義体制の国際的性格が、発展する。

　⑧ この転化過程のいっさいの利益を横奪し独占する大資本家の数が絶えず減少し
ていくにつれて、貧困、抑圧、隷属、堕落、搾取の総量は増大するが、⑨ しかしまた、
絶えず膨張するところの、資本主義的生産過程そのものの機構によって訓練され結
合され組織される労働者階級の反抗もまた増大する。
　⑩ 資本独占は、それとともにまたそれのもとで開花したこの生産様式の桎梏とな
る。生産手段の集中と労働の社会化とは、それらの資本主義的な外皮とは調和しえ
なくなる一点に到達する。
　⑪ この外皮は粉砕される。資本主義的生産様式の弔鐘が鳴る。収奪者が収奪される。」

◎ 否定の否定　　　　　　　　　　　　　　　　　　　　　　（①〜③の数字は中川）

（1306 ／ 791）「① 資本主義的生産様式から生まれる資本主義的取得様式は、それ
ゆえ資本主義的な私的所有は、自分の労働にもとづく個人的な私的所有の最初
の否定である。しかし、
　② 資本主義的生産は、自然過程の必然性をもってそれ自身の否定を生み出す。
これは否定の否定である。
　③ この否定は、私的所有を再建するわけではないが、しかし、資本主義時代の
成果——すなわち、協業と、土地の共有共同占有——中川）　ならびに労働そのもの
によって生産された生産手段の共有共同占有——中川）　——を基礎とする個人的所
有を再建する。」

＊「共有（共同占有——中川）」とした点、ならびに「個人的所有を再建する」の含意については、〔補
　足説明❷〕参照。

補足説明❶：フランス語版「本源的蓄積の秘密」の記述

『資本論』第Ⅰ部のフランス語版（ラシャトール版）の序文は、1872年3月18日の日付になっています。「学問には平坦な大道はありません。学問の急峻な細道をよじのぼるのに疲れ果てるのをいとわぬ人々だけが、輝かしい絶頂に到達する幸運をもつのです。」（江夏美千穂・上杉聡彦訳、法政大学出版局、1979年3月23日）という著名な文章は、フランス語版の序文のものです（32／31）。

マルクスは、フランス語版のために大幅な書き換えを施しています。<u>第Ⅶ篇第24章「いわゆる本源的蓄積」の部分は、第Ⅷ篇第26章「本源的蓄積の秘密」に変更されています。</u>その冒頭の部分を以下に紹介しておきます。読み比べてみてください。──

「われわれは、どのようにして貨幣が資本になり、資本が剰余価値の源泉になり、剰余価値が追加資本の源泉になるかを、すでに見てきた。ところが、資本主義的蓄積は剰余価値の存在を前提とし、剰余価値は資本主義的生産を前提としているが、この資本主義的生産は、かなり多量の資本と労働力との堆積を生産者＝商人の手中にすでに蓄積されているときにはじめて、舞台に登場するのである。したがって、この全運動は悪循環のなかで回転しているように見えるのであって、そこから抜け出すためには、資本主義的蓄積に先行し、資本主義的生産から生ずるのではなくてそれの出発点として役立つような本源的蓄積（アダム・スミスの言う先行的蓄積）を、認めるしかない。

この本源的蓄積は、原罪が神学において演じているのとほとんど同じ役割を、経済学において演じている。アダムが林檎をかじると、そこで罪がこの世に誕生する。この罪の起源は、天地創造の数日後に起こったというある偶発事によって、説明されている。

これと同様に、昔といっても大昔、社会が二つの陣営に分かれていた時代があって、一方には、勤勉で利口で、とりわけ倹約の習慣を身につけた、えり抜きの人々がおり、他方には、明けても暮れても飲めや歌への宴を張る数多くのならず者がいた。言うまでもなく、一方は次々と富を積み上げたが、他方はまもなく無一文になってしまった。きりもなくひっきりなしに働いても絶えず自分自身の身体で支払いをせざるをえない多数者の貧困と、自分の10本の指で仕事をしなくても労働の全成果を受けとる少数の富とが、そこから生まれたのだ。

神学上の原罪の物語は、確かに、いかにして人間が神から、額に汗してパンをかせぐように断罪されたかを、はっきりとわれわれに示している。だが、経済学上の原罪の物語は、神のこの命令を恐れる人々がいかにして存在するかを明らかにすることによって、残念にももれた点についての説明をおぎなう。

こうした無味乾燥な児戯を、よく飽きもせずにむしかえしているものだ。たとえばティエール氏は、あえて、昔はあれほど才気に富んでいたフランス人を、いまなおこんな児戯で楽しませようとしているが、それも、所有者にたいする社会主義の冒涜的な攻撃を絶滅してしまったと政治家の厚かましさで言い張っている彼の著書においてなのだ。確

かに、ひとたび所有の問題が話題にのぼると、誰でも、ＡＢＣ読本の智恵だけに、どんな年齢の小学生にも同じく理解もされる唯一の知恵だけに満足することを、神聖な義務としている（1）。

〔注記（1）〕「ゲーテは、こういったたわ言にいらだって、次のような対話のなかで、それを嘲笑している。

　　　学校の先生——君のお父さんの財産はいったいどこから来たのかね？
　　　児　　　童——おじいさんからです。
　　　学校の先生——では、おじいさんには？
　　　児　　　童——ひいおじいさんからです。
　　　学校の先生——では、ひいおじいさんには？
　　　児　　　童——ひいおじいさんは盗んだのです」（訳本下巻393〜394頁）＊」

　＊このゲーテの「対話」は、④分冊（1223／742）の訳注２で紹介され、ゲーテの原文との異同について、（最後の「……盗んだのです」は、マルクスのもじりであろう）と、紹介している。

補足説明❷：本源的蓄積の諸類型

　第24章第１節の末尾で、「農村の生産者である農民からの土地収奪」が、本源的（原始的）蓄積の「全過程の基礎をなしている」こと、そして「この収奪の歴史は国が違えば違った色合いをもっており、この歴史がさまざまな段階を通る順序も歴史上の時代も国によってさまざまである」としたうえで、以下ではその「典型的な形態」をなすイギリスを例にとる、としている＊。（1226／744）

　＊１の訳注（1226〜1227／744）に注意。——〔フランス語版では、このあとに次の文章が追加されている——「しかし、西ヨーロッパの他のすべての国々も（イギリスと）同じ過程を経ているのであって、ただ異なるのは、この過程は、環境によってその地域的色合いが変わり、あるところではそれがより狭い範囲に閉じ込められたり、あるところではあまり目立たない特徴を示したり、またあるところでは違った順序をたどったりすることだけなのである」〕というように、フランス語版では、「西ヨーロッパの他のすべての国々」も、イギリスと「同じ過程を経ている」とのニュアンスを強く打ち出した書き方になっている。

　（１）『資本論』でのこの指摘を受けて、藤瀬浩司氏は次のように述べている（論稿「第Ⅱ部、論点「８本源的蓄積の諸類型」『資本論体系』第３巻所収、有斐閣、1985年、文中の①②等は中川による）——本源的蓄積の過程は「世界的規模の歴史過程」であり、その第一段階は、「① イギリスの本源的蓄積完了へ収斂する過程といえよう。イギリス資本主義の確立は、地球上の諸社会を世界市場に統合・再編成し、それぞれの社会の生産様式、生活様式を変革する起

点となった。イギリスにおける資本制的蓄積が、個々の社会の、本源的蓄積の中心部過程ないしは周辺部過程の契機となったのである。

② 西ヨーロッパ大陸諸国および合衆国は、第一段階で少なくともその一部が中心部に属していた。しかし、19世紀初めに産業革命を開始したにもかかわらず、イギリスの産業的商業的覇権による周辺化作用によって、ようやく19世紀第3四半期の、株式投資銀行と鉄道（建設）に象徴される段階で資本主義を確立した。

③ さらに、ロシア、イタリア、日本などの一連の国々は、上記の国々が資本主義を確立する時期に、国家主導の資本主義的工業化を開始するが、これは困難を極め、ようやく20世紀初頭に、生産財と資本の一部を中心資本主義国に依存しながら他方で植民地を保有するという、非搾取者と搾取者としての両面をもつ資本主義、周辺資本主義を確立させた。

④ しかし、以上の国々は地球上のわずかな部分であり、他の地域は、資本主義国の要求に応じて、本源的蓄積の周辺部過程を辿るのであり、20世紀の初頭までにほとんどの地域が資本主義諸国への食料・原料供給地、あるいはまた労働力供給地に転化されていた。これらの地域は、公式の植民地であるか否かを問わず周辺従属地域とすることができよう。

⑤ 20世紀初頭に確立する資本主義世界体制は、イギリスを中核とした中心資本主義諸国、周辺資本主義諸国および周辺従属地域という三層構成をもっていたのである。」(297頁)

（２）藤瀬氏の論稿は、このあと、①と②に区分される諸国の「西ヨーロッパ型または中心資本主義型」（イギリス、フランス、ドイツ、合衆国）、③の「周辺資本主義型」（ロシア、日本）、④の「周辺従属型」（インド、ラテン・アメリカ）についての「類型」論として展開されていくが、その詳細は省き、日本についての記述のみを紹介しておきます。

　＊日本については、既に、第13章への〔補足説明❷日本の産業革命と資本主義の確立〕、〔補足説明
　　❸土地所有制の比較──日・英・仏〕（ともに大石嘉一郎氏の論稿）がありますから、それと比較
　　しながらご覧下さい（①②……は中川）。

「明治維新は、列強の軍事的圧力とその結果生じた内戦の帰結であった。明治政府は列強にともかく対応できる中央集権国家として成立した。この国家権力を槓桿として、列強に軍事的、経済的に対抗しうる能力が創出されねばならないが、それは、近代的工業組織の短期的構築によって実現しうる。

① 日本資本主義創成＝本源的蓄積の出発点＝基礎は、地租改正によって与えられた。それは、旧年貢に相当する貨幣租税の地租を新政府に集中した。その場合、地租納入者は、土地所有権者であるが、農民自身がそうである場合もあったが、次第に小作農から高率小作料を搾取する地主が圧倒的になった。地主は、小作農の全収穫量の三分の二を超えるほど収得し、小作料のほぼ二分の一に相当する部分を地租・公租として納入したのである。

② 国家は、地租を主要な財源として殖産興業政策を実施し、銀行、鉄道、海運など資本制的上部組織の構築を推進した。これと結びついて、新しい産業的指導層たる財閥が形成された。地主は最初余剰を主に土地集積に充用したが、工業化の路線が確実となるとともに、直接、間接に産業投資に向かった。高率小作料の抑制下にある農民は、養蚕に一つの支柱を求め、さらに家計補充のために労働力を農外に放出した。日本の主要産

業である綿工業や製糸業は、農家の子女の苛酷な労働を基礎として興隆したのである。日本輸出貿易の主力は最初から生糸であった。輸出先は合衆国などの中心資本主義諸国であり、この輸出によって日本はこれらの国から鉄鋼、機器などの生産財を獲得できた。しかし、本格的な近代工業としての綿工業は、興隆のために海外市場を必要とした。

　③　日清、日露の両戦役における勝利は、大陸市場への進出を実現し、綿工業は興隆の基本的条件を獲得した。また、戦争勝利による国際的地位の上昇が可能にした大規模な資本輸入は、政府の強力な政策と相俟って、不十分ながら生産財生産部門の創出へ導いた。

　④　こうして、半封建的地主制を基礎とし、一方では中心資本主義国に対して原料（生糸）の輸出によって生産財輸入と借款利子支払いを実現するとともに、他方では大陸に軍事力を背景として日本の近代的工業のための市場を創出・確保するという、独自な構造をもつ資本主義として日本資本主義は確立した。」

──大石、藤瀬両氏の問題の捉え方は、基本において同一である、と言ってよいでしょう。

補足説明❸：「個人的所有の再建」について

　第Ⅶ篇第 24 章第 7 節の末尾の以下の文章、（1306 ／ 791）「資本主義的生産様式から生まれる資本主義的取得様式は、それゆえ資本主義的な私的所有は、自分の労働にもとづく個人的な私的所有の最初の否定である。しかし、資本主義的生産は、自然過程の必然性をもってそれ自身の否定を生み出す。これは否定の否定である。この否定は、私的所有を再建するわけではないが、しかし、資本主義時代の成果──すなわち、協業と、土地の共有ならびに労働そのものによって生産された生産手段の共有──を基礎とする個人的所有を再建する。」における「個人的所有（individuelles Eigentum）の再建」の含意については、これまで論議の対象となってきました。

　①　「共有」──これは、ドイツ語第 1 版、第 2 版では、「共同所有（Gemeineigentum）」となっていましたが、フランス語版では「共同占有」と改められ、「共同占有（Gemeinbesitz）」がエンゲルス編集の現行版に引き継がれています。➡「共同占有」≒「共同利用」の意味です（テキストは「共有」と訳しているので、講義資料では、共有（共同占有）と表記してあります）。

　②　エンゲルス『反デューリング論』での解釈は次の通りです。──
　「この文章は、社会的所有にはいるのは土地その他の生産手段であり、個人的所有にはいるのは生産物すなわち消費対象である、ということを意味する」（『マルクス・エンゲルス全集』第 20 巻、122 頁）と解釈し、レーニンもそれを踏襲しています（『レーニン全集』第 1 巻、165 ～ 171 頁）。──しかしこの解釈は日本ではあまり支持を得られていません。

　③　この概念は、「労働主体と労働諸条件との本源的結合」の高次再建➡全面的に発達した・自立した諸個人の・自由な「結合」＝自覚的に協同する・自立した労働主体（諸個人）による、労働諸条件の共同占有（共同利用）を意味すると理解されるべきものです。個人的（または個体的、とも訳されます）、というタームは、原始共同体の場合のような、共同体に埋没

した・未成熟な個人を生産活動の主体とした・労働諸条件の共同占有、ではないという意味であり、あくまで「資本主義時代の成果」（協業、土地の共有〈共同占有〉、生産手段の共有〈共同占有〉）を基礎とした、生産力の高度の発展段階を前提としたものです。

　④　③は、第Ⅰ部第Ⅰ篇第1章第4節の、「㋑共同的生産手段で労働し自分たちの多くの個人的労働力を自覚的に一つの社会的労働力として支出する自由な人々の連合体」（133／92）、同上、第13章第9節で論じられた「㋺全体的に発達した個人の形成」（837〜839／511〜513）、第Ⅲ部第Ⅶ篇第48章の、㋩「必然性の領域」から「真の自由の領域」へ、という将来社会への展望（1433〜1435／827〜828）に連動し、それらと一体のものとして整序して読む必要があるタームであることに留意して下さい。
　なお「一体のものとして整序して読む」場合、㋑㋺㋩は、それぞれ扱う主題の異なった章での、異なった文脈での論述ですから、「将来社会」についての問題の取り上げ方＝視点の据え方＝力点の置き方が違います。その違いに留意して下さい＊。

　＊第13章への〔補足説明❹全体的に発達した個人の形成〕の、「分業の廃絶」に触れたところで、内容の一部を紹介した『ゴータ綱領批判』における「将来社会」論の重要な叙述を、いまひとつ挙げておきます。『ゴータ綱領批判』は、新党「ドイツ社会主義労働党」結成にあたり、1875年3月に発表された「綱領草案」に対するマルクスの批判ですが、公表は1891年1月にエンゲルスによってなされたものです。――（「資本主義社会から生まれたばかりの共産主義社会」の「第一段階」では、「あらゆる点で、経済的にも、道徳的にも、精神的にも、……母胎である古い社会の母斑をまだつけている」が）、共産主義社会のより高い段階において、すなわち、分業の下への諸個人の奴隷的従属がなくなり、それとともに、精神的労働と肉体的労働との対立もなくなったあとで、労働が生きるための手段（必然性の領域）だけでなく、労働そのものが生活の第一の欲求となったあと（真の自由の領域）で、諸個人の全面的な発達にともなって彼らの生産諸力も増大し、協同組合的富のすべての源泉がいっそうあふれるほど湧き出るようになったあとで――そのときはじめて、ブルジョア的権利の狭い限界が完全にのりこえられ、そして社会はその旗につぎのように書くことができる。各人はその能力に応じて、各人はその必要に応じて！」（〈科学的社会主義の古典選書〉後藤洋訳『ゴータ綱領批判・エルフルト綱領批判』新日本出版社、2000年、27〜30頁。なお「必然性の王国」、「真の自由の王国」の王国は、領域と改訳している。）
　この『ゴータ綱領批判』における将来社会についての「展望」は、共産主義社会を「第一段階」と「より高い段階」とに段階区分し、かつ「段階」の異同を闡明にしている点で、上記㋑㋺㋩を整序する有意義な「枠組み」を提示していると言えます。

第 25 章　近代的植民理論

❶〔原注 253〕「ここで扱う植民地」について

(1308／792)「<u>自由人の移住者によって開拓される処女地——合衆国</u>」

➡〔補足説明〕参照。

❷ 二種類の私的所有

(1308／792)「経済学は、原則上、非常に異なった<u>二種類の私的所有——一方は生産者</u><u>たちの自己労働にもとづくもの、他方は他人の労働の搾取にもとづくもの——を混同す</u><u>る</u>。経済学は、〔右のうちの〕後者が単に前者の正反対をなすだけでなく、前者の墳墓の上でのみ成長することを忘れている。」

❸ 経済学の故郷ヨーロッパ西部

(1308／792)「経済学の故郷であるヨーロッパの西部では、<u>本源的蓄積の過程は多かれ少</u><u>なかれ完了している</u>。資本主義的支配体制は、ここでは、国民的生産全体を直接に自分に従属させているか、または、諸関係がまだ発展していないところでは、この体制とならんで存続してはいるがしだいに衰退していく社会層、時代遅れの生産様式に従属している社会層を、少なくとも間接には統制しているか、どちらかである。」

❹ 植民地のばあい

(1309 〜 1310／792)「<u>植民地では違う</u>。<u>資本主義的支配体制は</u>、そこではいたるところで、<u>自分自身の労働条件の所有者として、自分の労働により、</u>資本家をではなく、<u>自</u><u>分自身を富ませている生産者の妨害にぶつかる</u>。この二つの正反対の経済制度の矛盾が、ここでは両者の闘争のなかで実際に確認される。」

❺ Ｅ・Ｇ・ウェイクフィールドの組織的植民論

(1309 〜 1310／793)「ウェイクフィールドの植民理論は、植民地における賃労働者の製造につとめる。これを彼は〈組織的植民〉と名づける。」

❻ 植民地の癌腫

(1314／795 〜 796)「すでに見たように、人民大衆からの土地の収奪は、資本主義的生産様式の基礎をなしている。これに反して、自由な植民地の本質は、<u>大量の土地が</u><u>まだ人民の所有であり、それゆえ移住者はだれでもその一部分を自分の私的所有に</u><u>し個人的生産手段に転化することができ</u>、それでもあとからくる移住者が同じ行為をすることをさまたげないという点にある。<u>これが植民地の繁栄の秘密でもあれば、</u><u>その癌腫——資本の移住に対するその反抗——の秘密でもある</u>。」

（1314 ～ 1315／796）「植民地では、労働条件とその根底である土地からの労働者の分離がまだ実存していないか、または、散在的あるいは非常に局限された範囲でしか実存しないのであるから、<u>工業からの農業の分離も農村家内工業の破壊もまだ実存しない</u>。」

（1316／797）「……<u>賃労働者の独立生産者への不断の転化</u>、すなわち、資本のためにではなく自分自身のために労働し資本家の旦那ではなく自分自身を富ませる独立生産者への不断の転化は、……<u>労働市場の状態に、まったく有害な反作用をする</u>。……こういうところから、わがE・G・ウェイクフィールドが……描いている<u>いっさいの不都合が生まれる</u>。

　　賃労働の供給が、恒常的でも、規則的でも、十分でもない、と彼は嘆いて言う──それは《つねに少なすぎるばかりでなく、不確実でもある》。」

❼ 植民地の反資本主義的な癌腫の治療

（1321 ～ 1322／800 ～ 801）E・G・ウェイクフィールドの「組織的植民」論

（1323／801）「イギリス政府が、このウェイクフィールド氏によってとくに植民地用として処方された《本源的蓄積》の方法を多年にわたり実行してきたということは、きわめて特徴的である。もちろん、<u>その大失敗は、ピールの銀行法の大失敗＊と同様に不面目なことであった</u>。移民の流れは、イギリス領の諸植民地から合衆国へと方向を変えられただけのことであった。そのあいだに、ヨーロッパにおける資本主義的生産の進展は、政府の圧力の増大をともなって、ウェイクフィールドの処方を不用にした。……（中略）……<u>この大共和国（合衆国）は、移民労働者にとって約束の地ではなくなった</u>。そこでは、…………資本主義的生産は巨人の歩みで前進している。」

　＊訳注1〔イギリス政府は、首相ロバート・ピエールの提案によって1844年7月に新しい銀行法を制定した。この法律は、<u>銀行券発行の集中化</u>を目標にするとともに、イングランド銀行を、純粋な銀行業務を行なう銀行部と銀行券の発行を行なう発行部という二つの独立した部局に分割した。銀行券には<u>特別な金準備</u>という形で確実な保証がなければならなかった。金で保証されていない銀行券の発行は1400万ポンド・スターリングに制限された。しかし、銀行券の流通量は、実際には準備金によってではなく、流通部面の需要によって定まるものであった。<u>金融の逼迫がとくにひどかった経済恐慌（1847年、1857年、1866年）にさいして、イギリス政府はピール銀行法の効力を一時停止し、金で保証されていない銀行券の発行総額を引き上げた。本文の「大失敗」とはそのことをさす</u>。『ニューヨーク・デイリー・トリビューン』所載のマルクスの諸論説（……）参照〕

❽ 本源的蓄積の秘密（再確認）

（1325／802）「われわれが関心をもつのは、旧世界の経済学が新世界で発見し、声高く宣言したあの秘密──すなわち、<u>資本主義的生産様式および蓄積様式は、したがってまた資本主義的な私的所有も、自己労働にもとづく私的所有の絶滅、すなわち労働者の収奪を条件とするということである</u>。」

補足説明：アメリカの独立戦争

　植民制度については、アメリカについて考察されています。

（1）アメリカ（東部 13 植民地）の独立を巡る諸列強の関係は次のようでした。──

　三度の対英戦争に敗れた「オランダの勢力にかげりが見え、名誉革命で英・蘭関係が改善されると、フランスが当面の世界商業の覇権争いの相手となる。名誉革命直後からのアウグスブルク同盟戦争、スペイン王位戦争、オーストリア王位継承戦争、ついで七年戦争がいずれも英・仏の対抗を主軸として、新世界やアジアを主要な戦闘舞台のひとつとしたのはそのためである。　しかし、七年戦争後のパリ条約（1763 年）は、**イギリスによる世界帝国形成をほぼ容認したといってよい**。ここに至ってイギリスは、アイルランドや北米 13 植民地はもとより、カナダ、ジャマイカなどの西インド諸島を植民地化したばかりか、インドでもフランス勢力を圧倒して、ほんらい貿易会社であった東インド会社が、領土支配の機構に転化しようとしていた。」（村岡・川北編著『イギリス近代史』ミネルヴァ書房、50 頁）

（2）**アメリカの独立戦争**は、諸列強のこうした諸関係の下で開始され、その結果は、**イギリスの「世界帝国形成」という世界の勢力図を、次のように大きく書き換える結果をもたらしました。**　パリ条約（1763 年）からちょうど 20 年です。──

　「緒戦は植民地に不利であったが、1777 年のサラトガの闘いでの植民地軍の勝利をきっかけに、フランスがアメリカを承認し、アメリカと同盟、参戦した。続いてスペインとオランダも、イギリスに宣戦した。北欧諸国の武装中立同盟も結成され、イギリスはさらに孤立する。イギリスが破れた 81 年のヨークタウンの戦いが、独立戦争の事実上の終了を告げた。

　このように**ヨーロッパ諸国を敵にまわしたイギリス**は、アメリカとの講和条約である 1783 年のパリ条約でアメリカ合衆国の独立を認め、アメリカにミシシッピー川以東を割譲した。さらに、同日調印されたフランス及びスペインとの講和条約であるヴェルサイユ条約で、イギリスは、西インド諸島のトゴバ島とアフリカのセネガルをフランスへ、ミノルカ島とフロリダをスペインに譲った。**両条約による、広大な北アメリカ植民地と、西インド諸島および西アフリカ貿易拠点の喪失は、重商主義的なイギリスの第一帝国の解体をもたらしたのである**。」（同上、88 頁）

　アメリカの独立戦争は、植民地アメリカ対本国イギリス、という関係のみならず、**諸列強による植民地争奪戦争＝「重商主義戦争」との絡み合い**の中で遂行され、諸列強の勢力図を書き換えたものでもありました。

（3）同時に見落としてならない問題があります。──独立戦争を戦った新大陸への移住者たちの多く（メイフラワー号での移民約百人から 10 年後の、アーベラ号での移民約千人）は、カルヴァンの信仰をもち、「理想国家」の建設により、「神に選ばれた者」として救済されるという強い信念を持った人たちでした。──エジプトから脱出したイ

スラエルの民は、「約束の地」カナンで、既にそこに住んでいた異教徒たちを虐殺しますが、それは神の意思に基づくものされていました（旧約聖書）。新大陸への移住者たちもまた同様に、先住民＝ネィティヴ・アメリカンを駆逐することを「正義」としたのです。「独立宣言」に謳われた、人間には「生命、自由、幸福の追求」の権利がある、という理念は、「白人」たちだけのものでした。「開拓者スピリット」のなかに渦巻く「暗部」をよく透視しておく必要があります。

あ　と　が　き

　『資本論』は読み解くことが難しい古典です。講座を受講されている皆さんからも、何度も繰り返し受講し、読み返してゆくうちに、次第に理解が深まっていく、という感想が多く寄せられています。——フランス語版への「序言」の一節、「学問にとって平坦な大道はありません。そして、学問の険しい小道をよじ登る労苦を恐れない人々だけが、その輝く頂上にたどりつく幸運にめぐまれるのです」(32／31)、が改めて想起されます。

　講義資料には、第Ⅰ部・新書版①〜④分冊（約1300頁）から、各章・各節のテーマと内容の骨格を掴むのに必要不可欠と思われる重要な文章を「精選」して載せていますが、〔補足説明〕35、〔質問への回答〕54、その他、解説、コーヒー・ブレイク等を合わせ、300頁を超えるものになりました。それでも、約10年間の講座の中で出された〔質問への回答〕をすべて収録したものではありません。

　質問の中には、研究者間でもいまなお「論争」問題として残っているテーマについて、「自説」を開陳した長文の質問もあり、それには個別に文書で「回答」をお返ししてきたものもあります。そうした「長文」の質疑を載せるための紙幅の余裕がないため、本著への収録は見合わせざるを得ませんでした。この点、お詫びしなければなりません。

　読者の皆さんにおかれては、本著を『資本論』独習の手引きとして、あるいは「講座」の担当講師が用意する講義資料の傍らにおく「副読本」として、活用されることを願っています。

　なお本編著とほぼ同時期に、筆者は、『「資本論」研究序説』（八朔社、2020年3月）を公刊しました。この著書は、本編著の第Ⅰ篇、第Ⅱ篇の補足説明、第Ⅲ篇第5章の補足説明、第6章の補足説明、第Ⅳ篇第10章の補足説明、第Ⅶ篇第22章の「領有法則の転回」論、第24章の補足説明のテーマとなっている諸問題についての私の所見を、より一層詳細に開陳した「研究論文」集です。併せ紐解いて問題の理解を深めていただければ幸いです。

　講義資料、解説、補足説明、質問への回答、コーヒー・ブレイク等といった、入り組んだ模様の「構成」にならざるを得なかった原稿を、読みやすい誌面にレイアウトし編集して下さった、学習の友社の編集部の皆さんに、心からお礼を申し上げます。

2020年2月26日

中　川　　弘

〔著者略歴〕

中川　弘（なかがわ　ひろし）

1941 年　山形県酒田市に生まれる
1971 年　東京大学大学院経済学研究科博士課程単位取得
1982 年　福島大学経済学部教授（「政治経済学」担当）
現　　在　福島大学名誉教授
　　　　　神奈川県労働者学習協会講師

〔主な著作〕

編著書『講座資本論の研究』（全 5 巻）青木書店、1980 ～ 82 年
共　著『マルクス経済学・哲学草稿』有斐閣、1980 年
単　著『マルクス・エンゲルスの思想形成』創風社、1997 年
　　　　『「資本論」研究序説』八朔社、2020 年
論　文「冒頭〈商品〉の性格規定をめぐる論争」『資本論体系』第 2 巻、有斐閣、1984 年
論　文「〈貨幣の資本への転化〉をめぐる論争」『資本論体系』第 3 巻、有斐閣、1985 年

『資本論』第Ⅰ部講読のナビゲーション
　　「第Ⅰ部講座」講義資料集成
　　Q＆A・補足説明資料等集成

発行　2020 年 4 月 20 日　初　版　　　　　定価はカバーに表示

著者　中川　弘

発行所　学習の友社
〒 113-0034　東京都文京区湯島 2 － 4 － 4
TEL. 03（5842）5641　FAX. 03（5842）5645
郵便振替　00100 － 6 － 179157

装幀・組版　株式会社 プラス・ワン　　印刷・製本　株式会社光陽メディア